भारतीय समाज में प्रतिरोध की परम्परा

वाणी प्रकाशन

4695, 21-ए, दरियागंज, नयी दिल्ली 110 002

फ़ोन : +91 11 23273167 फ़ैक्स : +91 11 23275710

शाखाएँ

अशोक राजपथ, पटना 800 004, बिहार

कॉफ़ी हाउस कैम्पस, महात्मा गांधी मार्ग, इलाहाबाद 211 001, उत्तर प्रदेश

महात्मा गांधी अन्तरराष्ट्रीय हिन्दी विश्वविद्यालय, वर्धा 442 001, महाराष्ट्र

सुल्तानिया रोड, मोतिया पार्क, भोपाल 462 001, मध्य प्रदेश

www.vaniprakashan.com
marketing@vaniprakashan.in
sales@vaniprakashan.in

BHARTIYA SAMAJ MEIN PRATIRODH KI PARAMPARA
by Manager Pandey

ISBN : 978-93-5072-559-7
Criticism

प्रथम संस्करण 2013
द्वितीय संस्करण 2020

मूल्य : ₹595

सिटी प्रेस, दिल्ली-110 095 में मुद्रित

वाणी प्रकाशन का लोगो मक़बूल फ़िदा हुसेन की कूची से

भारतीय समाज में प्रतिरोध की परम्परा

मैनेजर पाण्डेय

वाणी प्रकाशन

भूमिका

संस्कृति हिन्दी का सबसे अधिक लोकप्रिय, लोक-लुभावन और आचार्य हजारी प्रसाद द्विवेदी के शब्दों में 'कचारा-निचोड़ा' शब्द है। लेकिन वह क्या है, यह किसी से पूछिए तो जितने मुँह उतनी बातें सामने आएँगी। बहुत लोग यह समझते और कहते हैं कि भारतीय संस्कृति का स्वभाव है समरसता, समन्वय और सामंजस्य। वे यह नहीं देखते कि उसी संस्कृति के नाम पर समाज में दमन, भेदभाव, अधीनता और अन्याय को भी प्रश्रय मिलता है। वाल्टर बेंयामिन ने लिखा है कि प्रायः संस्कृति के दस्तावेज बर्बरता के भी दस्तावेज होते हैं। ऐसी स्थिति में जब संस्कृति सम्बन्धी सोच में केवल समरसता, समन्वय और सामंजस्य की खोज होती है और दमन, भेदभाव, अधीनता और अन्याय की उपेक्षा होती है तब संस्कृति की आधी-अधूरी समझ पैदा होती है। यह भी सच है कि जहाँ भी संस्कृति में दमन, भेदभाव और अन्याय की प्रवृत्तियाँ होती हैं वहाँ प्रतिरोध की प्रक्रिया भी चलती है। इस प्रतिरोध की प्रवृत्ति और प्रक्रिया को समझने से ही संस्कृति की पूरी समझ विकसित होती है।

इस पुस्तक में भारतीय समाज और संस्कृति के अतीत तथा वर्तमान में मौजूद प्रतिरोध की प्रवृत्तियों और प्रक्रियाओं की खोज, पहचान और व्याख्या की कोशिश है। इस पुस्तक का पहला निबन्ध है 'संस्कृति का समाजशास्त्र', जिसके आरम्भ में संस्कृति के समाजशास्त्र के स्वरूप का विवेचन है और बाद में भारतीय संस्कृति के अतीत और वर्तमान में मौजूद द्वन्द्वों की पहचान है। इन द्वन्द्वों के बीच से ही उभरती है प्रतिरोध की प्रक्रिया। इस लेख में अभिजन संस्कृति के साथ ही उसके प्रतिरोध के रूप में विकसित बौद्ध संस्कृति का विवेचन है और आदिवासी समाजों की संस्कृति की चिन्ता भी।

आधुनिक भारत में सभ्यताओं के बीच संघर्ष का जो महाभारत विगत दो सदियों से साम्प्रदायिकता के रूप में चल रहा है उसका कुरुक्षेत्र भारतीय इतिहास का मध्यकाल है। उस मध्यकाल में दो सभ्यताओं, संस्कृतियों और धर्मों का टकराव था तो दोनों के मेल से एक प्रकार का सांस्कृतिक संगम भी निर्मित हो रहा था, जिसकी अभिव्यक्ति कविता, संगीत, चित्रकला और स्थापत्य में हो रही थी। उसी सांस्कृतिक संगम की खोज दूसरे निबन्ध में है। उस काल में सांस्कृतिक संगम की प्रक्रिया को

विकसित करने की सबसे गम्भीर कोशिश दाराशिकोह ने की थी। उनकी कोशिशों का विवेचन तीसरे निबन्ध में है।

जिसे आधुनिक भारत कहा जाता है वह उपनिवेशवाद का शिकार भारत है। आधुनिक काल के भारतीय बुद्धिजीवियों के सामने सबसे बड़ी समस्या थी भारत में मौजूद उपनिवेशवाद के शोषण और दमन की रीति-नीति की पहचान और व्याख्या। यह काम सखाराम गणेश देउस्कर, महावीर प्रसाद द्विवेदी, देवनारायण द्विवेदी और नवजादिक लाल श्रीवास्तव ने किया था, जिनका मूल्यांकन बाद के चार लेखों में है।

भारतीय समाज का सबसे बड़ा अभिशाप है जाति व्यवस्था। इसके रहते न तो भारत में सच्चा लोकतन्त्र विकसित हो सकता है न सच्ची राष्ट्रीय चेतना विकसित हो सकती है। भारत में जब से जाति व्यवस्था है तब से बार-बार उसकी असंगतियों की पहचान और विवेचन की कोशिश की भी एक परम्परा है। इस परम्परा के एक निर्माता हैं बौद्ध दार्शनिक, कवि और नाटककार अश्वघोष। उनकी जाति व्यवस्था की निर्मम आलोचना करने वाली रचना है 'वज्रसूची', जिस पर एक निबन्ध इस पुस्तक में है।

दुनिया भर के तथाकथित सभ्य समाजों की तरह भारतीय समाज में स्त्री की पराधीनता जितनी पुरानी और सर्वग्रासी है उतनी ही पुरानी है उसके विरुद्ध विद्रोह और प्रतिरोध की परम्परा। इस परम्परा का एक उज्ज्वल नक्षत्र है महादेवी वर्मा की किताब शृंखला की कड़ियाँ, जिसके महत्त्व का मूल्यांकन इस पुस्तक के एक निबन्ध में है।

इस पुस्तक में दो निबन्ध भूमण्डलीकृत भारत में किसानों की तबाही और बर्बादी से सम्बन्धित हैं। उनके बाद के चार निबन्धों में महात्मा गांधी के चिन्तन और लेखन का मूल्यांकन है और साथ में स्वराज्य तथा लोकतन्त्र सम्बन्धी उनके विचारों का विवेचन भी। इस पुस्तक के एक निबन्ध में भूमण्डलीकृत भारत में अधीनों की स्थिति पर विचार है जिसमें अधीन समुदायों की दुर्दशा और दयनीय दशा का विश्लेषण है। बाद के एक निबन्ध 'कला का उत्सव और उत्सव की संस्कृति' में सत्ता से संस्कृति के सम्बन्धों का विश्लेषण है। इस पुस्तक में दो निबन्ध अपने समय और समाज से जुड़े बुद्धिजीवियों पर हैं। उनमें एक हैं डी.डी. कोसाम्बी और दूसरे श्यामाचरण दुबे।

इस पुस्तक का अन्तिम निबन्ध है 'आज का समय और मार्क्सवाद'। जब से दुनिया में समाजवादी सरकारों और व्यवस्थाओं का अन्त हुआ है तब से मार्क्सवाद तरह-तरह के सवालों के घेरे में है। भारत में भी मार्क्सवाद की स्थिति बहुत उत्साहवर्द्धक नहीं है। इसीलिए मार्क्सवाद से जुड़े संकटों और सवालों पर विचार की कोशिश इस निबन्ध में की गयी है।

मुझे आशा है कि इस मुस्तक के पाठकों को भारतीय समाज और संस्कृति में मौजूद प्रतिरोध की परम्परा की चेतना मिलेगी और प्रेरणा भी।

मैनेजर पाण्डेय

अनुक्रम

संस्कृति का समाजशास्त्र

संस्कृति के समाजशास्त्र के बारे में कुछ भी कहने के पहले मैं इस विषय पर विचार करने के सन्दर्भ की कतिपय कठिनाइयों की ओर आपका ध्यान आकर्षित करना चाहता हूँ। पहली कठिनाई तो यही है कि 'संस्कृति' भारतीय परम्परा का शब्द नहीं है। यह संस्कृत के कोशों में नहीं मिलता। यह न मोनियर विलियम्स के कोश में है न वी.एस. आप्टे के। लेकिन 'सभ्यता' संस्कृत के कोशों में है और उसके अर्थों में संस्कृत के अर्थ का समावेश है। संस्कृति शब्द अंग्रेजी के कल्चर का अनुवाद है। वह उपनिवेशवाद के साथ यूरोप से भारत आया है। आधुनिक हिन्दी के आरम्भिक लेखक, विशेष रूप से भारतेन्दु-युग और द्विवेदी-युग के लेखक, सभ्यता से ही परिचित थे और उसी का प्रयोग करते थे। बाद के समय में 'संस्कृति के चार अध्याय' लिखने और 'संस्कृति का दार्शनिक विवेचन' करने के प्रयत्न होने लगे। उपनिवेशवाद अपने साथ जो संस्कृति लेकर दुनिया के विभिन्न भागों में पहुँचा वह सर्वग्रासी थी, इस बात को उपनिवेशवाद के शिकार लोग ही नहीं, यूरोप के भी कुछ विवेकशील व्यक्ति समझ रहे थे। प्रसिद्ध जर्मन विचारक हर्डर ने 18वीं सदी के अन्तिम दशक में लिखा था, "भूमण्डल के हर हिस्से के लोग, जो विभिन्न युगों में नष्ट हुए हैं, वे युगों से इसलिए नहीं जीते रहे हैं कि अन्त में उनकी राख खाद बने और उनकी भावी पीढ़ी यूरोप की संस्कृति से सुखी हो। यूरोप की संस्कृति की श्रेष्ठता का विचार प्रकृति की विभूति का अपमान है।" लेकिन उपनिवेशवादियों ने यूरोप की संस्कृति की श्रेष्ठता की घोषणा की और दुनिया को सभ्य बनाने का दावा किया। इस प्रक्रिया से जो संस्कृति भारत में आयी उसके परिणाम हम देख रहे हैं।

दूसरी कठिनाई यह है कि पिछले चार-पाँच दशकों से सभ्यता का प्रयोग कम होने लगा है और संस्कृति का प्रयोग बहुत बढ़ गया है। इन वर्षों में 'संस्कृति' का जितना उपयोग हुआ है उससे अधिक दुरुपयोग हुआ है। इस उपयोग-दुरुपयोग में संस्कृति के अर्थ का जितना विस्तार हुआ है उतना ही विनाश भी हुआ है। खेल की संस्कृति से, मुक्ति की संस्कृति तक संस्कृति का प्रसार हो गया है। प्रायः अर्थ की ऐसी अनन्तता का अन्त अर्थहीनता में होता है। संस्कृति के अर्थ की अनिश्चितता उसके समाजशास्त्र को भी अनिश्चित बनाती है, मनमानेपन की छूट देती है।

संस्कृति के सर्वव्यापी और सर्वग्रासी होने के कारण उसको ज्ञान के किसी अनुशासन में रखना कठिन हो रहा है।

तीसरी कठिनाई यह है कि संस्कृति की तरह समाजशास्त्र भी पश्चिम की देन है, इसलिए ज्ञान के क्षेत्र में पश्चिम में जो प्रवृत्तियाँ पैदा होती हैं उनका प्रभाव समाजशास्त्र पर भी पड़ता है। पिछले कुछ दशकों से पश्चिम में उत्तर-आधुनिकतावाद की धूम मची हुई है, जिसे पूँजीवाद की वर्तमान अवस्था की तार्किक परिणति कहा जा रहा है। उत्तर-आधुनिकतावादी ज्ञान की दुनिया में सापेक्षतावाद का राज है। सापेक्षतावादियों का दावा है कि धारणाएँ सामाजिक निर्मितियाँ हैं और वे संस्कृति सापेक्ष भी होती हैं, इसलिए हर समाज में उन्हें लागू नहीं किया जा सकता। सापेक्षतावादी यह भी मानते हैं कि सचाई, नैतिकता, ज्ञान और यहाँ तक कि यथार्थ भी भाषिक निर्मिति ही है। उनके लिए कुछ भी सार्वभौम नहीं है। उनके अनुसार दो संस्कृतियाँ अतुलनीय होती हैं, क्योंकि उनकी विश्व-दृष्टियाँ भिन्न-भिन्न भाषाओं में रची-बसी होती हैं। इसका अर्थ यह हुआ कि प्रत्येक संस्कृति अनन्य या अनुपम होती है। तब संस्कृति का समाजशास्त्र कैसे बन सकता है। ऐसी स्थिति में उस भारत की संस्कृति का समाजशास्त्र कैसे बन सकता है जिसमें अनेक नस्ल के लोग हैं और अनेक भाषाएँ भी हैं।

चौथी कठिनाई यह है कि आजकल सारी दुनिया में ज्ञान के क्षेत्र में एक सांस्कृतिक मोड़ आया है। वह साहित्य की आलोचना ही नहीं, इतिहास लेखन और समाजशास्त्र में भी दिखाई देता है। साहित्य पहले भी संस्कृति के केन्द्र में रहा है। लेकिन अब उसकी आलोचना सांस्कृतिक हो गयी है। यही नहीं, अब तो राजनीति भी संस्कृति के सहारे चल रही है। ऐसा लगता है कि राजनीति में मूलगामी परिवर्तन के आन्दोलनों के कमजोर होने के दौर में ही राजनीति संस्कृति की ओर मुड़ती है। ऐसे में संस्कृति की व्याख्या भी राजनीतिक हो जाती है। जिस समाज की राजनीति में 'सांस्कृतिक राष्ट्रवाद' का आतंक व्याप्त हो उसमें संस्कृति की राजनीति कैसे नहीं होगी।

समाजशास्त्र के क्षेत्र में सांस्कृतिक मोड़ का एक परिणाम यह हुआ है कि अमेरिका में संस्कृति के समाजशास्त्र के बदले सांस्कृतिक समाजशास्त्र विकसित किया जा रहा है। सांस्कृतिक समाजशास्त्र के एक विचारक हैं सी. जेफ्रेय एलेक्जेंडर। उनके अनुसार सांस्कृतिक विश्लेषण का मुख्य उद्देश्य है—नैतिक बुनावट और कोमल भाव-दशाओं की पहचान करते हुए सामूहिक अर्थों का विवेचन। क्योंकि ऐसी आत्मगत और अन्तरंग भावनाएँ ही दुनिया पर शासन करती हैं। हमारे उत्तर-आधुनिक समय में तथ्यात्मक कथन और काल्पनिक आख्यान परस्पर गुँथे हुए हैं। आज के समय में यथार्थ और कल्पना में फर्क करना मुश्किल है। एलेक्जेंडर के अनुसार सांस्कृतिक समाजशास्त्र की बुनियादी मान्यता यह है कि संस्कृति स्वायत्त होती है। संस्कृति के अन्य समाजशास्त्री इस स्वायत्ततावाद को स्वीकार नहीं करते।

वे संस्कृति की विशिष्टता को मानते हैं, लेकिन यह भी कहते हैं कि संस्कृति सामाजिक सम्बन्धों का पुनरुत्पादन है, स्वायत्त नहीं। अमेरिका में समाजशास्त्र मार्क्सवाद विरोधी शास्त्र के रूप में विकसित किया गया है। उसका लक्ष्य, सामाजिक समस्याओं को रहस्यमय बनाना और उन पर लीपापोती करना है।

आखिरी समस्या यह है कि कुछ समय पहले तक जो कुछ सभ्यता के अन्तर्गत आता था वह सब अब संस्कृति का हिस्सा बन गया है। यह विवाद का विषय रहा है कि विज्ञान को संस्कृति का अंग माना जाय या नहीं। कुछ ऐसे विचारक रहे हैं जो मानव मानस की प्रत्येक उन्नयनकारी गतिविधि को संस्कृति कहते हैं। ए.के. सरन ने लिखा है कि अगर संस्कृति विश्व-दृष्टि है तो विज्ञान उसका एक पक्ष है, क्योंकि विश्व-दृष्टि मनुष्य की वह समग्र दृष्टि है जो प्रकृति तथा मनुष्य के जीवन और इतिहास से सम्बन्धित सोच का परिणाम है। अगर अतीत का प्रकृति से सम्बन्धित चिन्तन संस्कृति के अन्तर्गत आता है तो आज का विज्ञान क्यों नहीं। हाल के वर्षों में कम्प्यूटर टेक्नालॉजी का ऐसा विकास हुआ है जिसने देश-काल की चेतना बदल दी है और वास्तविकता तथा सम्भावना का सम्बन्ध भी बदल गया है। एक समाजशास्त्री ने लिखा है कि कम्प्यूटर टेक्नालॉजी का आज के अनुभव पर जादुई, आतंककारी और पवित्र प्रभाव पड़ा है। इससे एक नये प्रकार का प्रतीकवाद पैदा हुआ है जिसमें सृजन और विनाश का मेल है।

संस्कृति के समाजशास्त्र की बात करने के पहले यह जानना जरूरी है कि समाजशास्त्रियों की दृष्टि में संस्कृति क्या है। कला और सौन्दर्य की तरह संस्कृति भी ऐसी वस्तु है जिसके होने और न होने का हम अनुभव करते हैं, लेकिन उसे ठीक से जानते नहीं। उसकी परिभाषा और व्याख्या करना और भी मुश्किल है। संस्कृति मनुष्य की रचना है। वह मनुष्य की मनुष्यता और सामाजिकता की अभिव्यक्ति है। उसके रूप में मनुष्य का श्रम और सृजन मूर्तिमान होता है, ये दोनों सगुण और साकार रूप में व्यक्त होते हैं। आम तौर पर संस्कृति को कला और धर्म से जोड़कर देखा जाता है, लेकिन व्यापक रूप में मानव समाज के सभी प्रतीकात्मक और प्रबुद्ध क्रिया-कलापों को संस्कृति समझा जाता है। सन् 1871 में एडवर्ड टेलर ने कहा था कि संस्कृति एक समाज के ज्ञान, विश्वास, कला, नैतिकता, कानून और रीति-रिवाज का समुच्चय है। इस परिभाषा में संस्कृति से सभ्यता का अलगाव नहीं है। संस्कृति और सभ्यता में अन्तर स्थापित करने का प्रयत्न जर्मनी में हुआ, जहाँ संस्कृति का सम्बन्ध प्रतीकों और मूल्यों से जोड़ा गया और सभ्यता का समाज के संगठन से। सभी समाजों में संस्कृति और सभ्यता के अर्थ एक जैसे नहीं होते। अरबी का शब्द है अदब, जिसका अर्थ है शिष्टता, सभ्यता, तमीज, आदर, साहित्य, कला, बुद्धि और विवेक। ध्यान दीजिए तो मालूम होगा कि अदब के अर्थ का विस्तार इतना है कि उसमें सभ्यता और संस्कृति दोनों शामिल हैं।

हिन्दी का संस्कृति शब्द जिस अंग्रेजी 'कल्चर' का अनुवाद है उससे जुड़े हुए शब्द हैं—एग्रीकल्चर और कल्टिवेशन। रेमण्ड विलियम्स ने 'की वर्ड्स' में लिखा है कि कल्टिवेशन के अर्थ का परिवर्तन और विकास होता रहा है। कॉलरिज ने सभ्यता और संस्कृति में अन्तर करते हुए संस्कृति के अर्थ में कल्टिवेशन का प्रयोग किया था। आज भी सुसंस्कृत व्यक्ति को कल्टिवेटेड मैन कहा जाता है। संस्कृति के विकास के इतिहास से जाहिर होता है कि जब और जहाँ कोई मानव-समूह कृषि व्यवस्था का विकास करता है, तब वहाँ समाज, भाषा और संस्कृति की निर्माण-प्रक्रिया शुरू होती है। वहाँ लोक-संस्कृति का विकास होता है। श्रम और विश्राम की स्थितियों में व्यवस्था आने से ही संस्कृति की रचना सम्भव होती है। कृषि से संस्कृति के अन्तरंग सम्बन्ध को ध्यान में रखकर ही आचार्य नरेन्द्र देव ने कहा था—"संस्कृति चित्त-भूमि की खेती है।" मुझे लगता है कि यह संस्कृति की बहुत अच्छी परिभाषा है, क्योंकि इसमें संस्कृति के मूलरूप और विकास की प्रक्रिया की ओर संकेत है।

रेमण्ड विलियम्स ने 'कल्चर' नामक पुस्तक में संस्कृति की व्यापकता, समग्रता, जटिलता और विशिष्टता को ध्यान में रखकर उसका स्वरूप स्पष्ट किया है। उनके अनुसार संस्कृति के स्वरूप को समझने के लिए उसकी विकासशील प्रक्रिया, पद्धति और संस्कृति के प्रभाव को ध्यान में रखना जरूरी है। संस्कृति का बुनियादी अर्थ है मानस के परिष्कार की विशिष्ट अवस्था। इस परिष्कार की प्रक्रियाएँ भी संस्कृति के अन्तर्गत आती हैं। उन प्रक्रियाओं को जिन वस्तुओं से मदद मिलती है उन्हें सांस्कृतिक रूप या साधन कहा जा सकता है। ऐसे साधनों में मुख्य हैं—मनुष्य की बौद्धिक क्रियाएँ और विभिन्न कलाएँ। इसी बात को ध्यान में रखकर लुसिए गोल्डमान ने विभिन्न कलाओं को सांस्कृतिक सर्जनाएँ कहा है।

रेमण्ड विलियम्स ने संस्कृति को जीवन की समग्र पद्धति का द्योतक माना है जो सामाजिक जीवन के विभिन्न क्रिया-कलापों में व्यक्त होती है, लेकिन सबसे अधिक भाषा, कला की शैली और चिन्तन आदि में विशेष रूप से प्रकट होती है। रेमण्ड विलियम्स ने यह भी कहा है कि संस्कृति का दूसरा अर्थ जीवन की समग्र सामाजिक व्यवस्था भी है जो विभिन्न कलाओं और चिन्तन के रूपों में प्रकट होती है। उन्होंने 'लोंग रिवोल्यूशन' नामक पुस्तक में संस्कृति के तीन रूपों और स्तरों की बात की है। सबसे पहले संस्कृति एक जीवन्त अनुभव है। उसका दूसरा रूप दस्तावेजी होता है जो कलाकृतियों और अन्य रूपों में दिखायी देता है। संस्कृति का तीसरा रूप इन दोनों के सम्बन्ध से बनता है जिसे परम्परा की संस्कृति कहा जाता है।

संस्कृति को जीवन की समग्र पद्धति मानने की धारणा पुरानी है, वह मैथ्यू आर्नल्ड से चलकर टी.एस. इलियट और एफ. आर. लीविस तक पहुँची है। यह प्रभुत्वशाली वर्गों की संस्कृति सम्बन्धी समझ के निकट है, इसलिए उसका विरोध

भी हुआ है। ई.पी. थामसन ने कहा था कि वर्ग-समाज में संस्कृति जीवन की समग्र पद्धति के बदले संघर्ष की समग्र पद्धति है। संस्कृति के माध्यम से एक वर्ग या समूह अपने सामाजिक और भौतिक अस्तित्व की समस्याओं को समझने और सुलझाने का प्रयत्न करता है। दूसरी ओर रिचर्ड होगार्ट की पुस्तक 'द यूजेज ऑफ लिटरेसी' ने संस्कृति के अध्ययन की एक नयी दिशा की ओर संकेत किया। एक ओर उस संस्कृति पर विचार होने लगा जो सरकार द्वारा नियन्त्रित और संचालित होती है तो दूसरी ओर संगीत, फिल्म और टेलीविजन का अध्ययन शुरू हुआ। इन सबके साथ ही लोकप्रिय कला, लोकप्रिय साहित्य और लोकप्रिय संगीत आदि का भी लोकप्रिय संस्कृति के अन्तर्गत विवेचन आरम्भ हुआ।

1970 के बाद रेमंड विलियम्स के संस्कृति सम्बन्धी सोच में बदलाव आया। वे अनुभववाद के प्रभाव से मुक्त हुए और गोल्डमान तथा ग्राम्शी के विचारों से प्रभावित हुए। इस प्रक्रिया से संस्कृति का एक ऐसा सिद्धान्त विकसित हुआ जिसे सांस्कृतिक भौतिकवाद कहा जाता है। इसके अनुसार संस्कृति न तो मूल्यों की आदर्श व्यवस्था है और न पूर्णता की तलाश। वह न केवल श्रम का फल है और न विश्राम की उपज वह न तो समाज की आर्थिक-राजनीतिक क्रियाओं का प्रतिबिम्ब है, न कुछ प्रतिभाशाली व्यक्तियों की रचना। समाज में संस्कृति वैसा ही आधारभूत व्यवहार है जैसा आर्थिक या राजनीतिक व्यवहार।

रेमण्ड विलियम्स मानते हैं कि संस्कृति से समाज का स्वरूप बनता है। सांस्कृतिक प्रक्रिया समाज की दूसरी प्रक्रियाओं (आर्थिक-राजनीतिक) से प्रभावित होती है और उन्हें प्रभावित भी करती है। इस नये दृष्टिकोण के अनुसार संस्कृति के विश्लेषण में सांस्कृतिक प्रक्रियाओं के परिणामों और प्रभावों के बदले उनके उत्पादन की प्रक्रियाओं, व्यवहारों, साधनों और परिस्थितियों की ऐतिहासिक प्रक्रिया का अध्ययन महत्त्वपूर्ण हो जाता है। इस तरह संस्कृति के उपभोग और अनुभव के बदले उसके उत्पादन और पुनरुत्पादन का विवेचन होता है। 'कल्चर' नाम की पुस्तक में रेमण्ड विलियम्स ने संस्कृति को सार्थकताओं की ऐसी व्यवस्था कहा है जिसके माध्यम से सामाजिक व्यवस्था का अनुभव, सम्प्रेषण, पुनरुत्पादन और अनुसन्धान सम्भव होता है।

1986 के एक लेख में रेमण्ड विलियम्स ने अपने समाजशास्त्रीय दृष्टिकोण का नवीनतम रूप प्रस्तुत करते हुए लिखा है कि "संस्कृति के सिद्धान्त का सर्वोत्तम रूप तब सामने आता है जब वह ऐतिहासिक रूप से विकसित विभिन्न प्रकार की मानवीय क्रियाओं के पारस्परिक सम्बन्धों पर ध्यान केन्द्रित करता है और ऐतिहासिक स्थितियों तथा सम्बन्धों के गतिशील और विशिष्ट रूप की खोज करता है। ऐतिहासिक परिस्थितियाँ व्यवहार के दौरान स्वयं बदलती रहती हैं और उनमें नये-नये परिवर्तनों की सम्भावनाएँ छिपी रहती हैं। संस्कृति का सिद्धान्त विशिष्ट

और परिवर्तनशील सम्बन्धों का सिद्धान्त बनकर ही महत्त्वपूर्ण हो सकता है।" यह संस्कृति का ऐसा सिद्धान्त है जो ऐतिहासिक, द्वन्द्वात्मक और समग्रतावादी है।

रेमण्ड विलियम्स साहित्य को संस्कृति का प्रमुख रूप मानते हैं। यह मान्यता, अंग्रेजी आलोचना में बहुत पहले से रही है। वे यह भी कहते हैं कि साहित्य-सिद्धान्त को संस्कृति के सिद्धान्त से अलग नहीं किया जा सकता। हिन्दी में आचार्य रामचन्द्र शुक्ल की साहित्य-सिद्धान्त सम्बन्धी मान्यताओं में उनका सांस्कृतिक दृष्टिकोण मौजूद है। उनकी लोकमंगल की धारणा का सांस्कृतिक सन्दर्भ है और हृदय की मुक्तावस्था का भी। मुक्तिबोध आलोचना को 'सभ्यता-समीक्षा' कहते थे। रामचन्द्र शुक्ल और मुक्तिबोध की आलोचना को संस्कृति के समाजशास्त्र के अन्तर्गत विवेचित करते हुए उनकी आलोचना का समाजशास्त्र निर्मित किया जा सकता है। लेकिन हिन्दी में ऐसे आलोचक हैं जो यह मानने को तैयार नहीं हैं कि आलोचना का भी समाजशास्त्र हो सकता है। आलोचना, चाहे वह सैद्धान्तिक हो या व्यावहारिक, उसका एक सामाजिक आधार होता है और सामाजिक प्रयोजन भी, उसकी सामाजिक सार्थकता होती है और सामाजिक भूमिका भी। फिर उसका समाजशास्त्र क्यों नहीं हो सकता? केवल साहित्य का आलोचनात्मक सिद्धान्त ही नहीं, कोई भी आलोचनात्मक सिद्धान्त सामाजिक होने या न होने के कारण ही सार्थक या निरर्थक होता है। इसलिए आलोचना का समाजशास्त्र निर्मित किया जा सकता है।

हिन्दी में आलोचक को साहित्य का दारोगा, साहित्य का दरबान, साहित्य का मध्यस्थ आदि कहा गया है। उसे साहित्य के बाजार का ऐसा बिचौलिया भी कहा जाता है जो रचनाकारों, प्रकाशकों और पुस्तक खरीदनेवाले पाठकों के बीच सक्रिय रहता है। एक साहित्य के समाजशास्त्री ने लिखा है कि किसी साहित्यिक पाठ की गुणवत्ता कलात्मक आधार पर नहीं बल्कि प्रकाशकों, आलोचकों, साहित्य की संस्थाओं और शिक्षा-संस्थाओं द्वारा उसके महत्त्व के स्वीकार-अस्वीकार से तय होती है। आलोचक किसी रचना का समकालीन साहित्य-संसार में और साहित्य के इतिहास में स्थान निर्धारित करता है। कई बार एक रचना की बाजार में सफलता उसकी साहित्यिक महत्ता को प्रभावित करती है जिसमें आलोचक की निर्णायक भूमिका होती है। अगर वह साहित्य-शिक्षा की संस्थाओं के शिखर पर हुआ तो उसकी भूमिका और भी महत्वपूर्ण हो जाती है। वह साहित्य का डिक्टेटर भी साबित हो सकता है। क्या आलोचना और आलोचक की इन भूमिकाओं का समाजशास्त्रीय विवेचन नहीं हो सकता या नहीं होना चाहिए।

सी.जे. वान रीस ने लिखा है कि आलोचना एक पाठ को साहित्यिक पाठ के रूप में वैध बनाती है, उसको विशिष्टता प्रदान करती है और साहित्य-संसार में जगह दिलाती है। पाठ को साहित्यिक कृति बनने के लिए चयन के फिल्टरों की प्रक्रिया से गुजरना पड़ता है। इस प्रक्रिया में अखबारी समीक्षक, स्वतन्त्र आलोचक और

अध्यापक आलोचक शामिल होते हैं। एक व्यापक प्रक्रिया में ये तीनों सहयोगी होते हैं और साहित्य के क्षेत्र में अनुशासक या शासक बन जाते हैं। इससे एक ओर साहित्यिक पाठ की साहित्यिकता तय होती है तो दूसरी ओर आलोचक की समाज में हैसियत भी। क्या साहित्य की संस्कृति को बनाने-बिगाड़ने में लगे आलोचकों के व्यवहार का समाजशास्त्र नहीं लिखा जाना चाहिए? ग्राम्शी ने लिखा है कि आलोचना का एक दायित्व नयी संस्कृति के लिए संघर्ष भी है। वह नयी संस्कृति साहित्य की भी होगी और समाज की भी। इस प्रक्रिया में आलोचना नये समाज के निर्माण के लिए वैचारिक संघर्ष भी है। कोई आलोचना यह काम कर रही है या नहीं कर रही है, यह जाँचने और जानने के लिए आलोचना का समाजशास्त्र जरूरी है। हिन्दी में निराला, नागार्जुन, त्रिलोचन, विजेन्द्र, पंकज चतुर्वेदी और दूसरे व्यक्तियों ने आलोचना और आलोचक पर अनेक कविताएँ लिखी हैं। इन सबका एक साथ अध्ययन-विश्लेषण किया जाय तो आलोचना का समाजशास्त्र तैयार होगा और आलोचक का मनोविज्ञान भी सामने आएगा।

संस्कृति के समाजशास्त्र का एक मुद्दा है—परम्परा का विश्लेषण। प्रायः परम्परा संस्कृति के पर्याय के रूप में प्रयुक्त होती है। परम्पराएँ समाज की होती हैं, कलाओं की होती हैं और साहित्य की भी होती हैं, जो मिलजुलकर संस्कृति का विशिष्ट स्वरूप निर्मित करती हैं। इसीलिए परम्पराओं के विवेचन का जितना महत्त्व इतिहास-लेखन (समाज का इतिहास और साहित्य का इतिहास) में होता है उतना ही समाजशास्त्र में भी होता है। निरन्तरता और विच्छिन्नता के बीच द्वन्द्वात्मक सम्बन्ध के माध्यम से परम्पराओं का जन्म, परिवर्तन और विकास होता है। रेमंड विलियम्स ने ठीक ही लिखा है कि समाज, संस्कृति और साहित्य की परम्पराएँ कभी भी न तो सामाजिक अभिप्रायों से मुक्त होती हैं और न निष्क्रिय। प्रत्येक परम्परा एक सक्रिय शक्ति के रूप में इतिहास में हस्तक्षेप करती है। वह कुछ मूल्यों के पक्ष और कुछ के विपक्ष में काम करती है। परम्परा निरन्तर चयन और पुनर्चयन के रूप में सामने आती है, इसलिए उसे निरपेक्ष समग्रता के रूप में समझना भ्रामक है। परम्परा, चाहे समाज की हो या साहित्य और कला की, उसके बोध की प्रक्रिया में हमेशा चयन, संग्रह और त्याग की दृष्टि सक्रिय रहती है जो मूलतः सामाजिक दृष्टि होती है। रेमण्ड विलियम्स ने ग्राम्शी की प्रमुख या वर्चस्व की अवधारणा के सहारे समाज, साहित्य और संस्कृति में परम्परा की राजनीतिक भूमिकाओं का विवेचन किया है। उन्होंने लिखा है कि किसी समाज के एक विशेष काल में व्यवहारों, मूल्यों और अभिप्रायों की एक केन्द्रीय पद्धति होती है, जिसे प्रभुत्वशाली परम्परा कहा जा सकता है। उसे ही आजकल अपने देश में मुख्यधारा कहा जा रहा है। यह कल्पित मुख्यधारा उम्मीद और कोशिश करती है कि अन्य धाराएँ या वैकल्पिक और विरोधी परम्पराएँ उसमें मिलकर अपना स्वतन्त्र अस्तित्व और व्यवहार समाप्त कर दें। अगर विरोधी

परम्पराएँ या धाराएँ ऐसा नहीं करतीं तो उनको बदनाम करने और बरबाद करने का प्रयत्न होता है।

भारत में प्राचीनकाल से ही प्रभुत्वशाली परम्परा विरोधी परम्पराओं के साथ सुनियोजित रूप से चार तरह के व्यवहार करती रही है। वह सबसे पहले विरोधी परम्परा की उपेक्षा करती है। अगर विरोधी परम्परा उपेक्षा से नहीं समाप्त होती तो फिर प्रभुत्वशाली परम्परा उसका उग्र विरोध करती है। अगर वह विरोध से भी नहीं मरती तो फिर उसको विकृत करने का प्रयत्न करती है। अगर विरोधी परम्परा विकृत करने के अभियान से बच जाती है तब प्रभुत्वशाली परम्परा उसकी क्रान्तिकारी धार को भोथरा बनाकर उसे अपने भीतर समाहित कर लेती है। उपेक्षा, विरोध, विकृतीकरण और समाहरण की यह चतुर्मुखी प्रक्रिया लोकायत, बौद्ध-दर्शन, कबीरदास आदि की विचार परम्पराओं को अपना शिकार बना चुकी है। आज भी वह प्रक्रिया नये रूप में चल रही है। भारत में परम्परा का समाजशास्त्र बनाते समय इस चतुर्मुखी प्रक्रिया पर ध्यान देना होगा।

रेमण्ड विलियम्स ने लिखा है कि प्रत्येक समाज में प्रभुत्वशाली परम्परा के समानान्तर प्रतिरोध और विकल्प की चिन्ता, चेतना और गतिविधियाँ भी होती हैं, जो दूसरी परम्पराओं का निर्माण करती हैं। परम्परा की समग्रता में कुछ उदीयमान परम्पराएँ होती हैं तो कुछ अवशिष्ट। समाज में निरन्तर नये अर्थ और मूल्य, नये व्यवहार, नये अनुभव और नयी सार्थकताएँ निर्मित होती चलती हैं, जिनको अपने पक्ष में करने की कोशिश प्रभुत्वशाली परम्परा की ओर से होता है और प्रतिरोध की परम्परा की ओर से भी। आज के भारत में यह प्रक्रिया देखी जा सकती है। इसी प्रक्रिया से उदीयमान परम्पराओं का विकास होता है। इसके साथ ही समाज संस्कृति और व्यवहार में कुछ ऐसे अनुभव, अर्थ और मूल्य भी होते हैं जो पुराने जमाने के अनुभवों और व्यवहारों के अवशेष होते हैं। परम्परा के इन रूपों का अध्ययन संस्कृति के समाजशास्त्र के निर्माण में सहायक है।

संस्कृति के समाजशास्त्र के विकास में अंतोनियो ग्राम्शी के विचारों से बहुत मदद मिल सकती है। ग्राम्शी ने लिखा है कि साहित्य के इतिहास का संस्कृति के इतिहास के अंग के रूप में अध्ययन होना चाहिए। वे भाषा को संस्कृति का मुख्य रूप मानते थे। भाषा में समाज का अतीत मौजूद रहता है और उसका वर्तमान भी। वे कहते हैं कि भाषाएँ सांस्कृतिक उपज हैं और जनजीवन की सांस्कृतिक अभिव्यक्ति भी। ग्राम्शी यह भी कहते हैं कि एक भाषा में भी लोगों के बीच जो सामाजिक और ऐतिहासिक अन्तर है, वे व्यक्त होते हैं। वर्ग-भेद से भाषा के प्रयोग में भेद पैदा होता है। अगर यह सच है कि प्रत्येक भाषा में उस भाषा का व्यवहार करने वालों में आत्म-बोध और जगत्-बोध की अभिव्यक्ति होती है तो भाषा के विश्लेषण से भाषा-भाषियों की विश्व-दृष्टि का ज्ञान प्राप्त हो सकता है।

संस्कृति के समाजशास्त्र को ग्राम्शी का एक योगदान यह है कि उन्होंने लोक-संस्कृति के महत्त्व को स्वीकार करते हुए उसके नये विश्लेषण की राह बनायी है। लोक-संस्कृति में ग्राम्शी की दिलचस्पी का एक कारण यह था कि वे समाज के क्रान्तिकारी परिवर्तन के लिए लोक-मानस और लोक-व्यवहार को समझना जरूरी मानते थे। उन्होंने लोक-संस्कृति को जानने के लिए लोक-साहित्य, लोकप्रिय-साहित्य और लोक-मत का विस्तार से विवेचन किया है। वे मानते थे कि लोक-संस्कृति में प्रभुत्वशाली संस्कृति के तत्त्व घुलमिल जाते हैं। यह आश्चर्यजनक सच है कि कबीरदास भी ऐसा ही सोचते थे। कबीर का एक पद यह है :

ताथै कहिए लोकाचार
वेद कतेब कथै व्यवहार।

कबीर कहते हैं कि जिसे लोकाचार कहा जाता है उसमें वेद और कुरान की बातें शामिल रहती हैं। कहने का अर्थ यह है कि लोकमत में शास्त्रमत मिला रहता है। कबीर और ग्राम्शी दोनों ही लोक-संस्कृति, लोक-साहित्य और लोकमत को आलोचनात्मक दृष्टि से देखने का आग्रह करते हैं।

ग्राम्शी लोक-संस्कृति को जानने-पहचानने के लिए लोकमत को समझने की सिफारिश करते हैं। वे कहते हैं कि प्रत्येक वर्ग का अपना लोकमत (कॉमन सेंस) होता है और साधुमत (गुड सेंस) भी, जो उसकी विश्व-दृष्टि है। यद्यपि लोकमत के निर्माण में धर्म की महत्त्वपूर्ण भूमिका होती है लेकिन वह मुख्यतः जनता के इन्द्रिय बोध और अनुभव से बनता है, इसलिए उसमें भौतिक तत्त्वों की प्रधानता होती है और यथार्थपरकता भी। लोकमत दर्शन का लोक-वृत्तान्त है, वह लोक जीवन का दर्शन है और भविष्य के लोक-वृत्तान्त की रचना भी करता है। ग्राम्शी के लोकमत सम्बन्धी इन विचारों की मदद से लोक-संस्कृति का यथार्थवादी और भविष्योन्मुखी समाजशास्त्र बनाया जा सकता है।

संस्कृति के समाजशास्त्र को ग्राम्शी की एक बड़ी देन है—प्रभुत्व या वर्चस्व की धारणा। इसका बाद के विचारकों के चिन्तन पर गहरा असर है। यह आधिपत्य की ऐसी प्रक्रिया है जो प्रत्यक्ष और प्रकट नहीं होती। इसमें अधीनस्थ वर्ग, समूह और समुदाय के विरुद्ध सीधे बल का प्रयोग नहीं होता, बल्कि उनकी ऐसी सहमति और स्वीकृति प्राप्त की जाती है जिसके बारे में वे अनजान होते हैं। वर्चस्व का अर्थ सांस्कृतिक, नैतिक और विचारधारात्मक नेतृत्व भी है। इसका मुख्य कार्यक्षेत्र नागरिक समाज है। प्रभुत्व की प्रक्रिया गतिशील होती है। उसमें व्यवस्था और पुनर्व्यवस्था, सुधार-परिष्कार की प्रक्रियाएँ चलती रहती है। प्रभुत्व का स्वरूप और उसकी काय प्रणाली ऐतिहासिक स्थितियों और वर्गों के अनुसार होती है। समाज में जिस तरह संस्कृति के माध्यम से प्रभुत्व और प्रतिरोध की प्रक्रियाएँ चलती हैं। उनकी व्याख्या का सिद्धान्त है—वर्चस्व की अवधारणा। ग्राम्शी की इस धारणा को

मिशेल फूको अपने ढंग से शासकीयता या शासन की मानसिकता कहते हैं और ज्ञान तथा शक्ति के सम्बन्धों का विवेचन करते हैं। फूको के अनुसार शासकीयता ऐसी मानसिकता पैदा करने की प्रक्रिया है जो नागरिकों को सहमतिशील और आज्ञाकारी बनाती है। यह काम शिक्षा-व्यवस्था के माध्यम से होता है। ग्राम्शी भी यह मानते थे कि शिक्षा-संस्थाएँ वर्चस्व की स्थापना में महत्त्वपूर्ण भूमिका निभाती हैं।

ग्राम्शी के विचारों से प्रभावित चिन्तक हैं फ्रांस के लुई अल्थुसेर। उन्होंने विचारधारा का ऐसा सिद्धान्त विकसित किया है जिसके माध्यम से संस्कृति के सामाजिक अस्तित्व, उसकी क्रियाशीलता और सामाजिक भूमिका की पहचान सम्भव है। उन्होंने लिखा है कि विचारधारा बिम्बों, मिथकों, विचारों और धारणाओं के माध्यम से प्रातिनिधिकता की ऐसी व्यवस्था है जिसका अपना तर्क और रूप है और अस्तित्व तथा भूमिका भी। वह संरचनाओं की भी एक व्यवस्था है जो लोगों को अनचाहे और अनजाने प्रभावित करती है। विचारधारा विमर्शों की एक धारा भी है जो हर समय हमारे चारों ओर बहती रहती है और उसमें हम पैदा होते, बढ़ते, जवान होते, जीते और व्यवहार करते हैं। टेलीविजन का विज्ञापन इसका एक उदाहरण है। विचारधारा जब लोकमत बन जाती है तब अधिक प्रभावी होती है। विचारधारा की आँख से हम दुनिया को देखते हैं और ऐतिहासिक यथार्थ को जीते हैं। इस प्रक्रिया में विचारधारा जीवन का हिस्सा बन जाती है। विचारधारा में हमारे जीवन-जगत् के वास्तविक सम्बन्धों की अभिव्यक्ति होती है और काल्पनिक सम्बन्धों की भी। यही नहीं, विचारधारा में इच्छा, आशा और मोह की भी अभिव्यक्ति होती है।

अल्थुसेर की विचारधारा सम्बन्धी मान्यताएँ लोकप्रिय संस्कृति अर्थात अडोर्नो के शब्दों में 'संस्कृति के उद्योग' से उपजी लोकप्रिय संस्कृति का समाजशास्त्रीय विश्लेषण करने में सहायक है। फिल्म, टेलीविजन के सीरियल्स और विज्ञापनों के माध्यम से जो संस्कृति प्रस्तुत की जा रही है उसकी समाजशास्त्रीय व्याख्या सम्भव है। इस दिशा में अनेक प्रयत्न हुए भी हैं। जिन माध्यमों से सरकार समाज में विचारधारा का प्रचार-प्रसार करती है उन्हें अल्थुसेर विचारधारात्मक सरकारी उपकरण कहते हैं। इनमें प्रमुख है—धार्मिक संस्थाएँ, शिक्षा संस्थाएँ, परिवार, कानूनी संस्थाएँ, राजनीतिक संगठन, सम्प्रेषण और संचार की संस्थाएँ, जैसे प्रेस, रेडियो, टेलीविजन आदि और सांस्कृतिक संस्थाएँ, साहित्य, कला और खेल की संस्थाएँ। इन संस्थाओं के माध्यम से लोगों को विशेष ढंग से जीने और काम करने की सीख दी जाती है और जो उसे नहीं मानते उन्हें सताया जाता है। अल्थुसेर की विचारधारा की धारणा संस्कृति के समाजशास्त्र के निर्माण में सहायक तो है ही, साथ ही वह संस्कृति की राजनीति को समझने में भी मदद करती है।

आज संस्कृति के समाजशास्त्र के बारे में बात करते समय मुख्य समस्या पूँजीवादी व्यवस्था में संस्कृति की स्थिति की व्याख्या भी है। पूँजीवादी व्यवस्था से

संस्कृति का सम्बन्ध सहज नहीं है, बल्कि विडम्बनापूर्ण है। पूँजीवादी व्यवस्था पराधीनता की विराट् व्यवस्था है। यह उसके इतिहास और वर्तमान से जाहिर है, जबकि संस्कृति मनुष्य की स्वतन्त्रता की रचना है और अभिव्यक्ति भी। इसीलिए मार्क्स ने कहा था कि पूँजीवाद कलाओं का, विशेष रूप से कविता का दुश्मन है। पूँजीवादी व्यवस्था में आजादी होती है, लेकिन वह खरीदने और बेचने की आजादी है। यही उस बाजार की संस्कृति की बुनियादी विशेषता है जिस पर पूँजीवाद टिका रहता है। बाजार प्रत्येक वस्तु को, सांस्कृतिक वस्तुओं को भी बाजार की वस्तु बनाता है, उनकी खरीद-बिक्री करता है। पूँजीवादी समाज व्यवस्था में संस्कृति की इस स्थिति को उन विचारकों ने देखा और पहचाना है जिन्होंने आधुनिक काल में संस्कृति का समाजशास्त्र बनाने का प्रयास किया है। ऐसे विचारकों में प्रमुख हैं, अडोर्नो।

अडोर्नो ने संस्कृति के अनेक पक्षों पर लिखा है, लेकिन उनके लेखन का केन्द्रीय विषय है पूँजीवादी समाज में कला की स्थिति। वे कहते हैं कि पूँजीपति अपने जीवन का लक्ष्य पूँजी का संचय मानता है और इसके लिए वह स्वयं को सुख की चिन्ता से वंचित रखता है। अगर वह कभी कला से जुड़ने की कोशिश भी करता है तो आनन्द प्राप्त करने के लिए नहीं बल्कि सार्थकताओं से शून्य अपने जीवन को ढँकने के लिए। पूँजीवादी समाज में संगीत की स्थिति स्पष्ट करते हुए वे कहते हैं कि आजकल संगीत को एक ऐसी वस्तु के रूप में पैदा किया जा रहा है जो बाजार में बिक्री के लिए होता है, इसलिए वह संस्कृति के उद्योग का हिस्सा है। संगीत में परिवर्तन की सम्भावना पर विचार करते हुए उन्होंने लिखा है कि संगीत तभी बेहतर होगा जब वह एक ओर अपनी भाषा में निहित विरोधों की अभिव्यक्ति में सक्षम होगा और दूसरी ओर समाज में मौजूद यातना को मुखर करेगा। संगीत का काम समाज की विभीषिकाओं का मूकदर्शक बनना नहीं है।

संस्कृति के समालोचक के रूप में अडोर्नो की ख्याति का मुख्य कारण संस्कृति के उद्योग की धारणा है। संस्कृति के उद्योग की धारणा उन्होंने अमेरिका में रहते हुए की थी, जहाँ उन्होंने संस्कृति को एक उद्योग बनते देखा था। उन्होंने यह भी देखा था कि संस्कृति कैसे जन-चेतना को शासित संचालित करनेवाली छल-योजना का साधन बन जाती है। साधारण जनता कला का भी उसी तरह उपभोग करती है जैसे बाजार की दूसरी वस्तुओं का। ऐसा जब किसी समाज में होता है तब हर्बर्ट मारकूस के शब्दों में एक आयामी समाज बनता है और एक आयामी मनुष्य पैदा होते हैं। इस प्रक्रिया के कारण संस्कृति का वह रूप विकसित होता है जिसमें न प्रतिरोध की चेतना होती है और न ताकत।

अडोर्नो ने लिखा है कि संस्कृति का उद्योग पुराने और नये को मिलाकर एक नयी वस्तु पैदा करता है। याद कीजिए रामायण और महाभारत जैसे सीरियल्स। इस

प्रक्रिया से जो पैदा होता है वह जनता के उपभोग के लिए होता है और वही उपभोग का स्वरूप भी तय करता है। संस्कृति का उद्योग अच्छी कला और बुरी कला का फर्क मिटाता है। वह यह भ्रम पैदा करता है कि उपभोक्ता ही सर्वोपरि है, पर यह वास्तव में उपभोक्ता को भुलावे में डालने की चाल है। पूँजीवादी व्यवस्था में सांस्कृतिक वस्तुओं का महत्त्व उनकी बाजार में कीमत से तय होता है न कि उनकी अन्तर्वस्तु से। संस्कृति का पूरा उद्योग लाभ की प्रवृत्ति को सांस्कृतिक रूपों में रूपान्तरित करता है। वह अपने उपभोक्ताओं से जो वादे करता है उन्हें झुठलाता है। वह आंकाक्षा और प्रतीक्षा की एक असीमित और अनन्त दुनिया रचता है जो वास्तव में माया है। संस्कृति के उद्योग से अडोर्नो की एक शिकायत यह है कि वह रहस्यमयता का एक वातावरण निर्मित करता है और उपभोक्ताओं को लुभाता है। अडोर्नो की संस्कृति के उद्योग की धारणा की कुछ विस्तार से चर्चा करने का एक कारण यह है कि आजकल भारत में संस्कृति का उद्योग तेजी से फैल रहा है और उसके प्रभाव भी जगह-जगह दिखाई दे रहे हैं। इस स्थिति को देखकर कुछ लोग चकित, कुछ आनन्दित और कुछ अवसन्न हैं। इन भाव-दशाओं से मुक्त होने के लिए संस्कृति के उद्योग के स्वरूप और प्रयोजनों की जानकारी जरूरी है, जो अडोर्नो हमें देते हैं।

संस्कृति के समाजशास्त्र के विकास की मुख्यतः दो दिशाएँ हैं। एक है अनुभववादी, जिसे निरीक्षणमूलक भी कहा जाता है और दूसरी है भौतिकवादी या मार्क्सवादी। अनुभववाद के अन्तर्गत संस्कृति की सामाजिक और आर्थिक संस्थाओं की गतिविधियों का अध्ययन होता है। इसके साथ ही इन संस्थाओं के उत्पादों, उनकी अन्तर्वस्तु और प्रभावों का भी विवेचन होता है। अगर कोई व्यक्ति नागरी प्रचारिणी सभा, काशी और साहित्य सम्मेलन, प्रयाग के जन्म, विकास, ह्रास और वर्तमान स्थिति का समाजशास्त्रीय विश्लेषण करे तो हिन्दीभाषी समाज और उसके बुद्धिजीवी समुदाय की संस्कृति का स्वरूप स्पष्ट होगा। संस्कृति के समाजशास्त्र की भौतिकवादी या मार्क्सवादी पद्धति में संस्कृति और उसके विभिन्न रूपों के सामाजिक आधार, वर्गीय स्वरूप, सांस्कृतिक व्यवहारों की परिस्थितियों और संस्कृति तथा विभिन्न कलाओं में निहित तथा व्यक्त मूल्यों में मौजूद सामाजिक सम्बन्धों का विवेचन होता है। संस्कृति के एक ऐसे समाजशास्त्री हैं जिन्होंने दोनों परम्पराओं का उपयोग करते हुए पूँजीवादी व्यवस्था में संस्कृति की स्थिति का नया विश्लेषण किया है। वे हैं फ्रांस के पिरे बोर्दिए।

बोर्दिए ने पूँजीवादी समाज में विभिन्न वर्गों की सांस्कृतिक गतिविधियों की विशेषताओं और प्रवृत्तियों का विश्लेषण किया है। वे कहते हैं कि विभिन्न वर्गों का कला से प्रेम और कला का ज्ञान समान नहीं होता, उनका कलाकारों और कलाकृतियों से लगाव भी एक जैसा नहीं होता। उनका कला-बोध भी असमान होता

है। विभिन्न वर्गों के कला-सम्बन्धी व्यवहार पर उनकी शिक्षा, पेशा, आय, लिंग और पारिवारिक वातावरण का प्रभाव पड़ता है। एक व्यक्ति के कला सम्बन्धी व्यवहारों में उसके झुकाव की महत्त्वपूर्ण भूमिका होती है। झुकाव के साथ आदत का भी विशेष महत्त्व होता है। बोर्दिए के अनुसार सांस्कृतिक उत्पादन के क्षेत्र में उत्पादन की वैध पद्धति को प्रभावी बनाने का संघर्ष प्रभुत्वशाली वर्ग के भीतर प्रभुत्व की स्थापना के संघर्ष से जुड़ा होता है। बोर्दिए मानते हैं कि पूँजीवादी समाज में संस्कृति का क्षेत्र परस्पर सम्बद्ध कार्यकर्ताओं और संस्थाओं से निर्मित एक ऐसी व्यवस्था है जिसमें सांस्कृतिक वस्तुओं के उत्पादन, पुनरुत्पादन और वितरण की प्रक्रिया क्रियाशील रहती है।

बोर्दिए कहते हैं कि प्रत्येक सांस्कृतिक वस्तु बाजार की वस्तु होने के साथ ही प्रतीकात्मक वस्तु भी होती है जिसका सांस्कृतिक मूल्य होता है। वे सांस्कृतिक उत्पादन के क्षेत्र को प्रतीकात्मक वस्तुओं का बाजार कहते हैं। सांस्कृतिक उत्पादन दो प्रकार का होता है, सीमित उत्पादन और बड़े पैमाने का उत्पादन। सीमित उत्पादन के क्षेत्र में आर्थिक लाभ मुख्य नहीं होता, प्रतीकात्मक मूल्य महत्त्वपूर्ण होता है, जबकि बड़े पैमाने का उत्पादन बाजार के लिए होता है। सीमित उत्पादन के क्षेत्र में एक सीमा तक स्वायत्तता होती है, लेकिन उस स्वायत्तता को भी वैधता की चिन्ता होती है। बोर्दिए मानते हैं कि संस्कृति के समाजशास्त्री को यह ध्यान में रखना चाहिए कि सांस्कृतिक वस्तुओं के सीमित और बड़े पैमाने के उत्पादन जितने परस्पर विरोधी लगते हैं उतने होते नहीं हैं क्योंकि दोनों में सह-अस्तित्व होता है और तारतम्यता भी होती है।

हाल के दशकों में संस्कृति पर पूँजीवाद के कब्जे के कारण संस्कृति के क्षेत्र में जैसे-जैसे व्यवसाय, विडम्बना, मिश्रण, नकल, संकरण और विरूपीकरण का प्रभाव बढ़ा है वैसे-वैसे संस्कृति की चिन्ता भी बढ़ी है, जिसके परिणामस्वरूप संस्कृति पर विचार की प्रक्रिया में तेजी और व्यापकता आयी है। इस बीच संस्कृति के सिद्धान्तों की बात हो रही है जिसके अन्तर्गत संस्कृति से प्रकृति, समाज और समाज की भौतिक प्रक्रियाओं के सम्बन्धों का विवेचन हो रहा है। यही नहीं, संस्कृति से विचारधारा और सामूहिक चेतना के सम्बन्धों की भी चर्चा हो रही है। दुनिया के अनेक विश्वविद्यालयों में संस्कृति के अध्ययन के केन्द्र खुल गये हैं, जिनमें लोकप्रिय संस्कृति, सम्प्रेषण, उपभोक्ता समाज में संस्कृति, जन-संचार, अस्मिताओं का संस्कृति से सम्बन्ध और उत्तर-आधुनिकता के विवेचन तथा मूल्यांकन का काम हो रहा है।

संस्कृति के क्षेत्र में आजकल एक और मुद्दा चर्चा के केन्द्र में है। वह है बहुसंस्कृतिवाद। इसका केन्द्र है अमेरिका। अमेरिकी सत्ता और उसके बुद्धिजीवी अपनी समस्याओं और आकांक्षाओं को सिद्धान्त का जामा पहनाने की कला में माहिर

हैं। इसी प्रक्रिया से बिचारधारा का अन्त, सभ्यताओं का संघर्ष और इतिहास का अन्त आदि सिद्धान्त पैदा हुए हैं। बहु संस्कृतिवाद भी इसी मानसिकता की उपज है। कुछ आलोचक इसे संस्कृति की राजनीति कहते हैं। अमेरिका में अनेक नस्लों, रंगों, धर्मों, भाषाओं और संस्कृतियों के लोग रहते हैं। इन सबका वर्चस्व श्वेत, ईसाई, अंग्रेजी दो यूरोपीय मूल के लोगों का है, जो स्वयं को अमेरिका का प्रामाणिक नागरिक और प्रतिनिधि मानते हैं। वे अन्य धर्मों, भाषाओं, नस्लों और रंगों के लोगों के साथ भेद-भाव का व्यवहार करते हैं और उनका अनेक रूपों में दमन भी, जिसके विरुद्ध वहाँ प्रतिक्रियाएँ हुई हैं और प्रतिरोध के आन्दोलन भी चले हैं। इन प्रतिक्रियाओं और प्रतिरोधों की समस्या का हल खोजने के प्रयास से बहुसंस्कृतिवाद का जन्म हुआ है।

किसी बहुसांस्कृतिक समाज में विभिन्न संस्कृतियों के बीच एकता और द्वन्द्व की समस्या रहती है। भारत भी एक बहुसांस्कृतिक समाज है। यहाँ भी यह समस्या है। इस समस्या का समाधान वर्चस्वशाली संस्कृति द्वारा बाकी संस्कृतियों को आत्मसात करना नहीं हो सकता। आत्मसातीकरण के बदले संस्कृतियों में निहित सार्वभौमिकताओं की पहचान और उनका सम्मान ही उचित होगा। संस्कृतियों के अन्तर और अलगाव के स्वीकार के बाद जो समावेशन और परस्पर निर्भरता की प्रक्रिया चलती है वही लोकतान्त्रिक होती है।

प्रायः संस्कृति के समाजशास्त्र में जिस संस्कृति के विश्लेषण और मूल्यांकन के प्रयास हुए हैं वह आधिकारिक या केन्द्रीय या मुख्यधारा की संस्कृति है। कुछ समाजशास्त्रियों ने लोकप्रिय संस्कृति का भी विवेचन किया है, लेकिन वह बाजार के लिए उत्पादित बाजारू संस्कृति है, सच्ची लोक-संस्कृति या जन-संस्कृति नहीं। सच्ची लोक-संस्कृति जनता के लिए जनता द्वारा और जनता के बारे में रचित संस्कृति है। अभिजनवादी समाजशास्त्री लोक-संस्कृति, लोकप्रिय-संस्कृति और भीड़ की संस्कृति में फर्क नहीं करते, वे सबकी एक साथ आलोचना करते हैं।

लोक-संस्कृति और जन-संस्कृति में भी फर्क होता है। लोक-संस्कृति लोक-प्रतिभा की सहज रचना होती है। इसका जन्म तब हुआ होगा जब समाज मौखिक संस्कृति की अवस्था में होगा। तब न लेखन की संस्कृति थी और न मुद्रण की। मौखिक संस्कृति की सर्जनात्मकता बहुमुखी होती है। उसकी रचना के मुख्य रूप हैं—मुहावरे, कहावतें, लोककथा, लोकगीत, और आख्यानक काव्य भी। इनके साथ ही लोकनाट्य की विभिन्न शैलियाँ और चित्रांकन की कलाएँ भी हैं। जन-संस्कृति की लोक-संस्कृति से आत्मीयता होती है, लेकिन भिन्नता भी होती है। जन-संस्कृति लोक-संस्कृति से जुड़कर वर्चस्व की संस्कृति की आलोचना और प्रतिरोध के उद्देश्य से सायास रची गयी संस्कृति है। लोक-संस्कृति की तरह जन-संस्कृति के मूल में एक मूल्यचेतना होती है, जो संस्कृति के आधारभूत वर्ग के जीवन की वास्तविकताओं और आकांक्षाओं की अभिव्यक्ति होती है। पूँजीवाद के लिए लोक-संस्कृति म्यूजियम की वस्तु है और

जन-संस्कृति एक चिढ़ाने वाली खुराफात, लेकिन जनता के लिए दोनों संजीवनी शक्ति हैं।

लोक-संस्कृति का समाजशास्त्र बनाने में एक कठिनाई यह है कि जो लोग लोक-संस्कृति को जानते हैं, उससे लगाव अनुभव करते हैं, वे उसके प्रति आलोचनात्मक नहीं होते और जो आलोचनात्मक होते हैं वे उसे ठीक से जानते नहीं। लोक-संस्कृति का समाजशास्त्र विकसित करने के लिए ग्राम्शी का दृष्टिकोण अपनाना उपयोगी होगा, जिसकी पहले चर्चा हो चुकी है। लोक-मानस को ठीक ढंग से समझने के लिए लोक-संस्कृति का विश्लेषण आवश्यक है, क्योंकि लोक-संस्कृति में ही लोकमत और लोकमन के बनने-बिगड़ने की प्रक्रियाओं और सम्भावनाओं की अभिव्यक्ति होती है। जिन्हें लोकमत को बदलने की चिन्ता है उन्हें लोक-संस्कृति के माध्यम से लोकमत और लोकमन को जानने-पहचानने की चिन्ता भी होनी चाहिए।

अन्त में कुछ बातें भारतीय संस्कृति के समाजशास्त्र की समस्याओं और सम्भावनाओं के बारे में।

आज भारतीय समाज में संस्कृति के बारे में भावावेग से मुक्त होकर बात करना मुश्किल है। तब भारतीय संस्कृति का समाजशास्त्र निर्मित करना कितना कठिन होगा, इसका अनुमान किया जा सकता है। कारण यह है कि कुछ लोग संस्कृति और धर्म को पर्यायवाची समझते हैं और वे प्रयत्न कर रहे हैं कि दूसरे भी यही मानें। यही नहीं, वे संस्कृति, धर्म, सम्प्रदाय और राष्ट्र को एक समझते हैं, जिसका नाम है हिन्दुत्व। जाहिर है इसकी प्रतिक्रिया में दूसरे भी अपने-अपने धर्मों को अपनी संस्कृति घोषित कर रहे हैं। उसका अर्थ यह होगा कि भारतीय संस्कृति की अवधारणा का अन्त हो जायगा, क्योंकि भारतीय धर्म नाम का कोई धर्म नहीं है। यही नहीं, तब भाषा पर आधारित सांस्कृतिक अस्मिताएँ भी नहीं होंगी, न कोई तमिल संस्कृति होगी और न कोई बांग्ला संस्कृति, क्योंकि अनेक धर्मों के लोग एक भाषा का व्यवहार करते हैं, उसी भाषा में सोचते और रचते हैं उससे उनकी संस्कृति बनती है। यह ठीक है कि संस्कृति का तत्त्व धर्म है, लेकिन वह एकमात्र तत्त्व नहीं है। संस्कृति धर्म से बहुत व्यापक होती है। एक सचाई यह भी है कि प्राचीनकाल और मध्यकाल में संस्कृति के निर्माण में धर्म की जैसी भूमिका थी वैसी आधुनिककाल में नहीं है। आधुनिककाल में संस्कृति के बनने-बिगड़ने की प्रक्रिया राजनीतिक और आर्थिक कारणों से अधिक प्रभावित होती है।

मेरी मुख्य चिन्ता यह है कि अगर हमें भारतीय संस्कृति का समाजशास्त्र बनाना हो तो कौन से सवाल हमारे सामने होंगे। सबसे पहला सवाल तो यही होगा कि भारतीय संस्कृति का स्वरूप क्या है। भारतीय साहित्य की तरह भारतीय संस्कृति भी विभिन्न संस्कृतियों का समुच्चय है। जो संस्कृतियाँ आपस में मिलजुल कर भारतीय संस्कृति का निर्माण करती हैं उनकी कुछ विशिष्टताएँ हैं तो कुछ सामान्यताएँ भी

हैं। किसी एक संस्कृति को भारतीय संस्कृति मान लेना दूसरी संस्कृतियों के साथ अन्याय होगा। वह असांस्कृतिक भी होगा, क्योंकि न्याय-भावना संस्कृति का एक बुनियादी लक्षण है।

कुछ लोग कहते हैं कि भारतीय संस्कृति रहस्यमयी, आध्यात्मिक और धार्मिक है। सवाल यह है कि किस संस्कृति में ये बातें नहीं रही हैं। अगर दूसरे देशों और समाजों में रहस्यवाद, आध्यात्मिकता और धार्मिकता मिलती है तो ये सब भारतीय संस्कृति की विशेषताएँ कैसे हैं। विशेषता तो वह है जो शेष में न हो। भारतीय संस्कृति को रहस्यवादी और आध्यात्मिक माननेवाली धारणा का एक स्रोत प्राच्यवाद है, जिसकी आलोचना करते हुए आचार्य रामचन्द्र शुक्ल ने कहा था, "यूरोप ने कहा, 'भारतवासी बड़े आध्यात्मिक होते हैं, उन्हें भौतिक सुख-समृद्धि की परवाह नहीं होती।' बस, दिखा चले अपनी आध्यात्मिकता। देखिए हमारे काव्य में आध्यात्मिकता है; यह देखिए हमारी चित्र-विद्या की आध्यात्मिकता, यह देखिए हमारी मूर्तिकला की आध्यात्मिकता।" अगर हम यह मान लें कि भारतीय संस्कृति रहस्यवादी और आध्यात्मिक ही है तो भारतीय संस्कृति का समाजशास्त्र बनाना कठिन होगा, क्योंकि रहस्यवाद और आध्यात्मिकता का सारा कारोबार आस्था के सहारे चलता है जबकि समाजशास्त्र के लिए बुद्धि और विवेक की जरूरत होती है।

प्रत्येक समाज में अन्तर्विरोध होते हैं और उस समाज की संस्कृति में उनका प्रतिबिम्बन होता है। संस्कृति के समाजशास्त्री को उन अन्तर्विरोधों के मूल और संस्कृति में उनके व्यक्त रूपों को पहचानना होता है। लेकिन यह भी ध्यान में रखना होगा कि आधिकारिक या प्रभुत्वशाली संस्कृति का एक काम उन अन्तर्विरोधों को छुपाना भी है। भारतीय समाज और संस्कृति का समाजशास्त्रीय विश्लेषण करनेवाले डी.पी. मुखर्जी ने लिखा है कि "आधुनिक भारतीय संस्कृति जिस सन्दर्भ से जुड़ी हुई है उस भारतीय समाज का स्वभाव न तो मूल का है और न फूल का, न तो लिखित इतिहास है और न पूर्णता की सम्भावना का। यह अवास्तविक वर्ग-संरचना के ऐसे कौशल की उपज है जिसका सामाजिक सिद्धान्तों से कोई सम्बन्ध नहीं है।" भारतीय संस्कृति के समाजशास्त्री को उन कौशलों या युक्तियों या चालों या चालाकियों की व्याख्या करनी होगी जिनकी मदद से समाज के सच और संस्कृति के सच के बीच दूरियाँ रची गयी हैं।

भारतीय समाज के सच और भारतीय संस्कृति के सौन्दर्य के बीच जो अन्तर्विरोध हैं उनकी ओर संकेत करते हुए डी.डी. कोसम्बी ने लिखा है कि, "भारत में दुर्बोध रहस्यमय दर्शन है, चक्करदार धर्म है, अलंकृत साहित्य है, जटिल मूर्तियों से सुसज्जित भवन हैं और कोमल संगीत है। ये सब उसी ऐतिहासिक प्रक्रिया की देन है जिसमें भुखमरी के शिकार भावशून्य ग्रामीण जन हैं और सुसंस्कृत माने जानेवाले लोगों का संवेदनशील अवसरवाद तथा दीमकों जैसा लालच भी है। ये

एक-दूसरे के परिणाम हैं।" भारतीय संस्कृति का समाजशास्त्र लिखनेवाले व्यक्ति के सामने यह प्रश्न होगा कि क्या वह इनमें से एक को याद रखे और दूसरे को भूल जाये या दोनों के सम्बन्धों का समग्रता में विश्लेषण करे। असल में लूट और झूठ की संस्कृति से एकदम भिन्न होती है भूख और दुःख की संस्कृति।

हम जिस अतीत को भारतीय समाज और संस्कृति का स्वर्ण-युग कहते हैं उसका एक उदाहरण देखिए। उमा चक्रवर्ती ने हाल में ही प्रकाशित अपनी पुस्तक 'बियाण्ड द किंग्स एण्ड ब्राह्मन्स ऑफ एन्सिएंट इंडिया' के आरम्भ में मगध के राजा अजातशत्रु के एक दास का कथन उद्धृत किया है, जो इस प्रकार है—"ये अजातशत्रु हैं, मगध के राजा। वे एक मनुष्य हैं और मैं भी मनुष्य हूँ। राजा पाँचों इन्द्रियों का सुख भोगते हैं और मैं उन्हें देवता समझता हूँ। मैं एक दास हूँ, उनके लिए काम करता हूँ। उनके पहले जागता हूँ और उनके बाद सोता हूँ। मैं उनकी हर इच्छा पूर्ण करता हूँ, उनको अपने कामों से प्रसन्न रखना चाहता हूँ। मैं उनकी नजर पर बराबर ध्यान रखता हूँ।" आप इस कथन पर ध्यान दीजिए तो कई सवाल आपके मन में उठेंगे। क्या राजा की संस्कृति होती है और दास की नहीं? क्या संस्कृति सुखों का सिलसिला है और उसमें उन सुखों से उपजे दुखों की कोई चिन्ता नहीं होनी चाहिए? भारत में राजाओं और ब्राह्मणों की परम्पराएँ हैं तो दास-दासियों और दलितों की भी परम्पराएँ हैं। क्या भारतीय संस्कृति के समाजशास्त्र में दोनों परम्पराओं के लिए जगह नहीं होनी चाहिए? वाल्टर बेंयामिन ने लिखा है कि "संस्कृति पर ध्यान दीजिए तो संत्रास का बोध भी होगा, क्योंकि उसके निर्माण में केवल महान प्रतिभाओं का ही योगदान नहीं होता, उनके समकालीन अनाम लोगों का श्रम भी लगा होता है। सभ्यता का कोई ऐसा दस्तावेज नहीं है जो बर्बरता का भी दस्तावेज न हो। जैसे दस्तावेज बर्बरता से मुक्त नहीं होता वैसे ही उसके हस्तान्तरण में भी बर्बरता होती है।"

अब एक थेरी सुमंगला माता की कविता देखिए/सुनिए जो ई.पू. छठी शताब्दी की है :

एक स्त्री मुक्त हुई
कितनी मुक्त हूँ मैं—
रसोईघर की ऊब से
भूख की गिरफ्त से
रसोईघर के खाली बर्तनों की चिन्ता से
छाता बनानेवाले बेईमान पति से।
अब मैं शान्त हूँ और सुखी भी
वासनाएँ और घृणाएँ मर गयी हैं
मैं बाग में जाती हूँ घने वृक्षों की छाँव में

अब अपने सुखों के बारे में सोचती हूँ।

यह पुरुष सत्ता के आतंक और गरीबी के दंश से एक स्त्री की स्वतन्त्रता के सुख की अभिव्यक्ति की कविता है। ऐसी कविता की भारतीय साहित्य में एक लम्बी और समृद्ध परम्परा है। मेरे सामने सवाल यह है कि क्या भारतीय समाज में स्त्री पराधीनता के यथार्थ और स्वाधीनता की आकांक्षा की अभिव्यक्ति को भी भारतीय संस्कृति के समाजशास्त्र में जगह मिलेगी? या केवल सीता और सावित्री के पातिव्रत्य का गुणगान और सती की गरिमा का मंडन ही होगा? स्त्रीवादी दृष्टि से देखिए तो भारतीय संस्कृति की वही तस्वीर नहीं दिखायी देगी जो पुरुषवादी दृष्टि से देखने पर सामने आती है।

भारतीय समाज की एक विशेषता है जाति-व्यवस्था, जिसकी अभिव्यक्ति भारतीय संस्कृति में अनेक रूपों में होती रही है। इसका प्रभाव वैदिक साहित्य से लेकर आज तक के साहित्य पर है और जीवन-मूल्यों की व्यवस्था पर भी। इसकी गुलामी और दमन के शिकार दलितों की दृष्टि से भारतीय संस्कृति पर विचार कीजिए तो सौन्दर्य और माधुर्य के बदले संत्रास का बोध होगा। महात्मा फुले और डॉ. अम्बेडकर के चिन्तन और लेखन से भारतीय संस्कृति के यथार्थवादी समाजशास्त्र के विकास की सम्भावना बनी है।

भारतीय संस्कृति के किसी भी प्रकार के विश्लेषण में आदिवासियों की संस्कृति की स्थिति एक समस्या है। जैसे आदिवासी भारतीय होते हुए भी भारतीय समाज के अंग नहीं समझे जाते, वे हाशिये पर रहकर जीने-मरने के लिए मजबूर हैं, वैसे ही उनकी संस्कृति भारतीय संस्कृति का हिस्सा नहीं है। आदिवासी-समाज और उसकी संस्कृति उपनिवेशवाद के समय से ही विनाश और पुनर्वास की प्रक्रिया का शिकार है। एक ओर डी.एन. मजूमदार जैसे समाजशास्त्री रहे हैं जो संस्कृति के दो प्रकार मानते हैं—प्रभुत्वशाली और पतनशील। लगता है कि वे आदिवासियों की संस्कृति को पतनशील समझते थे, इसलिए कहते थे कि पतनशील संस्कृति अपने मूल्यों को छोड़कर और प्रभुत्वशाली संस्कृति में मिलकर ही जीवित रह सकती है। दूसरी ओर जी.एस. घूरे जैसे समाजशास्त्री थे जो आदिवासियों की संस्कृति को पिछड़ी हुई हिन्दू संस्कृति मानते थे। मुख्यधारा के प्रतिनिधि अधिकांश समाजशास्त्री आदिवासियों की संस्कृति के संस्कृतीकरण की वकालत करते रहे हैं, जिसका अर्थ है प्रभुत्वशाली संस्कृति का आदिवासियों की संस्कृति पर कब्जा। आजकल सांस्कृतिक राष्ट्रवाद के नाम पर यह प्रक्रिया जोर-शोर से चल रही है। हाल में गुजरात में आयोजित 'शबरी कुम्भ' उसी का एक उदाहरण है। वैसे पूँजीवादी विकास के लिए आदिवासियों के विनाश का जो अभियान देश भर में चल रहा है उसके पूरा होने पर न आदिवासी होंगे और न उनकी संस्कृति के समाजशास्त्र की जरूरत होगी।

भारत में प्राचीनकाल से ही विभिन्न नस्लों और धर्मों के लोग आते रहे हैं और

यहाँ के समाजों और धर्मों से मिलकर नया सांस्कृतिक संगम निर्मित करते रहे हैं, जिसके परिणामस्वरूप भारतीय संस्कृति का स्वभाव समावेशी बना है। सबसे बड़ा और शक्तिशाली सांस्कृतिक संगम मध्यकाल में निर्मित हुआ, जिसका एक फल था—भक्ति आन्दोलन। आजकल भारत में संस्कृति के नाम पर जो कुछ है; भाषाएँ, साहित्य, संगीत, चित्रकला, स्थापत्य आदि, उसका गहरा सम्बन्ध भक्तिकाल की सृजनशीलता से है। इसलिए भारतीय संस्कृति का समाजशास्त्र बनाने का जो भी प्रयास होगा उसके केन्द्र में भक्ति आन्दोलन और उसकी सांस्कृतिक सर्जनाओं को रखना होगा। आज भारतीय संस्कृति का कोई ऐसा समावेशी विवेचन नहीं हो सकता जिसमें तानसेन, तुलसीदास और ताजमहल को शामिल न किया जाय। उस काल में सांस्कृतिक संगम के लिए प्रयत्न करने वालों में कबीरदास थे तो दाराशिकोह भी थे। दाराशिकोह ने न केवल बावन उपनिषदों का 'सिरे अकबर' नाम से फारसी में अनुवाद किया था, बल्कि हिन्दू धर्म और इस्लाम में एकता की खोज करने वाली किताब 'मज्म उल-बहरैन' फारसी में लिखी थी, जिसका स्वयं उन्होंने 'समुद्र-संगम' नाम से संस्कृत में अनुवाद भी किया था। जो लोग संस्कृत की संस्कृति को ही भारतीय संस्कृति समझते हैं वे भक्ति आन्दोलन और उसके काव्य का अपमान करते हैं। भक्ति आन्दोलन सम्पूर्ण भारत की जनता की मातृभाषाओं के सर्जनात्मक उत्थान का आन्दोलन था, जिसने संस्कृत की संस्कृति से संघर्ष करते हुए स्त्रियों तथा दलितों को आत्माभिव्यक्ति की स्वतन्त्रता दी।

भारतीय संस्कृति का समाजशास्त्र बनाते समय एक सवाल यह भी सामने होगा कि भारतीय ज्ञान और सृजन की किन परम्पराओं, रचनाओं और भाषाओं को विश्लेषण का आधार बनाया जाय। केवल वैदिक-पौराणिक साहित्य के आधार पर निर्मित संस्कृति का समाजशास्त्र अधूरा और एकांगी होगा। उसकी पूर्णता के लिए संस्कृत के साथ पालि, प्राकृत, अपभ्रंश, लोक-भाषाओं और आधुनिक भारतीय भाषाओं के साहित्य को भी ध्यान में रखना होगा। जब हम वैदिक साहित्य के सामने धम्मपद, त्रिपिटक और जातक कथाओं को, रामायण के साथ महाभारत को, कालिदास के साथ अश्वघोष को, मनुस्मृति के साथ वज्रसूची को और तुलसीदास के साथ कबीरदास को रखेंगे तभी उस द्वन्द्वात्मक प्रक्रिया का बोध होगा जिससे गुजर कर भारतीय संस्कृति का निर्माण और विकास हुआ है।

संस्कृति केवल 'माधुर्य और प्रकाश' ही नहीं देती, जैसा मैथ्यू अर्नाल्ड सोचते थे। वह बर्बरता का कारण भी बनती है, जैसा कि वाल्टर बेंयामिन मानते थे। संस्कृति के नाम पर होनेवाली बर्बरता के नये-पुराने असंख्य उदाहरण दिये जा सकते हैं। मुझे लगता है कि संस्कृति की वही चिन्ता सार्थक है जो मनुष्य की स्वतन्त्रता के पक्ष में खड़ी हो, अन्यथा मौन की संस्कृति क्या बुरी है।

भारत के मध्यकालीन समाज में साहित्य की संस्कृति

"Why should anyone ignore the beautiful lily of Indian philosophy in order to concentrate upon the dismal swamp of popular superstition?"[1]

मैं आपसे आज जो कुछ कहना चाहता हूँ वह एक प्रश्न से पैदा हुई जिज्ञासा का परिणाम है। मुझे यह प्रश्न बराबर परेशान करता है कि भारतीय समाज के मध्यकाल में जो हिन्दी साहित्य पैदा हुआ उसका अधिकांश विकास वहीं क्यों हुआ जहाँ व्यवस्थित रूप से सामन्ती सत्ताएँ मौजूद थीं। हिन्दी साहित्य के तीन काल भारतीय समाज के मध्यकाल के अन्तर्गत आते हैं। वे हैं वीरगाथाकाल, भक्तिकाल और रीतिकाल। इन तीनों कालों के कवि और उनकी कविताएँ उन्हीं क्षेत्रों की हैं जहाँ सामन्तवाद किसी-न-किसी रूप में मौजूद था। इन तीनों कालों के काव्य के विकास में बिहार के योगदान पर ध्यान दीजिए तो बात और अधिक स्पष्ट होगी। बिहार में सांस्कृतिक सर्जनाओं का सबसे बड़ा केन्द्र रहा है मिथिला जहाँ दर्शन, साहित्य, संगीत और चित्रकला के साथ-साथ लोक संस्कृति के अनेक रूपों का विकास हुआ क्योंकि मिथिला में एक सुव्यवस्थित और स्थिर सामन्ती सत्ता लम्बे काल तक मौजूद रही।

सामन्ती व्यवस्था में सांस्कृतिक सृजन के मुख्यतः तीन केन्द्र होते हैं। एक तो राजदरबार, दूसरी धार्मिक संस्थाएँ जिनमें मठ और मन्दिर आते हैं और तीसरा लोकजीवन। सामन्ती व्यवस्था में दरबार अनेक रूपों में संस्कृति का केन्द्र बनता है क्योंकि वहाँ विद्वानों, कवियों और कलाकारों को आश्रय मिलता है। जबसे साहित्य मौखिक अवस्था से बाहर आकर लिखित अवस्था में प्रवेश करता है तबसे सर्जकों को किसी-न-किसी आश्रय की जरूरत पड़ती है। सर्जकों के आश्रय का दूसरा केन्द्र मठ और मन्दिर रहे हैं जहाँ अधिकांशतः धार्मिक साहित्य की रचना होती है। इन दोनों से अलग मौखिक और लिखित रूप में साहित्य तथा संस्कृति के अन्य रूपों की रचना का काम लोकजीवन में भी होता है जिसे मोटे तौर पर लोक संस्कृति कहा जा सकता है। सांस्कृतिक सर्जना के ये तीनों केन्द्र सर्जकों को इस बात की स्वतन्त्रता भी देते हैं या कुछ सर्जक स्वयं यह स्वतन्त्रता ले लेते हैं कि वे एक केन्द्र

से निकलकर दूसरे में जा सकें और अपने मन के अनुसार सृजन का काम कर सकें। कुछ लोगों को लगता है कि ऐसी स्वतन्त्रता केवल पूँजीवादी समाज में होती है लेकिन भारतीय समाज के मध्यकाल में ऐसी स्वतन्त्रता के अनेक उदाहरण मिल सकते हैं।

सामन्ती समाज और उसकी सांस्कृतिक देन के बारे में सोच-विचार से जुड़े कुछ ऐसे पूर्वग्रह हैं जिनसे मुक्त हुए बिना सामन्ती समाज से संस्कृति के सम्बन्ध पर विचार करना मुश्किल होगा। मार्क्स ने पूँजीवाद के क्रान्तिकारी स्वरूप की चर्चा की तो उसका असर मार्क्सवादियों पर ऐसा पड़ा कि वे पूँजीवाद के पूर्व की समाज व्यवस्थाओं को ही नहीं उनकी सांस्कृतिक देनों को भी तुच्छ मानने लगे और उनकी उपेक्षा या निन्दा को अपना लक्ष्य समझने लगे। यह आश्चर्यजनक है कि ऐसे मार्क्सवादियों ने पूँजीवाद को ही अपनी विचार प्रक्रिया का केन्द्र बनाकर कई हजार वर्षों के मानव समाज और उसकी संस्कृति के विकास का मूल्यांकन किया है।

सामाजिक विकास की प्रक्रिया में कभी-कभी वर्तमान की दमनकारी शक्तियों के विरुद्ध विद्रोह या विरोध की प्रेरणा तथा पद्धति भी अतीत से प्राप्त होती है। दामोदर धर्मानन्द कोशाम्बी ने महाराष्ट्र में 'महानुभाव सम्प्रदाय' की चर्चा करते हुए यह लिखा है कि उस सम्प्रदाय के लोगों ने जाति व्यवस्था का विरोध करने के लिए आदिम समाजों के उस सामूहिक जीवन को अपने सामने रखा जिसमें जाति व्यवस्था जैसा भेदभाव नहीं था।[2] उनके अलावा महाराष्ट्र में ही जो 'वारकरी सम्प्रदाय' विकसित हुआ उसने पंढरपुर की सामूहिक यात्रा का ऐसा अभियान शुरू किया जिसका मूल स्रोत आदिम समाजों में ही मिलता है। इस भक्ति सम्प्रदाय में अनेक जातियों के लोग समानता के स्तर पर शामिल होते थे। उसी का एक परिणाम यह भी था कि भक्ति आन्दोलन में अनेक जातियों से कवि आये और उन्होंने जाति व्यवस्था का खण्डन भी किया।

यद्यपि मार्क्स ने पूँजीवादी समाज को पहले की समाज व्यवस्थाओं से अधिक प्रगतिशील माना, पर साथ ही उन्होंने यह भी लिखा है कि भौतिक उत्पादन और सांस्कृतिक उत्पादन या कला के उत्पादन में असमान सम्बन्ध भी होता है। उन्होंने लिखा है कि कला के प्रसंग में यह सर्वविदित बात है कि उसके कुछ शिखर समाज के सामान्य विकास के मेल में नहीं होते, यही नहीं वे भौतिक आधार के मेल में भी नहीं होते। उदाहरण के लिए आधुनिक राष्ट्रों से यूनान की तुलना की जा सकती है और शेक्सपीयर की भी। यह माना जाता है कि कला के कुछ रूप जैसे कि महाकाव्य अपने युगान्तकारी रूप में बाद में रचे नहीं जा सकते। इसका तात्पर्य यह भी है कि कला के क्षेत्र में कुछ रूपों का सृजन उस कला के विकास की आरम्भिक अवस्था में ही हो सकता है। अगर कला के क्षेत्र में उसके कुछ रूपों के प्रसंग में यह बात सही है तो कला के पूरे क्षेत्र के विकास के साथ समाज के सामान्य विकास का सम्बन्ध भी वैसा ही हो सकता है।[3] सामन्ती समाज की सांस्कृतिक देन पर

विचार करते समय अनेक मार्क्सवादियों ने मार्क्स की इस मान्यता के अभिप्राय और निहितार्थ पर ध्यान नहीं दिया। यह सभी जानते हैं कि सांस्कृतिक सृजन के कुछ रूपों का अन्त सामन्तवाद के साथ ही हो गया। पूँजीवाद के दौर में जैसे महाकाव्यों की रचना नहीं होती वैसे ही शिलालेखों, स्तम्भों, गुफाचित्रों, स्तूपों, चैत्यों, मन्दिरों, मस्जिदों और मकबरों का निर्माण नहीं होता और अगर कहीं होता भी है तो यह विडम्बनापूर्ण और हास्यास्पद ही अधिक लगता है।

सामन्ती व्यवस्था में समाज की रीढ़ और संस्कृति के एक केन्द्र किसान थे। पूँजीवाद किसानों को गँवार और जाहिल समझता है इसीलिए उनके विनाश को अपने विकास का साधन बनाता है। प्रमाण के लिए आज के भारत में किसानों की दशा देखिए। पिछले लगभग एक दशक में डेढ़ लाख किसानों ने आत्महत्या की है। अगर किसानों की आत्महत्या की यही गति बनी रही तो इस सदी के अन्त तक भारत में न किसान होंगे, न कृषि होगी और न उनसे जुड़ी संस्कृति होगी। आचार्य नरेन्द्रदेव ने कहा था कि संस्कृति चित्तभूमि की खेती है। उनके इस कथन के अर्थ को पूरी व्यापकता में समझने के लिए कृषि और किसान जीवन को समग्रता में जानना जरूरी है। आप कल्पना कीजिए कि जब इस देश में न किसान होंगे और न कृषि होगी तब आचार्य नरेन्द्रदेव के इस कथन का अभिप्राय कैसे समझ में आएगा।

भारतीय समाज के सामन्तकाल की संस्कृति पर विचार करने वाले दो तरह के लोग हैं। एक वे हैं जिन्हें परम्परावादी कहा जा सकता है। वे सामन्तकाल की संस्कृति में जो कुछ मूल्यवान है उसे प्राचीन परम्परा की देन मानते हैं। दूसरे वे हैं जिन्हें आधुनिक कहा जा सकता है। वे सामन्तकाल को पतन का काल मानते हैं और उसकी संस्कृति को पतनशील संस्कृति कहते हैं। दोनों ही केवल अभिजनवादी संस्कृति को ध्यान में रखते हैं, लोक संस्कृति को नहीं। सामन्ती समाज में ही लोक संस्कृति के अन्तर्गत लोक कविता विकसित होती है जो लोकप्रियता को एक कलात्मक मूल्य के रूप में विकसित करती है। इस मूल्य का उपयोग बाद की कविता के मूल्यांकन के लिए भी होता रहा है। लोकप्रिय कविता लोक जीवन की संजीवनी है। इसी रूप में वह सामन्ती समाज में भी काम करती रही है और आज भी करती है।

मार्क्स ने कहा था कि हर युग में शासक वर्ग की विचारधारा ही नियामक विचारधारा होती है। इसी के आधार पर कुछ लोगों ने यह धारणा बना ली है कि हर युग में शासक वर्ग की संस्कृति ही नियामक संस्कृति होती है। सामन्ती समाज में पैदा होने वाली संस्कृति पर इस दृष्टि से विचार करने का अर्थ होगा सामन्ती सत्ता और उसके दरबार की संस्कृति को नियामक संस्कृति मानना जबकि किसी भी काल में संस्कृति के उत्पादन और प्रसार की प्रक्रिया न केवल जटिल होती है बल्कि बहुमुखी और बहुरूपी भी होती है। सामन्ती काल में भी संस्कृति के प्रसार की प्रक्रिया केवल ऊपर से नीचे की ओर नहीं चलती, शासकीय संस्कृति और लोक संस्कृति के

बीच परस्पर आदान-प्रदान भी होता है। इस बात को ध्यान में रखे बिना भारतीय समाज के मध्यकाल की सामन्ती प्रक्रिया को ठीक से समझना सम्भव नहीं है।

सामन्ती काल की संस्कृति पर विचार करते समय कुछ बातों पर ध्यान देना जरूरी है। उनमें से पहली बात तो यही है कि हर काल की संस्कृति में कुछ उदीयमान परम्पराएँ हैं तो कुछ अवशिष्ट परम्पराएँ भी होती हैं।[4] उदीयमान परम्पराएँ नयी आर्थिक-सामाजिक स्थितियों से पैदा होती हैं तो अवशिष्ट परम्पराएँ पुरानी व्यवस्थाओं के अवशेषों से। भारत में आज भी आधुनिक आर्थिक-सामाजिक स्थितियों के साथ-साथ कहीं सामन्ती और कहीं आदिम स्थितियाँ मिलती हैं। किसी भी काल की संस्कृति के अध्ययन में उदीयमान परम्पराओं के साथ-साथ अवशिष्ट परम्पराओं की भी पहचान जरूरी है। अगर हम इस प्रक्रिया को ध्यान में न रखें तो भारतीय समाज के मध्यकाल की संस्कृति की अनेक परम्पराओं और प्रवृत्तियों को समझना मुश्किल होगा। आज के भारतीय समाज में सामन्ती व्यवस्था भले ही न हो लेकिन उससे सम्बद्ध परम्पराएँ, मूल्य और विश्वास आज भी लोकजीवन, लोकमत और ग्रामीण समाज में मौजूद हैं। विशेष रूप से दलितों और स्त्रियों की पराधीनता तथा दमन के प्रसंग में इन्हें देखा जा सकता है। आज के पूँजीवादी युग में कुछ बदले हुए रूप में सामन्ती काल की अवशिष्ट परम्पराएँ कहीं-कहीं दिखाई देती हैं। भारतीय समाज के मध्यकाल में जो कवि ऋषि और सन्त थे वे अब भगवान बना दिये गये हैं, उनका प्रकाश-उत्सव मनाया जा रहा है। यह स्थिति वाल्मीकि के साथ है और कबीर के साथ भी। आप स्वयं विचार कीजिए कि यह परम्परा की प्रगति है या दुर्गति।

हर युग की संस्कृति की एक व्यवस्था होती है जो जितनी समावेशी होती है उतनी ही जटिल भी होती है। वह व्यवस्था की समग्रता का निर्माण अभिव्यक्ति के विभिन्न रूपों की उपलब्धियों से होता है। उस व्यवस्था की अभिव्यक्ति दर्शन, साहित्य, चित्रकला, स्थापत्य, संगीत, धर्म, रीति-रिवाज और यहाँ तक कि खान-पान एवं पोशाक आदि के रूपों में भी होती है। संस्कृति के इन विभिन्न रूपों के दो लक्ष्य दिखाई देते हैं। एक लक्ष्य है सत्ता की संस्कृति को मजबूत बनाना और दूसरा है मानवीय प्रवृत्तियों को जगाना और विकसित करना। इन दोनों लक्ष्यों में स्वभावगत अन्तर होता है और अलगाव भी होता है, फिर भी कभी-कभी दोनों के बीच आदान-प्रदान सम्भव है।

सत्ता से लोक संस्कृति की सर्जनाएँ ही प्रभावित नहीं होतीं, लोक संस्कृति से भी सत्ता की संस्कृति प्रभावित होती है। प्रो. हरबंस मुखिया ने 'दि मुगल्स ऑफ इण्डिया' नाम की किताब में यह विस्तार से दिखाया है कि मुगल राजसत्ता और सत्ताधारियों की संस्कृति किस तरह भारतीय जनजीवन में प्रचलित जादू, चमत्कार और आस्था से सम्बन्धित विभिन्न लोक-विश्वासों से प्रभावित और संचालित होती है।[5] सभी सत्ताएँ दमनकारी होती हैं, केवल सामन्ती ही नहीं पूँजीवादी और

समाजवादी भी, लेकिन सत्ता से जुड़ी हुई सांस्कृतिक सर्जनाएँ भी दमन का गुणगान नहीं करतीं बल्कि प्रतिरोध की चेतना, आकांक्षा और कोशिश की अभिव्यक्ति करती हैं। इससे यह जाहिर है कि संस्कृति केवल वर्चस्व का ही साधन नहीं बनती वह मुक्ति का माध्यम भी होती है। असल में संस्कृति मनुष्य के सामाजिक जीवन की वास्तविकताओं और सम्भावनाओं के साथ-साथ अनुभवों और आकांक्षाओं की भी अभिव्यक्ति होती है इसलिए वह मुक्तिधर्मी भी होती है।

कभी-कभी पुराने सांस्कृतिक नियमों का विरोध करने की प्रक्रिया में भी ऐसी नयी सांस्कृतिक सर्जनाएँ होती हैं जो सामाजिक आलोचना, नयी जीवन-दृष्टि और नयी विचारधारा के रूप में काम करती हुई पुरानी सांस्कृतिक परम्पराओं से मुक्ति की प्रेरणा देती है। संस्कृति के इतिहास की इसी द्वन्द्वात्मक प्रक्रिया से संस्कृतियों का विकास होता है।

भारत में सामन्तवाद के काल और उसके इतिहास पर बहुत विवाद हुआ है। अगर हम डी.डी. कोशाम्बी की बात मानें तो संस्कृत में 'सामन्त' शब्द का इतिहास पुराना है और लम्बा भी।[6] 'सामन्त' कौटिल्य के अर्थशास्त्र में है। कोशाम्बी यह भी कहते हैं कि अर्थशास्त्र में और जातकों में मौजूद 'सामन्त' का अर्थ पड़ोसी या पड़ोसी राजा है। 526 ई. में वल्लभी के ध्रुवसेन को 'महाराजमहासामन्त' कहा गया है। 592 ई. के विष्णुसेन से सम्बन्धित शिलालेख में भी 'सामन्त' शब्द है। दण्डी के 'दशकुमारचरित्र' में भी 'सामन्त' शब्द का प्रयोग हुआ है जो छठी शताब्दी के अन्त या सातवीं शताब्दी के आरम्भ की रचना है। 'अमरकोश' और भर्तृहरि के एक मुक्तक में भी 'सामन्त' शब्द है। कोशाम्बी के अनुसार छठी सदी में 'सामन्त' शब्द का अर्थ लगभग वह हुआ जो आजकल सामन्तवाद के अन्तर्गत माना जाता है।

यह बात ध्यान में रखने की है कि सामन्ती व्यवस्था और सत्ता का विकास पूरे रूप में सभी विशेषताओं के साथ अचानक नहीं हुआ जैसे पूँजीवाद का नहीं हुआ। वह विकास एक लम्बी प्रक्रिया का परिणाम है जो विभिन्न अवस्थाओं में पूरा हुआ। किसी भी एक समय में उसके पूर्ण रूप की खोज भ्रामक है। कोशाम्बी भारत के सामन्ती व्यवस्था के विकास की दो अवस्थाएँ मानते हैं—एक है ऊपर का सामन्तवाद और दूसरा नीचे का सामन्तवाद।[7] उनके अनुसार, ऊपर के सामन्तवाद का अर्थ है एक ऐसी व्यवस्था जिसमें सम्राट अपने मातहत राजाओं से कर लेता है लेकिन वे राजा अपनी सीमा में स्वतन्त्र होते हैं। ऐसे सहयोगी राजा आदिवासी समूहों के प्रधान भी हो सकते हैं जो बिचौलिए के बिना सीधे अपने क्षेत्र पर शासन करते हैं। नीचे का सामन्तवाद अगली अवस्था है जहाँ भूमिपतियों का एक वर्ग विकसित होता है जो राज्य और किसानों के बीच कड़ी के रूप में काम करता है और अपने नीचे के लोगों पर सैन्य शक्ति के माध्यम से शासन करता है। यह वर्ग सम्राट को सैनिक सेवा भी प्रदान करता है। कोशाम्बी के अनुसार छठी शताब्दी से तेरहवीं शताब्दी तक का काल ऊपर के

सामन्तवाद का है तो चौदहवीं से अठारहवीं शताब्दी तक का समय नीचे के सामन्तवाद का है। इसे हम चाहें तो सुविधा के लिए प्रारम्भिक सामन्तवाद और परवर्ती सामन्तवाद भी कह सकते हैं।

भारतीय सामन्तवाद की सत्ता से संस्कृति के सम्बन्ध पर विचार करते समय यह ध्यान में रखना जरूरी है कि कवि और कलाकारों को राज्याश्रय की जितनी जरूरत थी उतनी ही राजसत्ता को कवियों और कलाकारों की भी जरूरत थी। कवियों को अपने आश्रयदाताओं के क्रियाकलापों और शौर्यगाथाओं का वर्णन करना होता था जिससे हिन्दी में वीरगाथात्मक रचनाएँ पैदा हुईं तो राजाओं को उन रचनाओं के माध्यम से वर्णित गाथाओं में अपने यश के प्रसार की सम्भावना दिखाई देती थी। ऐसी गाथाओं में कभी-कभी वर्तमान राजा को अतीत के महान नायकों के समान बताते हुए कवि उनके यश का विस्तार करते थे। प्रायः प्रशस्तिपरक रचनाओं का उद्देश्य राजाओं को प्रतिष्ठा दिलाना या अमर यश प्रदान करना होता था। इसी के बदले राजा अपने आश्रित कवियों को पुरस्कार और अन्य सुविधाएँ प्रदान करते थे। इसे आप चाहें तो आश्रय के माध्यम से प्रतिष्ठा पैदा करने की पद्धति भी कह सकते हैं। इस प्रक्रिया में जो बात छिपी रहती थी वह यह थी कि न तो राजाओं को मिलनेवाली प्रतिष्ठा केवल राजाओं तक सीमित थी और न ही कवियों को मिलने वाला धन राजसत्ता का पैदा किया हुआ था। दोनों का मूलस्रोत जनता थी जो श्रोता के रूप में राजा को प्रतिष्ठा प्रदान करती थी और करदाता के रूप में कवियों के लिए धन जुटाती थी। जब कभी राजा अधिक आततायी होता था तो वह प्रतिष्ठा प्राप्त करने के लायक नहीं रहता था और कवियों को धन भी नहीं मिलता था। कभी-कभी राजा अपनी प्रतिष्ठा की वृद्धि के लिए जैसे सैनिक समारोह आयोजित करते थे उसी तरह अपने दरबार के कवियों और कलाकारों को प्रदर्शन की वस्तु की तरह प्रस्तुत भी करते थे। सामन्ती दौर में सत्ता की शक्ति और प्रतिष्ठा के इस आपसी सम्बन्ध की छानबीन करते हुए संस्कृति की ऐसी भूमिका की पहचान हो सकती है जो राजसत्ता को मजबूत बनाती है।

राजाओं के दरबारों में रहने वाले कवि और कलाकार केवल राजसत्ता को प्रतिष्ठा ही नहीं प्रदान करते थे वे आम जनता के बीच सत्ता की स्वीकृति का वातावरण भी तैयार करते थे। इस प्रक्रिया में राजसत्ता को वैधता प्राप्त होती थी। कवियों और लेखकों के माध्यम से राजाओं और सामन्तों को तात्कालिक प्रतिष्ठा के साथ-साथ दीर्घकालिक अमरता भी मिलती रही है। अगर चन्दबरदाई ने 'पृथ्वीराज रासो' न लिखा होता तो पृथ्वीराज चौहान इतिहास के एक सामान्य राजा ही बने रहते, वे वीर नायक के रूप में प्रतिष्ठित न हुए होते। हम सब जानते हैं कि राजा शिवसिंह अगर विद्यापति के पदों में बार-बार नहीं आते तो उनको वह अमरता प्राप्त नहीं होती जो उन्हें विद्यापति के माध्यम से मिली हुई है। एक महान योद्धा और नायक के रूप

में शिवाजी और छत्रसाल को प्रतिष्ठित करने और जनता के मन में उनकी उदात्त छवि बनाने में भूषण कवि की भूमिका से हम सब परिचित हैं।

सामन्ती सत्ता और उस दौर की संस्कृति की एक विशेषता अतिरंजना की प्रवृत्ति भी है। उस दौर में एक छोटा राजा भी खुद को महाराज, महाराजाधिराज, सार्वभौम, चक्रवर्ती आदि कहलाना पसन्द करता था। उसी प्रक्रिया का विस्तार ज्ञान की संस्कृति के क्षेत्र में भी दिखाई देता है जिसमें हर छोटा-बड़ा दार्शनिक, पंडित और कवि खुद को जगतगुरु, विश्ववन्द्य और ऋषि-महर्षि मानता था या मनवाता था। सामन्ती संस्कृति की एक और विशेषता है अलंकरण की प्रवृत्ति। इसका विस्तार राजा और उसके दरबार से लेकर साहित्य और अन्य कलाओं तक में दिखाई देता है। इसे आप सामन्ती समय के स्थापत्य, चित्रों, मूर्तियों, संगीत और कविता तक में देख सकते हैं। अलंकरण का गहरा सम्बन्ध प्रदर्शनप्रियता से है जो सामन्ती समाज और संस्कृति की जानी-पहचानी विशेषता है। यही विशेषता कविता में अलंकारवाद के रूप में सामने आती है।

कभी-कभी सामाजिक संरचनाएँ दार्शनिक स्तर पर भी व्यक्त होती हैं। हीगल ने ठीक ही कहा था कि दर्शन विचारों में अपने युग का प्रतिबिम्बन है। भारतीय कविता में भक्ति आन्दोलन के दौरान दो प्रवृत्तियाँ बहुत व्यापक थीं—एक तो अवतारवाद और दूसरी प्रवृत्ति थी दास्य भाव की। अवतारवाद में सामन्ती राजसत्ता का पूरा प्रतिबिम्ब दिखाई देता है और दास्य भाव में राजसत्ता की आकांक्षित प्रवृत्ति मिलती है। यह सही है कि कभी-कभी अवतारवाद में जनता की समता की आकांक्षा भी प्रकट होती है जैसे कि तुलसी के रामराज्य में, लेकिन कुल मिलाकर राजा के रूप में राम अपने समय के आदर्श सम्राट ही हैं।

किसी भी काल की सांस्कृतिक सर्जनाओं पर विचार करते समय यह बात ध्यान में रखनी चाहिए कि सृजन के बाद कृति सर्जक से स्वतन्त्र हो जाती है। सामन्ती दौर की बहुत सारी कलाकृतियाँ ऐसी हैं जिनमें उनके सर्जकों के नाम नहीं हैं फिर भी वे अपने सौन्दर्य के कारण अज्ञात सर्जक की प्रतिभा से हमें चमत्कृत करती हैं। अजन्ता के चित्र हों या एलोरा के मन्दिर और मूर्तियाँ या फिर दिलवाड़ा के जैन मन्दिरों की नक्काशी और मूर्तिकला, ये सब-की-सब केवल सर्जक ही नहीं बल्कि देश-काल की सीमाओं से मुक्त होकर भी आज के दर्शकों को प्रभावित करती हैं। सामन्ती काल में निर्मित अनेक कलाकृतियाँ अगर अनाम हैं तो उनका एक कारण बनाने वाले की पराधीनता और बनवाने वाले की आकांक्षा भी हो सकती है। इसी कारण से सामन्ती युग की अनेक कलाकृतियों के बारे में यह लोक-विश्बास है कि कृतियों के निर्माण के बाद राजा ने कलाकारों के हाथ कटवा लिए थे ताकि वे वैसी हीं दूसरी किसी कृति की रचना न कर सकें। सामन्ती समाज की सांस्कृतिक सर्जनाओं पर विचार करते समय मार्क्स के उस प्रश्न पर ध्यान देना जरूरी है जो

उन्होंने यूनानी कलाओं के प्रसंग में अपने सामने रखा था। उन्होंने कहा था कि यह समझने में बहुत कठिनाई नहीं है कि यूनानी कला और महाकाव्य सामाजिक विकास की एक विशेष अवस्था में कैसे जुड़े हैं कठिन प्रश्न यह है कि वे अब भी हमें सौन्दर्यानुभूति क्यों कराते है। और कुछ अर्थों में हमारे प्रतिमान तथा अप्राप्य आदर्श क्यों बने हुए हैं?[8] हम अजन्ता, एलोरा, दिलवाड़ा के जैन मन्दिरों तथा ताजमहल के बारे में इसी प्रश्न के आलोक में ठीक से विचार कर सकते हैं।

भारतीय समाज के मध्यकाल में साहित्य की संस्कृति मौखिक अवस्था से निकलकर लिखित अवस्था में प्रवेश कर रही थी। यह बात खास तौर से लोकभाषा में रची जाने वाली कविताओं को ध्यान में रखकर कही जा रही है। अब यह साहित्य की संस्कृति तीन अवस्थाओं से गुजर चुकी है—मौखिक या वाचिक, लिखित और मुद्रित। हम जिस काल की संस्कृति की बात कर रहे हैं उस काल की कविता में लिखित के भीतर मौखिक की स्मृतियाँ और प्रभाव मौजूद हैं। उस काल में लिखित साहित्य की संस्कृति को मौखिक साहित्य प्रभावित और प्रेरित ही नहीं कर रहा था बल्कि अनेक अर्थों में उसके रूप का निर्माण भी कर रहा था। तेरहवीं सदी के मराठी कवि ज्ञानेश्वर कविता को श्रोता और वक्ता के बीच ही सार्थक मानते हैं। उन्होंने अनेक छन्दों में श्रोता के महत्त्व की स्थापना की है। उन्होंने लिखा है :

श्रोते जनां नमस्कारू।
तुम्ही सर्व सुखाचा सागरू।
तुमचा होय कृपाकरू।
तारे ग्रंथासि रूप॥

(श्रोताजन को नमस्कार करता हूँ। आप सर्वसुख सागर हैं। आपका कृपाकर मिले तो ग्रन्थ को रूप मिलेगा।)

भरला पदार्थां अनेकां।
वक्ता चतुरू जाला विका।
परि श्रोतेनवीण वक्ता।
चतुरू केवि॥

(अनेक श्रेष्ठ भावों से भरा हुआ चतुर वक्ता कितना ही अच्छा हो, फिर भी श्रोताओं के बिना वक्ता चतुर कैसे होगा।)

तांथुवेविण प्रकारू,
केवि होये मुक्तांचा हारू।
तैसा श्रोतयाविण टीकाकारू,
श्लाव्यु कैंचा॥

(किसी प्रकार के तन्तु बिना मुक्ताहार कैसे बन सकता है, वैसे ही श्रोताओं के बिना टीकाकार कैसे प्रशंसित होगा।)

विद्यापति पदावली के बारे में ये जानी-पहचानी बात है कि उनके गीत लोकगीत के अधिक निकट हैं। सम्भवतः इसीलिए बाद के दिनों में उनके गीत लोकगीत के रूप में लोकजीवन में प्रचलित हैं। लोकगीत मौखिक परम्परा की ही देन हैं जिनको परिष्कृत करते हुए भक्तिकाल के अनेक कवियों ने अपने गीतों और पदों में विकसित किया है। कबीर के अनेक पद ऐसे हैं जो सीधे लोकगीत लगते हैं। उनका एक पद इस प्रकार है :

दुलहिनी गावहु मंगलचार
हम घर आये हो राजाराम भरतार।

लोकगीत प्रायः गेय होते हैं। भक्तिकाल के अनेक कवि महाकाव्य लिखते हुए भी उसे गीत ही कहना पसन्द करते थे। जायसी ने लिखा है :

जोरि लाई रकत कै लेई, गाढ़ि प्रीति नयनन जल भेई।
ओ मैं जान गीत अस कीन्हा, मकु यह रहै जगत मह चीन्हा॥

सूरदास के गीतों की रचना शैली का एक स्रोत ब्रज के लोकगीत हैं। इसीलिए रामचन्द्र शुक्ल ने यह अनुमान किया था कि सूरसागर किसी चली आती हुई परम्परा का—चाहे वह मौखिक ही रही हो—पूर्ण विकास सा जान पड़ता है। 'सूरसागर' में बधायो, सोहिलो, मंगलगीत और गारीगीत का उपयोग हुआ है। उसमें कृष्ण के जन्म, नामकरण, अन्नप्राशन, वर्षगाँठ और कर्णछेदन के गीत हैं। लोकगीतों की गेयता का प्रभाव रामचरितमानस पर भी है, इसीलिए तुलसीदास ने लिखा है :

कवि न होहूँ नहि चतुर कहावहुँ, मति अनुरूप राम गुन गावहुँ।

मौखिक और लिखित का यह सम्बन्ध इतना अन्तरंग है कि उसे जाने बिना भक्तिकाल के साहित्य की संस्कृति की पूरी पहचान सम्भव नहीं है।

मेरे सामने एक सवाल यह भी है कि भारत के परवर्ती सामन्ती समाज के साहित्य की संस्कृति की विवेक यात्रा का उद्देश्य क्या है? मुझे ऐसा लगता है कि हमारे लिए अतीत की वर्तमान और भविष्य में जो सार्थकता है उसकी व्याख्या करना ही इस बौद्धिक यात्रा का उद्देश्य है। इसके लिए संस्कृति के इतिहासलेखन की प्रचलित पद्धतियों से काम नहीं चलेगा। साहित्य की संस्कृति के इतिहासकार को आलोचनात्मक और संवेदनशील होने के साथ ही कल्पनाशील भी होना होगा तभी वह कविता से इतिहास पा सकेगा। पुरानी कृतियों में परम्परा की उपस्थिति की खोज के बदले नवीनताओं के जन्म की पहचान जरूरी है। प्रत्येक पाठ अपने समय की संस्कृति से निर्मित होता है और उसका निर्माण भी करता है।

भारत के परवर्ती सामन्ती युग में हिन्दुओं और मुसलमानों के बहुस्तरीय मेलजोल से एक संगम संस्कृति विकसित हुई। संगम संस्कृति की यह धारणा शाहजहाँ के बड़े बेटे दाराशिकोह की महत्त्वपूर्ण पुस्तक 'समुद्र संगम' पर आधारित है। दाराशिकोह ने 1654 ई. में फारसी में एक किताब लिखी थी जिसका नाम था

'मज्म-उल-बहरैन'। इसी किताब का उसने 1655 ई. में 'समुद्र संगम' नाम से अनुवाद किया था। इस पुस्तक के मूल में दाराशिकोह की यह मान्यता है कि इस्लाम और हिन्दू धर्म दो समुद्रों की तरह हैं जिनके बीच संगम सम्भव है। मध्यकाल में जो संगम संस्कृति विकसित हुई उसके अग्रदूत थे अमीर खुसरो जो तेरहवीं सदी के उत्तरार्द्ध और चौदहवीं सदी के पूर्वार्द्ध में मौजूद थे। वे खुद को भारतीय तुर्क कहते थे। यह ध्यान देने की बात है कि इस देश में आने वाले अधिकांश मुसलमान आरम्भिक दौर में जिस मानसिकता में जी रहे थे बाद के दिनों में वे उस मानसिकता से मुक्त हुए। पहले वे मुसलमान भारतीय थे पर बाद में भारतीय मुसलमान बने। अमीर खुसरो एक कवि थे, इतिहासकार थे और सिद्ध संगीतकार भी थे। वे अनेक भाषाओं के जानकार थे। उन्होंने फारसी के साथ-साथ ब्रजभाषा और खड़ी बोली में भी कविता लिखी है। यह भी माना जाता है कि उन्होंने भारतीय और फारसी संगीत में समन्वय किया और अनेक राग-रागिनियों का आविष्कार भी किया। बाद के दिनों में, खास तौर से मुगल काल में संगम संस्कृति का विकास अधिक व्यापक हुआ और गहरा भी। सांस्कृतिक क्षेत्र में संगम की यह प्रवृत्ति अनेक कलाओं में दिखाई देती है लेकिन इसका विशेष विकास स्थापत्य, चित्रकला, संगीत और साहित्य में हुआ। भगवतशरण उपाध्याय ने ठीक ही लिखा है कि मुस्लिम काल में भारत में एक से बढ़कर एक इमारतें बनीं जैसी संसार के किसी अन्य मुस्लिम देश में न थीं।[9] दिल्ली, अजमेर, आगरा, जौनपुर, मालवा, गुजरात, बीजापुर, सासारांम और लखनऊ आदि स्थानों में सुन्दर किले, मस्जिदें, मकबरे और इमामबाड़े बने। इनको बनाने में हिन्दू और मुसलमान दोनों का श्रम और दोनों की मेधा लगी। मुस्लिम काल में बनी अधिकांश इमारतों के निर्माण पर हिन्दू स्थापत्य का गहरा प्रभाव है। गुजरात और दक्षिणी राजपूताना के मन्दिरों के अलंकरण की समूची समृद्धि और सौन्दर्य का मुस्लिम काल में निर्मित इमारतों की कला के विकास में महत्त्वपूर्ण योगदान है।

मुगल काल की चित्रकला में भी सांस्कृतिक संगम दिखाई देता है। उस काल में मुगल दरबार के साथ-साथ देश के विभिन्न हिस्सों में चित्रकला की अनेक शैलियाँ प्रचलित थीं जिनमें गुजराती शैली, राजपूत शैली, दक्कनी शैली आदि प्रमुख हैं। मुगलों की चित्रकला में विशेष दिलचस्पी थी। 1555 ई. में जब हुमायूँ ईरान से भारत लौटा तब वहाँ से दो प्रसिद्ध चित्रकार मीर सय्यद अली और अब्दुल समद को भी अपने साथ लेता आया।[10] मीर सय्यद अली ने 'दास्ताने अमीर हमजा' को पहले चित्रित किया जिसमें कई सौ चित्र थे। इन चित्रों में भी भारतीय प्रभाव दिखाई देता है। चित्रकला के संरक्षण और संवर्द्धन का सबसे व्यापक प्रयास अकबर ने किया। अकबर के दरबार में जितने मुसलमान चित्रकार, संगीतकार और कवि थे उससे बहुत अधिक हिन्दू चित्रकार, संगीतकार और कवि थे। अकबर के दरबार के दो अत्यन्त प्रसिद्ध चित्रकार माने जाते हैं। उनमें से एक का नाम बसावन था और दूसरे का

दसवन्त। अकबर ने अनेक भारतीय ग्रन्थों का अनुवाद करवाया और उनमें से अधिकांश किताबों के हाशिए पर और बीच-बीच में चित्र बनाये गये। महाभारत का सचित्र अनुवाद 'रज्मनामा' नाम से प्रसिद्ध हुआ। 'अकबरनामा' मुगल शैली के चित्रों का विशाल भण्डार है जिनके चित्रकार मुसलमानों से अधिक हिन्दू थे। मुगलकाल में ही अनेक हिन्दी काव्यग्रन्थों की सचित्र हस्तलिपियाँ तैयार होने लगी थीं। केशवदास की 'रसिकप्रिया' की एक सचित्र हस्तलिपि उपलब्ध है। इस प्रक्रिया में एक और सांस्कृतिक संगम सम्भव हुआ जिसे आप कविता और चित्रकला का संगम कह सकते हैं। अबुल फजल ने अकबर के दरबार के जिन सत्रह कलावन्तों का उल्लेख किया है उनमें केवल चार मुसलमान हैं और तेरह हिन्दू। 'रज्मनामा' के चित्रों पर इक्कीस हिन्दुओं के नाम हैं और सात मुसलमानों के। चित्रकला की एक खास शैली विकसित हुई जिसे जहाँगीरी शैली कहा जाता है। जहाँगीर के काल के उल्लेखनीय चित्रों में उस्ताद शालिवाहन द्वारा चित्रित 'विज्ञप्ति पत्र' और 'माधवानल कामकन्दला' का चित्रण विशेष स्मरणीय है।

मुगलकाल में चित्र और संगीत के बीच भी गहरी एकता थी। भगवतशरण उपाध्याय ने ठीक ही लिखा है कि संसार के किसी देश की कला में साहित्य, संगीत और चित्र का इतना घना सम्बन्ध नहीं है।[11] इस काल में रागों और रागिनियों पर चित्र बनते थे और चित्रों पर कविताएँ भी लिखी जाती थीं। इन सब का प्रभाव मुगल दरबार से अलग विभिन्न क्षेत्रों की स्थानीय चित्रकला की शैलियों पर भी पड़ा। मुगलकाल में पुस्तक की संस्कृति का ऐसा विकास हुआ जिसमें सृजन, अनुवाद, सुलेख (खुशख़त) और चित्रकला का संगम था।

सांस्कृतिक संगम की यह प्रवृत्ति संगीत में भी दिखाई देती है। संगीत से सम्बन्धित विभिन्न ग्रन्थों के लेखन का जो काम ग्यारहवीं-बारहवीं शताब्दी से चल रहा था वह आगे भी बना रहा। सारंगदेव का 'संगीत रत्नाकर' तेरहवीं सदी में लिखा गया, सोमनाथ का 'रागविबोध' 1619 ई. में और दामोदर मिश्र का 'संगीत दर्पण' 1625 ई. में। ध्रुपद गायन की परम्परा भारत में प्राचीनकाल से मौजूद थी पर खयाल का विकास मुस्लिम काल में ही हुआ। खयाल के प्रसिद्ध गायक सदारंग मुहम्मद शाह के दरबारी गायक थे। इस बीच अनेक नये राग-रागिनियों का भी विकास हुआ। संगीत के क्षेत्र में सांस्कृतिक संगम के प्रतीक हैं तानसेन। मुस्लिम काल से ही ठुमरी का विकास हुआ और लावणी का भी। अनेक नये वाद्ययन्त्र संगीत से जुड़े जिनमें नफीरी और शहनाई आदि उल्लेखनीय हैं।

मुगलकाल में सांस्कृतिक संगम का एक रूप मुगलों की, खासतौर से मुगल बादशाहों की हिन्दी कविता में दिखाई देता है। कविता से मुगलों का विशेष लगाव था। अकबर के दरबार में फारसी के साथ-साथ हिन्दी के भी अनेक कवि थे। मुगल बादशाहों में भी शाहजहाँ कविता का विशेष प्रेमी था। वह कभी-कभी दरबार में

कविता में बातें करता था। नूरजहाँ फारसी में कविताएँ लिखा करती थी और बाद में दाराशिकोह ने भी फारसी में कविताएँ लिखी हैं। औरंगजेब की बेटी जेबुनिस्सा फारसी में शायरी करती थी जिसका एक दीवान भी छपा हुआ है। लेकिन हमारी दिलचस्पी का विषय मुगल बादशाहों की हिन्दी कविता है। अमीर खुसरो ने ब्रजभाषा और खड़ी बोली की कविताएँ लिखकर जिस परम्परा का निर्माण किया था उसका विकास मुगल बादशाहों की हिन्दी कविता में दिखाई देता है। मुगल बादशाहों की हिन्दी कविता का एक बड़ा भारी खजाना कृष्णानन्द का 'संगीतरागकल्पद्रुम' है जिसमें अधिकांश मुगल बादशाहों की कविताएँ मौजूद हैं। यह किताब संगीत और कविता के संगम का भी एक बड़ा प्रमाण है। हिन्दी कविता से अकबर का विशेष लगाव था। 'संगीतरागकल्पद्रुम' में उसकी बीस से अधिक कविताएँ मौजूद हैं। अकबर के दरबारी टोडरमल भी हिन्दी में कविता लिखते थे। अकबर की हिन्दी कविताओं के उदाहरण 'शिवसिंह सरोज' और 'मिश्रबन्धुविनोद' में भी मिलते हैं। उसकी एक कविता इस प्रकार है :

शाह अकब्बर एक समै चले कान्ह विनोद विलोकन बालहिं।
आहट ते अबला निरख्यो चकि चौंकि चली करि आतुर चालहिं।
त्यों बलि बेनी सुधारि धरी सु भई छवि यों ललना अरु लालहिं।
चम्पक चारु कमान चढ़ावत काम ज्यों हाथ लिये अहि बालहिं॥

अकबर के काल में ही हिन्दी कविता के क्षेत्र में सांस्कृतिक संगम को आगे बढ़ाने वाले एक कवि रहीम खानखाना थे। जहाँगीर ने लिखा है कि रहीम अरबी, तुर्की और फारसी के साथ-ही-साथ हिन्दी के भी ज्ञाता थे और फारसी तथा हिन्दी में कविता करते थे। उनकी हिन्दी कविताओं से हम सब परिचित हैं।

अकबर की तरह ही जहाँगीर का जन्म और पालन-पोषण भारत में हुआ था। इसलिए हिन्दी उसके लिए कोई पराई भाषा नहीं थी। उसके दरबार में हिन्दी कवियों की भीड़ रहती थी। वह स्वयं हिन्दी में कविताएँ लिखता था। उसकी कविताओं के भी उदाहरण मौजूद हैं। शाहजहाँ का हिन्दी से लगाव बहुत गहरा था। उसके दरबार में संस्कृत और हिन्दी के अनेक विख्यात कवि थे। पंडितराज जगन्नाथ के साथ-साथ कवीन्द्राचार्य सरस्वती भी शाहजहाँ के दरबार में ही थे। कवीन्द्राचार्य ने 'कवीन्द्रकल्पलता' नाम की हिन्दी कविता की किताब में शाहजहाँ के बारे में एक सौ से अधिक कविताएँ लिखी हैं। 'संगीतरागकल्पद्रुम' में शाहजहाँ की लगभग एक दर्जन से अधिक कविताएँ संगृहीत हैं। मुगलों के बारे में यह बात ध्यान में रखने की है कि उनकी मातृभाषा तुर्की थी और दरबार के राजकाज की भाषा फारसी थी लेकिन वे अपनी सघन भावावेग की दशा लोकभाषा अर्थात हिन्दी में ही व्यक्त कर पाते थे। मुगल बादशाह औरंगजेब की जो छवि लोगों के मन में है उससे भिन्न छवि उसकी हिन्दी कविताओं के माध्यम से सामने आती है। 'संगीतरागकल्पद्रुम' के सम्पादक

श्री नगेन्द्रनाथ बसु ने लिखा है कि जिस औरंगजेब को कितने ही लोग 'दारुणदेवद्वेषी' और 'हिन्दू विद्वेषी' समझते हैं उसके रचित पद पढ़ने से इस विषय में घोरतर सन्देह होता है कि वास्तविकता में वह हिन्दू विद्वेषी था या नहीं।[12] औरंगजेब शासक के रूप में चाहे जितना कठोर हो पर कवि के रूप में वह एक रसिक मिजाज व्यक्ति के बतौर ही हमारे सामने आता है। उसकी एक कविता है :

चरण धर धर मेरे गृह लालन भय खाये आये मेरे।
तन के दुख सब दूर गये सुख आये मेरे नेरे॥
मृदंग बजावहु मंगल गावहु भागन ही पाये
कर रही प्रथम ही जतन बहुतेरे।
'साह औरंगजेब' प्रीतम अब मैं धन जनम कर मानत।
जब आँखन भर हेरे॥

औरंगजेब के बाद के अधिकांश मुगल बादशाहों ने हिन्दी में कविताएँ लिखी हैं। उनमें से कुछ ने हिन्दुओं के उत्सवों के अवसर पर भी कविताएँ लिखीं। मुगल आम तौर पर होली और दीवाली का उत्सव मनाते थे। शाहआलम द्वितीय ने होली पर अनेक कविताएँ लिखीं जिनका एक संग्रह 1797 ई. में निकला था।

आखिरी मुगल बादशाह बहादुरशाह ज़फ़र उर्दू शायर के रूप में मशहूर हैं। उन्होंने स्वयं कहा था :

ऐ ज़फ़र एक है तू फ़ने सुखन में उस्ताद,
क्यों न कायल हों तेरे 'नासिक' वा 'आतिस' दोनों।

लेकिन यह कम लोग जानते हैं कि ज़फ़र हिन्दी में भी कविता लिखते थे। उनकी हिन्दी कविता का एक नमूना यह है :

प्यारी, तेरो प्यारो आयो
प्यारी प्यारी बातें कर प्यारे को मनाइए।
अनेक भाँतिन कर प्यारे को रिझाइए।
आली, ऐसो प्यारो कहाँ घर बैठे पाइए।
लाइए, समुझाइए, कौन भाँतन
कर सुख दे बोलाइए।
'साह बहादुर' तेरे रस बस भए
अनरस कर कर सौतन हँसाइए।

परवर्ती मध्यकाल के सांस्कृतिक विकास पर ध्यान दीजिए तो सत्ता से संस्कृति के सम्बन्ध की एक खास बात सामने आती है। जब भी सत्ता पर उदारता के बदले कट्टरता हावी हुई है तब संस्कृति का विकास बाधित हुआ है और उदारता की कट्टरता पर जीत हुई है तो कलाओं की भी उन्नति हुई है। उस काल के इतिहास से यह भी स्पष्ट है कि कट्टरतावाद को सत्ता के समर्थन की जरूरत होती है जबकि

उदारतावाद जनता की मदद से फैलता है। मध्ययुग की सांस्कृतिक स्थिति पर विचार करने वाले कुछ लोग सांस्कृतिक संगम को महत्त्व नहीं देते। वे भारतीय संस्कृति के विकास की समग्रता के निर्माण में मुसलमानों के योगदान को स्वीकार नहीं करते तो दूसरे कुछ लोग उस दौर की कट्टरताओं की टकराहट को ही याद रखते हैं और एकता की कोशिशों को भूल जाते हैं।

परवर्ती मध्यकाल के सांस्कृतिक परिदृश्य पर विचार करते समय मेरे सामने एक सवाल यह भी है कि उस दौर में संस्कृति के क्षेत्र में ऐसा क्या विकसित हुआ जो नया था और अग्रगामी भी, जिसका अतीत से सम्बन्ध था और भविष्य से भी। मैं समझता हूँ कि वह था लोकभाषाओं का जागरण, उनका सर्जनात्मक उत्थान और उनमें कविता के विभिन्न रूपों का सृजन। इसी का परिणाम था भक्ति आन्दोलन और उसका काव्य।

हिन्दी क्षेत्र में लोकभाषाओं की कविता का आरम्भ सिद्धों और नाथों की कविता से होता है। सिद्ध कवि बौद्ध धर्म-दर्शन के अनुयायी थे इसलिए सहज रूप से वे ब्राह्मण धर्म और उसकी रूढ़ियों तथा मान्यताओं के विरोधी भी थे। सिद्ध कवि सरहपाद की कविता में अश्वघोष की 'वज्रसूची' के जाति-व्यवस्था विरोधी विचारों की अभिव्यक्ति है और सरहपाद के विचारों की प्रतिध्वनि कबीर की कविता में सुनाई देती है।

भक्ति आन्दोलन और उसके काव्य की सबसे बड़ी विशेषता यह है कि वह विभिन्न क्षेत्र के भक्तों की मातृभाषाओं में लिखी कविता है। प्रत्येक भक्त कवि अपनी मातृभाषा का कवि है। यह बात तमिलनाडु की आन्दाल से लेकर असम के शंकरदेव तक दिखाई देती है। स्वयं हिन्दी क्षेत्र में अनेक मातृभाषाओं के मौजूद होने के कारण हर क्षेत्र का कवि अपनी मातृभाषा में ही कविता लिखता है। यद्यपि विद्यापति संस्कृत और अवहट्ठ में भी लिखते हैं लेकिन वे अमर और लोकप्रिय हैं अपनी मैथिली पदावली के कारण। इस दृष्टि से देखिए तो कबीर भोजपुरी के कवि हैं, जायसी अवधी के और सूरदास ब्रजभाषा के। यद्यपि तुलसीदास ने अवधी और ब्रजभाषा दोनों में कविता लिखी है लेकिन वे मुख्यतः अवधी के ही महाकवि हैं। मीराबाई की मातृभाषा राजस्थानी है जिसमें उन्होंने अपनी कविता लिखी हैं।

मातृभाषाओं में सर्जनात्मक अभिव्यक्ति के उभार के कारण ही भक्ति आन्दोलन के दौरान पूरे देश में कविता के क्षेत्र में दो ऐसे समुदाय प्रभावशाली रूप में सामने आये जो पहले कविता की दुनिया से दूर थे। ये दोनों समुदाय है स्त्रियाँ और दलित। इन दोनों को न संस्कृति की भाषा संस्कृत सीखने की स्वतन्त्रता थी और न राजकाज की भाषा फारसी जानने की। अगर मातृभाषा में आत्माभिव्यक्ति की कविता लिखने की स्वतन्त्रता इन्हें नहीं मिलती तो ये दोनों ही समुदाय अपना सुख-दुख, अपनी वास्तविकता और आकांक्षा, अपना विरोध और विक्षोभ कुछ भी नहीं व्यक्त कर पाते। मुझे लगता है कि भारतीय संस्कृति के इतिहास की यह युगान्तकारी घटना है। यह

घटना महत्त्वपूर्ण इसलिए भी है कि इसी प्रक्रिया से सारी आधुनिक भारतीय भाषाएँ पैदा हुई हैं। तब जो सन्त-भक्त कवियों और कवयित्रियों की मातृभाषाएँ थीं वे आज हमारी आधुनिक भारतीय भाषाएँ हैं।

मध्यकाल की इन लोकभाषाओं ने दो पुरानी भाषाओं से संघर्ष करते हुए अपनी स्वतन्त्र सत्ता हासिल की। वे दो भाषाएँ थीं फारसी और संस्कृत। फारसी राजकाज की भाषा थी, शासक वर्ग के बुद्धिजीवियों की भाषा थी पर साथ ही एक विदेशी भाषा भी थी। इसलिए उससे संघर्ष करना उतना कठिन नहीं था जितना संस्कृत के वर्चस्व से मुक्ति का संघर्ष। फारसी के प्रभाव से भारतीय समाज को मुक्त करने में सबसे महत्त्वपूर्ण भूमिका सूफी कवियों ने निभाई। मुल्ला दाउद से लेकर जायसी होते हुए नूर मुहम्मद तक सभी सूफी कवियों ने लोकभाषाओं में कविता की और प्रायः उसे हिन्दी कहा। वैसे हिन्दुस्तान के बाहर भी सूफी कवि इस्लाम की शास्त्रीय भाषाओं अरबी और फारसी के बदले स्थानीय बोलियों में ही कविता करते रहे हैं।

संस्कृत के वर्चस्व से अपनी मातृभाषाओं की मुक्ति का मार्ग जिन कवियों ने बनाया उनमें मराठी के महान सन्त और भक्त ज्ञानेश्वर का नाम सबसे पहले आता है। वे एक प्रकार से इस मुक्ति आन्दोलन के नेता हैं। उन्होंने मराठी में गीता की टीका लिखी जिसे 'ज्ञानेश्वरी' कहा जाता है। 'ज्ञानेश्वरी' के तीसरे अध्याय में ज्ञानेश्वर के अर्जुन कृष्ण से कहते हैं कि आप मुझे गूढ़ सिद्धान्त बता रहे हैं पर मुझे धोखा दे रहे हैं। आपके वचन मेरी समझ में नहीं आते इसलिए गूढ़ वचन न बोलिए और जो विवेक है उसे मराठी भाषा में कहिए। मूल मराठी में ज्ञानेश्वर के अर्जुन का कथन इस प्रकार है :

ना तरि झांकवीतु आहासि मातें। किं तत्व चि कथिलें ध्वनितें।
हें अवगमितां निरूतें। जाणवे ना॥
ह्मणौनि आइकैं देवा। हा भावार्थु आतां न बोलावा।
मज विवेकु तो सांघावा। मन्हाटा जी॥

. ज्ञानेश्वर का जन्म 1275 ई. में हुआ था। तेरहवीं शताब्दी के इस सन्त कवि ने अर्जुन के माध्यम से ईश्वर से यह माँग की है कि वह मनुष्यों की भाषा मराठी बोले न कि देववाणी संस्कृत। ज्ञानेश्वर की यह माँग भारतीय भाषाओं के इतिहास की सबसे क्रान्तिकारी माँग है। ज्ञानेश्वर ने केवल यह माँग करके अपना काम पूरा नहीं किया। उन्होंने 'ज्ञानेश्वरी' के आगे के अध्यायों छह, सात, नौ और बारह में मराठी की श्रेष्ठता, महत्त्व और सौन्दर्य का प्रतिपादन भी किया है। उन्होंने संस्कृत से मराठी की तुलना करते हुए लिखा है कि :

दाउं वेल्हाल देशी नवी।
जैसी साहित्यातें वोजावी।
अमृताही चूकि ठेवी।

गोडिसेपणें।।

(यह कथा प्रेम से, देशी शब्दों से कहूँगा, जो साहित्य को व्यवस्थित मार्ग दिखाएगी। यह अमृत को भी अपनी मधुरता से पछाड़ देगी।)

ज्ञानेश्वर का यह कथन पूरी तरह सच साबित हुआ। 'ज्ञानेश्वरी' की लोकप्रियता के आगे देववाणी में लिखे अधिकांश ग्रन्थ फीके पड़ गये। ज्ञानेश्वर यह सब जान-बूझकर एक क्रान्तिकारी अभियान के तहत कह रहे थे। उन्होंने दसवें अध्याय में एक जगह लिखा है :

माझा महाठाचि बोलु कवीतकें।
परि अमृतातेंही पैजेंसी जींके।
ऐसीं अक्षरेंचि रसिकें मेलवीन॥

(मेरी मराठी भाषा प्रेम से बोलो यह अमृत से भी शर्त लगाने पर जीत जाएगी। ऐसे अक्षर मैं रसिकों के लिए एकत्र करूँगा।)

यहाँ मैं भारतीय या हिन्दू ज्ञान-परम्परा में मौजूद एक पाखण्ड की ओर आपका ध्यान आकृष्ट करना चाहता हूँ। 'ज्ञानेश्वरी' के दो अनुवाद मेरे सामने हैं। एक हिन्दी अनुवाद जो साहित्य अकादमी से 1996 ई. में छपा है, अनुवादक हैं मोरेश्वर गणेश तपस्वी। दूसरा अनुवाद अंग्रेजी में है जो भारतीय विद्या भवन से छपा है, जिसका तीसरा संस्करण 2001 ई. का है, अनुवादक हैं एम.आर. यार्डी। दोनों अनुवादों की एक विशेषता यह है कि उनमें 'ज्ञानेश्वरी' के तीसरे अध्याय की सत्रहवीं ओबी का जो अनुवाद है उसमें मराठी शब्द गायब कर दिया गया है। ज्ञानेश्वर के अर्जुन कहते हैं कि आप मराठी में विवेक की बातें कहिए जबकि हिन्दी अनुवाद में लिखा है कि "विवेक क्या है कहिए सुगम भाषा में" और अंग्रेजी अनुवाद में लिखा है कि "अपने विचार सरल भाषा में कहिए"। इन दोनों अनुवादों के मूल से जो अन्तर है वह संस्कृत के प्रति अन्ध आस्था की ही देन है। ऐसा लगता है कि उस अन्ध आस्था ने सच कहने के साहस को मार दिया है। यह सब करने के बावजूद दोनों अनुवादकों ने अपने अनुवादों की भूमिकाओं में ज्ञानेश्वर का बहुत गुणगान किया है। व्यक्ति की पूजा और विचार की हत्या की यह प्रवृत्ति भारतीय ज्ञान परम्परा की एक जानी पहचानी विशेषता है।

संस्कृत के वर्चस्व से लोकभाषाओं के संघर्ष की यह प्रक्रिया ज्ञानेश्वर के साथ समाप्त नहीं होती। उनके तीन सदी बाद के महान मराठी सन्त कवि एकनाथ ने अपनी रचना 'चतुःश्लोकी भागवत' की प्रस्तावना के अनेक छन्दों में संस्कृत से मराठी की तुलना करते हुए मराठी के महत्त्व का प्रतिपादन किया है :

संस्कृत ग्रन्थकर्ते ते महाकवि। मा प्राकृतीं काय उणावी।
नवी जुनी म्हणावीं। कैसेनि केवीं सुवर्णसुमनें॥

(संस्कृत ग्रन्थकर्ता महाकवि हैं, तो प्राकृत कवियों में क्या न्यूनता है? सुवर्ण

सुमनों में नये-पुराने का भेद कैसे किया जाए।)

जे पाविजे संस्कृत अर्थे। तेंचि लाभे प्राकृते॥
तरी न मनावया येथें। विषमचि तें कायीं॥

(जो संस्कृत में अर्थ मिलता है, वही लोकभाषा में मिलता है। तो फिर इनमें भिन्नता क्या माननी है?)

संस्कृतवाणी देवें केली। परि प्राकृत काय चोरा पासोनि झाली॥
असोतु या अभियान भुली। वृथा बोलीं काय काज॥

(संस्कृत वाणी ईश्वर ने बनाई, वह देववाणी है, तो प्राकृत क्या चोरों के पास से आयी है, यह सब मिथ्याभिमान है। वृथा बोलने से क्या लाभ है?)

आतां संस्कृता किंवा प्राकृता। भाषा झाली जे हरिकथा।
ते पावनचि तत्त्वतां। सत्य सर्वथा मानिली॥

(अब संस्कृत हो या प्राकृत। जो भाषा हरिकथा हो जाती है वह तत्त्वतः पावन है। वही सर्वथा सत्य मानी गयी है।)

महाराष्ट्र में ज्ञानेश्वर और एकनाथ ने सचेत रूप से संस्कृत की संस्कृति के विरुद्ध जो अभियान चलाया उसे तुकाराम ने अपनी कविता के माध्यम से सहज रूप से आगे बढ़ाया। तुकाराम जाति के कुनबी थे इसलिए वे संस्कृत के वर्चस्व से उस तरह नहीं लड़ सकते थे जैसे ब्राह्मण ज्ञानेश्वर और एकनाथ लड़ सकते थे। इन तीनों की कविता के मानवतावाद और लोकप्रियता से ब्राह्मण चिढ़े। इन सभी महाकवियों को अपनी क्रान्तिकारी चेतना और समतावादी दृष्टि का मूल्य चुकाना पड़ा। ब्राह्मणों ने उन्हें आत्महत्या के लिए मजबूर किया। ज्ञानेश्वर को इक्कीस वर्ष की आयु में ही जीवित समाधि लेनी पड़ी। एकनाथ ने जल समाधि ली और तुकाराम भी नदी में डूबकर ही मरे। इन तीनों की स्थितियों को देखते हुए यह अनुमान किया जा सकता है कि उनका संघर्ष कितना कठिन था और बलिदान महत्त्वपूर्ण।

हिन्दी क्षेत्र में इस संघर्ष को आगे बढ़ाने का काम कबीर ने किया। वे संस्कृत के सामाजिक आधार, सांस्कृतिक प्रयोजन और विचारधारात्मक प्रभाव से परिचित थे। उन्होंने संस्कृत की संस्कृति से जनभाषा की संस्कृति का अन्तर स्पष्ट करते हुए कहा था कि :

संस्कीरत है कूपजल भाषा बहता नीर।

कबीर के समय में सम्भवतः ऐसे लोगों की भरमार थी जो संस्कृत पढ़ लेने के कारण स्वयं को ज्ञानी समझते थे लेकिन उनमें मानवोचित गुणों का अभाव था। इसीलिए कबीर ने संस्कृत पढ़कर ज्ञानी होने का दम्भ पालने वालों पर व्यंग्य करते हुए कहा था :

संस्कीरत भाषा पढि लीन्हा, ज्ञानी लोक कहो री।
आसा तृस्ना में बहि गयो सजनी, काम के ताप सहोरी।

मान-मनीकी मटुकी सिर पर, नाहक बोझ मरो री।
मटुकी पटक मिलो पीतम से, साहेब कबीर कहो री।।

कबीर की बात को ही आगे बढ़ाते हुए रज्जब ने कहा था :

वेद सुबानी कूपजल दुख सूं प्रापति होइ।
सबद साखि सरवर सलिल सुख पीवै सब कोइ॥

परवर्ती मध्यकाल में भाषा के क्षेत्र में इस सांस्कृतिक संघर्ष को आज याद करना बहुत जरूरी है क्योंकि भूमंडलीकरण के वर्तमान दौर में उन सभी भाषाओं का अस्तित्व खतरे में है और उन पर अंग्रेजी के वर्चस्व की छाया मँडरा रही है।

मध्यकाल के सांस्कृतिक परिदृश्य पर विचार की प्रक्रिया तब तक अधूरी रहेगी जब तक लोक संस्कृति की स्थिति की बात नहीं होगी। लोक संस्कृति के अनेक रूप और पक्ष होते हैं। मौखिकता और सामूहिकता उनकी रचनाशीलता की बुनियादी विशेषताएँ हैं। लोकसंस्कृति लोकसाहित्य में प्रकट होती है जो लोककथा और लोकगीत दोनों ही रूपों में विकसित होता है। उनके साथ ही संगीत है, लोकनाटक है और विभिन्न क्षेत्रों में विभिन्न प्रकार के नाच भी हैं। इन सबके अलावा मुहावरे, कहावतें और लोकोक्तियाँ भी लोकसंस्कृति के ही अंग हैं जिन्हें लोकजीवन की कविता कहा जा सकता है। लोकजीवन में सक्रिय तरह-तरह के लोकविश्वास भी लोकसंस्कृति के हिस्से हैं। हिन्दी क्षेत्र में दो ऐसे कवि हुए हैं जो लोकजीवन में सदियों से अपनी कविता के साथ बसे हुए हैं। वे कवि हैं घाघ और भड्डरी। ग्रामगीतों के परम प्रशंसक और संग्रहकर्ता रामनरेश त्रिपाठी ने घाघ और भड्डरी की कविताएँ जुटाईं और उन्हें 1931 ई. में प्रकाशित किया। वे घाघ और भड्डरी की कविताओं को कहावतें मानते हैं। ये कहावतें लोकजीवन में इस तरह रमी हुई हैं कि उनको कहने-सुनने वालों को इस बात की न चिन्ता होती है, न जानकारी कि वे किसकी रची हुई हैं। रामनरेश त्रिपाठी ने घाघ और भड्डरी के जीवन की भी खोज की है और यह बताने की कोशिश की है कि घाघ अकबर के समकालीन और दरबारी कवि भी थे। घाघ की अधिकांश कहावतों में उनका नाम आता है इसलिए उन कहावतों के साथ उनकी पहचान जुड़ी हुई है पर भड्डरी के साथ ऐसा नहीं है। घाघ और भड्डरी की कहावतों में किसान जीवन के अनुभव हैं और कृषि सम्बन्धी क्रियाकलापों का मार्गदर्शन भी है। उनमें ऋतुचक्र की विशेषताओं की पहचान और विभिन्न ऋतुओं से अन्तरंग रूप से जुड़े किसान की मनोदशा की अभिव्यक्ति भी। रामनरेश त्रिपाठी ने 'कविता कौमुदी' और 'ग्रामगीत' नाम के संग्रहों में भी बड़ी संख्या में लोकगीतों का संग्रह किया है। वे सभी लोकगीत हिन्दी क्षेत्र की विभिन्न बोलियों में स्त्रियों की मर्मस्पर्शी रचनाशीलता के प्रमाण देते हैं। उन लोकगीतों को पढ़कर स्त्रियों के दुख, उनकी पीड़ा, उनकी पराधीनता और निराशा को समझा जा सकता है। किसी भी काल की संस्कृति को समग्रता में समझने के लिए उस काल की लोकसंस्कृति और उसके

विभिन्न रूपों की पहचान जरूरी है।

आज हम जिस समय में रह रहे हैं वह विडम्बनाओं से भरा हुआ समय है। आर्थिक और राजनीतिक स्तर पर भूमंडलीकरण की बात हो रही है और सांस्कृतिक स्तर पर स्थानीय की चर्चा हो रही है। यह पूँजीवाद के सर्वग्रासी विस्तार का दौर है जिसमें संस्कृति भी बाजार की वस्तु बन गयी है। सामन्ती दौर की जो सांस्कृतिक सर्जनाएँ थीं, वे सब-की-सब आजकल पर्यटन उद्योग के अंग हैं। एलोरा की गुफाएँ, दिलवाड़ा के जैन मन्दिर, खजुराहो और कोणार्क के मन्दिर और ताजमहल का महत्त्व अब केवल विदेशी मुद्रा अर्जित करने तक सीमित हो गया है। एक जर्मन फोटोग्राफर हंसहॉर ने ठीक ही कहा था "The road of profit is paved with culture." अर्थात लाभ की सड़क संस्कृति की मदद से प्रशस्त बनाई जाती है। पूँजीवाद के दौर में संस्कृति का यही मूल्य और अर्थ रह गया है।

अब तक के संस्कृति के इतिहास से यह जाहिर है कि भाषा और संस्कृति का अत्यन्त अन्तरंग सम्बन्ध होता है। मैक्सिको के प्रसिद्ध उपन्यासकार, नाटककार और निबन्धकार कार्लोस फूएन्ते ने ठीक ही लिखा है कि "भाषा संस्कृति की नींव है, वह अनुभवों का द्वार है, कल्पना की छत है, स्मृतियों का तहखाना है, प्रेम का शयनकक्ष है और उसमें सन्देहों, अनिश्चितताओं और प्रश्नों की खिड़कियाँ हैं।"[13] कार्लोस फूएन्ते के इस कथन से स्पष्ट होता है कि भाषा के बिना संस्कृति की कल्पना नहीं की जा सकती बल्कि यह भी कहा जा सकता है कि भाषा में ही मानवीय संस्कृति की रचना होती है, लेकिन मुश्किल यह है कि पूँजीवाद का वर्तमान दौर भाषाओं के अस्तित्व के लिए खतरा बन चुका है। यह भाषाशास्त्री केन हाल ने ठीक ही कहा है कि "सांस्कृतिक और बौद्धिक विविधता के विनाश का सबसे खतरनाक प्रभाव भाषाओं के नाश पर पड़ रहा है। राजनीतिक रूप से वर्चस्वशाली भाषाएँ और संस्कृतियाँ देशी भाषाओं एवं संस्कृतियों पर हावी हो रही हैं।"[14] दुनिया में दो तरह की भाषाएँ हैं। कुछ ऐसी भाषाएँ हैं जिनकी अपनी लिपियाँ हैं, लेकिन कुछ ऐसी भी हैं जिनके पास लिपि नहीं है। ऐसा माना जाता है कि दुनिया में बिना लिपि के लगभग छह हजार भाषाएँ हैं। वे भाषाएँ इस सदी के अन्त तक शायद समाप्त हो जाएँ। जिन भाषाओं की लिपियाँ हैं वे भी आर्थिक और राजनीतिक रूप से कमजोर समाज की भाषाएँ होने के कारण विनाश के कगार पर हैं। बिना लिपि की भाषाओं के अन्त के साथ ही मौखिक रचनाशीलता की सांस्कृतिक परम्पराएँ भी समाप्त हो जाएँगी। भाषाओं के अन्त का यह खतरा सबसे अधिक एशिया और अफ्रीका के समाजों और उनकी भाषा के सामने है। इसीलिए एशिया और अफ्रीका में भाषाओं के विनाश के विरुद्ध आवाजें उठ रही हैं। 17 अक्टूबर, 2007 को हिन्दू में छपे एक समाचार के अनुसार भारत में 450 ऐसी भाषाएँ हैं जिनको बोलनेवाले की संख्या 10,000 से भी कम है। ऐसी भाषाओं को अद्भुत विरासत के रूप में बचाने की

चिन्ता हो रही है। दुनिया भर में भाषाओं के अस्तित्व पर आये इन खतरों के सन्दर्भ में सामन्ती दौर की संस्कृति पर विचार स्मृतिजन्य सुख ही दे सकता है, पर भविष्य की संस्कृति के बारे में कोई आश्वासन नहीं दे सकता।

सन्दर्भ

1. *ए.जे. सय्यद (सं), डी.डी. कोशाम्बी ऑन हिस्टरी एण्ड सोसाइटी, 1985, पृ. 9-11*
2. *डी.डी. कोशाम्बी, मिथ एण्ड रियलिटी, 1983, पृ. 33*
3. *मार्क्स-एंगेल्स, ऑन लिटरेचर एण्ड आर्ट, 1976, पृ. 82-3*
4. *रेमण्ड विलियम्स, संकट के बावजूद, मैनेजर पाण्डेय (सं.), 2002, पृ. 133*
5. *हरबंस मुखिया, दि मुगल्स ऑफ इण्डिया, 2004, पृ. 156*
6. *ए.जे. सय्यद (सं.), डी.डी. कोशाम्बी, ऑन हिस्टरी एण्ड सोसाइटी, 1985, पृ. 9-11*
7. *डी.डी. कोशाम्बी, एन इंट्रोडक्शन टू दि स्टडी ऑफ इण्डियन हिस्टरी, 1975, पृ. 295*
8. *मार्क्स-एंगेल्स, ऑन लिटरेचर एण्ड आर्ट, 1976, पृ. 84*
9. *भगवतशरण उपाध्याय, भारतीय कला की भूमिका, 1991, पृ. 44-45*
10. *वही, पृ. 74*
11. *वही, पृ. 79*
12. *चन्द्रबली पाण्डेय, मुगल बादशाहों की हिन्दी, 1940, पृ. 45*
13. *कार्लोस फूएन्ते, क्रिटिकल इंक्वायरी, समर, 2006, पृ. 616*
14. *केन हाल, वर्ल्ड लिटरेचर टुडे, सित.-अक्टू., 2007, पृ. 13*

संवादधर्मी दाराशिकोह

हम एक ऐसे समय में एक संवादधर्मी दार्शनिक के बारे में बात करना चाहते हैं जब सभ्यताओं के संघर्ष की घोषणाएँ हो रही हैं। सैमुएल हटिंग्टन के 'सभ्यताओं के संघर्ष का सिद्धान्त' सारी दुनिया में चर्चा का विषय बना हुआ है। हालाँकि सभ्यताओं के इस संघर्ष के सिद्धान्त से कोई सार्थक बात नहीं निकली है। सवाल यह है कि सभ्यताओं का संघर्ष आवश्यक है या सभ्यताओं के बीच संवाद। बहुत से लोग आजकल यह घोषणा कर रहे हैं कि 'पोस्ट मार्क्सिज्म' का जमाना आ गया है। मैं केवल यह याद दिलाना चाहता हूँ कि मार्क्स की बहुत सारी बातें आज के समय, समाज और मनुष्य की जिन्दगी को देखकर सच लग रही हैं। मार्क्स ने कहा था कि शासकों के विचार ही हर युग में प्रधान विचार हुआ करते हैं। अमेरिका के अनेक विचारक ऐसे हैं, जिन्हें विचारक कहना सच्चे विचारकों का अपमान करना है। लेकिन आज की सच्चाई यह है कि अमेरिका के बहुत से लोग केवल इसलिए विचारक मान लिए जाते हैं कि वे अमेरिका के हैं और उन्हें अमेरिकी सत्ता एवं शक्ति का समर्थन प्राप्त है। वे विचार के नाम पर जो कुछ कहते हैं, उस पर सारी दुनिया में चर्चा होने लगती है। ध्यान रहे कि 'सभ्यताओं के संघर्ष' का विचार अमेरिकी विदेश नीति का हिस्सा है। संयोगवश 'सभ्यताओं के संघर्ष' से सम्बन्धित लेख Foreign Affairs नाम की पत्रिका में छपा था। प्रसंगवश उसी पत्रिका में फूकोयामा का 'इतिहास का अन्त' नामक लेख भी छपा था। हमारे सामने एक सवाल यह है कि आज के समय में जब संघर्ष की ललकार लगभग चीख की तरह चारों ओर सुनाई दे रही है, उस समय संवाद की चिन्ता अधिक जरूरी है या संघर्ष की? दाराशिकोह एक संवादधर्मी दार्शनिक हैं इसीलिए मैं उन पर बात करना चाहता हूँ।

दाराशिकोह यह मानकर चलते थे कि संवाद से सोच का विकास होता है। जो विचार संवाद की प्रक्रिया से पैदा होता है वह संवाद की चेतना पैदा करता है और प्रवृत्ति भी। दाराशिकोह ने लगभग तीन सन्दर्भों में संवाद की प्रक्रिया को विकसित किया। उनके यहाँ सबसे पहले इस्लाम की ज्ञान की परम्परा से संवाद है। इस्लाम की परम्परा में भी उन्होंने सूफी परम्परा से अपना संवाद विकसित किया। दूसरे स्तर पर उन्होंने अपने समकालीन अनेक सन्तों से संवाद किया। ऐसे सन्तों में एक ओर

मुल्ला शाह, शेख मुहीबुल्ला इलाहाबादी, शाह दिलरुबा, शेख मोहसिन फ़ानी और सरमद जैसे सूफी सन्त थे तो दूसरी ओर एक कबीरपन्थी सन्त बाबा लालदास थे। तीसरे स्तर पर दाराशिकोह ने विभिन्न धर्मों के बीच संवाद की उस प्रक्रिया को आगे बढ़ाया और गहरा बनाया जो अकबर के समय से चल रही थी।

यह ध्यान देने की बात है कि भारतीय समाज का जो मध्यकाल है, वह सभ्यताओं तथा संस्कृतियों के आपस में मिलने, टकराने और उस प्रक्रिया में कुछ नया विकसित करने का काल है। आज जिसे हम भारतीय संस्कृति कहते हैं उसमें से अधिकांश ऐसा है, जो मध्यकाल की इन्हीं सांस्कृतिक प्रक्रियाओं की देन है, जिसमें द्वन्द्व है तो नये का विकास भी है। अगर हम भारतीय संगीत के क्षेत्र की बात करें तो तानसेन को भूलकर भारतीय संगीत पर विचार नहीं किया जा सकता। अगर स्थापत्य की चर्चा करें तो ताजमहल को कैसे भूल सकते हैं? भारतीय चित्रकला के विकास में मुगल शैली की अत्यन्त महत्त्वपूर्ण देन है। अगर कविता की बात करें तो कबीरदास के साथ तुलसीदास को भी याद करना जरूरी होगा। सम्भवतः इसीलिए ऑक्टोवियो पॉज ने लिखा है कि "मध्यकाल में एक नये भारत का जन्म हो रहा था।" इस नये भारत के जन्म की प्रक्रिया से जुड़ी अनेक समस्याएँ थीं और अनेक द्वन्द्व भी थे उनमें से एक द्वन्द्व का केन्द्र दाराशिकोह कों बनाया गया।

भारतीय समाज और संस्कृति के इतिहास के प्रसंग में भी यदि हम मध्यकाल पर विचार करें तो यह बात सामने आएगी कि यह समय भारत में भक्ति आन्दोलन का है। उसी भक्ति आन्दोलन से साहित्य, संगीत, चित्र और अन्य कलाएँ विकसित हुईं जो आज भारतीय संस्कृति का स्वरूप निर्मित करती हैं। आज वैसे लोगों की कमी नहीं है, जो गणित से लेकर विज्ञान तक को वेदों में खोजते हैं। लेकिन सभ्यता और संस्कृति का अगर कोई सम्बन्ध जनता से भी है तो भारतीय जनता भक्ति आन्दोलन से निर्मित संस्कृति के विभिन्न रूपों से जुड़ी हुई है और उसी को वह संस्कृति समझती है। मध्यकाल का समय विचार के क्षेत्र में कट्टरतावाद से उदार मानवतावाद की टकराहट का समय भी है। इस टकराहट में अगर कट्टरतावाद का प्रतिनिधित्व औरंगजेब करते हैं तो उदार मानवतावाद के प्रतिनिधि हैं दाराशिकोह। दाराशिकोह ने विभिन्न धर्मों के बीच संवाद की प्रक्रिया को आगे बढ़ाने के लिए जो अनेक काम किये, उनमें से एक बड़ा काम अनुवाद का है। मुगलकाल में अकबर के जमाने में यह महसूस किया जाने लगा था कि हिन्दू और मुसलमानों के बीच दूरी का एक बड़ा कारण एक दूसरे के बारे में जानकारी का अभाव है। 'आईने-अकबरी' में अबुल फजल ने लिखा है कि हिन्दुओं और मुसलमानों के बीच दूरी और गलतफहमी का एक कारण भाषाओं की भिन्नता है और दूसरा कारण उनके मानवीय उद्देश्यों से अपरिचय भी है, तीसरा कारण भारतीयों के बारे में अन्यों का अज्ञान है तो चौथा कारण मानव समाज का सांसारिक सुखों में लिप्त रहना है। पाँचवाँ कारण वह जड़

दृष्टि है, जो केवल अपने ज्ञान को सम्पूर्ण मानती है और दूसरों के ज्ञान को महत्त्व नहीं देती। इन सब बातों को ध्यान में रखकर ही अकबर के जमाने में रामायण, महाभारत और अथर्ववेद आदि के अनुवाद का काम बड़े पैमाने पर हुआ। दाराशिकोह ने 52 उपनिषदों का अनुवाद करते हुए उसी प्रक्रिया को विकसित किया जो अकबर के समय में शुरू हुई थी।

मध्यकाल के चिन्तन और सृजन के इतिहास में भाषा का विशेष महत्त्व है। मध्यकाल में तीन तरह की भाषाएँ क्रियाशील थीं। एक तरफ शास्त्र की भाषा संस्कृत क्रियाशील थी तो दूसरी तरफ शासन की भाषा फारसी, तीसरी ओर लोकजीवन की अनेक भाषाएँ और बोलियाँ थीं। भक्ति आन्दोलन की सबसे बड़ी विशेषता है—मातृभाषाओं में सृजनशीलता का जागरण और उत्थान। तमिल के आन्दाल से लेकर असम के शंकरदेव तक और बीच के प्रदेशों के सारे भक्त तथा सन्त कवि अपनी-अपनी मातृभाषा के कवि हैं। इन सन्तों और भक्तों ने स्वयं को शास्त्र और शासन की भाषा से अलग रखा। इस देश के जितने सूफी सन्त हैं, सबने लोकभाषाओं में कविता लिखी है। इस विशेषता को केवल हिन्दी क्षेत्र के उदाहरण से भी समझा जा सकता है। हिन्दी क्षेत्र के सूफी सन्तों में से अधिकांश ने अवधी में कविता की है और शेष ने ब्रजभाषा में भी। ये कवि लोकभाषा में कविता करते थे, भले वे फारसी लिपि में लिखते हों। जायसी का 'पद्मावत' फारसी लिपि में है लेकिन वह अवधी भाषा में लिखा गया महाकाव्य है। हिन्दी के कवियों में विद्यापति अपनी मातृभाषा मैथिली में कविता कर रहे थे तो सूरदास अपनी मातृभाषा ब्रजभाषा में, तुलसी और जायसी अवधी के बड़े कवि हैं तो राजस्थान की मीराबाई अपनी मातृभाषा राजस्थानी में कविता लिखती थीं। मातृभाषा में सृजनशीलता के विकास का एक बड़ा परिणाम यह हुआ कि बड़े पैमाने पर दलित और स्त्रियाँ—ये दो समुदाय कविता में आये और अपनी अभिव्यक्ति की स्वतन्त्रता का उपयोग करते हुए अपने जीवन के सुख-दुःख, आशा-निराशा और वास्तविकता तथा आकांक्षा की सहज अभिव्यक्ति करने लगे। इन दोनों समुदायों को तो शास्त्र और शासन की भाषा को जानने का अवसर ही प्राप्त नहीं हुआ था। भक्ति आन्दोलन के कारण कविता की दुनिया में स्त्रियों और दलितों के आने से जो सांस्कृतिक परिवर्तन हुए, उनके मूलगामी महत्त्व को पहचानना जरूरी है। कई भाषाओं में तो स्त्रियों की कविता से ही उस भाषा का स्वरूप बना जैसे कश्मीरी (ललद्यद)। इसी के साथ शासन और शास्त्र की भाषा में काम करने वाले बहुत थोड़े लोग ऐसे थे, जो भारतीय समाज की जटिलता को ध्यान में रखकर विभिन्न विचारों, आस्थाओं और सभ्यताओं के बीच संवाद की प्रक्रिया चलाने में क्रियाशील थे। ऐसे ही एक व्यक्ति थे दाराशिकोह।

ध्यान देने की बात है कि दाराशिकोह मूलतः और मुख्यतः एक सूफी साधक थे। वे राजकुमार और सम्भावित बादशाह संयोगवश थे। इन्होंने अपनी अधिकांश

पुस्तकों में स्वयं को फकीर कहा है और एक बार नहीं अनेक बार। दाराशिकोह के चिन्तन और ज्ञान की व्यापकता को उनके लेखन की व्यापकता में देखा जा सकता है। उन्होंने 1639 ई. में दर्शन से सम्बन्धित ग्रन्थों का लेखन शुरू किया था। उनकी पुस्तकें तीन-चार तरह की हैं। आरम्भिक पुस्तकों में इस्लाम की दार्शनिक मान्यताओं की व्याख्या है, कुछ पुस्तकों में सूफी सन्तों की जीवनी है और उसके सिद्धान्तों की व्याख्या भी। उनकी कुछ पुस्तकों में सूफी दर्शन का विस्तृत विवेचन है। उनकी प्रमुख पुस्तकें हैं—सफ़ीनतुल औलिया (1639 ई.), सकीनतुल औलिया (1642 ई.), रिसालै हक़नुमा (1646 ई.), हसनातुल आरफ़ीन (1653 ई.), मज्म-उल-बहरैन (1654 ई), समुद्र संगम (1655 ई.)। इनके साथ ही उन्होंने जो सबसे बड़ा काम किया, वह था बावन उपनिषदों का हिन्दी में अनुवाद, जिसका नाम रखा था सिर्रे-अकबर (1657 ई.)। उपनिषदों के अनुवाद के साथ ही दाराशिकोह ने 'गीता' का अनुवाद करवाया था। दाराशिकोह की कुछ और किताबें बतायी जाती हैं, जिनमें से कुछ प्रकाशित हैं कुछ अप्रकाशित। उनमें से एक है 'सूफियाना-खतूत', जो दाराशिकोह द्वारा विभिन्न सूफी सन्तों को लिखे गये खतों का संग्रह है। इनमें एक खत संस्कृत में लिखा हुआ है। इसके अलावा वे जर्नल लिखा करते थे। ऐसे एक जर्नल का नाम है 'रिसाला-ए-मुआरिफ'। 2000 ई. में उनकी एक पुस्तक अंग्रेजी में छपकर आयी है। कृषि कला से सम्बन्धित यह किताब मूलतः फारसी में ही लिखी गयी थी।

अरबी-फारसी में सुलेख का बहुत महत्त्व होता है। स्वयं दाराशिकोह ने सुलेख का प्रशिक्षण प्राप्त किया था। उन्होंने स्वयं कई पुस्तकों की प्रतिलिपि तैयार की थी। जिनमें प्रमुख हैं—'हिकमते अरस्तू', 'दहपन्द अरस्तू', 'मसनवी सुल्तान वलद', 'खमशय निजामी' आदि। उन्होंने कुरान मजीद की पाँच सूरतें भी लिखी थीं जो अधूरी हैं।

मुगल वंश में यह परम्परा थी कि राजकुमार और राजकुमारियाँ अपने प्रियजनों को चित्रों का अलबम भेंट किया करते थे। खासतौर से जहाँगीर के बाद यह परम्परा चली। दाराशिकोह ने अपनी पत्नी को जो 'मुरक्का' भेंट किया था, वह आज भी लन्दन में मौजूद है। उस 'मुरक्के' का अध्ययन करने वाले चित्रकला के एक मर्मज्ञ ने लिखा है कि वह कोहेनूर से भी अधिक महत्त्वपूर्ण है।

दाराशिकोह कवि भी थे और मुख्यतः फारसी में कविताएँ लिखा करते थे। उनकी फारसी कविताओं का एक दीवान मिलता है। मिश्र बन्धुओं के लेखों से यह भी मालूम होता है कि दाराशिकोह हिन्दी में भी कविता लिखा करते थे। उनकी हिन्दी कविताएँ अभी मिली नहीं हैं, लेकिन उनके बारे में सूचनाएँ मिली हैं। एक पुस्तक है 'संगीतराग कल्पद्रुम'। इस किताब में मध्यकाल की और विशेष रूप से मुगल काल की अधिसंख्य हिन्दी कविताएँ मिलती हैं। इस किताब से यह साबित होता है कि मुगल बादशाह और राजकुमार हिन्दी में कविताएँ लिखा करते थे। इसमें अकबर से लेकर बहादुरशाह जफर तक लगभग सभी मुगल बादशाहों की हिन्दी में लिखी

कविताएँ हैं और कुछ कविताएँ उन राजकुमारों की भी हैं जो बादशाह नहीं बन पाये। इसमें लगभग 30 कविताएँ अकबर की हैं और बारह कविताएँ औरंगजेब की। औरंगजेब का नाम सामने आते ही जैसे व्यक्ति की तस्वीर उभरती है, उसके ठीक विपरीत औरंगजेब की कविताएँ एक रसिक मिजाज व्यक्ति की कविताएँ हैं। अगर आप औरंगजेब की कविताएँ पढ़ें तो आपकी राय बदल जाएगी।

कम लोगों को इस बात की जानकारी है कि मुगल खानदान में पढ़ने-लिखने की बेहद अच्छी परम्परा थी, पुरुषों और स्त्रियों के लिए। नूरजहाँ फारसी में शायरी करती थीं। नूरजहाँ की शायरी के जहाँ-तहाँ हिस्से मिलते हैं लेकिन औरंगजेब की पुत्री जेबुनिस्सा बाकायदे 'मकफ़ी' उपनाम से शायरी करती थीं और उनका दीवान छपा हुआ है। ऐसी स्थिति में दाराशिकोह का फारसी और हिन्दी में कविता करना कोई आश्चर्य की बात नहीं है। मिश्र बन्धुओं ने लिखा है कि दाराशिकोह ने हिन्दी में जो कविताएँ लिखी थीं, उनके संग्रह का नाम है—दोहास्तव। उसने ज़िस तरह उपनिषदों का फारसी में अनुवाद किया था, उसी तरह मध्यकाल की हिन्दी कविता का भी फारसी में अनुवाद करना चाहा था। इसके लिए उसने 'सार संग्रह' नामक कविताओं का एक संग्रह तैयार किया था, जो अब तक उपलब्ध नहीं है।

औरंगजेब के जीवन और शासन का ब्योरेवार इतिहास लिखने वाले यदुनाथ सरकार को 1905 में लिखे एक पत्र में प्रसिद्ध इतिहासकार विलियम इरविन् ने कहा था कि "पराजित पक्ष (दाराशिकोह) इतिहास में हमेशा बहुत कम न्याय पाता है।" यह बात पूरी तरह सच है। असल में इतिहासकार सत्ता के साधक होते हैं, वे भला ज्ञान के उपासक को क्यों महत्त्व देते? औरंगजेब के जमाने से ही इतिहास ने दाराशिकोह के साथ अन्याय किया है। मुगल शासक अपने दरबार में इतिहासकार रखते थे और उनसे अपने जीवन और शासन का इतिहास लिखवाते थे। औरंगजेब ने भी यह काम किया था। केवल सामन्ती युग में ही ऐसा नहीं होता है, आज के समय में भी सरकारें अपनी बनायी संस्थाओं और अपने पाले हुए इतिहासकारों से अपने मनोनुकूल इतिहास लिखवाती हैं। औरंगजेब के दरबार के एक इतिहासकार थे—मोहम्मद काजिम, उन्होंने अपनी किताब आलमगीरनामा में दाराशिकोह के बारे में लिखा है—'दाराशिकोह अपनी जवानी के दिनों में केवल स्वतन्त्र सोच और विधर्मी विचारों से लगाव तक सीमित न था' बल्कि हिन्दू धर्म और उसकी संस्थाओं की ओर उसका झुकाव बढ़ रहा था। वह बराबर ब्राह्मणों, योगियों और संन्यासियों की संगत में रहता था। उसने नमाज और रोजा आदि छोड़ दिया था। यह जाहिर हो गया था कि अगर दाराशिकोह गद्दी पर बैठेगा और उसको सत्ता हासिल होगी तो इस्लाम खतरे में होगा और इस्लाम के नियमों को काफिरों और यहूदियों के इच्छानुसार बदल दिया जाएगा। फलतः इस्लाम की रक्षा और शरीयत को बनाये रखने के लिए और साथ ही राजनीति को ध्यान में रखकर

उसकी हत्या कर दी गयी।" उस समय के एक और दरबारी इतिहासकार शाकी मुस्ताद खान ने अपनी किताब 'मआसिर-ए-आलमगीर' में लिखा है—"अनेक कारणों से यह जरूरी था कि दाराशिकोह के जीवन की धूलि को सजीव संसार से हटा और मिटा दिया जाये, इसलिए 30 अगस्त 1659 को उसकी जीवन ज्योति बुझा दी गयी और उसे हुमायूँ के मकबरे में दफना दिया गया।"

दाराशिकोह की हत्या के समय उस पर जो आरोप लगाये गये थे, वही दरबारी इतिहासकारों द्वारा दुहराये गये। 'रूबाइयाते सरमद' की भूमिका में मौलाना अबुल कलाम आजाद ने ठीक ही लिखा है कि "एशिया में हमेशा से मजहब की आड़ में राजनीति रही है और हजारों खूरेजियाँ जो राजनीतिक कारणों से हुईं उन्हें मजहब की चादर से ढँककर छिपाया गया है।" अगर यही काम इतिहास का है तो हीगल का इतिहास के बारे में एक कथन याद आना स्वाभाविक है—"इतिहास कसाई का ठीहा है, जिस पर जनता की खुशियाँ, राज्यों के विवेक, व्यक्ति के गुणों की कुर्बानी दी जाती है।"

इतिहास ने दाराशिकोह के साथ जैसा व्यवहार किया है वैसा साहित्य ने नहीं किया है। मध्यकाल से लेकर आधुनिक काल तक लगातार कवि और लेखक दाराशिकोह पर कविताएँ, नाटक और उपन्यास लिखकर उसके कामों की सराहना करते रहे हैं और उसके बलिदान को याद भी करते रहे हैं। कवीन्द्राचार्य सरस्वती, लाल कवि, सूर्यमल मिश्रण, कविराज श्यामल दास से लेकर रामविलास शर्मा तक ने दाराशिकोह पर कविताएँ लिखी हैं। काजी अब्दुल सत्तार, श्यामल गंगोपाध्याय और भोलाशंकर व्यास ने क्रमशः उर्दू, बांग्ला और हिन्दी में उपन्यासों की रचना की है। डॉ. मुजीब, गोपाल गाँधी और भीष्म साहनी ने अंग्रेजी, उर्दू और हिन्दी में ऐसे नाटक लिखे हैं, जिसके केन्द्र में दाराशिकोह है। मैक्सिको के प्रसिद्ध उपन्यासकार कार्लोस फूएन्ते ने ठीक ही लिखा है कि "इतिहास जिनकी हत्या करता है, कला उनको जीवन देती है। इतिहास जिनकी आवाज सुनने से इनकार करता है, कला में उनकी आवाज सुनाई देती है।" साहित्य ने जो दाराशिकोह के साथ व्यवहार किया है, वह अलग से विस्तृत विचार का विषय है इसलिए यहाँ उसकी चर्चा सम्भव नहीं है।

दाराशिकोह सूफी साधक, कवि और विचारक था। उसमें ज्ञान की पिपासा गहरी थी, सत्य की खोज अथक और अपनी आस्था के लिए आत्मबलिदान की तत्परता थी। इन्हीं गुणों का समुच्चय है, उसकी अत्यन्त महत्त्वपूर्ण किताब 'मज्म-उल-बहरैन', जिसको 'समुद्र संगम' भी कहा जा सकता है। 'समुद्र संगम' नाम से ही इसका अनुवाद 1655 ई. में दाराशिकोह ने किया था। मध्यकाल को मैं सांस्कृतिक संगम का काल मानता हूँ। दाराशिकोह इस सांस्कृतिक संगम का प्रतिनिधि है और प्रतीक भी। 'मज्म-उल-बहरैन' में इस्लाम और हिन्दू धर्म की बुनियादी एकता के विभिन्न पक्षों की खोज की गयी है। दाराशिकोह ने इस किताब में लिखा है कि "यह सच

की खोज करने वाले दो समुदायों के सत्य और विवेक का संग्रह है।" पश्चिम में पिछली दो सदियों में धर्मों के तुलनात्मक अध्ययन की जो प्रवृत्ति विकसित हुई है, उसका आरम्भ दाराशिकोह से मानना चाहिए। दाराशिकोह ने धर्मों के तुलनात्मक अध्ययन का यह काम 17वीं सदी में शुरू किया था लेकिन प्रायः इस प्रसंग में इसका कोई नाम नहीं लेता। 'मज्म-उल-बहरैन' का अंग्रेजी में अनुवाद 1935 में हुआ था। इस अनुवाद के बाद धर्म के तुलनात्मक अध्ययन के सन्दर्भ में 'मज्म-उल-बहरैन' की थोड़ी चर्चा होने लगी है लेकिन पश्चिम के विद्वान यह कहना नहीं भूलते कि इसमें मौलिकता बहुत कम है। असल बात यह है कि जो कुछ पश्चिम में पैदा न हो वह मौलिक कैसे हो सकता है?

1655 ई. में 'मज्म-उल-बहरैन' का 'समुद्र संगम' नाम से अनुवाद करते हुए दाराशिकोह ने कुछ परिवर्तन भी किया है। औरंगजेब के सैनिकों द्वारा जब दाराशिकोह पकड़े गये और औरंगजेब के सामने कैदी के रूप में लाये गये तब उनकी हत्या के लिए औरंगजेब को एक बहाना चाहिए था। औरंगजेब बहाना इसलिए ढूँढ़ रहा था कि अपने काम को जायज ठहरा सके। औरंगजेब ने मौलवियों से 'मज्म-उल-बहरैन' के नाम पर ही दाराशिकोह के खिलाफ फतवा जारी करवाया, जिसमें यह कहा गया था कि दाराशिकोह ने हिन्दू धर्म को इस्लाम धर्म के बराबर मानकर दोनों के बीच एकता की बात की है। उसका अपराध था कि उसने हिन्दू धर्म को इस्लाम के बराबर माना। दाराशिकोह ने 'समुद्र संगम' के आरम्भ में जो कुछ भी लिखा है उससे जाहिर है कि उसके मन में इस्लाम के प्रति गहरा लगाव था लेकिन हिन्दू धर्म दर्शन के प्रति उसके मन में एक खुलापन का भाव भी था। 'समुद्र संगम' के आरम्भिक हिस्से का अनुवाद आपके सामने रख रहा हूँ, जिससे यह बात आपके सामने स्पष्ट हो जाएगी।

"इन्हीं पैगम्बर की उपासना में लीन तथा समस्त आकर्षणों एवं दुखों से रहित एक फकीर जैसा मोहम्मद दाराशिकोह कहता है कि समस्त तत्त्वों के सारभूत एकमात्र तत्त्वस्वरूप को जानकर अपने में धारण करते हुए आदर्शभूत एकात्मवाद को पूर्णतः हृदयंगम करने के उपरान्त परमेश्वर से प्राप्त परम अनुग्रह के बाद मैंने अनुसन्धान आरम्भ किया है। अतः सर्वप्रथम मैं ऐसे बौद्धिक सिद्धों के इस विषय पर वास्तविक विचारों से अवगत हुआ जो पूर्णतः सम्पन्न एवं सत्य के साक्षात्कार से युक्त अनादिकाल प्रवाह में चलते रहने पर भी सनातन भाव में अवस्थित थे। ऐसे सिद्धान्तों को समझने के लिए मैं उन विद्वानों के वास्तविक विचारों से अवगत हुआ, जो पूर्णतः सम्पन्न हैं तथा जिन्होंने वास्तव में सत्य का साक्षात्कार किया है। मैं बार-बार अनेक वैदिक विद्वानों से मिलता रहा तथा उनसे इस विषय में चर्चाएँ कीं। ऐसी विभूतियों में विशेषकर मेरे पूज्यतम श्री गुरु बाबा लाल का विशेष महत्त्व है जो बड़े सारग्राही एवं ज्ञानी हैं तथा जिन्होंने ईश्वरीय योग के ज्ञान, ध्यान, कल्याण

तथा परमेश्वर को समझने में पूर्णता प्राप्त की है। इन चर्चाओं के बाद मुझे परम सत्य (ईश्वर) के विषय में केवल सद्विवेक के अतिरिक्त हिन्दू और मुस्लिम सन्तों के विचारों में कोई अन्तर प्राप्त नहीं हुआ। इसी कारण से मैंने हिन्दू तथा इस्लाम दोनों धर्मों को एक दूसरे से मिलाते हुए गम्भीरता से अध्ययन किया है। इस प्रकार यह ऐसे दो समुद्रों का संगम बन गया है, जिसमें हिन्दू तथा मुस्लिम धर्म के समानतावादी विचारों की एक साथ स्थिति बनती या चलती रहती है। इसी कारण इस ग्रन्थ का नाम 'समुद्र संगम' रखा गया है।"

मुख्य बात यह है कि दाराशिकोह एकात्मवाद या एकेश्वरवाद की खोज कर रहा था। उसे लगा कुरान में एकेश्वरवाद है और उपनिषदों में भी। ऊपर के उद्धरण से यह स्पष्ट है कि संवाद की प्रक्रिया से ही दाराशिकोह इस निष्कर्ष पर पहुँचा था। दाराशिकोह ने जो परम्परा 'मज्म-उल-बहरैन' के माध्यम से शुरू की थी, उसका विकास आधुनिककाल में पंडित सुन्दरलाल की किताब 'गीता और कुरान' (1942 ई) में दिखाई देता है।

दाराशिकोह ने हिन्दू धर्म और इस्लाम के बीच संवाद की जो प्रक्रिया आरम्भ की थी, उसका एक और रूप 'सिर्रे-अकबर' में दिखाई देता है। 'सिर्रे-अकबर' बावन उपनिषदों का फारसी में अनुवाद है। 'सिर्रे-अकबर' नाम का भी विशेष महत्त्व है। इसका अर्थ है 'महान रहस्य'। इस किताब की भूमिका का एक वाक्य इस प्रकार है–"एकेश्वरवाद की ऐसी कविता जिसमें सत्य का रहस्य छिपा है...।" उपनिषदों के अपने फारसी अनुवाद के किताब को 'सिर्रे-अकबर' कहते समय दारा एक प्रकार से अपने पूर्वज अकबर को भी याद कर रहा था, जिन्होंने ऐसे अनुवादों की परम्परा शुरू की थी। दाराशिकोह के अनुवाद की पांडुलिपि 1775 ई. में अंक्विती डूपरों को एम. बर्नियर के माध्यम से मिली। डूपरों एक महान अनुवादक था, जिसने अवेस्ता की खोज और अनुवाद का काम भी पहले किया था। उसने दाराशिकोह के उपनिषदों के अनुवाद का अनुवाद लैटिन और फ्रेंच दोनों भाषाओं में किया था। वह लैटिन अनुवाद 1801 ई. में छपा, जिसका जर्मन अनुवाद 1882 ई. में छपा। इन अनुवादों के छपने के बाद यूरोप को उपनिषदों के ज्ञान का पता लगा। मतलब यह कि दाराशिकोह के अनुवाद के माध्यम से यूरोप उपनिषदों के ज्ञान से परिचित हो सका। उन्हीं अनुवाद को शॉपेनहावर, नीत्शे और इमर्सन आदि ने पढ़ा था। इस प्रकार यह जाहिर है कि मध्यकालीन भारत का सबसे बड़ा अनुवादक है–दाराशिकोह, जिसने भारतीय ज्ञान को यूरोप तक पहुँचाने में अग्रदूत की भूमिका निभायी। इस अनुवाद के माध्यम से भी दाराशिकोह संवाद की प्रक्रिया को ही व्यापक बना रहा था। अनुवाद अपने आप में संवाद ही है, दो भाषाओं, दो संस्कृतियों और दो मानसिकताओं के बीच।

दाराशिकोह बाबा लालदास का एक वाक्य बराबर याद रखता था कि "सत्य पर

किसी एक धर्म का एकाधिकार नहीं होता।" इसी को ध्यान में रखकर उसने 'मज्म-उल-बहरैन' की रचना की थी और उपनिषदों का अनुवाद भी किया था। 'मज्म-उल-बहरैन' में उसने ईश्वर के स्वरूप, मुक्ति, ब्रह्म, विद्या आदि के प्रसंगों की चर्चा करते हुए कुरान से हिन्दू ग्रन्थों की तुलना की और इस्लाम तथा हिन्दू धर्म के बीच एकता का प्रतिपादन किया। उसने आत्मा, शब्द, ईश्वर, मुक्ति, तत्त्व, इन्द्रियाँ, त्रिगुण और त्रिदेव आदि तत्त्वों की विस्तार से दार्शनिक व्याख्या की है।

दाराशिकोह और बाबा लालदास के बीच सात बैठकों में विभिन्न दार्शनिक विषयों पर हुए लम्बे संवादों का ब्यौरा मिलता है, जो 'मुकालमा बाबा लाल व दाराशिकोह' नामक पुस्तक में दर्ज है। इस किताब के लेखक हैं चन्द्रभान ब्राह्मण, जो स्वयं फारसी और हिन्दी के कवि थे और दाराशिकोह के मित्र भी। वे दाराशिकोह और बाबा लालदास के बीच संवाद के दौरान मौजूद थे। आप जरा सोचिए कि यह बात किस भाषा में हुई होगी। यद्यपि चन्द्रभान ब्राह्मण ने उसे फारसी में लिखा है लेकिन विक्रमजीत हसरत की राय है कि वह बातचीत हिन्दी में हुई थी। बाबा लालदास से जो बातचीत हुई उसका सम्बन्ध दर्शन और ज्ञान से था। बाबा लालदास कबीरपन्थी सन्त थे। इस तरह बाबा लालदास से जुड़े हुए दाराशिकोह कबीर की परम्परा के भी उत्तराधिकारी लगते हैं। लालदास से दाराशिकोह की बातचीत काफी लम्बी है। मैं केवल उदाहरण के लिए 3-4 सवाल और उसके उत्तर आपके सामने रख रहा हूँ, जिन्हें पढ़कर आप दारा की जिज्ञासाओं, उनके प्रश्नों की प्रकृति और संवाद के स्वरूप से परिचित हो सकें।

प्रश्न 1 : नाद तथा वेद में क्या अन्तर है?

उत्तर : वही अन्तर है जो आज्ञा देने वाले राजा में तथा उसके द्वारा दी गयी आज्ञा में। प्रथम नाद है और द्वितीय वेद।

प्रश्न 2 : चन्द्र का प्रकाश क्या है? उसमें काली जगह क्या है तथा उसकी श्वेतता का क्या कारण है?

उत्तर : स्वयं चन्द्र में कोई प्रकाश नहीं है। वह सर्वथा रंगहीन पदार्थ है, जिस पर सूर्य की किरणें पड़ती हैं। इसकी श्वेतता पृथ्वी के समुद्रों का प्रतिबिम्ब है और उसकी काली जगह भूमि का प्रतिबिम्ब है।

प्रश्न 3 : यदि यह प्रतिबिम्ब की बात है तो सूर्य पर उसी मात्रा में क्यों नहीं प्रकट होता?

उत्तर : सूर्य अग्नि के गोले की भाँति है, चन्द्र जल के गोले की भाँति। प्रतिबिम्ब पानी में पड़ता है परन्तु अग्नि में नहीं।

प्रश्न 4 : हिन्दुओं में मूर्त्ति पूजा का क्या सिद्धान्त है? किसने उसको विहित किया?

उत्तर : हृदय को बल देने के लिए यह अवलम्ब रूप से स्थापित की गयी।

जिसको वास्तविकता का परिचय है वह इसी कारण से इसके बाह्य रूप से उदासीन है। जब तक मनुष्य को गूढ़तम वास्तविकता का ज्ञान नहीं होता है वह बाह्य रूप में आसक्त रहता है। यही हाल कुँआरी लड़कियों का है जो गुड़िया से खेलती हैं। महिलाएँ विवाहित होने पर उसका त्याग कर देती हैं। यह भी एक प्रकार की मूर्ति पूजा है। जब तक मनुष्य इस भेद को नहीं जान जाता वह बाह्य रूप से आसक्त रहता है। जब मनुष्य आन्तरिक अर्थ जान लेता है, वह इसको छोड़ देता है।

यह मूर्तिपूजा की दकियानूसी व्याख्या नहीं है। बाबा लालदास के उत्तर से यह जाहिर है कि मनुष्य की भावना को एक आधार चाहिए। मूर्ति पूजा की इतनी ही सार्थकता है। इससे यह भी जाहिर है कि सारे हिन्दू मूर्तिपूजक हों, जरूरी नहीं है। स्वयं बाबा लालदास ने कहा है, मैं हिन्दू हूँ लेकिन मूर्तिपूजक नहीं हूँ। इस पूरे संवाद में दूसरी महत्त्वपूर्ण बात यह है कि यह 17वीं सदी में हो रहा है। इस बातचीत के पीछे जो वैज्ञानिक मानस क्रियाशील है, उस पर भी ध्यान देने की जरूरत है। कुछ लोगों ने यह सन्देह व्यक्त किया है कि दाराशिकोह कृषि कला पर किताब क्यों लिखेंगे? मुझे लगता है कि जिसका जनजीवन से लगाव होगा, उसकी कृषि कला में भी दिलचस्पी होगी।

प्रेमचन्द ने 1908 में एक कहानी लिखी थी—'दाराशिकोह का दरबार'। प्रेमचन्द की उस कहानी को मैं इसलिए याद कर रहा हूँ कि उस कहानी में दाराशिकोह के दरबार में दो-तीन धर्मों के विचारक दारा से संवाद और विवाद कर रहे हैं। उस संवाद और विवाद के साथ ही कहानी खत्म हो जाती है। इस कहानी से यह मालूम होता है कि प्रेमचन्द दाराशिकोह की संवादधर्मिता से परिचित थे और सहमत भी। ऐसा नहीं है कि दाराशिकोह ने संवाद की जो प्रक्रिया शुरू की थी उसके खतरों से वे सावधान नहीं थे। उन्होंने 'मज्म-उल-बहरैन' और 'सिर्रे-अकबर' में यह लिखा है—"मैं यह काम अपने सन्तोष के लिए कर रहा हूँ, आम लोगों के लिए नहीं।" उन्होंने यह भी लिखा है कि ज्यादा से ज्यादा इसे मेरे परिवार के लोग पढ़ें, अगर वे पढ़ना चाहें तो। पुस्तक की भूमिका के अन्त में दाराशिकोह ने यह भी लिखा है कि "वह सुखी होगा जो स्वार्थ से मुक्त होकर, ईमानदारी से और ईश्वर की कृपा से सभी प्रकार के पक्षपातों से छुटकारा पाकर इसका अध्ययन और बोध प्राप्त करेगा। वह अनश्वर, भयरहित, अयाचक और शाश्वत रूप से मुक्त होगा।" दाराशिकोह यहाँ अपनी किताब पढ़ने के जो-जो लाभ बता रहा है, वह भारतीय परम्परा का हिस्सा है, पुराणों में ऐसा बार-बार कहा गया है।

मैं पहले भी कह चुका हूँ कि दाराशिकोह फारसी और हिन्दी में कविता लिखा करता था। उसकी फारसी कविता में एक ऐसे मुक्त मानस की अभिव्यक्ति है, जो कट्टरता से कोसों दूर है। मैं उसकी एक रुबाई का जैसा-तैसा अनुवाद आपके सामने रख रहा हूँ जो इस प्रकार है :

स्वर्ग ऐसी जगह है
जहाँ मुल्ला नहीं रहते
वहाँ कोई बकवाद और शोर नहीं होता
काश यह दुनिया
मुल्लाओं के शोर से मुक्त होती
कोई उनका फतवा नहीं मानता
जिस शहर में मुल्ला रहते हैं
वहाँ कोई विवेकी नहीं रहता।

मैं केवल अपनी तरफ से जोड़ना चाहूँगा कि अगर वहाँ कोई विवेकी रहेगा तो उसको वही दंड मिलेगा, जो दाराशिकोह को मिला था।

जीवन के आखिरी दिनों में औरंगजेब ने अपना एक वसीयतनामा लिखवाया। इसको आप 'पॉलिटिकल टेस्टामेंट' भी कह सकते हैं। उसको पढ़कर आपको लगेगा कि औरंगजेब ने आजीवन जो किया, उसको लेकर जीवन के आखिरी दिनों में वह गहरे पश्चात्ताप में था। लेकिन जो होना था, सो हो चुका था। न सिर्फ दाराशिकोह और उसका पूरा परिवार खत्म हो चुका था बल्कि स्वयं औरंगजेब ने अपने अधिकांश बेटे-बेटियों को जेल में डाल दिया था। औरंगजेब ने अपने उस वसीयतनामे में एक मार्मिक वाक्य लिखा है जो प्रकारान्तर से दाराशिकोह के लिए श्रद्धांजलि है। वाक्य इस प्रकार है—"यह हमेशा याद रखो कि बादशाहों के शब्द बंजर होते हैं।" केवल दार्शनिकों, विचारकों और कवियों के शब्द बंजर नहीं होते, जैसे दाराशिकोह के शब्द बंजर नहीं हुए। इस संसार में हमेशा से दो किस्म की लड़ाइयाँ लड़ी जाती रही हैं, एक तलवार सें और दूसरी कलम से। तलवार की लड़ाई में औरंगजेब जीत गया। कलम की लड़ाई में दाराशिकोह जीता और वह तब तक अमर रहेगा, जब तक विचार महत्त्वपूर्ण माना जाता रहेगा।

(दाराशिकोह पर दिया गया एक भाषण)

उपनिवेशवाद का शिकार भारत और 'देशेर कथा'

'देश की बात' बांग्ला में लिखी सखाराम गणेश देउस्कर की किताब 'देशेर कथा' का हिन्दी अनुवाद है। अनुवादक हैं हिन्दी के यशस्वी और प्रसिद्ध पत्रकार बाबू राव विष्णु पराड़कर। बांग्ला में देशेर कथा का प्रथम प्रकाशन सन् 1904 में हुआ था। सन् 2004 *देशेर कथा* के प्रकाशन का शताब्दी वर्ष है। सन् 1904 में 'देशेर कथा' का प्रकाशन अत्यन्त कठिन परिस्थितियों में हुआ था। सखाराम गणेश देउस्कर के लिए 'देशेर कथा' जैसी पुस्तक को प्रकाशित कराना एक मुश्किल काम था। इस पुस्तक के प्रकाशन में हिन्दी के प्रसिद्ध लेखक और पत्रकार माधव प्रसाद मिश्र ने बड़ी सहायता की थी। आरम्भ में जिस पुस्तक का प्रकाशन और वितरण एक समस्या थी, वह सन् 1905 में बंग-भग के विरुद्ध स्वदेशी आन्दोलन के आरम्भ के साथ ही अपूर्व रूप से लोकप्रिय हुई। माधव प्रसाद मिश्र ने सन् 1908 में लिखा था कि "जिस पुस्तक की लागत तक के वसूल होने में लेखक को और मुझे आशंका थी उसकी थोड़े ही दिनों में सब प्रतियाँ बँट गयीं। बंगाल के टुकड़े होते ही वहाँ स्वदेशी आन्दोलन उपस्थित हुआ, जिसमें पुस्तक के प्रदीप्त वाक्यों ने भी अपना प्रभाव दिखलाया। यह कहना तो छोटे मुँह बड़ी बात समझी जाएगी कि स्वदेशी आन्दोलन इसी पुस्तक का फल है, पर इसमें कोई सन्देह नहीं कि इस आन्दोलन की प्रज्वलित वह्नि में इसने घृताहुति का-सा काम अवश्य किया। बरीसाल के वीर स्वदेश हितैषी बाबू अश्विनी कुमार दत्त ने अपनी कालीघाट वाली वक्तृता में कहा था कि इतने दिनों तक सरस्वती की आराधना करने पर भी बंगालियों को मातृभाषा में वैसा उपयोगी ग्रन्थ लिखना न आया जैसा कि परिणामदर्शी महाराष्ट्र युवा ने लिख दिखाया। बंगालियो, इस ग्रन्थ को पढ़ो और अपने देश की अवस्था और निज कर्त्तव्य पर विचार करो।"[1] बंग-भंग विरोधी आन्दोलन को 'देशेर कथा' ने अनेक रूपों में प्रभावित किया, उसे शक्ति और गति दी और इस प्रक्रिया में वह स्वदेशी आन्दोलन की प्रेरणादायी पुस्तक बन गयी।

देशेर कथा की अपूर्व लोकप्रियता का अन्दाज सन् 1904 से 1908 के बीच उसके प्रकाशन के इतिहास से लगाया जा सकता है। महादेव साहा के अनुसार, 'देशेर कथा' का एक हजार प्रतियों का पहला संस्करण सन् 1904 में छपा। दो हजार

प्रतियों का दूसरा संस्करण सन् 1905 में निकला। पुस्तक की माँग को ध्यान में रखकर ठीक चार महीने बाद ही पाँच हजार प्रतियों का तीसरा संस्करण प्रकाशित हुआ। पुस्तक का दो हजार प्रतियों का चौथा संस्करण सन् 1907 में और तीन हजार प्रतियों का पाँचवाँ संस्करण सन् 1908 में छपा।[2] महज पाँच वर्षों में पाँच संस्करण और तेरह हजार प्रतियाँ। इस पुस्तक के प्रकाशन के प्रसंग में एक उल्लेखनीय बात यह भी है कि लेखक प्रत्येक संस्करण में कुछ नयी सामग्री जोड़ता था, जिससे पुस्तक का आकार बढ़ जाता था, किन्तु उसकी कीमत नहीं बढ़ाई जाती थी, बल्कि दो बार घटा दी गयी।

'देशेर कथा' के लिखे जाने की पृष्ठभूमि की ओर संकेत करते हुए माधव प्रसाद मिश्र ने सन् 1908 में लिखा था, "जिस समय यह पुस्तक बांग्ला में लिखी गयी थी उस समय बंगाल के टुकड़े नहीं हुए थे, स्वदेशी आन्दोलन का विचार भी लोगों के जी में नहीं आया था। लार्ड कर्जन के कुचक्रपूर्ण शासन से लोग शंकित हो चुके थे, पर उनकी मोहमयी निद्रा तब तक भी टूटने नहीं पायी थी। बंगाल के शिक्षित लोग आमोद-प्रमोद में लग रहे थे और कितने ही सौन्दर्योपासक 'मूकाभिनय' का अपूर्व कौतुक कर कृत्रिम रमणीयता का बाजार खोल रहे थे। उपन्यास और नाटकों में शृंगार रस की प्रधानता हो रही थी और बंगाल के बहुत से बड़े आदमियों का समय उसी के आकलन में पूरा हो रहा था। यह किसी को ध्यान भी न था कि उनके देश की कैसी शोच्य दशा हो रही है और आगे कैसा परिवर्तन होनेवाला है।"[3]

ऐसे समय में 'देशेर कथा' का लिखा जाना एक वैचारिक विस्फोट की तरह था, जिसने जन-मानस को धक्का देकर चकित करते हुए जगाया। देशेर कथा की अपार लोकप्रियता से अंग्रेजी-राज भयभीत हुआ और 28 सितम्बर, 1910 को एक विज्ञप्ति निकालकर उसको जब्त कर दिया गया। 'देशेर कथा' पर पाबन्दी की खबर 30 सितम्बर को कुछ दैनिक अखबारों में छपी। हितवादी और हितवार्ता को छोड़कर किसी अन्य पत्र-पत्रिका ने इस प्रतिबन्ध का प्रतिवाद नहीं किया। हितवादी-पत्रिका में यह छपा कि पंडित सखाराम गणेश देउस्कर की पुस्तक 'देशेर कथा' पर पाबन्दी इस आधार पर लगाई गयी है कि उसमें ऐसी सामग्री है जिसको पढ़कर पाठकों के मन में सरकार के प्रति अलगाव का भाव पैदा होगा।[4] हितवादी के लेख में सरकार से बहुत से प्रश्न पूछे गये थे, पर सरकार की ओर से उनके उत्तर कभी नहीं दिये गये। 'देशेर कथा' के साथ ही देउस्कर की एक और किताब पर भी पाबन्दी लगाई थी। वह किताब थी—'तिलकेर मुकद्दमा'। जिस समय 'देशेर कथा' पर प्रतिबन्ध लगा उस समय तक 'देशेर कथा' का हिन्दी अनुवाद 'देश का बात' नाम से प्रकाशित हो चुका था। हितवादी के लेख में यह भी लिखा गया है कि 'देश की बात' पर पाबन्दी नहीं लगाई गयी है।

सखाराम गणेश देउस्कर ने देश में स्वाधीनता की चेतना के जागरण और विकास के लिए 'देशेर कथा' की रचना की थी। यद्यपि उन्होंने काँग्रेस द्वारा संचालित

स्वाधीनता आन्दोलन का समर्थन किया, लेकिन उन्होंने उस आन्दोलन की रीति-नीति की आलोचना भी की है। उन्होंने देशेर कथा की भूमिका में स्पष्ट लिखा है कि "हमारे आन्दोलन भिक्षुक के आवेदन मात्र हैं। हमलोगों को दाता की करुणा पर एकान्त रूप में निर्भर रहना पड़ता है। यह बात सत्य होते हुए भी राजनीति की कर्त्तव्य-बुद्धि को उद्‌बोधित करने के लिए पुनः-पुनः चीत्कार के अलावा हमारे पास दूसरे उपाय कहाँ हैं।"[5] वस्तुतः 'देशेर कथा' गुलामी की जंजीरों में जकड़ी और शोषण की यातना में जीती-मरती भारतीय जनता के चीत्कार की प्रामाणिक और प्रभावशाली अभिव्यक्ति है।

'देशेर कथा' के लेखक सखाराम गणेश देउस्कर का जन्म 17 दिसम्बर, 1869 को देवघर के पास करौं नामक गाँव में हुआ था, जो अब झारखंड राज्य में है। वे मूलतः मराठी थे। 18वीं सदी में मराठा शक्ति के विस्तार के समय उनके पूर्वज महाराष्ट्र के देउस गाँव से आकर करौं में बस गये थे। सखाराम गणेश देउस्कर ने सन् 1891 में देवधर के आर. मित्र हाई स्कूल से मैट्रिक की परीक्षा पास की और सन् 1893 में इसी स्कूल में शिक्षक नियुक्त हो गये। यहीं वे राजनारायण बसु के सम्पर्क में आये और अध्यापन के साथ-साथ एक ओर अपनी सामाजिक-राजनीतिक दृष्टि का विकास करते रहे, दूसरी ओर उसकी अभिव्यक्ति के लिए बांग्ला की विभिन्न पत्र-पत्रिकाओं में राजनीतिक, सामाजिक और साहित्यिक विषयों पर लेख भी लिखते रहे। सन् 1894 में देवघर में हार्ड नाम का एक अंग्रेज मजिस्ट्रेट था। उसके अन्याय और अत्याचार से जनता परेशान थी। देउस्कर ने उसके विरुद्ध कलकत्ता से प्रकाशित होनेवाले 'हितवादी' नामक पत्र में कई लेख लिखे, जिसके परिणामस्वरूप हार्ड ने देउस्कर को स्कूल की नौकरी से निकालने की धमकी दी। उसके बाद देउस्कर जी ने अध्यापक की नौकरी छोड़ दी और कलकत्ता जाकर 'हितवादी' अखबार में प्रूफ रीडर के रूप में काम करने लगे। कुछ समय बाद अपनी असाधारण प्रतिभा और परिश्रम की क्षमता के आधार पर वे हितवादी के सम्पादक बना दिये गये। लेकिन सन् 1907 में सूरत के कांग्रेस अधिवेशन में जब कांग्रेस का गरम दल और नरम दल में विभाजन हुआ तो 'हितवादी' के मालिक ने देउस्कर से गरम दल और तिलक के विरुद्ध 'हितवादी' में सम्पादकीय लेख लिखने के लिए कहा। सखाराम तिलक के राजनीतिक विचारों से एकता अनुभव करते थे, इसलिए उन्होंने तिलक के विरुद्ध सम्पादकीय लेख लिखने से मना कर दिया। परिणामस्वरूप उन्हें 'हितवादी' के सम्पादक पद से त्यागपत्र देना पड़ा। इसके बाद वे कलकत्ता के ही राष्ट्रीय शिक्षा परिषद के विद्यालय में बांग्ला भाषा तथा भारतीय इतिहास के शिक्षक के पद पर नियुक्त हुए। लेकिन सन् 1910 में जब उनकी पुस्तक 'देशेर कथा' पर सरकार द्वारा प्रतिबन्ध लगाया गया, तब राष्ट्रीय शिक्षा परिषद के प्रबन्धकगण उन्हें सशंकित दृष्टि से देखने लगे। ऐसी स्थिति में सखाराम ने शिक्षक पद से भी त्यागपत्र दे दिया। बाद

में 'हितवादी' के प्रबन्धकों ने उनसे पुनः सम्पादक बनने का अनुरोध किया तो देउस्कर ने उसे स्वीकार कर लिया।

कुछ लोगों के लिए त्याग और संघर्ष जीवन के आदर्श होते हैं, लेकिन सखाराम गणेश देउस्कर की पूरी जिन्दगी त्याग और संघर्ष के ताने-बाने से बुनी हुई थी। स्वराज्य और स्वतन्त्रता का यह योद्धा जीवन भर अपने विचारों के लिए कठिन संघर्ष करता दिखाई देता है। उनका पारिवारिक जीवन भी निरन्तर संकटों और संघर्षों के बीच बीता। जब वे पाँच वर्ष के थे तभी उनकी माता का देहान्त हो गया, इसलिए उनका पालन-पोषण उनकी विधवा बुआ के हाथों हुआ, जिन्होंने सखाराम को मराठी साहित्य की शिक्षा दी। जब 'देशेर कथा' की लोकप्रियता के कारण देउस्कर ख्याति के शिखर पर थे, तभी एक ओर उनकी दो पुस्तकों पर सरकारी प्रतिबन्ध लगा तो दूसरी ओर उनकी पत्नी और एकमात्र पुत्र का निधन हुआ। सन् 1910 के अन्तिम दिनों में इन सब आघातों से आहत होकर सखाराम गणेश देउस्कर अपने गाँव करौं लौट आये और वहीं रहने लगे। उनको कुल 43 वर्ष का ही जीवन मिला था। 23 नवम्बर, 1912 को यह प्रकाश-पुंज सदा के लिए बुझ गया। दुनिया की अधिकांश महान प्रतिभाएँ अपने आलोक से लोक को चकित करती हुई इसी तरह अल्पायु में ही दुनिया से विदा हो जाती हैं।

सखाराम गणेश देउस्कर भारतीय नवजागरण के अन्य निर्माताओं की तरह एक निर्भीक पत्रकार और मौलिक विचारक थे। उनके सम्पूर्ण चिन्तन और लेखन की बुनियादी चिन्ता देश की पूर्ण स्वाधीनता थी। श्री अरविन्द ने लिखा है कि स्वराज्य शब्द का पहला प्रयोग 'देशेर कथा' के लेखक सखाराम गणेश देउस्कर ने किया।[6] देउस्कर ने पत्रकार के रूप में लेखन की शुरुआत की थी। वे बांग्ला के अधिकांश क्रान्तिकारी पत्रिकाओं में लेख लिखते थे। 'युगान्तर' पत्रिका के वे नियमित लेखक थे। युगान्तर के अलावा उन्होंने 'साहित्य', 'भारती, धरनी', 'साहित्य-संहिता', 'प्रदीप', 'बंग-दर्शन', 'आर्यावर्त्त', 'वेद व्यास', 'प्रतिभा' आदि पत्रिकाओं में भारत के इतिहास, संस्कृति, साहित्य आदि से सम्बन्धित बहुत सारे लेख लिखे, जिनका उद्देश्य भारतीय जनता को अपने अतीत और वर्तमान का ज्ञान कराना था। इतिहास, साहित्य और राजनीति उनके प्रिय विषय थे।

सखाराम गणेश देउस्कर के ग्रन्थों और निबन्धों की सूची बहुत लम्बी है। डॉ. प्रभुनारायण विद्यार्थी ने एक लेख में देउस्कर की रचनाओं का ब्योरा प्रस्तुत किया है। उनके प्रमुख ग्रन्थ हैं– 'महामति रानाडे' (1901), 'झासीर राजकुमार' (1901), 'बाजीराव' (1902), 'आनन्दी बाई' (1903), 'शिवाजीर महत्व' (1903), 'शिवाजीर शिक्षा' (1904), 'शिवाजी' (1906), 'देशेर कथा' (1904) 'देशेर कथा' (परिशिष्ट) (1907), 'कृषकेर सर्वनाश' (1908), 'तिलकेर मोकद्दमा ओ संक्षिप्त जीवन चरित' (1908) आदि। इन पुस्तकों के साथ-साथ इतिहास, धर्म, संस्कृति और मराठी

साहित्य से सम्बन्धित उनके लेख अत्यन्त महत्त्वपूर्ण हैं।

देउस्कर भारतीय जनजागरण के ऐसे विचारक हैं जिनके चिन्तन और लेखन में स्वाधीनता और अखिल भारतीयता का अद्भुत संगम है। वे महाराष्ट्र और बंगाल के नवजागरण के बीच सेतु के समान हैं। उनका प्रेरणा-स्रोत महाराष्ट्र है, पर वे लिखते बांग्ला में हैं। अपने मूल से अटूट लगाव और वर्तमान से गहरे जुड़ाव का संकेत उनके देउस्कर नाम में दिखाई देता है, जो देउस और करौं के योग से बना है।

यह देखकर आश्चर्य होता है कि अंग्रेजी राज द्वारा भारत के उपनिवेशीकरण के अभियान के दौरान अनुवाद की भूमिका का पिछले तीन-चार दशकों में अंग्रेजी में जैसा विश्लेषण हुआ है वैसा स्वाधीनता आन्दोलन के समय राष्ट्रीय अस्मिता की तलाश के प्रयास और उसके विकास के लिए देशी भाषाओं से हुए अनुवादों के महत्त्व का विवेचन नहीं हुआ है। देशी भाषाओं में प्रायः तीन तरह के अनुवाद हुए हैं। एक तो अंग्रेजी ग्रन्थों का विभिन्न भारतीय भाषाओं में अनुवाद, दूसरे संस्कृत के ग्रन्थों का आधुनिक भारतीय भाषाओं में अनुवाद और तीसरे आधुनिक भारतीय भाषाओं की रचनाओं का अनुवाद। हिन्दी में इन तीनों तरह के अनुवादों के कार्य बड़े पैमाने पर हुए हैं। भारत में स्वाधीनता आन्दोलन के दौरान राष्ट्र की कल्पना और धारणा के विकास में अनुवादों की अत्यन्त महत्त्वपूर्ण भूमिका रही है।

वैसे तो प्रत्येक अनुवाद में आत्मसातीकरण की प्रक्रिया काम करती है, लेकिन औपनिवेशिक अनुवाद ने भारतीय समाज, कानून, इतिहास, संस्कृति, परम्परा और चेतना को आत्मसात करने का बड़े पैमाने पर प्रयत्न किया था। भारत में जब नवजागरण की शुरुआत हुई, तब भारत का शिक्षित समुदाय एक विचित्र स्थिति का सामना कर रहा था। 18वीं और 19वीं सदियों में भारतविदों द्वारा भारतीय पाठों के अंग्रेजी तथा अन्य यूरोपीय भाषाओं में जो अनुवाद हुए थे वे यूरोप वालों के लिए हुए थे लेकिन अधिकांश भारतीय शिक्षित लोग इन अनूदित पाठों को ही भारतीय कानून, दर्शन और साहित्य आदि के ज्ञान का मूल स्रोत मान रहे थे। यही नहीं, वे उन पाठों के माध्यम से भारतविदों द्वारा निर्मित भारत, भारतीयता, भारतीय समाज, संस्कृति और इतिहास सम्बन्धी विचार-विमर्श तथा आख्यान को प्रामाणिक मानकर ग्रहण कर रहे थे; क्योंकि वे अनुवादकों की दृष्टि, पद्धति और पाठों को स्वाभाविक समझ रहे थे। इस प्रक्रिया से भारत की जो पहचान, छवि या अस्मिता निर्मित हुई वह एक प्रकार से अनूदित अस्मिता थी। वह एकान्तिक और अनुकरणपरक भी थी और उससे निकला राष्ट्रवाद भी वैसा ही था। आजकल उस औपनिवेशिक अनुवाद में व्यक्त और निहित विचारधारा का विखण्डन करते हुए उसकी यूरोप केन्द्रित प्रकृति की पहचान हो रही है।

भारतीय नवजागरण की चेतना के निर्माण और प्रसार में, विभिन्न जातीयताओं

के बीच सम्बन्धों के विकास और एक अखिल भारतीय दृष्टि के उभार में अनुवाद के योगदान का अभी ठीक से अध्ययन और मूल्यांकन नहीं हुआ है। भारतीय नवजागरण और हिन्दी नवजागरण के अधिकांश निर्माता महत्त्वपूर्ण अनुवादक भी थे। हिन्दी नवजागरण के लेखक भारतेन्दु हरिश्चन्द्र, महावीर प्रसाद द्विवेदी और रामचन्द्र शुक्ल के अनुवाद विशेष रूप से महत्त्वपूर्ण हैं। उपनिवेशवादियों ने अनुवाद को भारतीय परम्परा और मानस पर कब्जा करने का साधन बनाया था तो भारतीय नवजागरण के विचारकों ने अनुवाद को अपनी परम्परा की मुक्ति और स्वत्व की पहचान का माध्यम बनाया। भारतीय लेखक अनुवाद को औपनिवेशिक प्रभावों के विरुद्ध प्रतिरोध के साधन के रूप में विकसित कर रहे थे। साथ ही वे आधुनिक चिन्तन और ज्ञान-विज्ञान से भारतीय समाज को परिचित कराने के लिए भी अनुवाद का काम कर रहे थे। भारतेन्दु हरिश्चन्द्र ने संस्कृत के पाँच, बांग्ला के एक और अंग्रेजी के एक नाटक का अनुवाद किया था। महावीर प्रसाद द्विवेदी ने जान स्टुअर्ट मिल की पुस्तक 'लिबर्टी' *का* 'स्वाधीनता' नाम से अनुवाद किया था, जिसका पहला संस्करण सन् 1907 में, दूसरा 1912 में और तीसरा संस्करण 1921 में छपा था। रामचन्द्र शुक्ल के अनुवादों में सबसे अधिक महत्त्वपूर्ण है जर्मन वैज्ञानिक अन्स्र्ट हैकल की पुस्तक 'रिडिल ऑफ यूनीवर्स' का 'विश्व प्रपंच' नाम से अनुवाद।

हिन्दी नवजागरण के दौरान हिन्दी में सबसे अधिक अनुवाद बांग्ला से हुआ; रचनात्मक साहित्य का और राजनीतिक-सामाजिक चिन्तन की पुस्तकों का भी। स्वत्व की पहचान के लिए अन्य की समझ आवश्यक है; स्व और पर के द्वैत के रूप में ही नहीं, दोनों के बीच केवल अन्तर के रूप में नहीं, बल्कि द्वन्द्वात्मक रूप में। इस दृष्टि से सखाराम गणेश देउस्कर की पुस्तक 'देशेर कथा' के हिन्दी अनुवाद का विशेष महत्त्व है। इसमें भारत की पराधीनता के यथार्थ की जटिल समग्रता और स्वाधीनता की अदम्य आकांक्षा की अभिव्यक्ति है। इस पुस्तक के अनुवाद और हिन्दी पाठकों के बीच इसके प्रसार ने स्वदेशी की भावना जगाने और राष्ट्रीय चेतना को व्यापक बनाने में अनुपम भूमिका निभाई है।

हिन्दी में 'देशेर कथा' के अनुवाद की कहानी बहुत दिलचस्प है। माधव प्रसाद मिश्र ने 'देशेर कथा' के बांग्ला में प्रकाशन में लेखक की मदद की थी। उन्होंने पहले संस्करण के प्रकाशित होते ही उसका हिन्दी में अनुवाद आरम्भ कर दिया था। उसके कुछ अंशों का अपना अनुवाद कलकत्ता की एक हिन्दी पत्रिका वैश्योपकार में छपवाया भी था, किन्तु उस समय पूरी पुस्तक का अनुवाद न हो सका। बाद में अमृत लाल चक्रवर्ती ने 'देशेर कथा' के हिन्दी अनुवाद का काम पूरा किया। उस समय अमृत लाल चक्रवर्ती श्री 'वेंकटेश्वर समाचार' नामक पत्रिका के सम्पादक थे। सन् 1908 में 'देश की बात' नाम से 'देशेर कथा' का पहला हिन्दी अनुवाद बम्बई से प्रकाशित हुआ, जिसकी सुचिन्तित भूमिका माधव प्रसाद मिश्र ने लिखी है। 'देशेर

कथा' का यह अनुवाद हिन्दी में अत्यन्त लोकप्रिय हुआ। श्री वेंकटेश्वर समाचार अपने ग्राहकों को कुछ पुस्तकें उपहार के रूप में दिया करता था, उनमें एक पुस्तक 'देश की बात' भी थी। हिन्दी क्षेत्र में कम्युनिस्ट पार्टी के संस्थापक सत्य भक्त जी ने अपने एक साक्षात्कार में कहा है कि 'देश की बात' परम देशभक्त सखाराम गणेश देउस्कर लिखित बंगाली भाषा के 'देशेर कथा' का अनुवाद था। इस पुस्तक ने हमको आरम्भ में देशभक्ति की पर्याप्त प्रेरणा दी, इसमें सन्देह नहीं।[7]

हिन्दी मे 'देश की बात' की लोकप्रियता के स्वरूप का अनुमान इस बात से होता है कि माधव प्रसाद मिश्र के भाई और अपने समय के जाने-माने कवि राधाकृष्ण मिश्र ने 'देश की बात' पर एक कविता लिखी थी। उस कविता का एक अंश माधव प्रसाद मिश्र ने 'देश की बात' के मुखबन्ध के आरम्भ में उद्धृत किया है, जो इस प्रकार है:

पाठकगण! निज हृदय खोलकर, पढ़ो देश अपने की बात,
निर्दयता से हुआ किस तरह पुण्यभूमि भारत का घात।
शोक सिन्धु में डूब न रहना, रखना मन में भारी धीर,
वही वीर जननी का जाया, हरै सदा जो उसकी पीर।

इस कविता का शेष अंश श्री नारायण चतुर्वेदी ने अपनी पुस्तक 'आधुनिक हिन्दी का आदिकाल' में अपनी याददाश्त से उद्धृत किया है।[8]

'देशेर कथा' का दूसरा हिन्दी अनुवाद हिन्दी में प्रसिद्ध पत्रकार बाबूराव विष्णु पराड़कर ने किया था, जो सन् 1910 में कलकत्ते से प्रकाशित हुआ था। अपने अनुवाद की प्रस्तावना में पराड़कर जी ने लिखा है कि माधव प्रसाद मिश्र तथा अमृतलाल चक्रवर्ती द्वारा किया गया अनुवाद मूल पुस्तक के पहले तीन संस्करणों का था, लेकिन चौथे संस्करण में ग्रन्थकार ने अपनी मूल पुस्तक में बहुत ही अधिक फेरफार किया। इसी से उक्त हिन्दी संस्करण कई अंशों में अपूर्ण रह गया है। इसीलिए देउस्कर जी ने मुझे 'देशेर कथा' का अनुवाद करने की आज्ञा दी।[9] पराड़कर जी द्वारा अनूदित 'देश की बात' की एक विशेषता यह भी है कि इसमें हिन्दी पाठकों के काम की अनेक नयी बातें जोड़ दी गयी हैं, जो बांग्ला पुस्तक में नहीं है। इसीलिए यह पुस्तक मूल बांग्ला से भी बड़ी हो गयी है।[10] बांग्ला 'देशेर कथा' के चौथे संस्करण से सन् 1910 में प्रकाशित 'देश की बात' का तुलनात्मक अध्ययन करने पर देउस्कर जी के ज्ञान की व्यापकता और उनके अखिल भारतीय दृष्टिकोण के रूप का स्पष्ट बोध होगा।

देउस्कर की पुस्तक का हिन्दी क्षेत्र पर जो गहरा प्रभाव पड़ा उसका एक परिणाम यह हुआ कि उस तरह की पुस्तकें हिन्दी में भी लिखी जाने लगीं। वैसी ही एक पुस्तक 'देश की बात' नाम से ही देवनारायण द्विवेदी की सन् 1923 में छपी। नाम साम्य के कारण कुछ लोगों ने द्विवेदी की पुस्तक को 'देशेर कथा' का एक और

अनुवाद समझा। इस भ्रम को दूर किया कानपुर की 'प्रभा' पत्रिका ने। एक सितम्बर 1923 की 'प्रभा' में छपा कि "देवनारायण द्विवेदी ने यह पुस्तक लिखकर हिन्दी का बड़ा ही उपकार किया है। इस पुस्तक को आपने बिल्कुल स्वतन्त्र रूप से लिखा है। फिर भी वह अपने को लेखक न लिखकर सम्पादक लिखते हैं। देउस्कर जी के प्रति आपकी यह श्रद्धा सर्वथा स्तुत्य है। हमारी समझ से द्विवेदी जी इस पुस्तक के सम्पादक नहीं, लेखक हैं।[11] देवनारायण द्विवेदी की पुस्तक का ढाँचा वही है, जो सखराम गणेश देउस्कर की पुस्तक का है, लेकिन उसमें सन् 1910 के बाद की भारतीय राजनीति और सामाजिक स्थितियों का विवेचन है। सन् 1910 के बाद देश में स्वाधीनता आन्दोलन का जो विकास हुआ था उसकी झलक भी इस पुस्तक में है। देवनारायण द्विवेदी ने अपनी पुस्तक के दूसरे संस्करण में सन् 1928-29 तक के भारतीय समाज का इतिहास जोड़ दिया है। पुस्तक के अन्त में देश के भविष्य के बारे में देवनारायण द्विवेदी ने दृढ़ता और विश्वास के साथ लिखा है कि "अब भारत की स्वतन्त्रता का समय आ गया है। अतः देशवासियों को जी-जान से पूर्ण स्वतन्त्रता प्राप्त करने के लिए तैयार हो जाना चाहिए। याद रहे, मर मिटना अच्छा है, पर गुलाम रहकर जीवित रहना अच्छा नहीं है।[12]

लम्बे समय के बाद हिन्दी में एक बार फिर 'देश की बात' के महत्त्व की पहचान रामविलास शर्मा की पुस्तक 'भारतीय संस्कृति और हिन्दी प्रदेश' के खण्ड-दो में हुई है। शर्मा जी ने सबाल्टर्न इतिहास-लेखन की दृष्टि और पद्धति से सखाराम गणेश देउस्कर की इतिहास-दृष्टि की तुलना करते हुए उसकी विशेषताओं का विवेचन किया है। उन्होंने लिखा है कि "वे (देउस्कर) किसानों के आन्दोलन को शेष जनता के आन्दोलन से अलग करके नहीं देखते। उन्होंने इस बात पर जोर दिया है कि शहर के पढ़े-लिखे लोगों को गाँवों में जाकर किसानों का संगठन करना चाहिए। किसान अपने आप संगठित हों, अपने आप विद्रोह करें, इससे किसान चेतना शुद्ध बनी रहेगी, ऐसा विचार उनके मन से कोसों दूर था। वह स्वदेशी आन्दोलन के समर्थक थे। जाति की वस्तुगत इकाई उनके सामने स्पष्ट थी। जो कुछ रणजीत गुहा और पार्थ चटर्जी की पुस्तकों में नहीं है वह देउस्कर की पुस्तक में विद्यमान है और उसकी प्रासंगिकता आज भी बनी हुई है।''[13] सबाल्टर्न इतिहास-लेखन में संरचनावादी, उत्तर-संरचनावादी और उत्तर-आधुनिकतावादी दृष्टियों के मेल से बनी इतिहास-दृष्टि मिलती है, उसमें ऐतिहासिकता का स्वरूप स्पष्ट नहीं है, वर्ग के स्थान पर समुदाय को अधिक महत्त्व दिया जाता है, मुक्ति के व्यापक आख्यान के बदले छोटे-मोटे विद्रोहों के आख्यान को उल्लेखनीय माना जाता है, किसान चेतना के निर्माण में धर्म की सर्वग्रासी भूमिका स्वीकार की जाती है और सामाजिक-राजनीतिक जीवन में यथार्थ की जगह चेतना और संस्कृति को इतिहास का केन्द्र माना जाता है। फिर भी रामविलास शर्मा ने जिस तरह सबाल्टर्न इतिहास की आलोचना की है,

उससे पूरी सहमति सम्भव नहीं है। लेकिन यह स्वतन्त्र रूप से बहस का विषय है।

कार्ल मार्क्स ने 22 जुलाई 1853 के एक निबन्ध 'भारत में ब्रिटिश राज के भावी परिणाम' में लिखा था, "बुर्जुआ (पूँजीवादी) सभ्यता का अथाह पाखंड और उसकी जन्मजात बर्बरता खुले रूप में हमारे सामने है। वह सभ्यता स्वदेश में शालीन बनी रहती है, लेकिन उपनिवेशों में नंगा नाच करती है।[14] सखाराम गणेश देउस्कर की पुस्तक 'देश की बात' भारत के सन्दर्भ में ब्रिटिश उपनिवेशवाद के व्यवहार का तथ्यों और तर्कों के साथ प्रामाणिक और प्रभावशाली विश्लेषण करती हुई कार्ल मार्क्स के कथन को शत-प्रतिशत सच साबित करती है। इसमें एक ओर अंग्रेजी राज के अथाह पाखण्ड का बार-बार विस्तृत विश्लेषण है, तो दूसरी ओर उसकी बर्बरता का ब्योरेवार विवेचन भी है। 'देश की बात' का प्रत्येक पाठक यह अनुभव करेगा कि साम्राज्यवाद लूट और झूठ की व्यवस्था है, और यह भी कि साम्राज्यवाद पूँजीवाद का आकस्मिक रूप नहीं, बल्कि अनिवार्य परिणाम है। यह बात भारत में अंग्रेजी राज से साबित होती है और इराक में अमेरिका के व्यवहार से भी।

19वीं सदी के अन्त में, सन् 1899 में जोसेफ कोनराउ ने एक उपन्यास लिखा था 'हार्ट ऑफ डार्कनेस', जिसमें अफ्रीका के बेलजियम के उपनिवेशवादी व्यवहार का चित्रण है। उस उपन्यास का एक पात्र कहता है कि "उन्होंने, जो कुछ हड़पने लायक था, वह सब हड़प लिया। वह हिंसा के साथ डकैती थी और बड़े पैमाने पर हत्याकाण्ड भी था। दुनिया पर विजय का अर्थ था उन लोगों का सब कुछ लूट लेना, जिनका रंग भिन्न था और नाक थोड़ी चिपटी। इसको आप ध्यान से देखिए तो वह छोटी बात न थी।"[15] सचमुच यह छोटी बात न थी। यह मनुष्यता के विरुद्ध दारुण अपराध था। यद्यपि इस उपन्यास में एक देश के उपनिवेशवादी व्यवहार का चित्रण है, लेकिन यह नये-पुराने सभी उपनिवेशवादी अभियानों के चरित्र का चित्र भी है। पूँजीवाद के आरम्भिक दौर से ही सैन्यवाद, नस्लवाद और साम्राज्यवाद की प्रवृत्तियाँ क्रियाशील रही हैं। लेकिन यह भी सच है कि उपनिवेशवाद के विस्तार के समानान्तर ही उसके विरुद्ध प्रतिरोध के प्रयत्न भी संगठित और विकसित होते दिखाई देते हैं। भारत में ब्रिटिश उपनिवेशवाद के व्यवहार को समझने और उसके विरुद्ध भारतीय जनता के संघर्षों को शक्ति, गति और दिशा देने के लिए ही देउस्कर ने 'देश की बात' की रचना की थी।

सखाराम गणेश देउस्कर के पहले दादाभाई नौरोजी और रमेशचन्द्र दत्त ने अंग्रेजी राज द्वारा भारत के शोषण की प्रक्रिया का विवेचन किया था। साथ ही विलियम डिग्वी ने भी भारत में अंग्रेजी राज के झूठ और लूट का पर्दाफाश किया था। देउस्कर जी ने दादाभाई नौरोजी, रमेशचन्द्र दत्त और डिग्वी की पुस्तकों से 'देशेर कथा' के लेखन में मदद ली है। लेकिन दो बातें देउस्कर की पुस्तक को दादाभाई नौरोजी,

रमेशचन्द्र दत्त और डिग्वी की पुस्तकों से भिन्न तथा विशिष्ट बनाती है। एक तो इन तीनों लेखकों की किताबें अंग्रेजी में थीं। देउस्कर जी को लगा कि "जो अंग्रेजी नहीं जानते वे तो इन किताबों से बिल्कुल लाभ नहीं उठा सकते। उस श्रेणी के लोगों के लिए ही यह पुस्तक (देशेर कथा) सरल भाषा (बांग्ला) में लिखी गयी है।"[16] दूसरी बात यह कि देउस्कर की पुस्तक का लक्ष्य आम जनता में स्वदेशी की भावना जगाना और स्वाधीनता की चेतना पैदा करना था। ये लक्ष्य नौरोजी, रमेशचन्द्र दत्त और डिग्वी के सामने न थे। देउस्कर ने नौरोजी, दत्त और डिग्वी के अलावा अन्य अनेक पुस्तकों और सरकारी रिपोर्ट्स से सामग्री का संकलन किया है। इसके साथ ही उन्होंने बांग्ला और अंग्रेजी की देशी-विदेशी पत्रिकाओं में छपी सामग्री का भी उपयोग अपनी पुस्तक में किया है। यह देखकर आश्चर्य होता है कि सन् 1909 तक की पत्रिकाओं में प्रकाशित लेखों का उपयोग 'देश की बात' में है। इससे देउस्कर जी की तैयारी और तत्परता का अन्दाज लगाया जा सकता है।

देश की बात में जगह-जगह अंग्रेजी राज का पर्दाफाश किया गया है। देउस्कर ने अंग्रेजी राज की कथनी और करनी का फर्क स्पष्ट करते हुए लिखा है कि अंग्रेजी राज जो घोषणाएँ करता है उन्हें कभी लागू नहीं करता। सन् 1858 में विक्टोरिया का जो घोषणा-पत्र निकला था उसकी अनेक बातें बाद के दिनों में झूठी साबित हुईं। देउस्कर ने ड्यूक आफ आर्जिल का सन् 1869 का एक बयान उद्धृत किया है, जिसमें कहा गया है कि "हमलोगों ने (भारतवर्ष के सम्बन्ध में) अपने कर्त्तव्य का पालन नहीं किया है। हमलोगों ने जो वायदे किये थे वे पूरे नहीं किये हैं।"[17] उन्होंने अंग्रेजों की कपट नीति को स्पष्ट करने के लिए लार्ड लिटन के एक गुप्त पत्र का हवाला दिया है जिसमें लिखा था, "यह पत्र गोपनीय है, इसलिए मैं यह बिना हिचकिचाए कह सकता हूँ कि (भारतवर्ष के सम्बन्ध में) अपनी की हुई प्रतिज्ञाओं को भंग करने के दोष से भारत गवर्नमेंट या कि ब्रिटिश गवर्नमेंट, दोनों में से एक भी मुक्त नहीं हो सकती।"[18] विक्टोरिया के सन् 1858 के घोषणा पत्र को लार्ड सॉलिसवरी ने 'राजनीतिक कपटता' कहकर उड़ा दिया था।[19]

अंग्रेजी राज भारत का निरन्तर शोषण कर रहा था, लेकिन अगर कोई कहता था कि अंग्रेजों के शोषण के कारण भारत की जनता तबाह हो रही है तो सरकार उसका तत्काल खण्डन करती थी। देउस्कर ने अंग्रेज राज के शोषण से तबाह और बरबाद किसानों की दशा का विवेचन करते हुए अंग्रेजी राज के झूठ को सामने रखा है। उन्होंने 16 अगस्त 1900 को ब्रिटिश पार्लियामेंट में दिये गये एक बयान को उद्धृत किया है, जिसमें कहा गया था कि "भारत में और यहाँ इंग्लैण्ड में भी ऐसे थोड़े से आदमी हैं जो बार-बार कह रहे हैं कि हमारे शासन में भारत का जो रक्त चूसा जा रहा है उससे एक दिन वह एकदम मर जाएगा।...यह सच्ची बातों पर निर्भर नहीं है।"[20] इस पर टिप्पणी करते हुए देउस्कर जी कहते हैं, "इसे कहते हैं जले पर

नमक छिड़कना। इससे बढ़कर दुःख का विषय और क्या हो सकता है? राजपुरुषों की इस वचनचातुरी से ही विलायत का सहृदय समाज असल अवस्था जान नहीं सकता।"[21]

वैसे तो 'देश की बात' में अंग्रेजी राज द्वारा भारत की लूट का उल्लेख बार-बार हुआ है, लेकिन देउस्कर ने 'आय और व्यय' नामक अध्याय में उसका पूरा ब्यौरा दिया है और साथ ही उन्होंने प्रमाण के रूप में गवर्नर जनरल सर जान शोर का यह कथन भी उद्धृत किया है, "शान्ति और प्रसन्नता के दिन भारत से चले गये हैं। भारत में एक समय जो बेशुमार दौलत थी अब वह सब विलायत चली गयी है।"[22]

उपनिवेशवाद के साथ नस्लवाद आरम्भ से जुड़ा रहा है। यूरोप के उपनिवेशवादियों ने नस्लवाद की नीति अपनाते हुए सारी दुनिया में एक ओर बड़े पैमाने पर दूसरी नस्ल के लोगों का संहार किया तो दूसरी ओर दासों का व्यापार किया। देउस्कर ने भारतवासियों के बारे में अंग्रेजों की राय के प्रमाण के रूप में 'ऑन द एज ऑफ एम्पायर' नामक पुस्तक के लेखक का कथन उद्धृत किया है, "उस पुस्तक में कहा गया है कि भारतवासी पूँछहीन बन्दर के समान बचपन में अच्छे लगते हैं, पर वयोवृद्धि के साथ-साथ उनका चरित्र नष्ट होने लगता है।"[23] इस देश की जनता के साथ अंग्रेजों के व्यवहार के बारे में एक अंग्रेज जनरल की राय इस प्रकार है, "इन लोगों के प्रति मिथ्या दया न दिखाना ही हमारा कर्त्तव्य है। बिना आश्रय दिये कत्ल किये चलो, बस एक यही न्याय पूर्वी आदमी समझते है।"[24] मार्क्स ने भारत में ब्रिटिश राज के भावी परिणाम शीर्षक लेख में ठीक ही कहा था कि पूँजीवादी सभ्यता की एक विशेषता जन्मजात बर्बरता है। इस बर्बरता का सबसे विकराल रूप सन् 1857 के महाविद्रोह के दमन के दौरान दिखाई दिया था।

प्रायः सत्ता और शक्ति सम्बन्धी संघर्ष इतिहास की भूमि पर होते हैं। उपनिवेशवाद, दूसरे देशों और समाजों के वर्तमान और भविष्य पर कब्जा करने के लिए, व्याख्या की राजनीति के माध्यम से, उनके इतिहास पर भी कब्जा करता रहा है। अफ्रीका के बारे में यूरोप के अनेक दार्शनिकों ने यह घोषणा की थी कि वहाँ कोई इतिहास नहीं है। भारत के बारे में वे ऐसा नहीं कह सकते थे, इसलिए उन्होंने भारत के इतिहास की पुनर्व्याख्या और दुर्व्याख्या की कोशिश की। सन् 1857 के महाविद्रोह के बाद उपनिवेशवादी दृष्टि से इतिहास-लेखन की जो कोशिशें हुईं, उनमें भारतीय इतिहास के मुस्लिम शासन-काल को अन्याय और अत्याचार का काल साबित किया गया। इसका एक कारण यह था कि 1857 के प्रथम स्वाधीनता संग्राम में अंग्रेजी राज के विरुद्ध हिन्दुओं और मुसलमानों के बीच जो एकता कायम हुई थी उससे अंग्रेजी राज डरता था और उसे तोड़ना चाहता था, इसीलिए मुसलमानी शासन को अत्याचारी शासन के रूप में प्रस्तुत किया गया। सखाराम गणेश देउस्कर इस उपनिवेशवादी चाल को समझ रहे थे, इसलिए उन्होंने 'देश की बात' में

जगह-जगह मुस्लिम शासन से अंग्रेजी राज की तुलना करते हुए एक ओर उपनिवेशवादी इतिहास-लेखन की भेद-नीति का खण्डन किया है तो दूसरी ओर मुसलमानी शासन का यथार्थवादी विवेचन किया है।

अंग्रेजी राज में शासन के उच्च पदों पर भारतीयों की नियुक्ति के दरवाजे बन्द कर दिये गये थे। लेकिन मुगलकाल में ऐसा नहीं था। देउस्कर ने दोनों शासनों के समय शासन के उच्च पदों पर हिन्दुओं के नियुक्त होने-न होने का आँकड़ा देते हुए लिखा है कि "मुसलमानों के राज्य में हिन्दुओं को और कुछ भी कष्ट क्यों न हो, पर उनकी मानसिक शक्ति के विकास के पथ इस प्रकार बन्द नहीं किये गये थे, वरन वे एकदम खुले थे। अकबर के चार सौ चौदह मनसबदारों में इक्यावन हिन्दू थे। शाहजहाँ के समय हिन्दू मनसबदारों की संख्या एक सौ दस थी। प्रायः मनसबदारों के बराबर अधिकार प्राप्त राजकर्मचारियों की संख्या आजकल भारत साम्राज्य में दो हजार तीन सौ सत्रह से कम नहीं है, पर इनमें भारतवासियों की संख्या केवल 92 है। सन् 1867 में बारह से अधिक भारतवासी उच्च पदस्थ कर्मचारी नहीं थे। गत 35 वर्षों से आजकल उच्चपदों की संख्या दूनी हुई है। पर इस हिसाब से उच्च पदस्थ भारतीय कर्मचारियों की संख्या 24 न होकर 92 हुई है। इसी से सरकार मारे खुशी के आपे से बाहर होकर अपने ही को बधाई दे रही है। नब्बे वर्षों तक आन्दोलन, आलोचना, आवेदन, रोदन, गर्जन आदि करने के बाद हमें हर साल एक उच्च पद मिला है, इस बात का विचार करने से शर्म से सर झुक जाता है। शाहजहाँ ने बिना माँगे हिन्दुओं को एक सौ दस मनसब दिये थे, अंग्रेजों के राज में खून को पानी करने पर भी हिन्दुओं को केवल 71 उच्च पद मिले हैं।[25]

भारत की सभ्यता, संस्कृति और साहित्य के विकास में भी मुस्लिम शासन के योगदान का उल्लेख देउस्कर ने किया है। उन्होंने श्री बलेन्द्रनाथ ठाकुर के बांग्ला में प्रकाशित एक लेख का एक अंश उद्धृत किया है जो इस प्रकार है, "मुसलमानों के शासन से भी हमारे बहुत उपकार हुए हैं। यह उन्हीं के राजस्व का फल है कि भारतवर्ष को साधारणतः सब प्रदेशों में प्रचलित हिन्दी जैसी भाषा मिली है, स्थापत्य विद्या की खूब उन्नति हुई है। हम यह नहीं मानते कि मुसलमान शासन प्रणाली कष्टकर थी।"[26] इसके बाद अपनी राय देते हुए देउस्कर ने लिखा है कि "जो लोग भेद-नीति के बल से भारत पर राज्य करना चाहते हैं, वे ही कोमल हृदय बालकों की आँखों के सामने मुसलमानों को अत्याचार-परायण और असभ्यों के रूप में चित्रित किया करते हैं। इसी से हमलोगों ने लड़कपन से ही सीखा है कि मुसलमानगण एक हाथ में कुरान और दूसरे में तलवार लेकर कृतान्त (यमराज) के भेष में चारों ओर फिरा करते थे।"[27] देउस्कर का यह कथन एक ओर अंग्रेजों की कुटिल नीति की ओर संकेत करता है तो दूसरी ओर आजकल इसी ढंग से सोचने और बात करनेवालों की दिमागी गुलामी को भी स्पष्ट करता है। देउस्कर ने ठीक

ही लिखा है कि "भेद-नीति कुशल अंग्रेज इतिहास-लेखकों की कृपा से ही इस प्रकार के बहुतेरे कुसंस्कार लोगों के मन में और खासकर अंग्रेजी शिक्षा पाये लोगों में फैल गये हैं।"[28]

देउस्कर के सामने यह बात स्पष्ट थी कि भारत के स्वाधीनता आन्दोलन को कमजोर करने के लिए ही अंग्रेज हिन्दुओं और मुसलमानों के बीच की एकता और मैत्री को तोड़ना चाहते हैं। इसके लिए वे इतिहास-लेखन का सहारा लेते हैं और अनेक प्रकार के भ्रम फैलाते हैं। देउस्कर यह भी देख रहे थे कि अंग्रेजों के फैलाये भ्रमों के शिकार कुछ हिन्दू लेखक भी हो रहे थे। इस स्थिति को स्पष्ट करते हुए उन्होंने लिखा है कि "अंग्रेज इतिहासकार हिन्दुओं के हृदय में मुसलमान विद्वेष की आग प्रज्वलित करने की कोशिश बराबर किया करते है। उससे बड़े दुःख की बात है कि कई अदूरदर्शी हिन्दू लेखक भी काव्य, नाटकादि में मुसलमान भाइयों की वृथा निन्दा कर राजपुरुषों की कामना पूर्ण करने में उन्हें सहायता दे रहे हैं। राजपुरुषगण कभी मुसलमानों के प्रति और कभी हिन्दुओं के प्रति पक्षपात दिखाकर दोनों जातियों में द्वेष बढ़ाने का प्रयत्न किया करते हैं।"[29] देउस्कर ने धर्मनिरपेक्ष दृष्टि से उपनिवेशवदी इतिहास लेखन और उसके प्रभावों की समीक्षा की है और हिन्दुओं तथा मुसलमानों के बीच एकता तथा मैत्री के आधारों और उदाहरणों का विवेचन किया है। आज के साम्प्रदायिक उभार के समय में 'देश की बात' साम्प्रदायिकता के स्रोतों और रूपों की जानकारी देकर पाठकों को साम्प्रदायिक सोच से बचने में मदद करेगी।

ब्रिटिश उपनिवेशवाद की लूट और बर्बरता के सबसे अधिक शिकार भारत के किसान हुए हैं। पूँजीवाद किसानों को सामन्ती व्यवस्था का अवशेष मानता है, इसलिए उनका विनाश अपनी उन्नति के लिए जरूरी समझता है। यही कारण है कि पूँजीवाद की आधुनिकता और किसानों के बीच कहीं भी और कभी भी कोई मैत्री नहीं दिखाई देती। यह अकारण नहीं है कि पूँजीवाद के भूमंडलीकरण के वर्तमान दौर की तबाही के सबसे अधिक शिकार किसान ही हो रहे हैं। भारत में अंग्रेजी राज का जैसे-जैसे विस्तार होता गया वैसे-वैसे भारतीय किसान तबाह होते गये। भारतीय किसानों की दुर्दशा के बारे में देउस्कर की समझ और चिन्ता आज भी हमारे लिए उपयोगी है। वे देख रहे थे कि ब्रिटिश उपनिवेशवाद के कारण भारत के किसानों का सर्वनाश हो रहा है। उन्होंने सन् 1904 में बांग्ला में एक पुस्तक लिखी थी 'कृषकेर सर्वनाश'। 'देशेर कथा' में एक अध्याय है 'किसानों का सर्वनाश', जिसमें अंग्रेजी राज के कारण किसानों के विनाश का प्रमाण सहित विस्तृत विवेचन है। उन्होंने मुगल-काल की कर-व्यवस्था से अंग्रेजी-राज की कर-व्यवस्था और दोनों कालों में करों की वसूली की पद्धति का तुलनात्मक विश्लेषण करते हुए लिखा है कि अंग्रेजी राज की कर-व्यवस्था किसानों की कमर तोड़नेवाली है और कर-वसूली की पद्धति तरह-तरह के अत्याचारों से भरपूर। बांग्ला 'देशेर कथा' में बंगाल के किसानों

की दारुण कथा का विस्तृत विवेचन है, लेकिन 'देश की बात' के सन् 1910 के संस्करण में देउस्कर ने बंगाल के अलावा बिहार, अवध, कर्नाटक, 'महाराष्ट्र', 'उड़ीसा' और मध्यभारत—अर्थात सम्पूर्ण भारत के किसानों की तबाही का तथ्यात्मक और ब्योरेवार विश्लेषण किया है। लेखक ने किसानों के सर्वनाश पर गहरा दुःख व्यक्त किया है। काशी पर अंग्रेजों का कब्जा होते ही एक दशक में वहाँ जो स्थिति हुई, उस पर देउस्कर ने लिखा है, "अंग्रेजों के हाथ इस प्रदेश के पड़ते ही नौ वर्ष में यह स्वर्णभूमि श्मशान भूमि हो गयी। बेचारे किसान हर तरह से मारे गये।"[30]

अंग्रेजी राज में किसानों के भयावह शोषण के कारण देश में बार-बार अकाल पड़ने लगे और लाखों किसान भुखमरी के शिकार होने लगे। देउस्कर ने लिखा कि 19वीं सदी के आरम्भिक वर्षों में भारतवर्ष के दस लाख आदमी अकाल के कारण भूख से मर गये। दूसरे पचीस वर्षों में और भी पाँच लाख अभागे उक्त राक्षस की बलि चढ़े। सरकारी रिपोर्ट से मालूम होता है कि सन् 1850 से सन् 1875 तक ब्रिटिश भारत में छह बार अकाल पड़ा। उससे पचास लाख भारतवासी पेट की ज्वाला से काल कवलित हुए।[31]

ब्रिटिश उपनिवेशवाद ने भारतीय्र अर्थ-व्यवस्था को तबाह करने के लिए यहाँ की कृषि व्यवस्था का ही विनाश नहीं किया बल्कि यहाँ की कारीगरी और उद्योग-धन्धों को भी बरबाद किया। 'देश की बात' के दो अध्यायों 'कारीगरों का सर्वनाश' और 'देशी कारीगरी का नाश' में देउस्कर ने यह स्पष्ट किया है कि अँग्रेजी राज ने किस तरह भारत के कारीगरों पर तरह-तरह के अत्याचार करते हुए और लूट वाली व्यापार नीति लागू करते हुए भारत की कारीगरी और वाणिज्य को तबाह किया। अंग्रेजी राज द्वारा भारतीय कारीगरों पर होनेवाले अत्याचार का विवरण देने के बाद देउस्कर ने गहरे दुःख और आक्रोश के साथ लिखा है, "पाठको! ऐसे अत्याचार हिन्दुस्तान में अथवा बंगाल में किसी भी ऐतिहासिक समय में क्या कभी हुए हैं? नादिरशाह, सिराजुद्दौलाह आदि के नाम में तो निष्ठुरता की कलंक कालिमा अमिट रूप से लीपी गयी है;"[32] परन्तु क्या उन्होंने भी कभी ऐसे अत्याचारों की कल्पना की थी?

जो लोग अंग्रेजी राज को भारत में उद्योगीकरण का पोषक समझते हैं वे देश की बात पढ़कर अपना भ्रम दूर कर सकते हैं। हाल के वर्षों में अनेक इतिहासकारों ने भारत में अंग्रेजी राज की भूमिका का विवेचन करते हुए यह स्पष्ट किया है कि ब्रिटिश उपनिवेशवाद ने बड़े पैमाने पर भारतीय उद्योगों का नाश किया और भारतीय समाज को रूढ़िग्रस्त बनाने का प्रयत्न किया, जिसके परिणाम स्वरूप भारत ब्रिटिश अर्थव्यवस्था के अधीन खेती पर निर्भर उपनिवेश बन गया और भारत का नागरिक समाज ब्रिटिश तानाशाही के अधीन अपना अस्तित्व बचाये रखने की कोशिश में लगा रहा।[33] देउस्कर ने लिखा है कि "अंग्रेजों के साथ वाणिज्य संग्राम में

भारतवासियों की पराजय, भूमि कर की कठोरता, होम चार्ज अर्थात सलामी के बहाने भारतवासियों का रुधिर-शोषण, सामरिक विभाग की व्यय-वृद्धि तथा प्रायः सभी अधिक वेतन के पदों पर गोरों का आधिपत्य प्रभृति विविध कारणों से भारतवासियों की दुर्दशा हो रही है।"[34]

साम्राज्यवाद जब किसी देश पर कब्जा करता है तब वह उसके भूगोल और इतिहास को ही नहीं, वहाँ के लोगों के दिलो-दिमाग को भी अपना उपनिवेश बनाता है। यह काम 18वीं-19वीं सदियों के साम्राज्यवाद ने किया था और वही सब कुछ आजकल अमेरिका कर रहा है। देश की बात का एक अध्याय है 'सम्मोहन : चित्त विजय', जिसमें ब्रिटिश उपनिवेशवाद द्वारा भारतीय मानस को उपनिवेश बनाने की पूरी जटिल प्रक्रिया और उसके परिणामों की बारीकियों का ब्योरेवार विश्लेषण किया गया है। औपनिवेशिक शासन में रहने वाले लोगों की मानसिकता और उससे मुक्ति की प्रक्रिया का विवेचन 20वीं सदी के उत्तरार्ध में फ्रेंज फैनन, एडवर्ड सईद और न्गूगी वा थियांगो जैसे विचारकों और लेखकों ने किया है। यह देखकर सुखद आश्चर्य होता है कि देउस्कर 19वीं सदी के अन्त में और 20वीं सदी के आरम्भ में ही इस जटिल समस्या के बारे में इतने सजग हैं और उसका इतनी बारीकी से विश्लेषण करते हैं। पश्चिम का उपनिवेशवाद अपने सारे पाखंड और बर्बरता के साथ दुनिया को गुलाम बनाने का जो अभियान चला रहा था, उसे वह असभ्यों को सभ्य बनाने का अभियान कहता था। दिसम्बर, 1859 में जान स्टुअर्ट मिल ने लिखा था कि जो राष्ट्र अब भी बर्बरता की अवस्था में हैं उनके लाभ के लिए यह जरूरी है कि उन्हें पराजित किया जाए और वे दूसरों की अधीनता में रहें। ऐसे राष्ट्रों के लिए स्वाधीनता और राष्ट्रीयता आम तौर पर उपयोगी नहीं है।[35] मिल ने भारत के प्रसंग में यह भी कहा था कि भारतीय, सांस्कृतिक रूप से लोकतन्त्र के योग्य नहीं है। उनका विचार यह भी था कि बर्बर या अर्द्ध बर्बर समाजों के लिए ब्रिटिश तानाशाही बेहतर व्यवस्था है।[36] जान स्टुअर्ट मिल एक ओर यह सब लिख रहे थे और दूसरी ओर स्वाधीनता तथा लोकतन्त्र के महत्त्व पर किताबें लिखकर दुनिया को स्वतन्त्रता का उपदेश भी दे रहे थे। बुर्जुआ सभ्यता के पाखंड का यह भी एक रूप है। पश्चिम के उपनिवेशवादी बाकी सारी दुनिया के समाजों के निवासियों को असभ्य, बर्बर, जंगली तथा मूर्ख कहते थे और अपनी औपनिवेशिक तानाशाही के विस्तार को सभ्यता का प्रसार घोषित करते थे। ऐसा शब्दाडम्बर पुराने साम्राज्यवाद की विचारधारा का अनिवार्य हिस्सा था और आज के अमेरिकी साम्राज्यवाद की विचारधारा में भी मौजूद है।

अंग्रेजों द्वारा भारतीय जनता के दिलो-दिमाग पर कब्जे की कोशिश को देउस्कर बुद्धि का युद्ध कहते हैं। उन्होंने लिखा है कि यद्यपि अंग्रेज हमें सभ्य बनाने का दावा कर रहे हैं, लेकिन यह एक प्रकार से भारतीय लोगों के चित्त पर विजय का अभियान है, जिसके माध्यम से वे भारतीय समाज और संस्कृति को अपने उद्देश्यों

के अनुरूप ढालना चाहते हैं। देउस्कर ने सितम्बर 1909 के माडर्न रिव्यू में छपे लाला हरदयाल के एक लेख का उल्लेख किया है, जिसमें यह कहा गया था कि "जब तक कोई विजेता विजित जाति के सामाजिक कार्यों पर अपना प्रभुत्व नहीं जमा लेता व जब तक उनका परिचालन नहीं करने लगता तब तक उसकी राजनीतिक जय पूरी नहीं होती और उस जय की स्थिरता भी नहीं रहती। जाति की आत्मा को नष्ट करने के लिए सामाजिक जय की आवश्यकता है।"[37] यही है चित्त-विजय के अभियान का स्वरूप और उद्देश्य।

देउस्कर ने यह प्रश्न पूछा कि क्या अंग्रेज भारतवासियों को सभ्य बना रहे हैं या वे भारत के सम्पर्क में आने के बाद स्वयं सभ्य बन रहे हैं? देउस्कर ने सभ्यता और सड़क के सम्बन्ध पर विचार करते हुए लिखा है कि "अच्छी सड़कें उन्नत सभ्यता के चिह्न हैं। देखिए इस विषय में हमारे सभ्यताभिमानी शासक अंग्रेज और हम भारतवासियों में कितना प्रभेद है। इंगलैंड के प्रसिद्ध ऐतिहासिक राबर्ट मैकेंजी ने उस देश के 19वीं शताब्दी के इतिहास में लिखा है कि 18वीं शताब्दी के मध्यकाल तक इंगलैंड में अच्छी सड़कें नहीं थीं। जहाँ के निवासियों की अभी 150 वर्ष पहले यह हालत हो वे ही हमें असभ्य कहकर हमारी निन्दा करें और हम भी बकरे को कुत्ता समझनेवाले मूर्ख ब्राह्मण के समान उनकी हाँ में हाँ मिलाते हुए अपने को अति नीच, असभ्य समझने लग जाएँ, इससे बढ़कर कलेजा टूक करनेवाली बात और क्या हो सकती हैं।"[38] उन्होंने यह भी लिखा है कि जिन लोगों ने हमीं से सभ्यता के लिए परम आवश्यक सड़कें बनाना सीखा हो, वे ही आज हमें असभ्य कहकर नाक-भौं चढ़ा रहे हैं।[39] देउस्कर जी ने व्यापार, शिल्प, कला आदि के क्षेत्रों से उदाहरण देकर यह सिद्ध किया है कि अंग्रेजों के भारत में आने से पहले यह देश कितना सभ्य था और यह भी कि भारत को सभ्य बनाने का अंग्रेजों का दावा कितना झूठा है।

पश्चिम के विचारक प्रायः यह कहते रहे हैं कि पूर्वी देशों में तानाशाही व्यवस्था रही है, जिसे वे ओरिएंटल डेस्पोटिज्म मानते हैं। देउस्कर ने इस भ्रान्त धारणा का खंडन किया है। उन्होंने लिखा है कि, "अंग्रेज शिक्षकों ने हमें सिखाया है कि प्राच्य देश के, विशेषतः भारतवर्ष के हिन्दू और मुसलमान नरपतिगण चिरकाल से ही स्वेच्छाचारी होते थे, उनकी खामखयाली के लिए प्रजा को सर्वदा कष्ट उठाने पड़ते थे। राजा के पास प्रजा के मतामत का कुछ भी मूल्य नहीं था। हम भारतवासी भी इसे ध्रुव सत्य मानने लग जाते हैं।"[40] आगे उन्होंने यूरोप में राजा-प्रजा के सम्बन्ध का विश्लेषण करते हुए लिखा है कि "कुछ ही दिन पहले यूरोप के राजन्य गण प्रजा की पारिवारिक, सामाजिक, नैतिक सभी बातों में हस्तक्षेप किया करते थे, ब्रज-बन्धन से प्रजा की देह और मन को बाँधना चाहते थे, धर्म और शास्त्र की व्याख्या भी राजा ही करते थे, कोई भी प्रजा यदि इसके विरुद्ध चूँ भी करे तो वह जीते जी चिता में जलाई जाती थी, कोई महात्मा यदि ज्ञान-विज्ञान की कोई नयी बात ढूँढ़ निकाले तो

राज्यादेश से वह जीते-जी चिता में जलाया जाता था, लोगों की स्वाधीन चिन्ता में भी राजा बाधा डालते थे—ये सब बातें यूरोपीय इतिहास के प्रत्येक पृष्ठ पर पढ़कर भी हमारा भ्रम दूर नहीं होता।"[41] देउस्कर के इस कथन से स्पष्ट है कि पूर्वी देशों या भारत में अधिनायकशाही की बात एक मिथक है, जबकि पश्चिम में राजसत्ता और धर्म की अधिनायकशाही इतिहास की सचाई है। देउस्कर देख रहे थे कि अंग्रेजों के चित्त-विजय के अभियान के कारण भारतवासियों में देश-प्रेम की भावना, स्वाधीनता की चेतना और आत्मशक्ति का ह्रास हो रहा था, इन गुणों के अभाव में स्वाधीनता आन्दोलन सफल नहीं हो सकता था; इसीलिए उन्होंने चित्त-विजय के उपनिवेशवादी अभियान का विश्लेषण और विरोध किया।

सखाराम गणेश देउस्कर की राजनीतिक दृष्टि मूलगामी है। वे प्रत्येक समस्या की जड़ तक पहुँचने की कोशिश करते हैं और उसको हल करने के उपाय के बारे में भी सोचते हैं। वे मानते हैं कि पराधीनता ही समाज में फैली सभी बुराइयों का मूल कारण है और स्वराज्य की प्रतिष्ठा से ही सामाजिक और राजनीतिक बुराइयाँ दूर होंगी। 'प्रतिकार का उपाय' नामक अध्याय में उन्होंने स्पष्ट रूप से लिखा है कि भारत की वर्तमान शासन प्रणाली का जड़ से संस्कार कर यहाँ बिना स्वराज्य प्रतिष्ठा किये हमारी वर्तमान दुर्दशा दूर नहीं होगी।[42] वे देख रहे थे कि देश में धीरे-धीरे राष्ट्रीयता की भावना जाग रही है और तरह-तरह के मतभेदों के बावजूद देश में एकता का भी विकास हो रहा है। अंग्रेज प्रायः यह कहा करते थे कि भारतवासी अभी स्वाधीन होने के लायक नहीं हैं, वे शिक्षा और मानसिक बल में इतने हीन हैं कि उन्हें अभी बहुत दिनों तक स्वराज्य के अधिकार नहीं दिये जा सकते। अंग्रेजों की ऐसी बातों पर व्यंग्य करते हुए देउस्कर ने लिखा है कि "पहले तैरना सीखें और पीछे पानी में उतरें कहना जितना युक्तियुक्त है, अंग्रेज राजपुरुषों का कथन भी उतना ही युक्तियुक्त है।"[43] देउस्कर जोर देकर कहते हैं कि स्वाधीनता से ही मनुष्य स्वाधीन होने के लायक बनता है।

देउस्कर स्वराज्य प्राप्ति के लिए स्वदेशी आन्दोलन को आवश्यक मानते थे। उन्होंने बंग-भंग के विरुद्ध आन्दोलन को देखकर स्वदेशी-आन्दोलन के महत्त्व को समझा था, इसलिए उन्होंने लिखा था कि कोई भी इस परम कल्याणकारी स्वदेशी आन्दोलन और बहिष्कार (बॉयकाट) को छोड़ने में राजी नहीं है। यह हमारे स्वाधीनता संग्राम का ब्रह्मास्त्र है।

देउस्कर की यह पुस्तक पराधीनता की पीड़ा से बेचैन और स्वाधीनता की आकांक्षा से उद्दीप्त मानस की रचना है, इसलिए इसकी भाषा में तर्कशीलता के साथ गहरा भावावेग भी है, दुःख के साथ आक्रोश भी है और बोधगम्य सहजता के साथ विचलित करनेवाली प्रवाहमयता भी है। मार्क्स ने कहा था कि "दार्शनिकों ने दुनिया की तरह-तरह से केवल व्याख्या की है, पर मुख्य सवाल उसको बदलने का है।"[44]

देउस्कर की पुस्तक भारतीय समाज को बदलने के लिए व्याख्या की कोशिश करनेवाली चिन्ता की उपज है। जो व्याख्या की राजनीति से परिचित हैं वे जानते हैं कि नयी व्याख्या समाज को बदलने की दिशा में पहला कदम है क्योंकि वह समाज की उस समझ को बदलने की कोशिश करती है, जिससे समाज को बदलने की प्रक्रिया शुरू होती है।

मार्क्स के अनुसार हेगेल ने कहीं लिखा है कि विश्व इतिहास के विशेष महत्त्व के सभी तथ्यों और व्यक्तियों की पुनरावृत्ति होती है, लेकिन वे यह जोड़ना भूल गये हैं कि वह पहली बार त्रासदी की तरह और दूसरी बार प्रहसन जैसी होती है।[45]

सखाराम गणेश देउस्कर की पुस्तक बांग्ला में पहली बार 16 जून 1904 में छपी थी और इसका परिशिष्ट भाग 23 अक्टूबर 1907 में प्रकाशित हुआ। 'देशेर कथा' के प्रथम प्रकाशन के ठीक सौ साल बाद सन् 2004 के सितम्बर में पार्थ चटर्जी का एक अत्यन्त महत्त्वपूर्ण निबन्ध प्रकाशित हुआ है, 'भूमंडलीकरण के बाद साम्राज्य' (ई.पी.डब्ल्यू. सित. 11-17, 2004)। इस निबन्ध में पार्थ चटर्जी ने एक ओर 19वीं सदी में ब्रिटिश साम्राज्यवाद द्वारा अवध पर कब्जा, उसके लिए गढ़े गये तर्कों तथा बहानों और उनके आगे-पीछे मौजूद विचारधारा तथा भाषा का विश्लेषण किया है तो दूसरी ओर इराक पर अमेरिका के आक्रमण तथा कब्जा के लिए गढ़े गये तर्कों तथा बहानों से जुड़ी हुई विचारधारा तथा भाषा का भी विवेचन किया है। इस प्रक्रिया में उन्होंने साम्राज्यवाद के विचारधारात्मक इतिहास की जटिलताओं को सामने रखते हुए 19वीं सदी के ब्रिटिश साम्राज्यवाद से 21वीं सदी के अमेरिकी साम्राज्यवाद की तुलनात्मक समालोचना की है। इतिहास की यह विवेक-यात्रा साम्राज्यवाद के उस मूल चरित्र को सामने लाती है, जिसमें स्वदेश में लोकतन्त्र और उपनिवेश में तानाशाही चलती दिखाई देती है। 19वीं सदी का साम्राज्यवाद पूँजीवाद के भूमंडलीकरण के पहले दौर से जुड़ा था तो 21वीं सदी का साम्राज्यवाद पूँजीवाद के भूमंडलीकरण के दूसरे दौर का परिणाम है। इसलिए 19वीं सदी और 21वीं सदी के साम्राज्यवाद के व्यवहारों में अनेक समानताएँ हैं।

पार्थ चटर्जी ने लिखा है कि अगर कोई व्यक्ति साम्राज्यवाद के विचारधारात्मक इतिहास पर ध्यान दे तो वह पाएगा कि उसमें नैतिक औचित्य स्थापना की जो प्रवृत्ति पहले दौर में थी वह दूसरे दौर में भी है। जिस तरह ब्रिटिश साम्राज्य ने अवध पर कब्जा करने के लिए यह तर्क गढ़ा था कि वहाँ का शासन जन-विरोधी है, सभी वर्गों के लोग उससे नाराज हैं, वे सभी हमारे शासन का स्वागत करेंगे और पूरे देश के लोग हमें स्वीकार भी करेंगे[46] उसी तरह के तर्क अमेरिका ने इराक पर आक्रमण के लिए गढ़े हैं। यही नहीं, जैसे अँग्रेजों को यह विश्वास था या भ्रम था कि अवध की जनता बाँहें पसारकर हमारा स्वागत करेगी, वैसा ही विश्वास या भ्रम अमेरिका को भी था, लेकिन जैसे अवध की जनता ने सन् 1857 के महाविद्रोह के रूप में ब्रिटिश

आक्रमण का उत्तर दिया था, लगभग वैसा ही उत्तर इराक की जनता अमेरिकी साम्राज्य को दे रही है। अवध को हड़पने के पहले जून 1855 में डलहौजी ने एक स्मरण-पत्र में यह घोषणा की थी कि "अवध की सरकार अपनी शक्ति के दुरुपयोग, अपने कुशासन और जनता के दमन के लिए बदनाम है।"[47] लार्ड डलहौजी की यह घोषणा पढ़ते समय पाठकों को इराक के बारे में अमेरिका के राष्ट्रपति बुश की घोषणाओं की याद आएगी। जिस तरह की विचारधारा अंग्रेजी राज द्वारा अवध पर कब्जे के समय काम कर रही थी, वैसी ही विचारधारा इराक पर अमेरिका के आक्रमण के दौरान सक्रिय थी। इराक पर अमेरिकी कब्जा और अमेरिका के शब्दों में इराक की 'मुक्ति' के आठ महीने बाद एक अमेरिकी सैनिक अधिकारी ने कहा था कि "हिंसा और भय की बड़ी खुराक और योजनाओं के लिए पर्याप्त धन के माध्यम से हम इराकी जनता को यह विश्वास दिला देंगे कि यहाँ हम उनकी मदद के लिए आये हैं।"[48] पार्थ चटर्जी ने यह भी लिखा है कि जैसे पहले दौर का साम्राज्यवाद दुनिया को सभ्य बनाने का दावा करते हुए शब्दाडम्बर का प्रयोग करता था उसी का अनुकरण अमेरिकी साम्राज्यवाद कर रहा है। पार्थ चटर्जी ने एक महत्त्वपूर्ण प्रश्न सामने रखा है कि क्या नये साम्राज्यवाद ने जिन देशों पर कब्जा किया है वहाँ की जनता इस नये प्रकार के उपनिवेशवाद को स्वीकार करेगी? उन्होंने स्वयं यह उत्तर दिया है कि "यद्यपि इस बीच राष्ट्र की मृत्यु और अन्त की घोषणाएँ होती रही हैं, फिर भी उपनिवेशवाद-विरोधी आन्दोलनों से जो राष्ट्रीय चेतना 20वीं सदी में विकसित हुई थी, वह अभी मरी नहीं है या उसके विकल्प के रूप में किसी और प्रवृत्ति का विकास अभी नहीं हुआ है।"[49]

20वीं सदी में अमेरिका के लिए साम्राज्यवाद एक अपमानजनक विशेषण था। सन् 1962 में सोवियत संघ में 'सैनिक रणनीति' नामक एक दस्तावेज छपा था, जिसमें कहा गया था कि अमेरिका की साम्राज्यवादी मण्डली नये ढंग का युद्ध शुरू करना चाहती है जिसमें निरोधक युद्ध भी शामिल है। इसका मुख्य उद्देश्य दुनिया पर अमेरिकी प्रभुत्व की स्थापना है। 10 जून 1963 को राष्ट्रपति जान एफ. केनेडी ने उसे निराधार, अविश्वसनीय और मार्क्सवादी प्रचार कहकर खारिज कर दिया था।[50] सन् 1962 में सोवियत संघ से प्रकाशित दस्तावेज़ में अमेरिका की साम्राज्यवादी मण्डली के जिन इरादों और उनकी सम्भावनाओं की ओर संकेत किया गया था वे सब अब दुनिया के सामने भयावह रूप में मौजूद हैं। उस समय के अमेरिकी राष्ट्रपति ने जिन बातों को अपमानजनक मानकर खारिज कर दिया था, उनको आज के अमेरिका के राष्ट्रपति गर्व से स्वीकार कर रहे हैं। सोवियत संघ के विघटन के बाद अमेरिकी शासक वर्ग ने योजनाबद्ध रूप से अमेरिकी प्रभुत्व के विस्तार का अभियान आरम्भ किया है। भूमण्डलीकरण के नाम पर अमेरिका अपने आर्थिक स्वार्थ और राजनीतिक वर्चस्व के विस्तार में लगा है और इसके पीछे उसकी महाविनाशकारी सैन्य शक्ति है। पिछली सदी के अन्त में नयी अमेरिकी शताब्दी की

जिस योजना का प्रारूप तैयार हुआ था, उसका लक्ष्य भी अमेरिकी साम्राज्य के नीति-निर्देशक सिद्धान्तों का निर्माण ही था। हाल के वर्षों में अमेरिका में साम्राज्य और साम्राज्यवाद के पक्ष में लगातार लेख छप रहे हैं और पुस्तकें भी प्रकाशित हो रही हैं, जिनमें साम्राज्य का नया अर्थ खोजा जा रहा है, और साम्राज्यवाद की नयी जरूरत पर जोर दिया जा रहा है।

जनवरी 2003 में 'न्यूयार्क टाइम्स' मैगजिन में माइकेल इगनैटिएफ का एक लेख 'द बर्डेन' छपा था, जिसमें लिखा है कि "अमेरिका जो भयभीत करने वाली चीज बनता जा रहा है, उसे बयान करने के लिए 'साम्राज्य' के अलावा आखिर और कौन-सा शब्द है। साम्राज्यवादी शक्ति होने का मतलब है, उस व्यवस्था को लागू करना जो दुनिया में आज कायम है और ऐसा अमेरिकी हित में करना।"[51] आजकल अमेरिकी सत्ता के संचालक और सहयोगी बुद्धिजीवी उसे साम्राज्यवादी मानने और कहने को शर्म की बात नहीं समझते, बल्कि गर्व की बात मानते हैं। अब अमेरिकी साम्राज्य को रोमन साम्राज्य और ब्रिटिश साम्राज्य का वास्तविक उत्तराधिकारी कहा जा रहा है। वे सारी दुनिया का उसी तरह अमेरिकीकरण करना चाहते हैं जैसे रोमन साम्राज्य ने रोमनीकरण का लक्ष्य बनाया था। "रोमनीकरण वास्तव में विजित राष्ट्रों को रोम की संस्कृति और राजनीतिक विश्व-दृष्टि में शामिल करना माना जा सकता है।"[52] इसी प्रक्रिया को अमेरिका लागू करना चाहता है।

अमेरिका रोमन साम्राज्य के साथ-साथ स्वयं को ब्रिटिश साम्राज्य का भी उत्तराधिकारी सिद्ध करने का प्रयत्न कर रहा है। मैक्स बूट ने 15 अक्टूबर 2001 में वीकली स्टैंडर्ड में छपे एक लेख 'द केस आफ अमेरिकन एम्पायर' में लिखा था कि "अमेरिका अब उन सभी जगहों पर सैनिक कार्रवाई की सम्भावनाओं का सामना कर रहा है जहाँ कभी कई पीढ़ियों के ब्रिटिश सैनिकों ने अभियान चलाया था। ये वे सब जगहें हैं जहाँ पश्चिम की सेनाओं ने अव्यवस्था को दबाया था। अफगानिस्तान और दूसरे अशान्त क्षेत्र वैसे प्रबुद्ध विदेशी शासन के लिए पुकार रहे हैं, जैसा कभी आत्मविश्वासी अंग्रेजों ने जोधपुर जैसे राज्यों और आसपास की ढाणियों में कायम किया था।"[53] असल में भूमण्डलीकरण और आतंकवाद के विरुद्ध सैनिक अभियान अमेरिकी साम्राज्यवाद के ही दो पक्ष हैं। रोमन और ब्रिटिश साम्राज्यों से अमेरिकी साम्राज्यवाद का एक अन्तर ध्यान देने लायक है। रोमन और ब्रिटिश साम्राज्य कानून के शासन की बात करते थे, लेकिन अमेरिकी साम्राज्यवाद केवल शक्ति की भाषा बोलता और समझता है। अमेरिका खुद को अन्तरराष्ट्रीय और अन्य राष्ट्रों के राष्ट्रीय कानूनों से मुक्त मानता है।

पुराने साम्राज्यवाद की तरह अमेरिका भी असभ्यों को सभ्य बनाने और दूसरे देशों में स्वतन्त्रता, लोकतन्त्र तथा मानवाधिकारों की रक्षा की बातें करता है। यह शब्दाडम्बर साम्राज्यवाद की विचारधारा की जानी-पहचानी पुरानी शैली है जो दूसरों

को धोखा देने का काम करती है। अफगानिस्तान पर अमेरिका ने जब आक्रमण किया था तब आरम्भ में उसे अनन्त न्याय का अभियान कहा था, लेकिन जब बुश प्रशासन को यह बताया गया कि अनन्त न्याय तो केवल ईश्वर दे सकता है, तब उस अभियान का नाम रखा गया स्थायी स्वतन्त्रता। अरुन्धती राय ने ठीक ही प्रश्न किया है कि किसकी स्थायी स्वतन्त्रता?[54] अफगानिस्तान की जनता की या अमेरिकी सत्ता की? अमेरिकी आक्रमण के बाद अफगानिस्तान में अमेरिका को लूट की स्थायी स्वतन्त्रता मिली है और अफगानिस्तान की जनता को स्थायी पराधीनता। अफगानिस्तान के बाद अमेरिका ने इराक पर हमला किया और कब्जा किया है और उसे नाम दिया है इराक की मुक्ति। अमेरिका के अभियान के कारण लाखों इराकी मौत के शिकार होकर जीवन से मुक्त हो गये हैं। इसे सभ्यताओं का संघर्ष कहा जाए या बर्बरताओं का विस्तार!

वैसे तो अमेरिका अपने प्रत्येक सैनिक अभियान को स्वतन्त्रता, लोकतन्त्र और मानवाधिकार की रक्षा का अभियान कहता है, लेकिन दूसरे महायुद्ध के बाद उसने एशिया, अफ्रीका और लातीनी अमेरिका के देशों में बड़े पैमाने पर सैनिक हस्तक्षेप किया है। उसने चीन (1945-46, 50-53), कोरिया (1950-53), ग्वाटेमाला (1954,1967-69), इंडोनेशिया (1958), क्यूबा (1960-61), बेलजियम कांगो (1964), पेरू (1965), लाओस (1964-73), वियतनाम (1961-73), कम्बोडिया (1969-70), ग्रेनाडा (1983), लीबिया (1986), अलसल्वाडोर (1980), निकारागुआ (1980), पनामा (1989), इराक (1991-99), बोस्निया (1995), सूडान (1998), यूगोस्लाविया (1999) और बाद में अफगानिस्तान तथा इराक पर हमला और बमबारी की है।[55] इसके साथ ही अमेरिका ने दूसरे महायुद्ध के बाद दुनिया भर में अनेक देशों के खूँखार सैनिक शासकों, तानाशाहों और स्वतन्त्रता के शत्रुओं की दमनकारी सरकारों का लगातार समर्थन किया है। उनमें से कुछ देश हैं निकारागुआ, अल सल्वाडोर, ग्वाटेमाला, होंडरस, हाइती, डोमिनिकल रिपब्लिक, ब्राजील, अर्जेंटीना, चिली, उरुग्वे, परागुवे, यूनान, तुर्की, इरान, इराक, सऊदी अरबिया, जैरे, थाइलैंड, इंडोनेशिया, साउथ कोरिया, फिलीपींस और पाकिस्तान। यही नहीं, अमेरिका ने साम्यवाद के प्रसार को रोकने के लिए अनेक देशों के वामपंथी नेताओं, कार्यकर्ताओं और बुद्धिजीवियों की हत्या करवाने में हर तरह की मदद की है। अमेरिका के सहयोग से ही इंडोनेशिया, चिली, मोजाम्बिक, निकारागुआ, कोलम्बिया, वियतनाम, अफगानिस्तान आदि देशों में करोड़ों वामपन्थियों की हत्या हुई है। एक ऐसा देश जिसकी सरकारें दूसरे देशों पर आक्रमण करती हैं, खूँखार तानाशाहों का समर्थन करती हैं और विरोधी विचार वालों की हत्या का षड्यन्त्र करती हैं, वहाँ के शासक जब स्वतन्त्रता, लोकतन्त्र और मानवाधिकारों की रक्षा की बात करते हैं, तब वह सब झूठ और पाखण्ड के विराट प्रदर्शन के अलावा और क्या है!

भविष्य में अमेरिकी साम्राज्यवाद कितना खूँखार, अमानवीय और भयावह होने वाला है, इसका अनुमान राल्फ पेटर्स के एक कथन को पढ़कर लगाया जा सकता है। राल्फ पेटर्स अमेरिकी सेना में जासूसी का अधिकारी था, अब वह भावी युद्ध का विचारक अधिकारी है। उसने लिखा है कि ''हम एक नयी अमेरिकी सदी में प्रवेश कर रहे हैं, जिसमें हम (अमेरिकी) पहले से अधिक धनी होंगे, सांस्कृतिक रूप से अधिक घातक और पहले से अधिक शक्तिशाली भी। लोग हमसे बेहद घृणा करेंगे। अमेरिका की सैन्य शक्ति का लक्ष्य होगा हमारी अर्थव्यवस्था के लिए दुनिया को निरापद बनाना और हमारे सांस्कृतिक आक्रमण के लिए राह बनाना। इन उद्देश्यों के लिए हमें बड़े पैमाने पर हत्या करनी होगी।''[56] यह केवल साम्राज्य नहीं, नंगा साम्राज्यवाद है; खूँखार और आततायी, जो दुनिया का अधिनायक बनना चाहता है।

राल्फ पेटर्स के बयान से जाहिर है कि 21वीं सदी का अमेरिकी साम्राज्यवाद पहले के रोमन और ब्रिटिश साम्राज्यवाद से अधिक खूँखार है। कुछ उत्तरवादी आज के समय को उत्तर-पूँजीवाद और उत्तर-साम्राज्यवाद का समय घोषित कर रहे हैं। यह आत्ममुग्ध सोच का नतीजा है। कुछ ऐसे भी बुद्धिजीवी हैं जो अमेरिकी साम्राज्य को सदाशय साम्राज्य या बन्दूक और मक्खन का साम्राज्य साबित कर रहे हैं। लेकिन वास्तविकता यह है कि आज अमेरिका के नेतृत्व में एक नये किस्म का साम्राज्यवाद, समीर अमीन के शब्दों में 'सामूहिक साम्राज्यवाद', अविकसित और विकासशील देशों को लूटने और उन्हें अपने अधीन करने के अभियान में लगा हुआ है। इस सामूहिक साम्राज्यवादी अभियान में अमेरिका का पक्का सहयोगी और पिछलग्गा है इंगलैंड। इस स्थिति की भविष्यवाणी जवाहलाल नेहरू ने बहुत पहले की थी। नेहरू ने सन् 1927 में लिखा था, ''इंगलैंड खुद को विनाश से बचाने के लिए अमेरिका का पिछलग्गा बन जाएगा, उसके पूँजीवाद और साम्राज्यवाद को बढ़ावा देगा और युद्ध में उसका सहयोगी होगा।'' उन्होंने यह भी लिखा था कि "भविष्य में अमेरिकी साम्राज्यवाद ब्रिटिश साम्राज्यवाद से भी बड़ी समस्या बनेगा। यह भी सम्भव है कि दुनिया पर अपना प्रभुत्व कायम करने के लिए दोनों मिलकर एक एंग्लो-सैक्सन गुट का निर्माण करें।''[57] आज नेहरू की भविष्यवाणी पूरी तरह सच साबित हो रही है।

आजादी के बाद पैदा होनेवाली पीढ़ी को भारत में अंग्रेजी राज के शोषण और दमन का अनुभव नहीं है और वह पराधीनता के यथार्थ के साक्षात ज्ञान से भी अपरिचित है। शायद इसीलिए वह भूमण्डलीकरण के मायालोक की ओर सबसे अधिक दौड़ती दिखाई देती है। ऐसे में पराधीनता के अनुभव और ज्ञान का साक्षात्कार करानेवाली पुस्तक देश की बात का नयी पीढ़ी के लिए विशेष महत्त्व है ताकि वह भारत के अतीत को जान-बूझकर अपने वर्तमान और भविष्य की दिशा तय कर सके। उनके लिए यह पुस्तक वर्तमान को आलोकित करने वाली और भविष्य का मार्गदर्शन करनेवाली स्मृति की कौंध सिद्ध होगी।

कभी-कभी इतिहास की प्रक्रिया पुरानी कलाकृतियों, साहित्य की रचनाओं और वैचारिक पुस्तकों की नयी अर्थवत्ता और सार्थकता प्रदान करती है और इस तरह उन्हें नया जीवन मिलता है। 5 फरवरी 2003 को अमेरिका के विदेश मंत्री कॉलिन पावेल इराक पर अमेरिका के आक्रमण की स्वीकृति लेने के लिए भाषण देने सुरक्षा परिषद में जब जाने वाले थे तब उनके सामने एक समस्या आ खड़ी हुई। सुरक्षा परिषद के दरवाजे पर पिकासो के प्रसिद्ध चित्र गुएर्निका की उपस्थिति ने उन्हें परेशान किया। सन् 1936 में रचित गुएर्निका में युद्ध की भयावह हिंसा और बर्बरता चित्रित है, उसमें घायल, क्षत-विक्षत स्त्रियों, बच्चों और जवानों के साथ जानवर भी मौजूद हैं। ऐसे चित्र की उपस्थिति के बावजूद एक और युद्ध की अनुमति लेना और देना जितना विडम्बनापूर्ण था उतना ही विचलित करनेवाला भी। इसलिए उस चित्र को नीले कपड़े से ढक दिया गया। सच को छिपाने की कला अमेरिका से अधिक कौन जानता है? लेकिन गुएर्निका की नयी अर्थवत्ता सारी दुनिया के सामने आ ही गयी। इस प्रसंग को जानने के बाद क्या यह कहना सम्भव है कि आधुनिक कला की आलोचनात्मक शक्ति का अन्त हो गया है? इस प्रक्रिया से गुएर्निका को नया जीवन मिला। अमेरिकी साम्राज्यवाद के हाल के व्यवहारों से भारत में ब्रिटिश साम्राज्यवाद के व्यवहारों का विवेचन करनेवाली पुस्तक 'देश की बात' का महत्त्व बढ़ गया है। 21वीं सदी का अमेरिकी साम्राज्यवाद स्वयं को 19वीं सदी के ब्रिटिश साम्राज्यवाद का उत्तराधिकारी मानता है, इसलिए नये साम्राज्यवाद के उद्देश्य, व्यवहार, विचारधारा और भाषा को समझने के लिए पुराने साम्राज्यवाद को समग्रता में जानना जरूरी है, जिसके लिए देश की बात को पढ़ना आवश्यक है।

सन्दर्भ :

1. माधव प्रसाद मिश्र, *देश की बात* का मुखबन्ध, बम्बई, 1908 पृ. 6-7
2. महादेव प्रसाद साहा, *देशेर कथा* (बांग्ला), संपादकेर निवेदन; कलकत्ता, 1970, पृ. 4
3. माधव प्रसाद मिश्र, *देश की बात :* मुखबन्ध, पृ. 5
4. महादेव साहा, *देशेर कथा* (बांग्ला) संपादकेर निवेदन, पृ. 5
5. सखाराम गणेश देउस्कर, *देशेर कथा* (बांग्ला) भूमिका
6. Shri Arbindo, *On the himself and on the mother,* P. 30.
7. सत्यभक्त, *भारत में कम्युनिस्ट पार्टी की स्थापना,* मथुरा, पृ. 26
8. श्री नारायण चतुर्वेदी, *आधुनिक हिन्दी का आदिकाल* (1857-1908), इलाहाबाद, पृ. 212
9. बाबूराव विष्णु पराड़कर, *देश की बात,* अनुवादक की प्रस्तावना, कलकत्ता, 1910, पृ. 1
10. वही।
11. देवनारायण द्विवेदी, *देश की बात* के दूसरे संस्करण के आरम्भ में सम्मति के रूप में उद्धृत।
12. देवनारायण द्विवेदी, *देश की बात,* दूसरा संस्करण, कलकत्ता, 1920, पृ. 354

13. रामविलास शर्मा, *भारतीय संस्कृति और हिन्दी प्रदेश,* खण्ड 2, नयी दिल्ली, 1999, पृ. 361
14. Karl Marx, Engels, *On the National and Colonial Questions*, edited by Aijaj Ahmad, New Delhi, 2001, p. 74
15. Joseph Conrad, *Heart of Darkness,* 1994, p.10
16. सखाराम गणेश देउस्कर, *देश की बात,* ग्रन्थकार की प्रस्तावना।
17. सखाराम गणेश देउस्कर, *देश की बात,* ग्रन्थकार की प्रस्तावना, पृ.11
18. वही, पृ. 11
19. वही, पृ. 11
20. वही, पृ. 110
21. वही, पृ. 111
22. वही, पृ. 199
23. वही, पृ. 62
24. वही, पृ. 62
25. वही, पृ. 44
26. वही, पृ. 275
27. वही, पृ. 275
28. वही, पृ. 276
29. वही, पृ. 280-81
30. वही, पृ. 80
31. वही, पृ. 20
32. वही, पृ. 145
33. Ellen Meiksins Wood, *The Empire of Capital,* New Delhi, 2003
34. *देश की बात,* पृ. 229
35. *Monthly Review*, July-August 2003, p. 59
36. *E.P.W.* Sept. 11-17, 2004, p. 4158
37. *देश की बात,* पृ. 265
38. *वही,* पृ. 268
39. वही, पृ. 270
40. वही, पृ. 291
41. वही, पृ. 291
42. वही, पृ. 231
43. वही, पृ. 241
44. Marx, Engels, *Basic Writing,*-1984, p. 286
45. Ibid -1984, p. 360
46. Parth Chatterjee, *Economic and Political Weekly.* Sept 11-17, 2004, p. 4161

47. Ibid, p. 4162
48. Ibid, p. 4263
49. Ibid, p. 4163-64
50. *Monthly Review,* Sept-2004, p.1
51. *फिलहाल* 1-13 अक्टूबर, 2004, पृ. 18
52. वही, पृ. 18
53. Harry Magdoff, *Imperialism and Globalization,* 2002, p. 2-3
54. Arundhati Roy, *The Algebra of Infinite Justice,* 2001, p. 224
55. Ibid, p. 244
56. *Theory Culture and Society,* June 2004, p. 134
57. Shashi Tharoor, *Nehru,* 2003, p. 58

उपनिवेशवाद का शिकार भारत और 'सम्पत्तिशास्त्र'

(एक)

कहा जाता है कि किताबों में जीवन के रहस्य छिपे रहते हैं, यह सच है। लेकिन किताबों का जीवन भी कम रहस्यमय नहीं होता। कभी-कभी उनका लिखा जाना अर्थात् जन्म लेना रहस्यमय होता है, तो उनका जीवन-मरण और पुनरुज्जीवन भी रहस्यमय लगता है। प्रायः सभी पुस्तकें अमरता की आकांक्षा लिए संसार में आती हैं। लेकिन कुछ अधमरी पैदा होती हैं तो कुछ मर-मरकर जीती हैं। किताबों का जीवन केवल उनकी आन्तरिक शक्ति पर ही निर्भर नहीं होता, वह बहुत कुछ वास्तविक और सम्भावित पाठकों की समझदारी से भी जुड़ा होता है। जो किताबें काल से होड़ करती हुई जीती हैं, कालजीवी होकर कालजयी बनती हैं; उन्हें बार-बार जिन्दगी मिलती है। ऐसी किताबों के जीवन का इतिहास उस समाज के विवेक का इतिहास बन जाता है, जिसमें वे लिखी और पढ़ी जाती हैं।

सम्पत्तिशास्त्र की जीवन-कथा अत्यन्त रोचक है और रहस्यमय भी। महावीर प्रसाद द्विवेदी आधुनिक हिन्दी साहित्य के सर्वाधिक सम्मानित लेखकों में से हैं, लेकिन उनकी पुस्तक 'सम्पत्तिशास्त्र' हिन्दी की अत्यन्त उपेक्षित और अनपढ़ी पुस्तक है। 'सम्पत्तिशास्त्र' पहली बार 1908 ई. में प्रकाशित हुआ। फिर एक लम्बे काल तक अन्धकार में खोया रहा। न उसका कहीं उल्लेख हुआ, न चर्चा हुई। न हिन्दी साहित्य के इतिहास ग्रन्थों में और न महावीर प्रसाद द्विवेदी पर लिखे लेखों और पुस्तकों में। किसी कृति की उपेक्षा का इससे बड़ा उदाहरण और क्या होगा?

सम्पत्तिशास्त्र जब 1908 में छपा था, तब अधिकांश लोगों ने उसे अनुवाद समझा था। साधारण पढ़े-लिखे लोगों की कौन कहे, महावीर प्रसाद द्विवेदी अभिनन्दन ग्रन्थ के सम्पादकों ने भी उसे अनुवाद ही माना। द्विवेदी जी सम्पत्तिशास्त्र को 'नयी पुस्तक' कह रहे थे और सम्पादक मण्डली के विद्वान लोग उसे अनुवाद घोषित कर रहे थे। आज भी अनेक विद्वान उसे अनुवाद ही मानते हैं। लेकिन आश्चर्य की बात तो यह है कि सम्पत्तिशास्त्र को अनुवाद समझने वालों में से किसी ने आज तक यह नहीं बताया कि वह अगर अनुवाद है तो किस पुस्तक का? पुस्तक को बिना पढ़े

ही उसकी मौलिकता और महत्त्व पर सन्देह किया गया। प्रायः नयी और मौलिक कृतियों को इस दुर्भाग्य का सामना करना पड़ता है। 1904 में जब बांग्ला में सखाराम गणेश देउस्कर की क्रान्तिकारी पुस्तक 'देशेर कथा' छपी, तब उसे भी बंगाल के कुछ लेखकों ने अनुवाद ही समझा था। 'देशेर कथा' की मौलिकता के बारे में सन्देह जल्दी ही दूर हो गया, लेकिन सम्पत्तिशास्त्र को अनुवाद समझने वाले लोग अब भी हिन्दी में मौजूद हैं। जहाँ समझ का आधार सन्देह हो, वहाँ लीक से हटकर सोच की नयी राह बनाने वाले व्यक्ति और विचार की क्या दारुण दशा होती है, इसका एक उदाहरण है—महावीर प्रसाद द्विवेदी के सम्पत्तिशास्त्र के साथ हिन्दी के विद्वान लेखकों का व्यवहार।

सम्पत्तिशास्त्र को दूसरा जीवन 1977 में मिला, जब डॉ. रामविलास शर्मा ने 'महावीर प्रसाद द्विवेदी और हिन्दी नवजागरण' नाम की पुस्तक में उसका विस्तार से विवेचन करते हुए उसकी 'विगत सार्थकता और वर्तमान अर्थवत्ता' की व्याख्या की। तब सम्पत्तिशास्त्र का महत्त्व हिन्दी के विद्वतूजनों की कुछ समझ में आया। उसके बाद जहाँ-तहाँ भाषणों और लेखों में उसका उल्लेख होने लगा। डॉ. रामविलास शर्मा के आलोचनात्मक प्रयत्न से सम्पत्तिशास्त्र के बारे में श्रद्धा तो जरूर उपजी, लेकिन विवेक का विकास नहीं हुआ। इसका एक कारण यह है कि मूल पुस्तक दुर्लभ थी, इसलिए पाठक उसे पढ़कर स्वतन्त्र रूप से अपनी राय बनाने की स्थिति में न थे। दूसरा कारण यह है कि 'महावीर प्रसाद द्विवेदी और हिन्दी नवजागरण' में सम्पत्तिशास्त्र के महत्त्व-स्थापन की जो एकांगी और अतिरंजित शैली है, उसने पाठकों को जितना चौंकाया, उतना उनमें विश्वास पैदा नहीं किया। 1977 के बाद एक-दो वर्षों तक सम्पत्तिशास्त्र चर्चा में रहा, फिर वह चर्चा भी बन्द हो गयी।

अब सम्पत्तिशास्त्र की तीसरी जीवन-यात्रा शुरू हो रही है। छियासी वर्षों बाद उसका दूसरा संस्करण प्रकाशित हो रहा है। 1908 में जब यह पुस्तक पहली बार छपी थी, तब वह झालावाड़ नरेश को समर्पित की गयी थी। पुस्तक के आरम्भ में एक पृष्ठ पर झालावाड़ नरेश का चित्र है और उसके नीचे उनकी प्रशंसा में लिखा संस्कृत का एक श्लोक। बगल के पृष्ठ पर महावीर प्रसाद द्विवेदी का समर्पण इन शब्दों में है—'अशेष-गुण-सम्पन्न, विविध विद्यानुरागी, प्रजारंजक, सज्जन स्नेही, झालावाड़-नरेश श्रीमन्महाराजाधिराज, राजराना श्री भवानी सिंह महोदय के.सी. एस. आई. के कर-कमल में सादर समर्पित।' वर्तमान संस्करण में यह समर्पण नहीं है।

(दो)

उन्नीसवीं सदी के उत्तरार्द्ध से बीसवीं सदी के आरम्भिक चार दशकों तक हिन्दी के जिन लेखकों ने आधुनिक ज्ञान-विज्ञान के नये-नये रूपों को हिन्दी में लाकर हिन्दीभाषी जनता की चेतना को विकसित करने और हिन्दी को आधुनिक चिन्तन

की भाषा बनाने का गम्भीर प्रयास किया, उनमें महावीर प्रसाद द्विवेदी का नाम विशेष रूप से उल्लेखनीय है। उस समय के लेखकों के लिए साहित्य का अर्थ बहुत व्यापक था और उनकी सामाजिक चिन्ता का दायरा भी दूर तक फैला हुआ था। आज के अनेक लेखकों की तरह वे न तो समाज से साहित्य की स्वतन्त्रता के लिए बहुत चिन्तित थे और न अपने लेखन-कर्म को नागरिक-धर्म से अलग करने के आग्रही। उनके लेखन का लक्ष्य था—भारतीय समाज की उन्नति, देश की स्वाधीनता, जनजीवन में मौजूद मानसिक जड़ता का नाश, रूढ़िवाद का अन्त और दिमागी गुलामी से छुटकारा। इन लक्ष्यों की व्यापकता के कारण उनके लेखन-कर्म में भी विविधता आयी। उनके लिए साहित्य अपने समाज की हर तरह की वास्तविकताओं और आकांक्षाओं को समझने का साधन था। भारतेन्दु हरिश्चन्द्र, महावीर प्रसाद द्विवेदी, चन्द्रधर शर्मा 'गुलेरी', रामचन्द्र शुक्ल और प्रेमचन्द के लिए साहित्य का इतिहास समाज के इतिहास का अंग था और समाज का इतिहास साहित्य के इतिहास का आधार। यही कारण है कि वे लोग जब इतिहास, अर्थशास्त्र, विज्ञान और राजनीति पर लेख और पुस्तक लिखते थे, तब किसी तरह के संकोच या दुविधा में नहीं पड़ते थे। इसी भावना से हिन्दी में ज्ञान के साहित्य के लेखन की परम्परा का निर्माण हुआ, जिसकी एक महत्त्वपूर्ण उपलब्धि है—महावीर प्रसाद द्विवेदी की कृति सम्पत्तिशास्त्र।

महावीर प्रसाद द्विवेदी के लिए साहित्य केवल कविता, कहानी, उपन्यास, नाटक आदि तक ही सीमित न था। वे मानते थे कि, "ज्ञानराशि के संचित कोष का नाम साहित्य है।" द्विवेदी जी का यह कथन एक आचार्य का आप्तवचन मात्र नहीं है। उन्होंने अपने लेखन-कर्म से इस कथन को सच साबित किया है। डॉ. रामविलास शर्मा ने ठीक ही लिखा है कि "द्विवेदी जी का गद्य साहित्य आधुनिक हिन्दी साहित्य का ज्ञानकांड है।" लेकिन इससे भी अधिक सही यह है कि द्विवेदी युग का गद्य साहित्य आधुनिक हिन्दी साहित्य का ज्ञानकांड है, जिसमें सम्पत्तिशास्त्र के साथ-साथ राधामोहन गोकुल जी की किताब 'देश का धन' और रामचन्द्र शुक्ल की 'विश्व प्रपंच' की भूमिका भी शामिल है।

द्विवेदी जी ने हिन्दी के ज्ञान में साहित्य के निर्माण और विकास के लिए जैसा प्रयत्न किया, वैसा उनके पहले और बाद में भी बहुत कम दिखाई देता है। उनका प्रयत्न दोतरफा था। एक ओर उन्होंने 'सरस्वती' में इतिहास, अर्थशास्त्र, राजनीति, समाजशास्त्र, विज्ञान, शिक्षा, दर्शन, संस्कृति और भाषा सम्बन्धी विभिन्न विषयों पर लिखने के लिए दूसरों को प्रेरित तथा प्रोत्साहित किया, तो दूसरी ओर स्वयं इन विषयों पर लगातार लिखकर नये लेखकों का मार्गदर्शन भी किया। इस तरह उन्होंने 'सरस्वती' को हिन्दी की ज्ञानराशि की उन्नति और समृद्धि का माध्यम बनाया। उनके सम्पादन काल की 'सरस्वती' में देश-विदेश के इतिहास, राजनीति, संस्कृति

और समाज से सम्बन्धित जितने लेख हैं, उन्हें देखने पर द्विवेदी जी के चिन्तन की व्यापकता और उनके सामाजिक, राजनीतिक सरोकारों की दिशा की जानकारी हो सकती है।

द्विवेदी जी चाहते थे कि दुनिया के विकसित देशों में जो नया-से-नया ज्ञान विकसित हो रहा है, वह हिन्दी में आये, ताकि यहाँ की जनता जागे और अपनी वास्तविक स्थिति पहचाने। इसी उद्देश्य से उन्होंने अर्थशास्त्र सम्बन्धी चिन्तन के विकास का प्रयास किया। उनके सम्पादन काल की 'सरस्वती' में आर्थिक विषयों पर लगातार लेख छपते रहे, कुछ द्विवेदी जी के और बाकी दूसरों के। उनमें से अधिकांश लेखों में अंग्रेजी राज के लूट-तन्त्र का विवेचन, उसके शिकार भारतीय किसान, कृषि, शिल्प और भारतीय व्यापार के विनाश का विश्लेषण होता था।

अर्थशास्त्र में महावीर प्रसाद द्विवेदी की गहरी दिलचस्पी के पीछे भारत की आर्थिक-राजनीतिक दुर्दशा और उसके कारणों को समझने-समझाने की चिन्ता थी, केवल ज्ञान के एक नये रूप को हिन्दी में ले आने की आकांक्षा न थी। वही चिन्ता सम्पत्तिशास्त्र में ठोस चिन्तन का रूप लेकर सामने आयी। द्विवेदी जी ने अपनी पुस्तक की भूमिका में लिखा है कि "सम्पत्तिशास्त्र इतने महत्त्व का है कि इस पर पुस्तकें लिखना सबका काम नहीं। जिन्होंने इस शास्त्र का अच्छी तरह से अंग्रेजी में अध्ययन किया है, और जिन्होंने देश की सांपत्तिक अवस्था पर अच्छी तरह विचार भी किया है, वही इस काम के योग्य समझे जा सकते हैं।" उन्होंने ये दोनों काम बहुत अच्छी तरह से किये थे। सम्पत्तिशास्त्र लिखने के पीछे बहुत बड़ी तैयारी है। तैयारी के कुछ प्रमाण पुस्तक की भूमिका में हैं और बाकी पूरी पुस्तक में। उन्होंने सम्पत्तिशास्त्र लिखने के लिए अंग्रेजी की नौ पुस्तकों के साथ-साथ बांग्ला, उर्दू, गुजराती और मराठी की दो-दो पुस्तकों का भी अध्ययन किया था। साथ ही उन्होंने उस समय के अखबारों और पत्रिकाओं में छपे लेखों तथा सरकारी रिपोर्ट्स का भी उपयोग किया। इस व्यापक तैयारी के बाद सम्पत्तिशास्त्र की रचना हुई है।

सम्पत्तिशास्त्र लिखते समय द्विवेदी जी के सामने अंग्रेज़ी में मौज़ूद अर्थशास्त्रीय चिन्तन की यूरोपीय परम्परा थी और उसके आधार पर भारत में अंग्रेज़ी, मराठी, बांग्ला, गुजराती में लिखी हुई अर्थशास्त्र की पुस्तकें भी थीं। सम्पत्तिशास्त्र का सैद्धान्तिक ढाँचा एडम स्मिथ की कृति 'राष्ट्र की सम्पत्ति' और जॉन स्टुअर्ट मिल की पुस्तक 'राजनीतिक अर्थशास्त्र के सिद्धान्त' से प्रभावित है। लेकिन उसका भारतीय सन्दर्भ और परिप्रेक्ष्य द्विवेदी जी ने स्वयं विकसित किया है। यद्यपि द्विवेदी जी से पहले भारतीय सन्दर्भ में अर्थशास्त्र सम्बन्धी चिन्तन और उपनिवेशवाद के लूट-तन्त्र के शिकार भारत की अर्थव्यवस्था के विश्लेषण का प्रयास दादाभाई नौरोजी, आर.सी.दत्त, महादेव गोविन्द रानाडे, जी.बी. जोशी आदि ने किया था। लेकिन द्विवेदी जी की साम्राज्यवाद विरोधी राजनीतिक चेतना के कारण 'सम्पत्तिशास्त्र' का राजनीतिक

स्वर अर्थशास्त्र की सीमाओं को कई बार पार कर जाता है। भारतीय किसान जीवन से गहरी हमदर्दी के कारण भी द्विवेदी जी के अर्थशास्त्र सम्बन्धी चिन्तन में नवीनता आयी है।

लगता है कि द्विवेदी जी ने सम्पत्तिशास्त्र लिखते समय अर्थशास्त्रीय चिन्तन की भारतीय परम्परा पर ध्यान नहीं दिया है, अन्यथा वे यह नहीं लिखते कि, "जो सम्पत्ति इतनी महत्त्वमयी है और जिसकी कृपा बिना बड़े-बड़े विद्वानों, बड़े-बड़े विज्ञानियों, बड़े-बड़े पंडितों को भी सम्पत्ति-मानव का आश्रय लेना पड़ता है, उसका शास्त्रीय विचार संस्कृत साहित्य में न देखकर आश्चर्य होता है। भारतवर्ष के जिन प्राचीन ग्रन्थकारों ने गहन से भी गहन और क्लिष्ट से भी क्लिष्ट विषयों के विवेचन से भरे हुए ग्रन्थ लिख डाले, उन्होंने सम्पत्ति सम्बन्धी इतने बड़े महत्त्वपूर्ण विषय पर एक सत्तर तक न लिखी।" द्विवेदी जी के सामने कौटिल्य का 'अर्थशास्त्र' न था क्योंकि ईसा पूर्व चौथी शताब्दी की यह रचना अनेक शताब्दियों तक विलुप्त और विस्मृत रहने के बाद बीसवीं सदी के आरम्भ में खोजी गयी और 1909 में पहली बार प्रकाशित होकर सामने आयी। लेकिन पाँचवीं-छठी शताब्दी से भारतीय साहित्य में कौटिल्य के 'अर्थशास्त्र' का उल्लेख लगातार होता रहा है। विशाखदत्त के नाटक *मुद्राराक्षस*, बाणभट्ट की 'कादम्बरी', दण्डी के 'दशकुमार चरित' आदि रचनाओं में अर्थशास्त्र का उल्लेख है। इसके साथ ही बौद्ध परम्परा के 'लंकावतार सूत्र', 'जातक माला' नागार्जुन की 'रत्नावली' और जैन परम्परा के 'नन्दीसूत्र' में भी अर्थशास्त्र की चर्चा मिलती है। द्विवेदी जी संस्कृत साहित्य की विशाल परम्परा से खूब परिचित थे, इसलिए यह मानने का मन नहीं होता कि वे कौटिल्य के 'अर्थशास्त्र' के अस्तित्व से अपरिचित होंगे। ऐसी स्थिति में उनका यह कहना आश्चर्यजनक लगता है कि संस्कृत में अर्थशास्त्र पर कुछ भी नहीं लिखा गया है। यह सच्चाई है कि कौटिल्य के अर्थशास्त्र के बावजूद संस्कृत में अर्थशास्त्र सम्बन्धी चिन्तन का कोई विकास नहीं हुआ। सवाल यह है कि ऐसा क्यों हुआ? वास्तव में संस्कृत साहित्य में कौटिल्य के अर्थशास्त्र की निन्दा अधिक हुई है और तारीफ बहुत कम। प्रायः उसे कुटिलता का शास्त्र या मिथ्या शास्त्र कहा जाता रहा है। उसके भौतिकवादी दृष्टिकोण और व्यवहारवादी उद्देश्य की भी आलोचना होती रही है। लेकिन अब कौटिल्य के अर्थशास्त्र पर विचार करने वाले अधिकांश विद्वान स्वीकार करते हैं कि वह दुनिया में रांजनीतिक अर्थशास्त्र का पहला ग्रन्थ है। अर्थशास्त्र की विचार व्यवस्था और शब्दावली इतनी व्यापक है कि उसमें राज्य और समाज के आर्थिक जीवन का कोई भी पक्ष छूटा नहीं है। उसका दृष्टिकोण वस्तुपरक है और उसमें न कोई नैतिक आग्रह है और न धार्मिक उपदेश। सम्भवतः यही कारण है कि संस्कृत साहित्य में अधिकतर उसकी आलोचना ही की गयी है।

आधुनिक भारत में विचारों के विकास का स्वाधीनता आन्दोलन से गहरा

सम्बन्ध है। स्वाधीनता आन्दोलन को गति और शक्ति देने के लिए राजनीति, इतिहास, शिक्षा, संस्कृति आदि के साथ-साथ अर्थशास्त्र सम्बन्धी चिन्तन का भी विकास हुआ है। विचारों का यह विकास केवल अंग्रेजी में ही नहीं, भारत की विभिन्न भाषाओं में भी हुआ है, और वह भारतीय समाज के जीवन और समस्याओं से अधिक आत्मीयता के साथ जुड़ा हुआ है। आजकल जो लोग आधुनिक भारत में विचारों के विकास का इतिहास लिखते हैं, वे अँग्रेजी में लिखी किताबों और लेखकों पर तो ध्यान देते हैं; लेकिन हिन्दी, बांग्ला, मराठी, गुजराती आदि भाषाओं में लिखी अर्थशास्त्र, राजनीति, इतिहास आदि की पुस्तकों को कोई महत्त्व नहीं देते। द्विवेदी जी की पुस्तक सम्पत्तिशास्त्र देश की स्वाधीनता की चिन्ता से उपजी विचार परम्परा की ही एक महत्त्वपूर्ण कड़ी है, लेकिन वह पहली और आखिरी कड़ी नहीं है। भारतीय भाषाओं में इस परम्परा की पहली क्रान्तिकारी किताब बांग्ला में लिखी गयी 'देशेर कथा' है, जिसके लेखक सखाराम गणेश देउस्कर हैं।

सखाराम गणेश देउस्कर की 'देशेर कथा' 1904 में छपी थी। 1904 से 1908 के बीच 'देशेर कथा' के पाँच संस्करण प्रकाशित हुए। यह 'देशेर कथा' की अपार लोकप्रियता का एक प्रमाण है। वह बंग-भंग विरोधी आन्दोलन के दौरान, आन्दोलन को गति और शक्ति देने वाली क्रान्तिकारी कृति साबित हुई। देशेर कथा के पहले अनुवाद की भूमिका में माधव प्रसाद मिश्र ने लिखा है कि "यह कहना तो छोटे मुँह बड़ी बात होगी कि स्वदेशी आन्दोलन इसी पुस्तक का फल है, पर इमें कोई सन्देह नहीं है कि इस आन्दोलन की प्रज्वलित वह्नि ने इसमें घृताहुति का काम अवश्य किया।" स्वदेशी आन्दोलन के दौरान 'देशेर कथा' की अपार लोकप्रियता से भयभीत होकर अंग्रेजों ने 1910 में इस पुस्तक पर प्रतिबन्ध लगा दिया।

हिन्दी में 'देशेर कथा' के दो अनुवाद मिलते हैं। 1904 में 'देशेर कथा' के प्रकाशन के बाद माधव प्रसाद मिश्र ने 'देशेर कथा' का अनुवाद शुरू किया, जिसके कुछ अंश कलकत्ते के मासिक पत्र 'वैश्योपकारक' में छपे। बाद में माधव प्रसाद मिश्र और अमृतलाल चक्रवर्ती ने मिलकर पूरी पुस्तक का अनुवाद किया, जो 'देश कीं बात' नाम से 1907-08 में बम्बई में छपा। उसकी भूमिका माधव प्रसाद मिश्र ने लिखी है। वह 'देशेर कथा' के पहले संस्करण का अनुवाद था, जबकि देउस्कर जी ने मूल पुस्तक के चौथे संस्करण में काफी नयी सामग्री जोड़ दी थी। उनके कहने पर देशेर कथा का दूसरा अनुवाद बाबूराव विष्णु पराड़कर ने किया, जो 'देश की बात' नाम से ही 1910 में छपा। यह देशेर कथा के चौथे संस्करण का अनुवाद था। देउस्कर जी ने हिन्दी के पाठकों को ध्यान में रखकर अनुवाद के पहले अपनी पुस्तक में हिन्दी क्षेत्र की आर्थिक समस्याओं के बारे में कुछ ऐसी बातें जोड़ दी हैं, जो मूल बांग्ला पुस्तक में भी नहीं हैं।

महावीरप्रसाद द्विवेदी ने सम्पत्तिशास्त्र की भूमिका में श्री गिरीन्द्र कुमार सेन की

लिखी 'धन विज्ञान' और 'वाणिज्य' नामक दो बांग्ला पुस्तकों का उल्लेख किया है। लेकिन देशेर कथा का कहीं कोई उल्लेख नहीं है। बंग-भंग-विरोधी आन्दोलन में देशेर कथा की अपार लोकप्रियता और 1905-06 में माधव प्रसाद मिश्र द्वारा उसके कुछ अंशों के अनुवाद प्रकाशित होने के बावजूद, सम्पत्तिशास्त्र में उसके उल्लेख का न होना आश्चर्यजनक है। सम्पत्तिशास्त्र की तुलना में देशर कथा में ब्रिटिश साम्राज्यवाद की आलोचना अधिक तेज, उग्र और आक्रामक है। यही नहीं, उसमें स्वाधीनता का स्वर भी अधिक बुलन्द है। यहाँ देशेर कथा के बारे में विस्तार से बात करना सम्भव नहीं है; लेकिन उसमें जिन विषयों पर विचार किया गया है, उनका उल्लेख करना जरूरी है, ताकि पाठक उसके स्वरूप और उद्देश्य का अन्दाज लगा सकें। इस पुस्तक के विभिन्न अध्यायों के शीर्षक अपने उद्देश्य की ओर स्पष्ट संकेत करते हैं। देउस्कर जी ने अँग्रेजी शासन के दोष-गुण, देश की अवस्था, किसानों का सर्वनाश, रेल और नहर, कारीगरों का सर्वनाश, देशी कारीगरों का नाश, देश के आय-व्यय के विवेचन के साथ ही ब्रिटिश साम्राज्यवाद के कारण भारतवासियों की मानसिक अवनति और सांस्कृतिक गिरावट का भी विश्लेषण किया है। पुस्तक के एक अध्याय का शीर्षक है—सम्मोहन-चित्त विजय, जिसमें भारतीय चेतना के उपनिवेशीकरण के पूरे अभियान का विस्तृत विवेचन है। भारतीय मानसिकता के उपनिवेशीकरण और दिमागी गुलामी का ऐसा विश्लेषण शायद ही कहीं अन्यत्र मिले। देउस्कर ने भारत की पराधीनता, साम्राज्यवादी लूट और देश के सामाजिक, आर्थिक तथा सांस्कृतिक विनाश के विश्लेषण के बाद ब्रिटिश साम्राज्यवाद का सामना करने की नीति और उपायों पर भी विस्तार से लिखा है। वे अपने समय के राजनीतिक आन्दोलनों से सन्तुष्ट नहीं लगते। इसलिए उन्होंने देशेर कथा के पहले संस्करण की भूमिका में लिखा है कि "हमारे आन्दोलन भिक्षुक के आवेदन मात्र हैं। हम लोगों को दाता की करुणा पर एकान्त रूप से निर्भर रहना पड़ता है।" सखाराम गणेश देउस्कर विचार से ही नहीं; व्यवहार से भी क्रान्तिकारी थे। देशेर कथा उस युग की क्रान्तिकारी चेतना की उपज है और उस युग की क्रान्तिकारी चेतना की सर्वोत्तम अभिव्यक्ति भी है।

डॉ. रामविलास शर्मा ने सम्पत्तिशास्त्र के महत्त्व के प्रसंग में लिखा है कि, "भारत के सन्दर्भ में ब्रिटिश साम्राज्यवाद की वैसी आलोचना उस समय तक अंग्रेज़ी में भी प्रकाशित नहीं हुई थी।" अंग्रेज़ी में भले ही वैसी आलोचना प्रकाशित न हुई हो, लेकिन सखाराम गणेश देउस्कर की देशेर कथा में ब्रिटिश साम्राज्यवाद की आलोचना सम्पत्तिशास्त्र से अधिक व्यापक, गहरी और प्रभावशाली है। प्रभाव और लोकप्रियता की दृष्टि से देशेर कथा जैसी क्रान्तिकारी किताब शायद ही किसी भारतीय भाषा में स्वाधीनता आन्दोलन के दौरान लिखी गयी हो। इसलिए सम्पत्तिशास्त्र के महत्त्व की वास्तविकता ठीक ढंग से समझने के लिए उसे 1940 में छपी रजनी पामदत्त की किताब 'आज का भारत' से नहीं, बल्कि 1904 में छपी सखाराम गणेश देस्सकर की

देशेर कथा के साथ मिलाकर पढ़ना उचित होगा।

भारत में ब्रिटिश उपनिवेशवाद की राजनीति और उसके लूट तन्त्र की अर्थव्यवस्था का पर्दाफाश करने वाले, राजनीति अर्थशास्त्र सम्बन्धी चिन्तन को हिन्दी में विकसित करने वालों में महावीरप्रसाद द्विवेदी का योगदान बहुत महत्त्वपूर्ण है, लेकिन यह नहीं भूलना चाहिए कि ऐसे चिन्तन की एक परम्परा द्विवेदी जी के पहले से बन रही थी, जिसके अग्रदूत थे माधव राव सप्रे। वे तिलकमार्गी थे और महावीरप्रसाद द्विवेदी के समकालीन, समानधर्मा मित्र भी थे। उन्होंने इस सदी के आरम्भ में 'छत्तीसगढ़ मित्र', हिन्दी केसरी', हिन्दी ग्रन्थमाला' तथा 'कर्मवीर' आदि पत्रिकाओं के माध्यम से हिन्दी पत्रकारिता की तेजस्वी धारा का निर्माण किया। यही नहीं, उन्होंने तिलक के 'गीता रहस्य' और रामदास के 'दासबोध' का हिन्दी में अनुवाद भी किया। वे 'टोकरी भर मिट्‌टी' जैसी कहानी के लेखक भी हैं, जिसे कुछ लोग हिन्दी की पहली कहानी मानते हैं। माधवराव सप्रे हिन्दी नवजागरण को मराठी नवजागरण से जोड़ते हैं जैसे सखाराम गणेश देउस्कर बंगला नवजागरण से मराठी नवजागरण को।

माधवराव सप्रे हिन्दी में अर्थशास्त्रीय चिन्तन की भाषा और परम्परा बनाने वाले व्यक्ति थे। इस सदी के आरम्भ में जब नागरी प्राचारिणी सभा ने हिन्दी में एक विज्ञान कोश बनाने का निश्चय किया, तब राजनीतिक अर्थशास्त्र की शब्दावली के सम्पादक माधवराव सप्रे बनाये गये और दर्शन की शब्दावली के सम्पादक महावीर प्रसाद द्विवेदी बने। सप्रे जी के जीवनी लेखक गोविन्द राव हर्डीकर के अनुसार सप्रे जी ने 1904 में अर्थशास्त्र की जो शब्दावली तैयार की, उसमें अंग्रेज़ी के 1320 शब्दों के 2115 हिन्दी पर्यायवाची शब्द हैं। वह विज्ञान कोश 1906 में छपा। आज अगर कोई व्यक्ति सप्रे जी की बनायी शब्दावली को सामने रखकर सम्पत्तिशास्त्र में प्रयुक्त शब्दावली का तुलनात्मक अध्ययन करे तो अनेक दिलचस्प नतीजे निकलेंगे।

माधवराव सप्रे के प्रयत्न से हिन्दी में अर्थशास्त्र की भाषा ही नहीं बनी, उनके लेखन से अर्थशास्त्र की विचार पद्धति का भी विकास हुआ। उन्होंने 1904 की 'सरस्वती' के दो अंकों में 'इंग्लैंड की व्यापार नीति' पर दो लेख लिखकर यह स्पष्ट कि कि इंग्लैंड की व्यापार नीति के कारण कैसे हिन्दुस्तान की कारीगरी का नाश हुआ, व्यापार बर्बाद हुआ, मजदूर तबाह हुए और इंग्लैंड को लाभ मिला। उनका हड़ताल पर एक लेख मई 1907 की 'सरस्वती' में छपा था, जिसमें मजदूरों के संगठन और हड़ताल की अनिवार्यता का खुला समर्थन था। हड़ताल पर वैसा लेख उस समय तक हिन्दी ही नहीं, किसी अन्य भारतीय भाषा में भी शायद ही लिखा गया हो।

माधवराव सप्रे ने अपने अर्थशास्त्र सम्बन्धी लेखन से सम्पत्तिशास्त्र की रचना के लिए आवश्यक भाषा और दृष्टि का निर्माण किया। यही नहीं, उन्होंने अर्थशास्त्र पर लिखी अपनी अप्रकाशित पुस्तक की पांडुलिपि भी द्विवेदी जी को दे दी, जिसका

सम्पत्तिशास्त्र में कई जगह उपयोग हुआ है। सम्पत्तिशास्त्र के लेखन में माधवराव सप्रे का क्या योगदान है—यह स्वयं द्विवेदी जी के शब्दों में जानना बेहतर होगा। उन्होंने सम्पत्तिशास्त्र की भूमिका में लिखा है कि ''सम्पत्तिशास्त्र विषयक पुस्तकों के प्रकाशित किये जाने की लोगों को जरूरत महसूस होने लगी है। इस जरूरत को पूरा करने—इस अभाव को दूर करने—की, जहाँ तक हम जानते हैं, सबसे पहले पंडित माधवराव सप्रे, बी.ए. ने चेष्टा की। हिन्दी में अर्थशास्त्र सम्बन्धी एक पुस्तक लिखे आपको बहुत दिन हुए। परन्तु पुस्तक आपके मन की न होने के कारण उसे प्रकाशित करना आपने उचित नहीं समझा। आपकी राय है कि अर्थशास्त्र-सम्बन्धी पुस्तक ऐसी होनी चाहिए, जिसमें इस देश की साम्पत्तिक अवस्था का विचार विशेष प्रकार से किया गया हो। यहाँ की स्थिति के अनुसार सम्पत्तिशास्त्र के सिद्धान्तों का प्रयोग करके उनके फलाफल का विचार जिस पुस्तक में न किया जाएगा वह आपकी सम्मति में, यथेष्ट उपयोगी न होगी। आपका कहना बहुत ठीक है। आपको जब हमने लिखा कि सम्पत्तिशास्त्र पर हम एक पुस्तक लिखने का इरादा रखते हैं तब आपने प्रसन्नता प्रकट की और अपनी हस्तलिखित पुस्तक हमें भेज दी। उससे हमने बहुत लाभ उठाया है।" सप्रे जी ने जो हस्तलिखित पुस्तक द्विवेदी जी को दी थी, वह बाद में भी प्रकाशित नहीं हुई। अब वह पांडुलिपि भी शायद ही कहीं मिले। लेकिन द्विवेदी जी ने सम्पत्तिशास्त्र में जहाँ-जहाँ इस पुस्तक की सामग्री का उपयोग किया है, वहाँ उसका उल्लेख भी किया है, जिससे स्पष्ट है कि सम्पत्तिशास्त्र के पूर्वार्द्ध के तीसरे भाग के चारों परिच्छेद और उत्तरार्द्ध के पहले भाग के पाँचवें परिच्छेद के लेखन का आधार सप्रे की अप्रकाशित पुस्तक ही है। साथ ही, उत्तरार्द्ध के पहले भाग के तीसरे और चौथे परिच्छेदों में उनके हड़ताल नामक प्रकाशित लेख का भरपूर उपयोग है।

माधवराव सप्रे की एक पुस्तक 1906 ई. में प्रकाशित हुई थी। उसका नाम है—'स्वदेशी आन्दोलन और बायकाट', जिसका उपशीर्षक है 'भारत की उन्नति का एकमात्र उपाय'। पुस्तक के नाम और उपशीर्षक में उसके स्वरूप और उद्देश्य की स्पष्ट घोषणा है। स्वदेशी आन्दोलन के इस घोषणापत्र के छपते ही 1906 में उस पर ब्रिटिश सरकार ने पाबन्दी लगा दी। आज वह पुस्तक दुर्लभ है, लेकिन एकदम अप्राप्य नहीं। अगर आज भी कोई उसे पढ़े तो सप्रे की ब्रिटिश साम्राज्यवाद के विरुद्ध तीखी घृणा तथा स्वदेशी आन्दोलन में अटूट आस्था से उपजी राजनीतिक चेतना की धार के प्रभाव का अनुभव करेगा। इस पुस्तक के एक अध्याय का शीर्षक है—'अंग्रेजों ने हमारा व्यापार कैसे बर्बाद किया?' इस अध्याय के अन्त में सप्रे जी ने लिखा है, "इस प्रकार सन् 1858 ई. तक, इस देश की सब कारीगरी, सब कुशलता और सब व्यापार अंग्रेजों ने डुबा दिया। सन् 1858 ई. में कम्पनी के शासन का अन्त हुआ और इस देश की राजसत्ता इंग्लैण्ड की पार्लियामेंट तथा राजा के हाथ में आयी। उस

समय आशा की गयी थी कि न्यायी ब्रिटिश राजनीति से इस देश का कुछ कल्याण होगा परन्तु वह आशा पूरी न हुई। अंग्रेज व्यापारियों ने अपनी स्वार्थ बुद्धि का त्याग नहीं किया। वे लोग अपने व्यापार की उन्नति के लिए अनेक अनुचित और अन्यायी उपायों की योजना करने की चेष्टा करते ही रहे... इस देश के नूतन और बाल्यावस्था के कारखानों की उन्नति करने के बदले, उनकी वृद्धि को रोकने का यह यत्न, दुनिया के किसी सभ्य देश में देख न पड़ेगा। धन्य है ब्रिटिश व्यापार नीति!" इस कथन की भाषा में जो मारक शक्ति है, वह ब्रिटिश साम्राज्यवाद की लूट नीति के विरुद्ध गहरे आक्रोश के आवेग और निर्भीक चेतना से पैदा हुई है। ऐसी भाषा भावशून्य बौद्धिक विश्लेषण में नहीं मिलती। भारत में अंग्रेजी राज की आलोचना करने वाली यही धारदार भाषा देशेर कथा में है और सम्पत्तिशास्त्र में भी। हिन्दी में अर्थशास्त्रीय चिन्तन की जो स्वदेशी परम्परा माधवराज सप्रे से शुरू होती है, वह सम्पत्तिशास्त्र में अधिक व्यवस्थित बनती है और राधामोहन गोकुल जी की पुस्तक 'देश का धन' (1910) तथा पारस नाथ द्विवेदी की 'देश की दशा' (1915) के रूप में आगे बढ़ती है।

(तीन)

सम्पत्तिशास्त्र एक साहित्यकार की रचना है, अर्थशास्त्र के किसी अध्यापक की किताब नहीं। इसलिए उसकी भाषा अत्यन्त सजीव और स्फूर्तिदायक है; न कि निर्जीव, ठस और अनुवाद की अध्यापकीय भाषा। वह साहित्यकार की लिखी किताब तो है, लेकिन उसमें तथ्यों की जगह कल्पना, विश्लेषण की जगह व्याख्यान और वस्तुपरक दृष्टिकोण की जगह भावुक आत्माभिव्यक्ति नहीं है। द्विवेदी जी का उद्देश्य अपने पाठकों को अर्थशास्त्र के सामान्य नियमों की जानकारी भर देना नहीं है। सम्पत्तिशास्त्र अर्थशास्त्र की ऐसी किताब है, जिसका एक निश्चित राजनैतिक स्वर और प्रयोजन है, इसलिए वह राजनीतिक अर्थशास्त्र की पुस्तक है। सम्पत्तिशास्त्र के पूर्वार्द्ध के अन्त में द्विवेदी जी ने लिखा है कि, सम्पत्तिशास्त्र में बहुधा व्यापक सिद्धान्तों का ही विवेचन किया जाता है। किसी देश विशेष से सम्बन्ध रखने वाले सिद्धान्तों का विवेचन प्रायः कम किया जाता है। हमारी समझ में ऐसा जरूर होना चाहिए।" उन्होंने सम्पत्तिशास्त्र को अपने देश के अनुरूप बनाने की हर कोशिश की है।

द्विवेदी जी सम्पत्तिशास्त्र लिखते समय हमेशा यह याद रखते हैं कि वे ब्रिटिश उपनिवेशवाद के शिकार भारत का अर्थशास्त्र लिख रहे हैं। वे कहते हैं कि "देश की आर्थिक अवस्था हीन है, इसमें कोई सन्देह नहीं। इसका सबसे बड़ा कारण यह है कि जिन बातों से देश की आर्थिक दशा सुधरती है, उन सबका करना इस देश वालों के हाथ में नहीं। उनमें से बहुतेरी बातों को राजा ने अपने हाथ में ले रखा है। जिसमें वह अपने देश की,

अपने देशवासियों की हानि समझता है, उसे वह नहीं करता। फिर चाहे उससे हिन्दुस्तान को कितना ही लाभ क्यों न होता हो।" द्विवेदी जी के सामने सम्पत्तिशास्त्र लिखने का उद्‌देश्य स्पष्ट है—देश गरीब है क्योंकि वह पराधीन है, इसलिए देश की गरीबी दूर करने और उसकी दशा सुधारने के लिए देश का स्वाधीन होना जरूरी है, ताकि इस देश की सम्पत्ति पर यहाँ की जनता का अधिकार हो और देश की सम्पत्ति देश में रहे। सखाराम गणेश देउस्कर और माधवराव सप्रे की तरह महावीर प्रसाद द्विवेदी की भी मूल चिन्ता यही है कि देश की उन्नति कैसे हो? इस चिन्ता की शुरुआत 1884 में भारतेन्दु हरिश्चन्द्र के बलिया में दिये गये प्रसिद्ध व्याख्यान से होती है, जिसमें उन्होंने देश की उन्नति को स्वदेशी की भावना के विकास से जोड़ा था। भारतेन्दु हरिश्चन्द्र ने कहा था, 'भाइयो! अब तो नींद से चौंको, अपने देश की सब प्रकार उन्नति करो, जिसमें तुम्हारी भलाई हो। वैसी ही किताब पढ़ो, वैसे ही खेल खेलो, वैसी ही बातचीत करो। परदेशी वस्तु और परदेशी भाषा का भरोसा मत रखो। अपने देश में अपनी भाषा में उन्नति करो।"

सम्पत्तिशास्त्र के लेखक के मन में सबसे अधिक आक्रोश और बेचैनी भारत के किसानों की तबाही और कृषि की बर्बादी को लेकर है। इसलिए इस पुस्तक में सबसे अधिक चर्चा कृषि और किसान जीवन की समस्याओं की है। आज भी जिसे यह जानना हो कि अंग्रेजों ने किस तरह अपनी कुटिल और निर्गम नीतियों से भारतीय किसानों का शोषण और दमन करते हुए उन्हें अकाल और भुखमरी के रास्ते मौत के मुँह में ढकेला, उसे सम्पत्तिशास्त्र जरूर पढ़ना चाहिए। इस पुस्तक में भूमि पर स्वामित्व, जमींदारी, लगान, मालगुजारी आदि की व्यवस्थाओं का विस्तार से विवेचन है। द्विवेदी जी ने अंग्रेजी राज के पहले की भूमि व्यवस्था और लगान की वसूली से ब्रिटिश व्यवस्था की तुलना करते हुए लिखा है कि किसानों की तबाही का सबसे बड़ा कारण अंग्रेजी राज की भूमि व्यवस्था और लगान वसूल करने का ढंग है। उन्होंने यह भी लिखा है कि, हिन्दुस्तान की जमीन की मालिक रिआया नहीं, अंग्रेजी गवर्नमेंट है। वह रिआया से लगान वसूल करती है।" अंग्रेजी राज में कहीं नये जमींदारों के माध्यम से किसानों का शोषण होता था और कहीं सरकार ही जमींदार बनकर लगान वसूल करती थी। किसान दोनों ही स्थितियों में तबाह और बर्बाद होते थे। अंग्रेजी राज की लगान व्यवस्था के बारे में द्विवेदी जी ने लिखा है कि "हिन्दुस्तान में गवर्नमेंट अपनी समझ के अनुसार मनमाना लगान लगाती है और उसे दस-बीस या तीस वर्ष बाद बढ़ाती रहती है। इससे इस देश में जमीन का लगान बहुत बढ़ गया है—इतना कि हर साल हजारों किसानों को लोटा-थाली बेचकर भीख माँगने की नौबत आती है।"

द्विवेदी जी के चिन्तन की एक विशेषता यह है कि वे सामाजिक समस्याओं पर विचार करते समय पूरे भारत को ध्यान में रखते हैं, केवल हिन्दी प्रदेश को नहीं। जब वह किसानों की समस्याओं पर लिखते हैं तो उनके सामने देश भर के किसान

होते हैं। अंग्रेजी राज की लगान व्यवस्था से किसानों की तबाही के प्रसंग में उन्होंने बंगाल, पंजाब, बम्बई और मद्रास के किसानों की दुर्दशा पर भी ध्यान दिया है। उन्होंने लिखा है कि, "और प्रान्तों की अपेक्षा बम्बई और मद्रास का हाल अधिक बुरा है। वहाँ रैयतवाड़ी बन्दोबस्त है और जमीन की मालगुजारी की शरह बहुत ही अधिक है।" मद्रास के बारे में लिखा है कि "वहाँ मालगुजारी बढ़ती जाती है, काश्तकारों की जमीन नीलाम होती जाती है, गरीबी के कारण थोड़ा भी अकाल पड़ने पर हजारों आदमी मरते चले जाते हैं।" द्विवेदी जी की चिन्ता का यह अखिल भारतीय परिप्रेक्ष्य आज के समय में पहले से अधिक प्रेरणादायक है।

अंग्रेजों ने जिस तरह भारत की कृषि व्यवस्था का नाश किया, वैसे ही यहाँ के उद्योग-धन्धों और व्यापार का भी विनाश किया। फलतः भारत के किसानों के साथ-साथ शिल्पी और कारीगर भी तबाह हुए। द्विवेदी जी ने इस स्थिति का विश्लेषण करते हुए लिखा है कि "हिन्दुस्तान की कलाकौशल सम्बन्धिनी अवस्था इस समय बहुत ही शोचनीय है। उसकी औद्योगिक शक्ति यदि मृत नहीं तो मृयमाण दशा को अवश्य ही प्राप्त है। एक समय था— और उस समय को हुए सौ-डेढ़ सौ वर्ष से अधिक नहीं हुए—जब इस देश के बने हुए ऊनी, सूती और रेशमी कपड़ों के लिए प्रायः सारा यूरोप लालायित रहता था। पर ईस्ट इंडिया कम्पनी का प्रभुत्व इस देश में बढ़ते ही उसका ह्रास शुरू हो गया।" द्विवेदी जी के मन में किसानों के साथ-साथ कारीगरों के प्रति भी गहरी सहानुभूति है। इसलिए उन्होंने कारीगरों पर अंग्रेजों के अत्याचार का जगह-जगह ऐसा वर्णन और चित्रण किया है, जिसे पढ़कर दिल दहल जाता है। अगर लेखक के मन में जनता के प्रति सच्ची सहानुभूति हो तो अर्थशास्त्र की पुस्तक में भी मानवीय भावों को जगाने की क्षमता हो सकती है—यह सम्पत्तिशास्त्र को पढ़कर मालूम होता है।

आजकल इस देश में सारी दुनिया में मुक्त व्यापार और बाजार की व्यवस्था का बहुत शोर है। सम्पत्तिशास्त्र में एक पूरा अध्याय 'बन्धनरहित और बन्धन विहित व्यापार' पर है। उसमें अनेक बातें ऐसी हैं, जो आज भी काम की हैं। बन्धनरहित और बन्धनविहित व्यापार पर विस्तार से विचार करने के बाद महावीर प्रसाद द्विवेदी ने लिखा है कि, "बन्धनरहित व्यापार सब समय, सब देशों के लिए उपकारी नहीं हो सकता। इंग्लैंड से बढ़कर व्यापार-व्यवसाय करने वाला देश पृथ्वी की पीठ पर और कोई नहीं। फिर उसने हिन्दुस्तान के सम्बन्ध में बन्धनविहित व्यापार के नियमों का क्यों अनुसरण किया।" द्विवेदी जी की राय है कि "जिस देश में उद्योग-धन्धों की अवस्था अच्छी नहीं, जिसे व्यापार-व्यवसाय में अपने से अधिक उद्योगशील और व्यापार-वृद्ध देश का मुकाबला करना है, उसे कुछ काल के लिए व्यापार बन्धन जरूर करना चाहिए।" द्विवेदी जी की यह राय आज भी तीसरी दुनिया के अधिकांश देशों के लिए और विशेष रूप से भारत के लिए प्रासंगिक है।

सम्पत्तिशास्त्र में किसानों और कारीगरों के साथ मजदूरों की भी चिन्ता है और उनकी समस्याओं का विवेचन भी है। द्विवेदी जी ने मजदूर संगठनों की जरूरत, उद्योगों में मजदूरों की साझेदारी के महत्त्व और पूँजीपतियों के हित से मजदूरों के हित की टकराहट का विश्लेषण किया है। सम्पत्तिशास्त्र में मजदूरों की समस्याओं के बारे में सजगता है, तालाबन्दी की आलोचना भी है, लेकिन हड़ताल को वैसा खुला समर्थन नहीं है, जैसा माधवराव सप्रे के हड़ताल नामक लेख में है। द्विवेदी जी ने लिखा है कि ''जो लोग हड़ताल करके सर्वसाधारण को कष्ट पहुँचावें, उन्हें सख्त सजा मिलनी चाहिए।" इसमें कोई सन्देह नहीं कि हड़ताल के बारे में माधवराव सप्रे का दृष्टिकोण द्विवेदी जी से अधिक प्रगतिशील है।

भारत के स्वाधीनता आन्दोलन को कमजोर करने के लिए अँग्रेजों ने हिन्दुओं और मुसलमानों के बीच फूट डालने की हर सम्भव कोशिश की। इसी चाल के तहत मुसलमानी शासन काल को अन्याय, अत्याचार और अन्धकार का दौर साबित करने की कोशिश भी हुई। सखाराम गणेश देउस्कर ने 'देशेर कथा' में अंग्रेजी साम्राज्यवाद की इस चाल का विस्तार से पर्दाफाश किया। द्विवेदी जी ने सम्पत्तिशास्त्र में भी इस भ्रामक मान्यता का खण्डन किया है कि मुसलमानों के शासन काल में इस देश की सम्पत्ति का नाश हुआ। उनके अनुसार, किसी देश की सम्पत्ति घटने के तीन प्रमुख कारण हैं—प्राकृतिक, राजकीय और व्यापार विषयक। द्विवेदी जी जोर देकर कहते हैं कि मुसलमानी शासन में इन तीनों में से किसी कारण से देश की सम्पत्ति नहीं घटी। उन्होंने लिखा है कि "मुसलमानी राज्य में इस देश के व्यापार का उत्कर्ष ही रहा। कभी अपकर्ष नहीं हुआ। इस देश में अंग्रेजों के पधारते ही—उनकी सत्ता का सूत्रपात होते ही—यहाँ की स्थिति में फेरफार शुरू हो गया।'' कुछ दूसरे लोग यह समझते हैं कि अंग्रेजी राज भारत में पूँजीवाद के विकास में सहायक बना। सम्पत्तिशास्त्र में इस भ्रम का भी खण्डन है। द्विवेदी जी के अनुसार, उपनिवेशवादी सत्ता ने एक ओर जमींदार बनकर भारत की कृषि का नाश किया तो दूसरी ओर व्यापारी बनकर यहाँ के उद्योग-धन्धों का विनाश किया। भारत में अंग्रेजी राज के कारण किसान, दस्तकार तबाह हुए, मजदूर असहाय और पूँजीपति दलाल और पिछलग्गू बन गये।

सम्पत्तिशास्त्र के लेखक के चिन्तन का दायरा बहुत व्यापक है। उसमें साम्राज्यवाद के शिकार दूसरे देशों की शोषित जनता के दुःख-दर्द की भी चिन्ता है। सम्पत्तिशास्त्र में एक जगह हिन्दुस्तान और इटली की आर्थिक दशा की तुलना है। द्विवेदी जी ने लिखा है कि "जैसे हिन्दुस्तान देश है, वैसे ही इटली भी है।" द्विवेदी जी का यह वाक्य पढ़ते हुए कार्ल मार्क्स का एक प्रसिद्ध कथन याद आता है कि "हिन्दुस्तान एशिया का इटली है।" द्विवेदी जी ने केवल एक वाक्य में हिन्दुस्तान और इटली की तुलना ही नहीं की है, उन्होंने इटली के दक्षिणी भाग की आर्थिक दशा से उत्तरी भाग की आर्थिक दशा के अन्तर पर ध्यान देते हुए, भारत की आर्थिक दशा

से उसकी समानता की तुलना भी की है। महावीर प्रसाद द्विवेदी ने इटली के दक्षिणी भाग की आर्थिक दशा की जिन विशेषताओं की ओर संकेत किया है, उनमें से कुछ अन्टोनियो ग्राम्शी के 'दक्षिणी सवाल' नामक प्रसिद्ध लेख में भी हैं।

सम्पत्तिशास्त्र का प्रत्येक पाठक यह अनुभव करेगा कि यह सिर्फ अर्थशास्त्र की एक निरीह पुस्तक नहीं है। क्या अर्थशास्त्र की किसी किताब में रंगभेद की तीखी आलोचना होती है? सम्पत्तिशास्त्र में वह है। उसमें लिखा है कि "इस समय हजारों भारतवासी मारीशस, डमरारा, त्रिनिदाद, मालटा, नेटॉल, ट्रांसवाल और कनाडा में हैं। उनका आना-जाना बराबर जारी भी है।...परन्तु कुछ दिनों से गोरे चमड़े वालों ने इन्हें निकाल बाहर करने की ठानी है। ट्रांसवाल में भारतीयों पर जो अत्याचार हो रहा है, वह किसे नहीं मालूम? कनाडा में यहाँ वालों की जो बेइज्जती हो रही है, उसका वर्णन सुनकर किस भारतवासी का चित्त नहीं सन्तप्त होता? भारत गोरे, अधगोरे, लाल, कम लाल, काले सब तरह के चमड़े के आदमियों की बपौती है, पर भारत के आदमियों को कहीं अन्य देश में जाकर रहने का अधिकार नहीं है।" प्रायः अर्थशास्त्र की पुस्तकों में न यह दृष्टि मिलती है और न ऐसी प्रभावशाली भाषा। इस भाषा में जो प्राणवत्ता है, वह गहरे स्वदेश प्रेम और रंगभेद की अमानवीय प्रवृत्ति के विरुद्ध आक्रोश से पैदा हुई है।

सम्पत्तिशास्त्र विशेषज्ञों के लिए लिखी गयी पुस्तक नहीं है, इसलिए उसमें सरल बात को जटिल बनाकर कहने की जगह जटिल-से-जटिल बात को सरल-सहज रूप में कहने की कोशिश है। इस पुस्तक में अर्थशास्त्र के जटिल सिद्धान्तों को भी साधारण जनता की रोज-ब-रोज की जिन्दगी के परिचित उदाहरणों से समझाया गया है। सम्पत्तिशास्त्र की विश्लेषण-पद्धति, लेखन शैली और भाषा में एक तरह की संवादधर्मिता है, जो पाठकों को आकर्षित करती है, उन्हें आत्मीय बनाती है। सम्पत्तिशास्त्र 1908 ई. में छपा था लेकिन वह आज भी प्रासंगिक है—केवल ऐतिहासिक दृष्टि से नहीं, बल्कि अपनी साम्राज्यवाद विरोधी चेतना, स्वदेशी भावना और जनोन्मुखी दृष्टि की तेजस्विता के लिए आज सम्पत्तिशास्त्र को पढ़ना भारतीय समाज के एक अत्यन्त संघर्षशील और वैचारिक दृष्टि से उर्वर काल के जीवन्त दस्तावेज से गुजरना है।

‘देश की बात’ और स्वाधीनता का संकल्प

देवनारायण द्विवेदी की पुस्तक ‘देश की बात’ सन् 1923 में पहली बार छपी। उसका दूसरा संस्करण 1929 में प्रकाशित हुआ। ये दोनों मिर्जापुर से छपे थे। तीसरा संस्करण 1932 में कलकत्ता से प्रकाशित हुआ था, जिस पर सरकार ने प्रतिबन्ध लगा दिया। इसके पहले अंग्रेजी सरकार ने सखाराम गणेश देउस्कर की बांग्ला पुस्तक ‘देशेर कथा’ (1904) पर 1910 में और हिन्दी अनुवाद ‘देश की बात’ पर 1910 के बाद प्रतिबन्ध लगाया।

सखाराम गणेश देउस्कर की क्रान्तिकारी किताब ‘देशेर कथा’ बंगाल में जितनी लोकप्रिय थी उतनी ही लोकप्रियता उसके हिन्दी अनुवादों को हिन्दी क्षेत्र में मिली। हिन्दी में उसके दो अनुवाद छपे। पहला अनुवाद 1908 में बम्बई से निकला। अनुवादक थे माधव प्रसाद मिश्र और अमृतलाल चक्रवर्ती। दूसरा अनुवाद 1910 में कलकत्ते से छपा। अनुवादक थे हिन्दी के प्रसिद्ध पत्रकार बाबूराव विष्णु पराड़कर। हिन्दी क्षेत्र में देउस्कर जी की किताब का कितना प्रभाव था और उसके प्रति कितनी श्रद्धा थी, इसका अनुमान इस बात से लगाया जा सकता है कि जब देवनारायण द्विवेदी ने देश की बात नाम की किताब लिखी और छपवाई तब स्वयं को अपनी किताब का लेखक नहीं सम्पादक लिखा। इसीलिए आरम्भ में यह भ्रम बना रहा कि द्विवेदी जी की किताब देउस्कर जी की किताब का अनुवाद है इस भ्रम को पहले दूर किया प्रसिद्ध साप्ताहिक पत्र ‘कर्मवीर’ ने। 28 जुलाई 1923 के ‘कर्मवीर’ *में* ‘देश की बात’ की समीक्षा छपी। समीक्षक ने लिखा—“पहले तो मुझे यह जान पड़ा कि यह पुस्तक देउस्करजी की पुस्तक का ही अनुवाद या भावानुवाद है, किन्तु मेरी धारणा निर्मूल ठहरी। देश की बात जिस ढंग से लिखी गयी है, उसे देखकर निःसंकोच कहना पड़ता है कि लेखक को इसमें काफी सफलता मिली है।” बाद में 1 सितम्बर 1923 को ‘प्रभा’ पत्रिका में देश की बात की जो समीक्षा छपी वह इस प्रकार है—“पंडित देवनारायण द्विवेदी ने यह पुस्तक लिखकर हिन्दी का बड़ा ही उपकार किया है। इस पुस्तक को आपने बिल्कुल स्वतन्त्र रूप से लिखा है। फिर भी वह अपने को लेखक न लिखकर सम्पादक लिखते हैं। देउस्कर जी के प्रति

आपकी यह श्रद्धा सर्वथा स्तुत्य है। हमारी समझ से द्विवेदी जी इस पुस्तक के सम्पादक नहीं, लेखक हैं।"

देवनारायण द्विवेदी की पुस्तक के प्रथम संस्करण की भूमिका लिखी थी बालदत्त पांडेय ने। उस भूमिका में भी उन्होंने देउस्कर जी की पुस्तक से द्विवेदी जी की पुस्तक की भिन्नता पर प्रकाश डाला है। उन्होंने लिखा है कि "आज से करीब बीस वर्ष पहले स्वनाम धन्य पं. सखाराम गणेश देउस्कर महोदय ने 'देशेर कथा' नामी अमूल्य बांग्ला पुस्तक लिखकर देश को यह बतलाया था कि स्वर्णभूमि भारत की पहले क्या अवस्था थी और उसका सर्वापहरण करने में किन-किन घृणित उपायों का अवलम्बन किया गया था। उपर्युक्त पुस्तक के अविकल तथा स्वतन्त्र अनुवाद हिन्दी भाषा में भी निकले और उससे लोगों का यथेष्ट उपकार-साधन हुआ। पर देश इतने प्रबल वेग से आगे बढ़ रहा है कि उस समय की अवस्था से और अब की अवस्था में आकाश-पाताल का अन्तर हो गया है। उस समय नवोत्थित भारत के राष्ट्रीय संग्राम का उद्योग पर्व-मात्र था और आज हम अपने प्राणों की बाजी लगाये हुए स्वतन्त्रता संग्राम के मध्य में मेरुवत अचल खड़े हुए हैं। अतएव इस बात की परमावश्यकता थी कि देश की भूत, भविष्य तथा वर्तमान अवस्था पर पूर्णतया विचार करते हुए प्रगति सम्बन्धी प्रत्येक घटनाओं पर अच्छा प्रकाश डाला जाय, जिसमें उसका जीता-जागता चित्र सर्वसाधारण के हृदय-पटल पर अंकित होना सुलभ हो जाय।"

इस पुस्तक के आरम्भ में 'आर्त-पुकार' शीर्षक से श्यामसुन्दर खत्री की एक कविता है जिसमें पराधीन भारत की दुर्दशा और शोषण के कारण आम जनता की तबाही का चित्रात्मक वर्णन है। उस कविता का एक अंश इस प्रकार है—

प्रत्यक्ष काल ही है, दासत्वजाल क्या है;
यों कस दिया कि टस से मस हों—मजाल क्या है॥
बेकाम हाथ करके भी ओठ सी दिये हैं,
गति-हीन भी बनाकर पथ कंटकित किये हैं॥

हैं हाथ पर हिलाने की शक्ति छीन ली है,
है दृष्टि किन्तु वह भी अपने अधीन की है॥
छुट जाय दम भले ही अवकाश ले न सकते,
इच्छा-विरुद्ध उनकी हम साँस ले न सकते॥

करके विवश हमें यों निज पैंतरे बदलकर,
वे चूसते हमारा लोहू उछल-उछलकर॥
बेबस पड़े लहू के हम घूँट पी रहे हैं;
मुर्दे बने किसी विध मरघट में जी रहे हैं॥

चुपचाप भोगते हम वे दुःख कष्ट नाना;
है पाप छटपटाना, अपराध तिलमिलाना॥

आँसू कढ़े कि जानो बाजी तुरन्त आयी;
उफ की कि जीभ पल में जाती यहाँ खिंचाई॥

यद्यपि भारत में अंग्रेजी राज स्वतन्त्रता और लोकतन्त्र में अपने विश्वास की बात करता था, लेकिन वास्तव में भारत पर अपना नियन्त्रण बनाये रखने के लिए भारतीयों की अभिव्यक्ति की आजादी का दमन करना अपना कर्त्तव्य समझता था। सन् 1857 के बाद भारतीयों की स्वतन्त्रता की आकांक्षा और उसकी अभिव्यक्ति के विरुद्ध सरकारी दमन का अभियान क्रमशः कठोर और आतंककारी होता गया। सन् 1867, 1878, 1898, 1910 और 1930 में जो प्रेस और प्रकाशन सम्बन्धी कानून बने उनका लक्ष्य था भारत की भाषाओं में प्रकाशित पुस्तकों, पत्रिकाओं, अखबारों, परचों और दस्तावेजों पर पाबन्दी लगाना। इन कानूनों के.अन्तर्गत उन सभी पुस्तकों, पत्रिकाओं, निबन्धों, कविताओं, कहानियों और नाटकों पर पाबन्दी लगायी जाती थी जिनमें सन् 1857 के महाविद्रोह की तारीफ हो या अंग्रेजी राज द्वारा भारत की लूट और भारतीय जनता के दमन का ब्योरा हो या क्रान्तियों और क्रान्तिकारी आन्दोलन का समर्थन हो, या स्वाधीनता के लिए संघर्ष का आह्वान हो या समाजवाद या साम्यवाद की पक्षधरता हो या रूस की बोलशेविक क्रान्ति के साथ जुड़ाव व्यक्त किया गया हो या स्वतन्त्रता की आकांक्षा की अभिव्यक्ति हो या स्वतन्त्रता के लिए संघर्षों का इतिहास हो।

इन कानूनों में पाबन्दी और दमन का जाल कितना विशाल था यह जानने के लिए 1898 के कानून की एक धारा को पढ़ लेना उपयोगी होगा, जिसमें यह घोषणा की गयी थी कि "कोई भी व्यक्ति अगर लिखित या मौखिक शब्दों से, संकेतों से या दृश्यों के माध्यम से या अन्य किसी तरह से ब्रिटेन की महारानी या कानून से बनी भारत की ब्रिटिश सरकार के प्रति घृणा, अवमानना, अलगाव पैदा करता है या पैदा करने की कोशिश करता है तो उसको दंड दिया जाएगा।" इस धारा की व्याख्या में यह भी कहा गया है कि अलगाव में देशद्रोह और दुश्मनी के सभी भाव शामिल हैं। इस धारा में एक और सुधार करके वर्ग घृणा को फैलाने को भी दंडनीय अपराध बना दिया गया था। एक और सुधार के माध्यम से ऐसे बयानों को भी अपराध घोषित किया गया जिनसे अशान्ति फैले। इस धारा के लागू होने के बाद अंग्रेजी राज के खिलाफ या उसके बारे में या उसके विरुद्ध कुछ भी कहना, सुनना, लिखना या छपवाना सम्भव नहीं रहा। ऐसे कानूनों के अन्तर्गत 1907 से 1947 के बीच लगभग 1710 पुस्तकों, पत्रिकाओं और अखबारों पर पाबन्दी लगायी गयी। ये सारी सामग्री भारत के राष्ट्रीय अभिलेखागार, ब्रिटिश म्यूजियम और इंडिया ऑफिस लाइब्रेरी लन्दन में मौजूद है। ऐसे ही कानून के अन्तर्गत सखाराम गणेश देउस्कर की पुस्तक 'देशेर कथा', उसके हिन्दी अनुवाद और देवनारायण द्विवेदी की पुस्तक 'देश की बात' पर पाबन्दी लगायी गयी।

यहाँ मैं हिन्दी साहित्य के इतिहास लेखन की एक विडम्बना की ओर संकेत करना चाहता हूँ। यह देखकर बहुत आश्चर्य होता है कि हिन्दी साहित्य के किसी इतिहास में आधुनिक काल के अन्तर्गत अंग्रेजी राज के दौरान प्रतिबन्धित हिन्दी साहित्य का कोई उल्लेख नहीं मिलता। ऐसी स्थिति में उनके विश्लेषण और मूल्यांकन की उम्मीद कैसे की जाए। अंग्रेजी राज के दौरान दो तरह की पुस्तकों पर पाबन्दी लगी थी। उनमें कुछ वैचारिक थीं और कुछ सृजनात्मक। वैचारिक पुस्तकों में अधिकांशतः इतिहास, राजनीति और अर्थशास्त्र से सम्बन्धित थीं और सृजनात्मक के अन्तर्गत कविता, उपन्यास, कहानी और नाटक की पुस्तकें। अगर साहित्य का इतिहास किसी भाषा में मौजूद ज्ञान की दशा का आकलन है, जैसा कि एस जॉनसन ने कहा था, तो हिन्दी साहित्य के इतिहास में हिन्दी में लिखी गयी और प्रतिबन्धित इतिहास, राजनीति और अर्थशास्त्र की पुस्तकों पर विचार होना चाहिए। ऐसा करने के लिए हिन्दी साहित्य के इतिहास को हिन्दी वाङ्मय का इतिहास बनाना होगा जो वह अभी नहीं है। लेकिन जो लोग साहित्य का इतिहास लिखते समय या उसके बारे में सोचते समय इतिहास से अधिक महत्त्वपूर्ण साहित्य को मानते हैं वे भी उन कविताओं, उपन्यासों, कहानियों और नाटकों पर ध्यान नहीं देते जिन पर प्रतिबन्ध लगा था। उनके विश्लेषण और मूल्यांकन के बाद ही उनकी साहित्यिकता तय हो सकती है न कि अंग्रेजी राज की तरह उन्हें अवांछित मानकर उपेक्षित करने से। हिन्दी साहित्य के इतिहासों और कहीं-कहीं हिन्दी आलोचना में भी एक राष्ट्रीय साहित्य धारा की चर्चा होती है, पर उसमें कहीं प्रतिबन्धित रचनाओं के लिए कोई जगह नहीं होती। स्वाधीनता आन्दोलन के दौरान आन्दोलन के पक्ष में प्रेरणादायी साहित्य लिखने वालों को दोहरा दंड मिला है, अंग्रेजीराज ने उन रचनाओं पर प्रतिबन्ध लगाकर दंडित किया तो हिन्दी साहित्य के इतिहासकारों ने उन्हें उपेक्षा का दंड दिया है।

हिन्दी आलोचना में स्वाधीनता आन्दोलन और उससे सम्बद्ध प्रतिबन्धित साहित्य के विवेचन और उसके महत्त्व की पहचान का जो प्रयत्न हुआ है उस पर ध्यान देने पर यह मालूम होगा कि अभी क्या करना बाकी है। इस प्रसंग में सम्भवतः पहला प्रयत्न भगवानदास माहौर का है जिन्होंने अपने शोध प्रबन्ध 1857 के 'स्वाधीनता संग्राम का हिन्दी साहित्य *पर प्रभाव*' में प्रथम स्वाधीनता संग्राम से जुड़े हिन्दी साहित्य के विभिन्न रूपों और पक्षों का व्यवस्थित विश्लेषण और मूल्यांकन किया है। यह शोध प्रबन्ध 1976 में प्रकाशित हुआ और फोटो सहित सरदार भगत सिंह को समर्पित है। भगवानदास माहौर भगतसिंह के मित्र और सहयोगी थे। इस पुस्तक में 1857 के महाविद्रोह पर लिखे गये अप्रकाशित, प्रकाशित और प्रतिबन्धित रचनाओं का ब्योरा है। इसमें 1857 से सम्बन्धित हिन्दी के साथ ही उर्दू, मराठी, बांग्ला, गुजराती और अंग्रेजी पुस्तकों का उल्लेख है। भगवानदास माहौर की

आत्मीयता क्रान्तिकारी आन्दोलनों से है इसलिए उनसे सम्बन्धित साहित्य के विवेचन में गहरी सहानुभूति है।

भारत की स्वाधीनता से सम्बन्धित क्रान्तिकारी आन्दोलनों और जन आन्दोलनों के साथ हिन्दी और उसकी लोक भाषाओं में रचित साहित्य का सबसे विस्तृत और व्यवस्थित अध्ययन, विवेचन और मूल्यांकन डॉ. विश्वामित्र उपाध्याय ने किया है। उनकी पहली पुस्तक 'विदेशों में भारतीय क्रान्तिकारी आन्दोलन' दो भागों में 1986 में छपी, जिसमें भारत सहित दुनियाभर में फैले भारत की स्वाधीनता से सम्बन्धित प्रयत्नों और आन्दोलनों का विवेचन है। उनकी दूसरी पुस्तक 'भारतीय क्रान्तिकारी आन्दोलन और हिन्दी साहित्य' है जो 1989 में छपी। इसमें भारतीय क्रान्तिकारी आन्दोलन के इतिहास के साथ हिन्दी साहित्य की विभिन्न विधाओं पर उनके गहरे प्रभाव का विवेचन है। इस पुस्तक के एक अध्याय में प्रतिबन्धित हिन्दी साहित्य की राजनीतिक चेतना का भी मूल्यांकन है।

डॉ. विश्वामित्र उपाध्याय ने केवल हिन्दी, उर्दू और बांग्ला साहित्य पर क्रान्तिकारी स्वाधीनता आन्दोलनों के प्रभावों का ही विश्लेषण नहीं किया है; उन्होंने विभिन्न लोक भाषाओं के लोक गीतों में मौजूद क्रान्तिकारी चेतना का भी अध्ययन और मूल्यांकन किया है। उनका एक विशाल ग्रन्थ है 'लोकगीतों में क्रान्तिकारी चेतना', जो 1952 में पूरा हुआ था। यह ग्रन्थ सम्भवतः अप्रकाशित है। उसमें अंगिका, मैथिली, मगही, भोजपुरी, नागपुरी, अवधी, बुन्देली, बघेली, ब्रज कौरवी, छत्तीसगढ़ी, मालवी, निमाड़ी, गोंडी, गढ़वाली, कुमायूँनी, हिमाचली, हरियाणवी, राजस्थानी के साथ बांग्ला, उड़िया, पंजाबी, गुजराती, तमिल और मलयालम के लोकगीतों का भी अध्ययन है। 'लोक गीतों में क्रान्तिकारी चेतना' नाम की उनकी एक पुस्तक 1997 में प्रकाशित हुई है।

स्वाधीनता आन्दोलन के दौरान प्रतिबन्धित हिन्दी साहित्य की खोज, संग्रह और विवेचन के कुछ प्रयत्न पिछले वर्षों में हुए हैं। उनमें एक प्रयत्न रुस्तम राय का है जिनकी पुस्तक 'प्रतिबन्धित साहित्य' दो भागों में 1999 में प्रकाशित हुई थी। इसके पहले भाग में प्रतिबन्धित उपन्यास और कहानियाँ हैं और दूसरे भाग में कविताएँ। दूसरा प्रयत्न मदनलाल कान्त का है जिन्होंने स्वाधीनता संग्राम के क्रान्तिकारी साहित्य का इतिहास लिखा है जो 2006 में छपा है।

तीसरा महत्वपूर्ण प्रयत्न सत्येन्द्र कुमार तनेजा का है जिनकी पुस्तक 'सितम की इंतहा क्या है?' 2010 में प्रकाशित हुई है। इसमें एक तो 1916 से 1931 तक के प्रतिबन्धित हिन्दी के सात नाटकों का संग्रह है और दूसरे अंग्रेजी राज के दौरान भारत में लिखे गये और मंचित होने वाले नाटकों पर प्रतिबन्धों के इतिहास का सुव्यवस्थित विश्लेषण करने वाली भूमिका भी है। इसके परिशिष्ट एक में बांग्ला, गुजराती, मराठी, तेलुगु, कन्नड़ और उर्दू के प्रतिबन्धित नाटकों की सूची भी है। इस

पुस्तक में स्वाधीनता आन्दोलन और उसकी क्रान्तिकारी धारा से जुड़े प्रतिबन्धित साहित्य से सम्बन्धित ऐसी बहुत सी सूचनाएँ, जानकारियाँ हैं जो प्रतिबन्धित साहित्य पर विचार विमर्श में सहायक हैं।

मैं हिन्दी भाषा की एक और विडम्बना की ओर संकेत करना चाहता हूँ जिसका सम्बन्ध हिन्दी साहित्य से नहीं हिन्दी में समाज विज्ञान सम्बन्धी सोच और लेखन से है। आजकल हिन्दी अधिकांशतः साहित्य और पत्रकारिता की भाषा हो गयी है। उसमें समाज विज्ञान के विभिन्न विषयों से सम्बन्धित मौलिक और महत्त्वपूर्ण चिन्तन और लेखन बहुत कम है और जो है कुछ अपवादों को छोड़कर उल्लेख के लायक नहीं है। ऐसा नहीं है कि हिन्दी क्षेत्र में समाज विज्ञानों से जुड़े व्यक्ति नहीं हैं, पर जो हैं वे हिन्दी के बदले अंग्रेजी में लिखते हैं। ऐसा क्यों है? असल में जब से इस देश में भूमण्डलीकरण की आँधी आयी है तब से हिन्दी क्षेत्र के अधिकांश बुद्धिजीवी स्थानीय होने से पहले राष्ट्रीय बनना चाहते हैं और राष्ट्रीय बनने से पहले अन्तरराष्ट्रीय हो जाना चाहते हैं। यह केवल अंग्रेजी में बोलने और लिखने से हो सकता है, इसलिए वे अंग्रेजी में ही लिखते और बोलते हैं।

लेकिन स्वाधीनता आन्दोलन के समय हिन्दी क्षेत्र के बुद्धिजीवी ऐसा नहीं सोचते थे। वे अपने लेखन के माध्यम से अपने समाज को सजग, सचेत और प्रबुद्ध बनाना चाहते थे, इसलिए उन्होंने एक तो देशी और विदेशी भाषाओं के उपयोगी ज्ञान के साहित्य का अनुवाद किया और दूसरे स्वयं भारतीय समाज की वास्तविकताओं और आकांक्षाओं को समझने-समझाने में मदद करने वाली पुस्तकों का लेखन किया। पहली प्रक्रिया के अन्तर्गत माधव प्रसाद मिश्र और पराड़कर जी ने 'देशेर कथा' का हिन्दी में अनुवाद किया तो दूसरी ओर महावीर प्रसाद द्विवेदी ने जॉन स्टुवर्ड मिल की पुस्तक 'लिबर्टी' का 'स्वाधीनता' नाम से अनुवाद किया और रामचन्द्र शुक्ल ने अर्नस्ट हैकल की पुस्तक 'रिडिल ऑफ यूनिवर्स' का 'विश्व-प्रपंच' नाम से अनुवाद किया। प्रबोधन की इस प्रवृत्ति को अधिक व्यापक और गहरा उन लोगों ने बनाया जिन लोगों ने अर्थशास्त्र, राजनीतिशास्त्र और इतिहास की पुस्तकें हिन्दी में लिखीं। ऐसी पुस्तकें दो-चार नहीं अनेक हैं उनमें से अधिकांश किताबों में भारत की पराधीनता, उसके शोषण, उसकी लूट और उसके दमन का यथार्थ है और स्वाधीनता की आकांक्षा की अभिव्यक्ति भी, इसलिए अंग्रेजी राज ने उन पर प्रतिबन्ध लगा दिया। वे किताबें भारत और इग्लैण्ड के संग्रहालयों में पड़ी हैं। वे कुछ ऐसे लोगों के इन्तजार में हैं जो उनकी खोज करें ताकि स्वाधीनता आन्दोलन से जुड़े हिन्दी के बुद्धिजीवीयों के बौद्धिक प्रयत्न, ज्ञान और सोच से हिन्दी भाषी जनता परिचित हो सके। लेकिन ऐसा बहुत कम हो रहा है; क्योंकि हिन्दी क्षेत्र के समाज वैज्ञानिकों की ज्ञानयात्रा अंग्रेजी से अंग्रेजी तक सीमित है।

देवनारायण द्विवेदी की पुस्तक 'देश की बात' उन पुस्तकों में से एक है जिनमें

भारत की स्वाधीनता और लूट से उपजे आक्रोश का आवेग है और स्वाधीनता को पाने के लिए सर्वस्व न्यौछावर करने का आह्वान है। देवनारायण द्विवेदी ने अपनी पुस्तक के लगभग अन्त में लिखा है कि "अब भारत की स्वतन्त्रता का समय आ गया है। अतः देशवासियों को जी जान से पूर्ण स्वतन्त्रता प्राप्त करने के लिए तैयार हो जाना चाहिए। याद रहे, मर मिटना अच्छा है, पर गुलाम होकर जीवित रहना अच्छा नहीं।'' उन्होंने अपनी पुस्तक के उपसंहार में लिखा है कि "स्वराज्य प्राप्त करना ही हमारा पहला काम है चाहे वह जिस तरह प्राप्त हो।" उन्होंने भारतवासियों को सावधान करते हुए पुस्तक के अन्त में यह भी लिखा है कि "स्वराज्य दाल-भात का ग्रास नहीं है। इसकी प्राप्ति, सर्वस्व निछावर किये बिना नहीं होती।"

22 जुलाई 1853 के एक निबन्ध 'भारत में ब्रिटिशराज के भावी परिणाम' में कार्ल मार्क्स ने लिखा था कि "पूँजीवादी सभ्यता का अथाह पाखण्ड और उसकी जन्मजात बर्बरता खुले रूप में हमारे सामने है। वह सभ्यता स्वदेश में शालीन बनी रहती है, लेकिन उपनिवेशों में नंगा नाच करती है।" देवनारायण द्विवेदी की पुस्तक 'देश की बात' भारत में ब्रिटिश राज की लूट-खसोट और भारत की तबाही और बर्बादी का जो व्यवस्थित विवेचन करती है उससे मार्क्स का कथन सच साबित होता है।

पराधीनों की विजय यात्रा और इतिहास का भय

मुंशी नवजादिकलाल श्रीवास्तव की पुस्तक 'पराधीनों की विजय यात्रा' में संसार के छत्तीस पराधीन देशों के स्वतन्त्रता आन्दोलनों का इतिहास है। इस पुस्तक का पहला संस्करण 1934 ई. में छपा था। इसका दूसरा या तीसरा संस्करण 1937 में छपा, जिस पर अंग्रेजी राज ने प्रतिबन्ध लगा दिया। इस पर प्रतिबन्ध की सूचना एन. जेराल्ड बैरियर की किताब 'बैंड' में है, जिसमें 1907 से 1947 तक प्रतिबन्धित पुस्तकों, पुस्तिकाओं, दस्तावेजों आदि की सूची है। इस किताब में नवजादिकलाल श्रीवास्तव की प्रतिबन्धित पुस्तक के प्रकाशित होने का समय 1937 ई. दिया हुआ है।

अंग्रेजी राज में हिन्दी, उर्दू, हिन्दुस्तानी और दूसरी भारतीय भाषाओं की पुस्तकों और अन्य प्रकाशनों पर प्रतिबन्ध की प्रक्रिया 19वीं सदी में ही शुरू हो गयी थी, लेकिन वह अधिक कठोर और आतंककारी बनी 20वीं सदी के पहले दशक से, विशेष रूप से 1905 ई. के बंग-भंग के विरोध में विकसित स्वदेशी आन्दोलन के समय से। सन् 1907 से 1947 तक प्रतिबन्धित प्रकाशनों पर ध्यान दीजिए तो यह सच सामने आता है कि जिन प्रकाशनों में 1857 ई. के प्रथम भारतीय स्वाधीनता संग्राम की तारीफ होती थी या भारत की स्वतन्त्रता के लिए प्रयत्नों का ब्योरा होता था या किसी अन्य देश के स्वाधीनता आन्दोलन का इतिहास होता था, उन सब पर पाबन्दी लगा दी जाती थी। 1917 के बाद जिन प्रकाशनों में रूस की क्रान्ति, समाजवाद या साम्यवाद के पक्ष में कुछ भी होता था उस पर भी प्रतिबन्ध लगा दिया जाता था। भारत में देश की आजादी के लिए जो सशस्त्र क्रान्तिकारी आन्दोलन चल रहा था उसके समर्थन में लिखा और छपा हुआ साहित्य प्रतिबन्ध का शिकार होता था, इसीलिए प्रतिबन्धित प्रकाशनों में सबसे बड़ी सूची भगत सिंह पर छपी या उनके संगठन द्वारा प्रकाशित किताबों की है। बाद के समय में एक स्थिति ऐसी आयी कि अंग्रेजी राज के शोषण और दमन के बारे में सच लिखना अपराध मान लिया गया। यह देखकर किसी को भी आश्चर्य होगा कि 1907 से 1947 तक के काल में सबसे अधिक प्रतिबन्ध इतिहास की पुस्तकों पर लगा। यह विचारणीय प्रश्न है कि ऐसा क्यों हुआ?

असल में जो लोग भारत में अंग्रेजी राज के संचालक और रक्षक थे, वे इतिहास

के महत्त्व और प्रभाव से परिचित थे। वे जानते थे कि इतिहास के सच का असर कितना गहरा और दूरगामी होता है, इसीलिए वे इतिहास के सच से डरते थे। पंडित सुन्दरलाल की किताब 'भारत में अंगरेजी राज' पर प्रतिबन्ध की घटना से यह स्पष्ट होता है। उस प्रतिबन्ध की कहानी पंडित सुन्दरलाल के ही शब्दों में इस प्रकार है–

"पुस्तक का 2,000 प्रतियों का, पहला संस्करण 18 मार्च, 1929 को प्रकाशित हुआ। पुस्तक के लिखे जाने के दिनों में ही अंगरेज शासकों के बीच इतनी खलबली मच गयी थी कि इतनी बड़ी पुस्तक के प्रकाशन से पहले ही उसकी जब्ती का फैसला हो चुका था।

22 मार्च, 1929 को अंगरेज सरकार की ओर से जब्ती की आज्ञा लेकर पुलिस प्रकाशक के दफ्तर में पहुँच गयी। इस बीच तीन दिन के अन्दर किसी तरह 1,700 किताबें एक बार ग्राहकों के पास पहुँचा दी गयी थीं। बाकी करीब 300 किताबें सरकार ने रेल या डाकखाने में जब्त कर लीं। इन 1,700 के लिए भी ग्राहकों के पते लगा-लगा कर हिन्दोस्तान-भर में सैकड़ों तलाशियाँ ली गयीं, जिनमें अनेक पुस्तकें पुलिस के हाथ लग गयीं। इस जब्ती और इन तलाशियों के खिलाफ देश-भर के लगभग सब समाचारपत्रों और प्रमुख नेताओं ने अपनी आवाज उठाई। महात्मा गाँधी ने 'यंग इंडिया' में इस जब्ती को "दिनदहाड़े डाका' बताया और देशवासियों को खुली सलाह दी कि वे तलाशी के अपमान को सह लें।"

(भारत में अंगरेजी राज की भूमिका से)

अपनी पुस्तक की भूमिका के लगभग अन्त में सुन्दरलाल ने लिखा है, ''इस पुस्तक की जब्ती के विरुद्ध इलाहाबाद हाईकोर्ट में जब मुकदमा चल रहा था, तब मेरे वकील सर तेजबहादुर सप्रू ने अदालत में यह कहा था कि पुस्तक के अन्दर एक भी घटना ऐसी बयान नहीं की गयी है, जिसकी सच्चाई के बारे में किसी तरह का कोई प्रश्न उठ सके। सरकारी वकील श्री बाजपेयी ने सर तेजबहादुर सप्रू के इस कथन की सच्चाई को स्वीकार किया और अदालत से कहा कि "चूँकि इस पुस्तक की सारी बातें सच्ची हैं, इसीलिए यह अधिक खतरनाक है।" तात्पर्य यह है कि अंगरेजी राज के लिए सच खतरनाक था, इतिहास का सच और भी अधिक खतरनाक था, इसीलिए ऐतिहासिक सच कहने वाली इतिहास की पुस्तकों पर पाबन्दी आवश्यक थी।

20वीं सदी के आरम्भिक 3-4 दशकों में अंगरेजी राज द्वारा भारत में प्रतिबन्धित पुस्तकों पर ध्यान दीजिए तो यह स्पष्ट होगा कि उनमें से अधिकांश पुस्तकें इतिहास की हैं। जिन पुस्तकों में भारतीय राष्ट्रवाद के इतिहास, 1857 के महाविद्रोह या अन्य देशों की क्रान्तियों के इतिहास से सम्बन्धित सामग्री होती थी उन पर तत्काल पाबन्दी लगा दी जाती थी। विभिन्न बन्दरगाहों पर आयरलैण्ड, मिस्र और चीन के राष्ट्रीय आन्दोलनों से सम्बन्धित पुस्तकें जब्त की जाती थीं। एशियाई राष्ट्रवाद और

क्रान्ति की बात करना खतरनाक माना जाता था। उन पुस्तकों पर भी पाबन्दी लगायी जाती थी जिनमें अंगरेजी राज द्वारा भारत के शोषण का इतिहास होता था। यही नहीं पश्चिम की सभ्यता और ईसाई धर्म की आलोचना करने वाली किताबों पर भी पाबन्दी लगायी जाती थी। ऐसी किताबों पर पाबन्दी का कारण यह था कि शासकों की सांस्कृतिक परम्पराओं पर प्रश्न उठाने का अर्थ था उनकी श्रेष्ठता, उदारता और वैधता पर प्रश्न उठाना। 1930 के आस-पास भारत के स्वाधीनता आन्दोलन में तेजी आयी, उसके परिणामस्वरूप स्वाधीनता की भावना जगाने वाले चिन्तन और लेखन का भी ज्वार आया और उसके साथ ही प्रतिबन्धों का अभियान भी उग्र हुआ।

भारत के स्वाधीनता आन्दोलन का एक अन्तरराष्ट्रीय सन्दर्भ भी था। अनेक भारतीय दुनिया के विभिन्न देशों में रहते हुए भारत की स्वाधीनता के लिए अनेक रूपों में सक्रिय थे। लन्दन में श्यामजी कृष्ण वर्मा 'द इण्डियन सोशियोलाजिस्ट' नामक पत्रिका निकालते थे जिसमें भारत के अंग्रेजी राज के खिलाफ लेख छपते थे। पेरिस में मादाम भीकाजी कामा भारत की स्वाधीनता की आन्दोलन को गति और शक्ति प्रदान करने के लिए 'वन्दे मातरम' नाम की पत्रिका निकालती थीं। न्यूयार्क में कुछ संगठन भारत की स्वाधीनता के पक्ष में क्रियाशील थे। अमेरिका में प्रवासी पंजाबी 'द आर्यन' और 'स्वदेश सेवक' नाम के पत्र निकालते थे। वहीं लाला हरदयाल की गदर पार्टी की क्रान्तिकारी गतिविधियाँ चल रही थीं, जो 1857 के महाविद्रोह की चेतना से जुड़ी हुई थी। वहाँ से 'गदर' नाम का उर्दू अखबार भी निकलता था। उस अखबार की नीति को जानने के लिए उसके पहले अंक में प्रकाशित क्रान्तिकारी करतार सिंह सराभा की कविता पढ़िए जो इस प्रकार है:

जो पूछे कि कौन हो तुम,
तो कह दो बागी है नाम अपना।
जुल्म मिटाना हमारा पेशा,
गदर करना है काम अपना।
नमाज संध्या यही हमारी,
श्री पाठ पूजा भी सब यही है।
धरम करम सब यही है प्यारो,
यही खुदा और है राम अपना।

वहीं से 1914 में 'गदर दी गूँज' नामक पंजाबी कविता का संग्रह छपा। गदर पार्टी की गतिविधियाँ अमेरिका और एशिया के अनेक देशों में फैली हुई थीं।

इन सब पत्र-पत्रिकाओं, संगठनों, उनसे जुड़े व्यक्तियों और उनकी गतिविधियों पर अंग्रेजी राज की कड़ी नजर थी। उनके प्रकाशनों के भारत पहुँचने पर उन्हें जब्ती और पाबन्दी का सामना करना पड़ता था। विदेशों में काम करने वाले भारतीय क्रान्तिकारी अंग्रेजी राज की जब्ती और पाबन्दियों से बचने के लिए तरह-तरह के

तरीके अपनाते थे। वे कभी-कभी अंग्रेजी के लोकप्रिय उपन्यासों के साथ सी कर क्रान्तिकारी सामग्री भेजते थे।

रूस की बोलशेविक क्रान्ति का भारत के मुक्ति संग्राम पर गहरा असर पड़ा। उस असर से भारत के स्वाधीनता आन्दोलन का चरित्र बदला। उसमें किसानों और मजदूरों की हिस्सेदारी के साथ उनकी माँगें भी जुड़ीं और उनमें मुक्ति की आकाँक्षाएँ पैदा हुईं। इन आकांक्षाओं को प्रेमचन्द ने पहचाना। उनके उपन्यास 'प्रेमाश्रम' में नयी पीढ़ी का प्रतिनिधि बलराज कहता है—"तुम लोग तो ऐसी हँसी उड़ाते हो, जानो काश्तकार कुछ होता ही नहीं। वह जमींदार की बेगार ही भरने में लिए बनाया गया है। लेकिन मेरे पास जो पत्र आता है, उसमें लिखा है कि रूस में काश्तकारों का ही राज है, वह जो चाहते हैं करते हैं। उसी के पास कोई देश बलगारी है। वहाँ अभी हाल की बात है, काश्तकारों ने राजा को गद्दी से उतार दिया है और अब किसानों और मजदूरों की पंचायत राज करती है।"

हिन्दी की अनेक पत्र-पत्रिकाओं ने रूसी क्रान्ति का स्वागत किया और उसे भारत की स्वाधीनता के लिए मददगार माना। उन पत्रिकाओं में प्रमुख हैं 'मर्यादा', 'प्रताप', 'अवधवासी', 'भारतवासी', 'भविष्य', 'शक्ति', 'प्रहलाद', 'प्रभाकर', 'मतवाला', 'अभ्युदय' आदि। इन सब ने रूसी क्रान्ति और उसकी विचारधारा को भारत की स्वाधीनता और उसके भावी स्वरूप से जोड़कर देखा। कानपुर से प्रकाशित होने वाले 'संसार' में दिसम्बर 1919 के अंक में लिखा था—"बोल्शेविज्म सामाजिक अन्याय का शत्रु है। वे ही लोग इसका विरोध करते हैं जो दूसरों को अपने अधीन रखना चाहते हैं और अन्य देशों से व्यापार करके मोटे मुनाफे कमाना चाहते हैं। और वर्तमान पूँजीवादी समाज में मौजूद असमानता को कायम रखना चाहते हैं।" यह सब देखकर भारत की अंग्रेजी सरकार बहुत परेशान हुई। वह भारतीय जनता के बीच समाजवाद और रूसी क्रान्ति के विचारों के प्रचार-प्रसार से भयभीत थी और बौखलायी हुई थी। इसलिए वह ऐसे प्रभावों से देशभक्तों को हर कीमत पर दूर रखने के लिए कोशिश कर रही थी। उसने साम्यवादी साहित्य को भारत पहुँचने से रोकने के लिए एक विशेष डाक व्यवस्था का घेरा बनाया था। ऐसे सभी प्रकाशनों पर तत्काल पाबन्दी लगा दी जाती थी। साम्यवाद के प्रभाव को मिटाने के लिए ही साम्यवादी नेताओं पर कानपुर षड्यन्त्र और मेरठ षड्यन्त्र के मुकदमे चलाये गये।

अन्तोनियो ग्राम्शी ने लिखा है कि इतिहास हमेशा समकालीन होता है, अर्थात् राजनीतिक होता है। भारतीय नवजागरण की एक विशेषता नयी इतिहास-दृष्टि का विकास भी है। उपनिवेशवाद किसी देश के भूगोल पर ही कब्जा नहीं करता, वह उस देश के इतिहास और इतिहास-दृष्टि का भी उपनिवेशीकरण करता है। और इसी प्रक्रिया में अधीनों की चेतना को तोड़-मरोड़कर अपने अनुकूल बनाता है। भारतीय नवजागरण के दौरान भारत में जो इतिहास-दृष्टि निर्मित और विकसित हुई वह

जानती थी कि मनुष्य जाति की प्रगति का मार्गदर्शक है इतिहास। उस इतिहास-दृष्टि के दो लक्ष्य थे। एक तो उपनिवेशवाद द्वारा भारत के इतिहास को विकृत करने के प्रयत्नों से अपने देश के इतिहास की मुक्ति की चिन्ता और दूसरे इतिहास की मुक्तिधर्मी चेतना का विकास। इन्हीं दोनों लक्ष्यों को ध्यान में रखकर अनेक प्रकार के इतिहास लेखन के काम हिन्दी और अन्य भारतीय भाषाओं में हुए, जिनमें से कुछ पर अंग्रेजी राज ने पाबन्दी लगा दी।

हिन्दी में इतिहास बोध को व्यवस्थित रूप से विकसित करने के प्रयत्न का प्रारम्भ माधवराव सप्रे ने किया। उन्होंने 1906 में एक पुस्तिका लिखी थी जिसका नाम था 'स्वदेशी आन्दोलन और बॉयकाट' उस पर अंग्रेजी सरकार ने पाबन्दी लगा दी। इस पुस्तिका में सप्रे जी की यह मान्यता है कि "दुनिया के सच्चे माने गये इतिहास में ऐसा एक भी उदाहरण नहीं है, जो इस बात को सिद्ध करता हो कि किसी एक राष्ट्र ने (किसी एक जाति ने) अन्य राष्ट्र को (अन्य जाति को) दासत्व की शृंखला में ऐसा जकड़कर बाँधा कि वह बन्धन कभी ढीला हुआ ही नहीं।" इसी मान्यता को नवजादिकलाल श्रीवास्तव की पुस्तक 'पराधीनों की विजय यात्रा' सच साबित करती है, इसीलिए वह प्रतिबन्ध का शिकार हुई। यही इतिहास-दृष्टि भारत के स्वाधीनता आन्दोलन को शक्ति और गति प्रदान कर रही थी। माधवराव सप्रे ने 'स्वदेशी आन्दोलन और बायकॉट' में अमेरिका, चीन, आयरलैंड और इटली के स्वाधीनता आन्दोलनों के इतिहास का उदाहरण पेश करते हुए विदेशी वस्तुओं के बायकॉट की जरूरत और महत्त्व को स्पष्ट किया था। यही नहीं, उन्होंने रूस और जापान का उदाहरण देकर भारत के युवा वर्ग को, विशेष रूप से विद्यार्थियों को स्वाधीनता आन्दोलन में शामिल होने की सलाह दी थी।

माधवराव सप्रे ने 1913 में योरोप के इतिहास से सीखने योग्य बातें शीर्षक से लगातार छः निबन्ध लिखे थे जो 'सरस्वती' पत्रिका में छपे थे। इस निबन्धमाला के मूल में यह मान्यता है कि "मनुष्य जाति की ख्याति के लिए इतिहास के समान कोई और शिक्षक नहीं है।" इस निबन्धमाला में उन्होंने ग्रीस के इतिहास से राष्ट्रीय एकता का बोध अर्जित करने, रोम के इतिहास से भारतीय समाज में फैले जातिगत भेदभाव को त्याग देने और स्वार्थ की चिन्ता से मुक्त होने की सीख लेने की सलाह दी है। इंग्लैंड की राज्य क्रान्ति का इतिहास प्रस्तुत करते हुए सप्रे जी ने कहा है कि स्वाधीनता और लोकतन्त्र को पाने के लिए क्रान्तिकारी प्रयत्न की जरूरत होती है। फ्रांस की राज्य क्रान्ति के विश्लेषण के बाद सप्रे जी ने स्वतन्त्रता, समता और बन्धुता के मूल्यों को राजनीतिक और सामाजिक दृष्टि से महत्त्वपूर्ण माना है। माधवराव सप्रे ने इटालियन देशभक्त मेजिनी पर एक लेख 1907 में लिखा था। इसमें सप्रे जी ने मेजिनी की इस मान्यता को दोहराया है कि सभी मनुष्यों को कुछ हक ईश्वर की तरफ से मिले हुए हैं, उन्हीं में स्वराज्य और स्वाधीनता के हक भी हैं। सप्रे जी ने प्रजातन्त्र को सर्वोत्तम व्यवस्था

मानने वाली मेजिनी की धारणा का भी समर्थन किया। इस तरह माधवराव सप्रे ने हिन्दी भाषी जनता की इतिहास चेतना को स्वाधीनता आन्दोलन के अनुकूल बनाने की कोशिश की।

नवजादिकलाल श्रीवास्तव की पुस्तक 'पराधीनों की विजय यात्रा' में अनेक पराधीन देशों के स्वाधीनता संग्राम के इतिहास का इस ढंग से विवेचन किया गया है कि वह भारतीय स्वाधीनता आन्दोलन के लिए प्रेरणादायक साबित हो। इस पुस्तक में इतिहास, राजनीति और साहित्य का समन्वय है। इसमें जितना इतिहस है उससे अधिक राजनीति है और इन दोनों के साथ साहित्य है। इसकी तथ्यपरकता में इतिहास है, व्याख्याओं में राजनीति है और इन दोनों के प्रस्तुतीकरण की भाषा में साहित्य है। इसमें चाहे अमेरिका के स्वाधीनता संघर्ष पर निबन्ध देखिए या रूस के क्रान्तिकारी आन्दोलन का विवेचन या फिर भारत के स्वाधीनता आन्दोलन के उदय, उत्थान और विस्तार पर विचार, आपको सर्वत्र इतिहास, राजनीति और साहित्य का संयोग दिखाई देगा।

क्या आपने 'वज्र-सूची' का नाम सुना है?

'वज्र-सूची' अश्वघोष की रचना है, अश्वघोष का समय पचास ई.पू. से पचास ई. तक माना गया है। इस तरह वे आदिकवि वाल्मीकि के परवर्ती और कालिदास के पूर्ववर्ती हैं। अश्वघोष केवल महान कवि और नाटककार ही नहीं हैं, वे बौद्ध दर्शन की तेजस्वी आलोचनात्मक चेतना की परम्परा के प्रवर्तक और क्रान्तिकारी सामाजिक चिन्तक भी हैं।

अश्वघोष की अनुपम सर्जनात्मक प्रतिभा का प्रमाण 'बुद्धचरित' और 'सौन्दरनन्द' जैसे 'महाकाव्यों' में मिलता है। ये 'महाभारत' और 'रामायण' जैसे विकसनशील महाकाव्यों से अलग हैं। उनसे संस्कृत में कलात्मक महाकाव्यों की परम्परा प्रारम्भ होती है। महाकाव्य के साथ-साथ गीत और संगीत की रचना में अश्वघोष की कुशलता 'गण्डी स्तोत्र गाथा' नामक गेय कविता में मिलती है, जिसके गायन की लोकप्रियता का उल्लेख प्रसिद्ध चीनी यात्री इत्सिंग ने किया है। अश्वघोष संस्कृत के आरम्भिक नाटककारों में सबसे प्रमुख हैं। उनके तीन नाटकों की खंडित पांडुलिपियों को प्रो. त्युड्से ने गोबी के रेगिस्तान में स्थित तुरफान नामक स्थान से खोज निकाला। इनमें पहला नाटक 'शारिपुत्र प्रकरण' है। यह नाटक कई रूपों में 'मृच्छकटिक' का पूर्वाभास देता है। दूसरा प्रतीक नाटक है, क्योंकि उसमें कीर्ति, धृति, बुद्धि आदि पात्र हैं। तीसरा नाटक 'शारिपुत्र प्रकरण' से काफी मिलता-जुलता है। इन तीनों के अतिरिक्त अश्वघोष के दो और नाटकों का उल्लेख मिलता है। 'राष्ट्रपाल' नामक नाटक की चर्चा सिलवॉ लेवी और राहुल सांकृत्यायन ने की है। उनके 'उर्वशी वियोग' नामक नाटक का उल्लेख राहुल जी की प्रसिद्ध कहानी 'प्रभा' में है। इन काव्यों और नाटकों के साथ अवदान और जातक की शैली में लिखा हुआ उनका 'सूत्रालंकार' *नामक* एक कथाकाव्य भी है। अश्वघोष की अत्यन्त प्रसिद्ध दार्शनिक कृति है 'महायान श्रद्धोत्पाद', जिसमें विज्ञानवाद और शून्यवाद का विवेचन है।

'वज्र-सूची' को छोड़कर अश्वघोष की कोई रचना मूल संस्कृत रूप में उपलब्ध नहीं है, *महायान श्रद्धोत्पाद* का केवल चीनी अनुवाद मिलता है। *'सूत्रालंकार'* का चीनी में अनुवाद कुमार जीव ने 405 ई. में किया था। अब वह केवल चीनी अनुवाद

में ही उपलब्ध है या फिर चीनी से जापानी और फ्रांसीसी अनुवाद के रूप में। 'गंडीस्तोत्र गाथा' का चीनी प्रतिलिपि के आधार पर संस्कृत रूप मिला है। 'बुद्धचरित' भी अपूर्णरूप में ही प्राप्त है। यह कुल अट्ठाईस सर्गों का महाकाव्य है लेकिन संस्कृत में केवल आरम्भ के चौदह सर्ग ही मिलते हैं। 'सौन्दरनन्द' की जो दो प्राचीन हस्तलिखित प्रतियाँ मिलती हैं; वे नेपाल में हैं।

अश्वघोष की कृतियाँ कभी इस देश में अत्यन्त लोकप्रिय थीं। फिर धीरे-धीरे वे यहाँ से गायब हो गयीं। कृतियों के गायब होने की यह प्रक्रिया केवल अश्वघोष तक सीमित नहीं रही है। इसके शिकार दूसरे बौद्ध दार्शनिक और कवि भी हुए हैं। नागार्जुन, आर्यदेव, असंग, बसुबन्धु, दीङ नाग, धर्म कीर्ति, शान्तिदेव आदि की अधिकांश रचनाएँ इस देश से गायब हो गयीं, और अब उनका केवल तिब्बती, चीनी जापानी, अनुवाद ही उपलब्ध है या फिर अनुवादों अथवा प्रतिलिपियों के आधार पर उनका पुनर्निर्मित रूप। अगर इन कृतियों का चीनी और तिब्बती में अनुवाद नहीं होता तो भारत के साहित्य और दर्शन के इतिहास में अश्वघोष और दूसरे कवियों तथा दार्शनिकों का नाम लेने वाला भी कोई नहीं होता। आखिर ऐसा क्यों और कैसे हुआ? क्या यह केवल बौद्ध परम्परा की रचनाओं के साथ हुआ है या अन्य धार्मिक-दार्शनिक विचारकों की रचनाओं के साथ भी? बौद्धों के अतिरिक्त चार्वाक, आजीवक और अन्य अनेक भौतिकवादी-अनात्मवादी विचारकों की रचनाएँ भी अब इस देश में नहीं मिलतीं। तिब्बती और चीनी अनुवादों तथा प्रतिलिपियों के सहारे बौद्ध-दर्शन और साहित्य की अनेक कृतियों का ज्ञान तथा पुनर्निर्माण सम्भव हुआ है, लेकिन चार्वाक, आजीवक आदि के विचारों को जानने के लिए उनके विरोधियों के शब्दों के सिवाय और कोई साधन नहीं है। यह भारतीय समाज के विचारों के इतिहास की एक ऐसी विडम्बना है; जिसकी उपेक्षा करके उस इतिहास के अन्तर्विरोधों की पहचान सम्भव नहीं है।

भारतीय समाज और संस्कृत के इतिहास में वैदिक-पौराणिक परम्परा की केन्द्रीय स्थिति और प्रभुत्ववादी भूमिका रही है। लेकिन समय-समय पर उसको चुनौती देनेवाले विचारक भी पैदा होते रहे हैं। वैदिक-पौराणिक विचारधारा की आलोचना चार्वाक, आजीवक और दूसरे भौतिकवादी-अनात्मवादी विचारक करते रहे हैं। लेकिन वैदिक-पौराणिक विचारधारा और उसके आधार पर निर्मित सामाजिक व्यवस्था की सबसे अधिक मूलगामी, समग्र और उग्र आलोचना बौद्ध दार्शनिकों ने की है। बौद्धों ने वैदिक-पौराणिक परम्परा की केवल आलोचना ही नहीं की है, उसके विकल्प के रूप में नयी विचारधारा का विकास भी किया है। यही कारण है कि बौद्धों से वैदिक-पौराणिक परम्परा के प्रतिनिधियों का संघर्ष केवल विचारधारात्मक नहीं रहा है। वह कभी-कभी आलोचना के अस्त्रों की टकराहट से आगे बढ़कर सशस्त्र संघर्ष तक जा पहुँचा है। ऐसी स्थिति में अगर वैदिक-पौराणिक परम्परा के प्रतिनिधियों

द्वारा विरोधी विचारोंवाली रचनाओं का अस्तित्व मिटा देने की कोशिश हो तो क्या आश्चर्य!

प्रायः वैदिक-पौराणिक परम्परा के प्रतिनिधि अपने विरोधी और विकल्पी विचारों के साथ जो व्यवहार करते रहे हैं, उसकी प्रक्रिया ध्यान देने लायक है। इस प्रक्रिया में सबसे पहले विरोधी विचार का उग्र विरोध होता है। अगर वह विरोध के बाद भी नष्ट नहीं होता तो उसे विकृत करके बदनाम करने की कोशिश होती है। इसके बाद भी यदि विरोधी विचार जीवित रहता है, तो उसके विरोध की धार की तेजी को नष्ट करके अपने भीतर समेट लेने का प्रयत्न चलता है। विरोध विकृति और समाहार की इस सर्वग्रासी प्रक्रिया का शिकार चार्वाक, आजीवक और बौद्ध ही नहीं, कबीर जैसे कवि भी हो चुके हैं। वैदिक-पौराणिक परम्परा की यह प्रवृत्ति इस देश में आलोचना की संस्कृति का स्वभाव बन गयी है।

आज भी जो लोग वैदिक-पौराणिक परम्परा को ही भारतीयता के स्वत्व का सार समझते हैं, वे बाकी सभी नयी-पुरानी परम्पराओं को परायी या अन्य मानकर खारिज कर देते हैं। और तो और मार्क्सवाद के भारतीयकरण पर भी इस प्रवृत्ति की गहरी छाया है। जब डॉ. रामविलास शर्मा कहते हैं कि "संस्कृत साहित्य, सब नहीं तो अधिकांश, हमारा राष्ट्रीय साहित्य है" और यह भी कि "महाभारत और पुराण भारतीय राष्ट्रीयता के आदिस्रोत हैं" तब वे बौद्ध-साहित्य को भारत के राष्ट्रीय साहित्य में शामिल नहीं करते, यही नहीं, डॉ. रामविलास शर्मा के अनुसार वाल्मीकि और व्यास की एक उपलब्धि है बौद्ध मत को निर्मूल करना। आश्चर्य की बात तो यह है कि जो लोग संस्कृत को भारतीय संस्कृति का पर्याय मानते हैं, वे भी संस्कृत में लिखे बौद्ध साहित्य को अपनी परम्परा से बाहर रखते हैं। क्या परम्परा की इस छँटाई में संकीर्ण सांस्कृतिक दृष्टि के साथ-साथ धार्मिक विद्वेष भी सक्रिय नहीं है?

'वज्र-सूची' अश्वघोष की ऐसी रचना है जो संयोगवश मूल और पूर्णरूप में प्राप्त है। कुछ लोग इसे अश्वघोष की रचना नहीं मानते, लेकिन अधिकतर विद्वानों की राय में 'वज्र-सूची' अश्वघोष की रचना है। 19वीं सदी के तीसरे दशक से अब तक विभिन्न भारतीय और यूरोपीय भाषाओं में 'वज्र-सूची' के अनेक अनुवाद छपे हैं। उन सभी अनुवादकों के अनुसार यह अश्वघोष की ही रचना है। लोकमान्य तिलक, राजेन्द्र लाल मित्र, राहुल सांकृत्यायन और हजारी प्रसाद द्विवेदी भी 'वज्र-सूची' को अश्वघोष की रचना मानते हैं। हिन्दी में इसका जो एकमात्र अनुवाद उपलब्ध है, उसकी भूमिका में अनुवादक रामायण प्रसाद द्विवेदी ने अनेक तथ्यों और तर्कों के सहारे इसे अश्वघोष की रचना सिद्ध किया है। वज्र-सूची का पहला श्लोक और अन्तिम वाक्य दोनों कह रहे हैं कि वह अश्वघोष की ही कृति है।

वज्र-सूची के साथ कभी-कभी वज्र-सूची *उपनिषद्* की चर्चा होती है। कुछ लोगों का अनुमान है कि अश्वघोष की वज्र-सूची, वज्र-सूची उपनिषद् की टीका है। लेकिन

यह अनुमान ही है, वास्तविकता नहीं, क्योंकि दोनों की रचना सम्बन्धी दृष्टि, पद्धति और प्रयोजन में कोई मेल नहीं है, बल्कि स्पष्ट विरोध है। अश्वघोष की रचना के पीछे गौतम बुद्ध के समतावादी और वर्ण-विरोधी विचारों की प्रेरणा है, जबकि वज्र-सूची उपनिषद् वैदिक-पौराणिक परम्परा का पोषक है। अश्वघोष की वज्र-सूची का लक्ष्य है ब्राह्मण और ब्राह्मणवाद पर उग्र आक्रमण, जबकि वज्र-सूची उपनिषद् में घुमा-फिराकर ब्राह्मणवाद की रक्षा की गयी है। डॉ. रूपा कुलकर्णी ने मराठी में वज्र-सूची का अनुवाद किया है और साथ में उसके महत्त्व का विस्तार से विवेचन भी। उन्होंने वज्र-सूची से वज्र-सूची उपनिषद् की तुलना करते हुए ठीक ही लिखा है कि वर्ण व्यवस्था के विरुद्ध अश्वघोष की वज्र-सूची के बढ़ते हुए प्रभाव को मिटाने और ब्राह्मणवाद को बचाने के लिए बहुत बाद के समय में वज्र-सूची उपनिषद् की रचना हुई लगती है।

आखिर वज्र-सूची में ऐसा क्या है, जो एक ओर वर्ण-व्यवस्था तथा जातिप्रथा के समर्थकों को बेचैन करता है तो दूसरी ओर वर्ण तथा जाति की व्यवस्था के विरुद्ध संघर्ष करने वाले को प्रेरणा और शक्ति देता है। प्राचीन भारतीय साहित्य में वज्र-सूची सम्भवतः पहली ऐसी रचना है, जिसमें वर्णभेद तथा जातिभेद पर टिकी व्यवस्था, उस व्यवस्था के नियामक-संचालक ब्राह्मण वर्ण, उनकी विचारधारा और उस विचारधारा के पाखण्ड का पर्दाफाश किया गया है।

आइए, पहले हम वज्र-सूची के भीतर झाँककर देखें कि उसमें क्या है? यह छोटी-सी रचना है, जिसमें कुल तिरपन श्लोक हैं और लगभग चालीस गद्य खण्ड। इसमें अश्वघोष के लिखे श्लोक कम ही हैं। उन्होंने अपनी बात गद्य में कही है और उसके समर्थन के लिए प्रमाण के रूप में वेद, स्मृति और सबसे अधिक महाभारत के कथनों को उद्धृत किया है। इस पद्धति के प्रयोजन पर ध्यान देना जरूरी है। वर्ण-व्यवस्था के नियामक-संचालक ब्राह्मण जातिभेद को बनाये रखने और शूद्रों पर तरह-तरह के अत्याचार करने के लिए जिन ग्रन्थों का सहारा लेते रहे हैं, उन्हीं ग्रन्थों से वर्ण और जाति के भेद का खण्डन करने वाले कथनों को सामने लाकर अश्वघोष ने ब्राह्मणों को यह चुनौती दी है कि या तो वेद, स्मृति और महाभारत के इन कथनों को प्रमाण मानते हुए वर्णभेद तथा जातिभेद को तोड़ो या फिर इन ग्रन्थों की पवित्रता और प्रामाणिकता का आग्रह छोड़ो। यह एक तरह से वैदिक-पौराणिक विचारधारा का विखण्डन (deconstruction) है, जिसमें उस विचारधारा की आन्तरिक असंगतियों की पोल खोलने के लिए उसके तार्किक छलों और धार्मिक रहस्यमयता के आवरणों को तार-तार किया गया है।

वज्र-सूची में अश्वघोष के आक्रमण का मुख्य लक्ष्य है ब्राह्मण-वर्ण; क्योंकि वही वर्ण व्यवस्था का निर्माता और संचालक है। वह अपने को सभी वर्णों में श्रेष्ठ और सबका प्रभु समझता है। वह अपना प्रभुत्व बनाये रखने के लिए तरह-तरह के तर्क

गढ़ता है। अश्वघोष ने ऐसे तर्कों को एक के बाद एक सामने रखकर उनकी निस्सारता और निरर्थकता सिद्ध की है। वे बहस की प्रक्रिया इस प्रश्न से शुरू करते हैं, "आप कहते हैं कि ब्राह्मण वर्णों में श्रेष्ठ है, तब मैं पूछता हूँ कि ब्राह्मण कौन है? क्या आत्मा ब्राह्मण है? क्या शरीर ब्राह्मण है? क्या मनुष्य जन्म से ब्राह्मण होता है या वह ज्ञान के कारण ब्राह्मण होता है? क्या वह आचरण के कारण ब्राह्मण है या आजीविका और व्यवसाय के कारण? क्या कोई वेद जानने के कारण ब्राह्मण होता है?" प्रश्नों की इस बौछार से बड़ा-से-बड़ा तर्कशास्त्री पंडित भी बेचैन और परेशान हो जाएगा। ये प्रश्न जितने सीधे हैं, उतने ही चुभने वाले हैं। इन सभी प्रश्नों की छानबीन करते हुए अश्वघोष ने एक ओर जीवन जगत की वास्तविकताओं से और दूसरी ओर श्रुति, स्मृति और महाभारत आदि से प्रमाण देकर यह सिद्ध किया है कि आत्मा, शरीर, जन्म, आजीविका और वेदों के ज्ञान के कारण कोई ब्राह्मण नहीं होता।

अश्वघोष की विचार-प्रक्रिया की एक विशेषता यह है कि वे ब्राह्मणवाद के तर्कों का खण्डन करने के लिए जितना प्राचीन साहित्य की ओर देखते हैं, उससे अधिक अपने समय के समाज के अनुभवों और प्रकृति की वास्तविकताओं पर ध्यान देते हैं। उनकी इस पद्धति को समझने के लिए कुछ उदाहरणों को देख लेना उपयोगी होगा। जाति-प्रथा का मूल आधार है जन्म का भेद। वैसे जाति का मूल अर्थ भी जन्म ही है। लेकिन जन्म से जाति के सम्बन्ध की स्थिति सरल-सीधी नहीं है, उसमें अनेक पेंच हैं। अश्वघोष ने जन्म से जाति के सम्बन्ध की जटिलताओं का विवेचन करते हुए जातिभेद के जन्म सम्बन्धी आधार को ध्वस्त किया है। वे कहते हैं कि पुराने ऋषियों में से किसी का जन्म हाथी से, किसी का कुश से, किसी का घड़े से, किसी का पक्षी से और किसी का शूद्र स्त्री से हुआ माना जाता है। वे सभी ब्राह्मण स्वीकार किये गये। ऐसी स्थिति में जन्म को जाति का आधार मानना व्यर्थ है। इसके बाद वे उस समय के भारतीय समाज में फैली वर्णसंकरता की वास्तविकता का उल्लेख करते हुए जन्म से किसी को ब्राह्मण और किसी को शूद्र मानने का विरोध करते हैं।

ब्राह्मणों ने वर्णभेद को स्थायी, अकाट्य और सन्देह से परे रखने के लिए उसे कई तरह से ईश्वरीय व्यवस्था बनाया। पुराणों के अनुसार ब्रह्मा के मुख से ब्राह्मण, बाँहों से क्षत्रिय, जंघा से वैश्य और पैरों से शूद्र की उत्पत्ति हुई है। इसके आधार पर ब्राह्मण स्वयं को श्रेष्ठ और शूद्र को सबसे नीच कहते हैं। अश्वघोष ने इस रहस्यमयी कल्पना से जुड़े वर्णभेद का विस्तार से खण्डन किया है। इस प्रसंग में उनका एक तर्क अत्यन्त दिलचस्प है। अश्वघोष कहते हैं, "आप (ब्राह्मण) को मालूम होना चाहिए कि जैसे एक वृक्ष से पैदा होने वाले फलों में कोई ऊँच-नीच का भेद नहीं होता, वैसे ही एक ही पुरुष (ब्रह्मा) से उत्पन्न सन्तानों में कोई वर्णभेद क्यों? उदाहरण के लिए 'कटहल' को लीजिए। कटहल के पेड़ में जड़ से डाली तक फल लगते हैं। ऐसा नहीं होता कि डाली पर लगने वाले फल को ब्राह्मण फल और जड़ में लगने

वाले फल को शूद्र फल कहा जाय। वे सभी एक ही वृक्ष के फल हैं, इसलिए एक समान माने जाते हैं, उसी प्रकार एक ही ब्रह्मा से पैदा होने के कारण मनुष्यों के बीच वर्णभेद गलत है।"

वैसे तो पूरी वज्र-सूची वर्ण-व्यवस्था के समर्थकों को रह-रहकर चुभती है। लेकिन कभी-कभी अश्वघोष के तर्क सचमुच कठोर, तेज और घातक वज्रमयी सूई की तरह चुभकर तिलमिला देने वाले हैं। ब्रह्मा के मुँह से पैदा होने के कारण ब्राह्मण की श्रेष्ठता सम्बन्धी मान्यता की एक असंगति की ओर संकेत करते हुए अश्वघोष कहते हैं कि "अगर ब्राह्मण की उत्पत्ति ब्रह्मा के मुँह से हुई है तो प्रश्न होगा कि ब्राह्मणी की उत्पत्ति कहाँ से हुई है? निश्चय ही उसकी भी उत्पत्ति ब्रह्मा के मुख से ही हुई है। खेद है। तब तो वह आपकी बहन हुई। फिर उसके साथ स्त्री-प्रसंग? यह तो लोक विरोधी आचरण होगा।"

अश्वघोष धार्मिक आग्रह, श्रद्धा अथवा अन्धविश्वास के सहारे पाठकों के मन में अपनी बात नहीं बैठाना चाहते। वे अपने पाठकों से तर्क, विवेक और सच को स्वीकार करने के साहस की माँग करते हैं। उन्होंने वज्र-सूची के अन्त में लिखा है कि मैंने जो कुछ कहा है, वह अगर तर्कसंगत हो तो उसे समझदार लोग स्वीकार करें, अन्यथा अगर युक्तिसंगत न लगे तो त्याग दें।

वज्र-सूची वर्णभेद और जातिभेद के विरुद्ध वैचारिक संघर्ष का घोषणा-पत्र है। अश्वघोष के अनुसार दुःख-सुख, जीवन-प्रज्ञा, व्यवसाय-व्यापार, जन्म-मरण, भय-काम आदि में सब श्रेणी के लोग बराबर हैं। इसलिए समाज में किसी भी आधार पर जाति-भेद का होना गलत है। वे भारतीय समाज के जाति-भेद का ही विरोध नहीं करते, संसार भर में, मानव-मात्र की समानता का आग्रह करते हैं। अश्वघोष स्पष्ट घोषणा करते हैं कि "शीलं प्रधानं न कुलं प्रधानं कुलेन किं शीलविवर्जितेन।" अर्थात इस संसार में मनुष्य का महत्त्व जन्म या वंश से नहीं, उसके कर्म और आचरण से जुड़ा हुआ है।

वज्र-सूची जाति-प्रथा के अमानवीय भेदभाव के विरुद्ध दो-टूक शैली और बेलौस भाषा में गम्भीर बहस करने वाली रचना है। इसकी तर्कशैली सरल, लेकिन सीधे मार करने वाली है। इसमें न कहीं धार्मिक रहस्यवाद है और न कहीं अमूर्त दार्शनिक ऊहापोह। पूरी पुस्तक सवाल-जवाब की ऐसी शैली में लिखी गयी है कि लेखक की बात कम पढ़े-लिखे लोगों के मन में सहज रूप में बैठ जाएगी। यहाँ विवाद की कला में अश्वघोष की कुशलता जितनी आकर्षक है, उतनी ही मारक भी। विवाद की इस कला और दृष्टि का विकास दर्शन में नागार्जुन तथा धमकीर्ति की कृतियों में मिलता है और सरहपा तथा कबीर की कविता में भी।

भारत में सामन्तवाद के इतिहास और आज के भारतीय समाज में सामन्ती अवशेषों के प्रभाव पर अंग्रेजी और हिन्दी में बहुत कुछ लिखा गया है। लिखने वाले

भारतीय विद्वान हैं और विदेशी भी, इतिहासकार हैं और समाजशास्त्री भी, साहित्यकारों ने भी इस पर काफी कुछ लिखा है। भारतीय सामन्तवाद का एक मुख्य लक्षण है वर्ण-व्यवस्था और जाति-प्रथा। इस वर्ण-व्यवस्था का अस्तित्व बहुत पुराना है तो इसके विरोध की परम्परा भी कम पुरानी नहीं है। वर्ण-व्यवस्था के विरोध की परम्परा की एक महत्त्वपूर्ण उपलब्धि है वज्र-सूची। यह देखकर आंश्चर्य होता है कि जाति-प्रथा और उसके विरोध पर लेख और पुस्तकें लिखनेवाले समाजशास्त्री, इतिहासकार और साहित्यकार भी अश्वघोष की वज्र-सूची से अपरिचित हैं, जबकि इसका चीनी, जर्मन, अंग्रेजी, बांग्ला, मराठी, तमिल और हिन्दी में भी अनुवाद मौजूद है। असल में इस देश के अधिकांश समाजवैज्ञानिकों की यह आदत बन गयी है कि वे भारतीय समाज की समस्याओं पर लिखते समय भी यूरोप की भाषाओं में, विशेषतः अंग्रेजी में लिखी किताबों को ही मार्गदर्शक मानते हैं। वे भारतीय भाषाओं में लिखी हुई नयी-पुरानी पुस्तकों को पढ़ना जरूरी नहीं समझते। यही कारण है कि जाति-प्रथा पर लिखने वाले अधिकांश समाजशास्त्री वज्र-सूची का नाम भी नहीं जानते।

जाति-प्रथा शोषण, दमन और उत्पीड़न की ऐसी अमानुषिक व्यवस्था है, जिसे देखकर समाज के बारे में सजग, संवेदनशील और सहृदय रचनाकारों-विचारकों के मन में बेचैनी और विद्रोह की भावना पैदा होती रही है। ऐसी ही बेचैनी और विद्रोह की पहली सशक्त अभिव्यक्ति वज्र-सूची में हुई है। इसकी अगली कड़ी सिद्धों और नाथों की कविता में मिलती है। लगता है कि सहजयानी सिद्ध सरहपा अश्वघोष की वज्र-सूची से जरूर परिचित रहे होंगे, क्योंकि उन्होंने ब्राह्मणों की जो आलोचना की है, उसकी तर्कशैली वज्र-सूची जैसी ही है। सरहपा कहते हैं; "ब्राह्मण ब्रह्मा के मुख से उत्पन्न हुए थे;—जब हुए थे, तब हुए थे। इस समय तो वे भी दूसरे लोग जिस तरह से पैदा होते हैं, वैस ही पैदा होते हैं। तो फिर ब्राह्मणत्व कहाँ रहा? यदि कहो कि संस्कार से ब्राह्मण होता है तो चांडाल को भी संस्कार दो, वह भी ब्राह्मण हो जाए; यदि कहो कि वेद पढ़ने से कोई ब्राह्मण होता है तो क्यों नहीं चांडाल को भी वेद पढ़कर ब्राह्मण हो जाने देते? सच पूछो तो शूद्र भी तो व्याकरण आदि पढ़ते हैं और इन व्याकरणादि में वेद के शब्द हैं, फिर शूद्रों का भी तो वेद पढ़ना हो ही गया और यदि आग में घी देने से मुक्ति हो तो सबको क्यों नहीं देने देते ताकि सब मुक्त हो जाते? होम करने से मुक्ति होती है या नहीं, धुआँ लगने से आँखों को कष्ट जरूर होता है।" जाति-प्रथा के विरुद्ध विद्रोह की इस परम्परा का अधिक व्यापक रूप कबीर की कविता में है। कबीर के विद्रोह के दायरे में हिन्दू समाज की जाति-प्रथा के साथ-साथ मुसलमान समाज का रूढ़िवाद भी है और हिन्दुओं-मुसलमानों के बीच का भेदभाव भी। इन सबके विरुद्ध एक साथ विद्रोह के लिए असाधारण विवेक और साहस की जरूरत थी, जो कबीर में है। अश्वघोष से सरहपा और कबीर की एकता का सबसे बड़ा प्रमाण यह है कि तीनों ही वर्ण-व्यवस्था के सिरमौर बने ब्राह्मणों पर

ही सबसे अधिक चोट करते हैं।

व्रज-सूची काफी लम्बे समय तक इतिहास के अँधेरे में रहने के बाद 19वीं शताब्दी में एक बार फिर प्रकाश में आयी। जब भारत में नवजागरण की चेतना के विकास के साथ जाति-प्रथा के विरुद्ध संघर्ष की आवाज उठने लगी, तब वज्र-सूची के महत्त्व की पहचान फिर शुरू हुई। यह स्वाभाविक ही था कि 19वीं सदी में जाति-प्रथा से लड़नेवाले अपनी परम्परा की खोज करते हुए उस रचना को पहचानें जो वर्ण-व्यवस्था और जाति-भेद पर पहला वज्राघात है। 1829 ई. में राजा राममोहन राय ने बांग्ला में वज्र-सूची का अनुवाद और प्रकाशन शुरू किया, लेकिन वह अधूरा ही रहा। बाद में वज्र-सूची के अनुवाद और उस पर विचार-विमर्श का एक अटूट सिलसिला चल पड़ा। 1829 से 1839 ई. के बीच अंग्रेजी में कई अनुवाद हुए। 1860 में वेबर का अनुवाद जर्मन में छपा।

भारतीय भाषाओं में वज्र-सूची के अनुवाद और भाष्य की कहानी अत्यन्त दिलचस्प है। वह भारतीय नवजागरण के बारे में बहुत कुछ कहती है और विभिन्न भाषा-भाषी क्षेत्रों के नवजागरण की चेतना के रूप तथा स्वर का राज-रहस्य भी खोलती है। वज्र-सूची के अनुवाद और विवेचन का काम सबसे अधिक मराठी में हुआ है। डॉ. रूपा कुलकर्णी ने मराठी में वज्र-सूची का अनुवाद और विवेचन किया है। उसमें वज्र-सूची उपनिषद् और वज्र-सूची पर हुए अब तक के विचार-विमर्श का विस्तृत ब्योरा दिया गया है। रूपा कुलकर्णी के अनुसार 17वीं सदी में तुकाराम की शिष्या सन्त बैहणा बाई (सन् 1628-1700) ने अंभग में वज्र-सूची उपनिषद् का भाष्य किया था, उसके बाद अनेक सन्तों और विचारकों ने वज्र-सूची उपनिषद् का भाष्य और अनुवाद किया। 19वीं सदी के मध्य से मराठी में अश्वघोष की वज्र-सूची के अनुवाद और विवेचन का काम शुरू हुआ जो आज तक चल रहा है। मराठी में वज्र-सूची पर विचार की व्यापकता और उसके प्रभाव की गहराई का अन्दाज इस बात से लगता है कि एक ओर उसके अनुवाद, प्रकाशन और प्रसार की चिन्ता महात्मा ज्योतिबा फुले करते हैं तो दूसरी ओर सावरकर भी उसकी व्याख्या करना जरूरी समझते हैं। महाराष्ट्र में वज्र-सूची की चिन्ता वहाँ जाति-प्रथा के विरुद्ध संघर्ष और आन्दोलन की चेतना से जुड़ी हुई है, इसलिए महाराष्ट्र में जब भी जाति-प्रथा के खिलाफ आन्दोलन तेज हुआ है, तब वज्र-सूची के अनुवाद और विवेचन के काम में भी तेजी आयी है। इधर हाल के कुछ वर्षों से साहित्य तथा संस्कृति के क्षेत्र में दलित आन्दोलन के उभार के साथ एक बार फिर मराठी में वज्र-सूची के महत्त्व पर बहस तेज हुई है।

अगर आप वज्र-सूची की चिन्ता और चर्चा के प्रसंग में मराठी की परम्परा से हिन्दी की तुलना कीजिए तो मालूम होगा कि हिन्दी में वज्र-सूची का केवल एक अनुवाद छपा है, वह भी 1985 में। यह देखकर आश्चर्य होता है कि हिन्दी की

परम्परा में सरहपा और कबीर के होने के बावजूद हिन्दी नवजागरण के साहित्य में वज्र-सूची की चर्चा का एकदम अभाव है। उसका अनुवाद और विश्लेषण तो दूर की बात है, कहीं उल्लेख भी शायद ही मिले। आखिर ऐसा क्यों है? इस सवाल का उत्तर खोजने के लिए हिन्दी नवजागरण के वास्तविक स्वरूप की पहचान और कल्पित रूप की छानबीन जरूरी है, जो यहाँ सम्भव नहीं है। फिर भी कुछ बातों की ओर संकेत आवश्यक है।

हिन्दी में वज्र-सूची की उपेक्षा केवल एक किताब की उपेक्षा नहीं है। वह भारतीय समाज में सामन्तवाद के सबसे मजबूत और घिनौने अवशेष जाति-प्रथा की उपेक्षा है, जाति-प्रथा की क्रूरता और वीभत्सता की उपेक्षा है और जाति-प्रथा के उन्मूलन के लिए कटिबद्ध एक क्रान्तिकारी दृष्टि की उपेक्षा है। इस उपेक्षा के कारण हिन्दी नवजागरण की चेतना लँगड़ी हुई है, उसका सामन्तवाद विरोधी स्वर दुर्बल हुआ है।

हिन्दी नवजागरण में जाति-प्रथा के विरोध की चेतना अत्यन्त कमजोर रही है, क्योंकि यहाँ जाति-प्रथा के विरुद्ध न कोई प्रभावशाली जन आन्दोलन चला है और न उसके विरोध में वैचारिक संघर्ष की शक्तिशाली परम्परा ही बनी है। हिन्दी नवजागरण के निर्माण की प्रक्रिया में जाति-प्रथा से जुड़ी चिन्ता और चेतना पर ध्यान दीजिए तो मालूम होगा कि स्थिति अत्यन्त दयनीय है। जिन लेखकों और पत्रिकाओं को हिन्दी नवजागरण के निर्माण का श्रेय दिया जाता है उनकी जाति-व्यवस्था सम्बन्धी दृष्टि और भूमिका प्रायः निराशाजनक ही है। 19वीं सदी की ही नहीं, 20वीं सदी के आरम्भिक दो दशकों की हिन्दी की महत्त्वपूर्ण पत्रिकाओं में जाति-व्यवस्था के विरुद्ध वैचारिक संघर्ष की कोई विशेष चिन्ता नहीं मिलती। हिन्दी नवजागरण के निर्माण में 'सरस्वती' और 'मर्यादा' की भूमिका बहुत महत्त्वपूर्ण मानी जाती है। इन दोनों पत्रिकाओं में और जो कुछ हो, लेकिन जाति-प्रथा का गम्भीर विश्लेषण और इसके अन्त का आह्वान करने वाला कोई लेख नहीं है।

असल में हिन्दी नवजागरण का बुद्धिवाद जाति-प्रथा का सामना होने पर सहमा-सा दिखाई देता है। कभी-कभी तो वह जातिवाद का साथी बन गया है। यह तथ्य है कि 19वीं सदी और 20वीं सदी के आरम्भिक दो दशकों तक हिन्दी में ब्राह्मणों, क्षत्रियों और वैश्यों के हितों की चिन्ता करने वाली अनेक पत्रिकाएँ निकलती थीं, उन पत्रिकाओं के कई सम्पादक हिन्दी नवजागरण के निर्माता माने जाते हैं। लेकिन यह सच्चाई है कि उस समय शूद्रों की अपनी कोई पत्रिका न थी। हिन्दी के नवजागरणकालीन लेखन में जाति की भावना को मिटाने की कोशिश के बदले कई बार जाने-अनजाने उसे जगाने के प्रमाण मिलते हैं। आचार्य रामचन्द्र शुक्ल का 'हिन्दी साहित्य का इतिहास' हिन्दी नवजागरण की चेतना की एक उपलब्धि है, लेकिन उसमें कवियों ओर लेखकों का परिचय देते समय प्रत्येक की जाति जरूर बतायी गयी है। यह प्रवृत्ति आचार्य शुक्ल के पहले मिश्र बन्धुओं के

इतिहास में है और आचार्य शुक्ल के बाद लिखे गये हिन्दी साहित्य के इतिहासों में भी मौजूद है। जाति-प्रथा के प्रसंग में जिस नवजागरण की चेतना का यह हाल हो, वह वज्र-सूची की चुभन कैसे बर्दाश्त कर सकती है?

हिन्दी में वज्र-सूची की उपेक्षा के पीछे एक और कारण है बौद्ध-दर्शन की सामाजिक दृष्टि के प्रति विरोध का भाव। यह विरोध का भाव हिन्दी नवजागरण के अधिकांश निर्माताओं और व्याख्याकारों के लेखन में मौजूद है। इस विरोध का मूल स्रोत वैदिक-पौराणिक परम्परा और उसकी विचारधारा में गहरी आस्था है। यही कारण है कि हिन्दी में वज्र-सूची की चर्चा उन्हीं दो लेखकों ने की है, जिनके मन में बौद्ध-दर्शन की सामाजिक दृष्टि के प्रति विरोध का भाव नहीं है, बल्कि गहरी सहानुभूति है। ये लेखक हैं, राहुल सांकृत्यायन और आचार्य हजारीप्रसाद द्विवेदी। राहुल जी ने 'प्रभा' नाम की कहानी में अश्वघोष के व्यक्तित्व, विचार और रचनाशीलता के निर्माण की प्रक्रिया की पुनर्रचना करते हुए, वज्र-सूची के लेखन के ऐतिहासिक सन्दर्भ और प्रेरणास्रोत की ओर संकेत किया है। यही नहीं, राहुल जी ने 'तुम्हारी क्षय', 'दिमागी गुलामी' और 'भागो नहीं दुनिया को बदलो' आदि रचनाओं में जाति-प्रथा पर आक्रमण करते हुए उसे भारतीय समाज से उखाड़ फेंकने का आह्वान भी किया है।

आचार्य हजारीप्रसाद द्विवेदी ने वज्र-सूची का उल्लेख 'हिन्दी साहित्य की भूमिका' में किया है। उन्होंने कबीरदास के जाति-पाँति विरोधी विचारों की पूर्ववर्ती परम्परा की खोज करते हुए वज्र-सूची को याद किया है। जाति-प्रथा का उग्र विरोध करने वाले कवियों की परम्परा में कबीर और अश्वघोष के बीच सरहपा भी हैं। द्विवेदी जी ने इस पूरी परम्परा की ओर संकेत करते हुए लिखा है कि "जाति-भेद से जर्जरीभूत इस देश में जो कोई महासाधक आया है, उसे यह प्रथा खटकी है। ऐसे बहुत से प्राचीन ग्रन्थ हैं, जिनमें जाति-भेद को उड़ा देने पर जोर दिया गया है। पर संस्कृत की पुस्तकें साधारणतः ऊँची जातियों के लोगों द्वारा लिखी गयी होती हैं, जिनमें लेखक केवल तटस्थ विचारक की भाँति होता है, स्वयं नीच कहे जाने वाले वंश में उत्पन्न नहीं होने के कारण उसमें भुक्तभोगी की उग्रता और तीव्रता नहीं होती। सहजयान और नाथपन्थ के अधिकांश साधक तथाकथित नीच जातियों में उत्पन्न हुए थे, अतः उन्होंने इस अकारण नीच बनाने वाली प्रथा को दार्शनिक की तटस्थता के साथ नहीं देखा। कबीरदास के विषय में यही बात ठीक है। फिर भी उच्च वर्ण के लोगों ने सदा तटस्थता का ही अवलम्बन नहीं किया है। कभी-कभी उन्होंने भी उग्रतम आक्रमण किया है। अश्वघोष (कालिदास के भी पूर्ववर्ती) कवि की लिखी हुई वज्र-सूची एक ऐसी ही पुस्तक है।"

यहाँ ध्यान देने लायक बात यह है कि द्विवेदी जी हिन्दी साहित्य की कबीरवादी परम्परा का एक महत्त्वपूर्ण स्रोत बौद्ध-दर्शन और साहित्य की सामाजिक दृष्टि में

देखते हैं। द्विवेदी जी हिन्दी के ऐसे अकेले आलोचक हैं, जिन्होंने हिन्दी साहित्य की इस सचमुच मूलगामी परम्परा के निर्माण में बौद्ध-दर्शन और साहित्य के योगदान को स्वीकार करते हुए उसका गम्भीर विवेचन किया है। द्विवेदी जी उन लोगों से एकदम अलग हैं, जो *ऋग्वेद* और तुलसीदास को ही हिन्दी जाति की उपलब्धि मानते हैं, लेकिन इन दोनों के बीच के अश्वघोष और कबीर को जानबूझकर भूल जाते हैं। 'हिन्दी साहित्य की भूमिका' के परिशिष्ट में पालि और संस्कृत में लिखे बौद्ध-साहित्य का जो विश्लेषण है, वह वास्तव में हिन्दी साहित्य की दूसरी परम्परा के मूल स्रोत की खोज है। डॉ. नामवर सिंह जिसे दूसरी परम्परा कहते हैं, वह अगर पहली परम्परा से केवल भिन्न ही नहीं है, बल्कि उसके विरोध में विकल्प बनकर खड़ी परम्परा है तो फिर उसका निश्चय ही एक महत्त्वपूर्ण आधार बौद्ध-दर्शन और साहित्य है।

आज से लगभग दो हजार वर्ष पहले वज्र-सूची की रचना हुई थी, लेकिन वह आज भी जाति-प्रथा के विरुद्ध संघर्ष के लिए अत्यन्त जरूरी और प्रेरणादायक रचना है। आज भी भारतीय समाज में जातिवाद की जकड़न बनी हुई है। हिन्दी क्षेत्र में इसका जोर और आतंक सबसे अधिक है। सामूहिक रूप से हरिजनों की हत्या करने और उन्हें जिन्दा जलाने की सबसे अधिक घटनाएँ आज भी हिन्दी क्षेत्र में ही हो रही हैं। ऐसी स्थिति में जातिवाद के विरुद्ध जन आन्दोलन और वैचारिक संघर्ष की जरूरत आज भी बनी हुई है। जाति-प्रथा मूलतः अधिनायकवादी और दमनकारी प्रवृत्तियों से जुड़ी हुई है। इस देश में लोकतन्त्र की रक्षा और विकास के लिए जातिवाद का विरोध आवश्यक है। आजकल जातिवाद जितना समाज में है, उससे अधिक लोगों के मन में है। इस स्थिति से संघर्ष जितना जरूरी है, उतना ही कठिन भी है। इस कठिन संघर्ष में वज्र-सूची का महत्त्व असंदिग्ध है। लेकिन हिन्दी में उसके महत्त्व की पहचान अभी शुरू ही हुई है, वह भी किसी प्रगतिशील, जनवादी या मार्क्सवादी लेखक द्वारा नहीं, बल्कि संस्कृत के एक विद्वान रामायण प्रसाद द्विवेदी के प्रयत्न से, जिन्होंने वज्र-सूची का हिन्दी में पहला अनुवाद किया है और उसकी सहानुभूतिपूर्ण समीक्षा भी लिखी है।

शृंखला की कड़ियाँ : मुक्ति की राहें

अब यह लगभग सर्वमान्य बात है कि छायावाद हिन्दी नवजागरण की अभिव्यक्ति का काव्यान्दोलन है और महादेवी वर्मा उसकी प्रतिनिधि कवि। लेकिन यह आश्चर्य की बात है कि महादेवी वर्मा की कविता की व्याख्या के समय आलोचकों को प्रायः नवजागरण की याद नहीं आती। जिन्हें आती भी है, वे उनकी कविता में मिटने के अधिकार की माँग को ही नवजागरण की अभिव्यक्ति मानते हैं। इससे भारतीय समाज में स्त्री-जीवन के प्रचलित और प्रचारित लक्ष्य की ही पुष्टि होती है। इस स्थिति का एक कारण यह है कि हिन्दी नवजागरण की चिन्ता और उस पर बहस के केन्द्र में स्त्री की पराधीनता और स्वाधीनता का प्रश्न कभी नहीं रहा है।

महादेवी वर्मा की कविता के साथ आरम्भ से ही एक प्रकार के आलोचनात्मक पूर्वग्रह की स्थिति दिखाई देती है। यह ठीक है कि उनकी कविता में दुःख है, वेदना है, निराशा है, आँसू हैं, अन्तर्मुखता है और अभिव्यक्ति शैली में परोक्ष की प्रधानता भी है, पर साथ ही वहाँ असन्तोष है, आक्रोश है और संघर्ष की चेतना भी। आलोचकों ने उनके आँसुओं पर ध्यान दिया है, लेकिन उनके आक्रोश पर नहीं। प्रायः आलोचकों ने यह भी देखने-समझने की कोशिश नहीं की है कि महादेवी वर्मा की कविता में जो दुःख, वेदना, निराशा और अन्तर्मुखता है, वह सब उनके समय की और आज की भी भारतीय स्त्री के जीवन की वास्तविकताएँ हैं और सम्भावनाएँ भी। कुछ आलोचकों ने अपनी प्रतिभा का कमाल दिखाते हुए महादेवी वर्मा की कविता में दुःख के अनुभव की अभिव्यक्ति को दुःखवाद बना दिया है तो कुछ दूसरों ने उन्हें 'एकाकिनी बरसात' या 'नीर भरी दुख की बदली' घोषित कर दिया है। ऐसी घोषणाएँ कविता को अखबार की तरह पढ़ने का परिणाम हैं। जो आलोचक कविता को इतिहास के सन्दर्भ और सामाजिक जीवन के अनुभवों से स्वतन्त्र मानते हैं, वे महादेवी की कविता में तरह-तरह के रहस्यवाद खोजते हैं। इस प्रक्रिया में कविता और कवि दोनों का मिथकीकरण हुआ है, कविता अध्यात्म-साधना की अभिव्यक्ति बन गयी है और महादेवी वर्मा मीरा बना दी गयी हैं; वह भी अपनी स्वाधीनता के लिए राणाशाही के आतंक, सामन्ती समाज की रूढ़ियों और कुलकानि के बन्धनों के विरुद्ध विद्रोह करनेवाली मीरा नहीं, निरीह भाव से भगवान का भजन करने वाली मीरा।

महादेवी की कविता में रात और अन्धकार के चित्र बहुत हैं और अपार अन्धकार से लड़ता हुआ एक दीपक भी बार-बार सामने आता है। उन्होंने 'दीप-शिखा' के 'दो शब्द' में लिखा है, "आलोक मुझे प्रिय है, पर दिन से अधिक रात का। दिन में तो अन्धकार से उसके संघर्ष का पता ही नहीं चलता, परन्तु रात में हर झिलमिलाती लौ योद्धा की भूमिका में अवतरित होती है।" क्या इससे यह स्पष्ट नहीं है कि महादेवी को अन्धकार से अधिक प्रकाश प्रिय है और पलायन से अधिक संघर्ष। उनकी कविता में अन्धकार से आलोक का जो संघर्ष है, वह भारतीय स्त्री के जीवन की पराधीनता के अन्धकार से स्वाधीनता की आकांक्षा का संघर्ष है। महादेवी वर्मा भारतीय स्त्री की प्रतिनिधि के रूप में एक ओर उसकी पराधीनता की पीड़ा की अभिव्यक्ति करती हुई कहती हैं कि :

रात सी नीरव व्यथा
तम सी अगम मेरी कहानी

तो दूसरी ओर उसकी स्वाधीनता की आकांक्षा और उसके लिए संघर्ष की दृढ़ता व्यक्त करते हुई कहती हैं :

रात के उर में दिवस की चाह कर शर हूँ।

उनकी कविता के बारे में डॉ. रामविलास शर्मा ने ठीक ही लिखा है कि "महादेवी वर्मा अपने गीतों में देवी के रूप में नहीं, एक मानवी के रूप में दर्शन देती हैं। वे अपनी भावव्यंजना में इस धरती पर काम करनेवाली मनुष्य नामक प्राणी ही नहीं हैं वरन् उसका एक भेद नारी भी हैं। उनका नारीत्व सामाजिक सीमाओं के अन्दर विकास के लिए पंख फड़फड़ाता है। उसकी यह व्याकुलता अनेक सांकेतिक रूपों में उनकी कविता में प्रकट होती है।"

महादेवी वर्मा भारतीय स्त्री के जीवन के अनुभवों और आकांक्षाओं की अभिव्यक्ति करनेवाली कलाकार हैं, उसके जागरण का अभियान चलानेवाली कार्यकर्त्ता और उसकी पराधीनता के जटिल रूपों का विश्लेषण तथा स्वाधीनता की सम्भावनाओं की तलाश करने वाली दार्शनिक भी हैं। उनके गीतों, चित्रों और रेखाचित्रों में उनका कलाकार रूप मिलता है तो उनकी शिक्षा, संस्कृति और साहित्यिक पत्रकारिता सम्बन्धी गतिविधियों में उनका कार्यकर्त्ता रूप। 'शृंखला की कड़ियाँ' के माध्यम से वे एक स्त्रीवादी दार्शनिक के रूप में हमारे सामने आती हैं। हिन्दी में स्त्री-जीवन की वास्तविकताओं और कामनाओं का कलात्मक चित्रण करनेवाली लेखिकाएँ और भी हैं तथा स्त्री-स्वाधीनता का आन्दोलन चलानेवाली कार्यकर्त्ताओं की भी कोई कमी नहीं है, लेकिन भारतीय स्त्री-जीवन की जटिल समस्याओं, उसकी दासता की दारुण स्थितियों और उसकी मुक्ति की दिशाओं का मूलगामी दृष्टि से जैसा विवेचन महादेवी वर्मा की पुस्तक 'शृंखला की कड़ियाँ' में है, वैसा हिन्दी में अन्यत्र कहीं नहीं है। 'शृंखला की कड़ियाँ' का उद्देश्य उस भारतीय नारी की स्थिति का विश्लेषण है

जो महादेवी वर्मा के शब्दों में 'जन्म से अभिशप्त और जीवन से सन्तप्त' है।

जो लोग यह समझते हैं कि स्त्री की पराधीनता की विचारधारा सत्तर के दशक में फ्रांस और अमेरिका से भारत में आयी है, उन्हें यह जानकर आश्चर्य होगा कि 'शृंखला की कड़ियाँ' 1942 ई. में छपी थी और उसके अधिकांश निबन्ध तीस के दशक में प्रसिद्ध पत्रिका 'चाँद' के सम्पादकीय लेखों के रूप में प्रकाशित हुए थे। तब तक सारी दुनिया में नारीवादी सोच और आन्दोलन को प्रेरित और प्रभावित करनेवाली सिमोन द बोउआ की पुस्तक 'द सेकेंड सेक्स' अस्तित्व में न थी। वह फ्रांसीसी में 1949 ई. में छपी और अंग्रेजी में सन् 1953 में। उसका कुछ साल पहले ही 'स्त्री उपेक्षिता' नाम से हिन्दी अनुवाद प्रकाशित हुआ है।

'शृंखला की कड़ियाँ' इस बात का प्रमाण है कि विचार केवल ज्ञान की एकान्त साधना से पैदा नहीं होते। सामाजिक आन्दोलनों और जीवन के अनुभवों से भी विचारों का जन्म होता है। यही नहीं, सामाजिक आन्दोलन और जीवन के अनुभवों से पैदा होने वाले विचारों का स्वभाव एकान्त साधना से उपजे विचारों से भिन्न होता है। ग्राम्शी के अनुसार, समाज में बुद्धिजीवी दो प्रकार के होते हैं, पेशेवर और आवयविक। प्रायः ज्ञान की एकान्त साधना करने वाले पेशेवर बुद्धिजीवी होते हैं, लेकिन जो किसी वर्ग, समुदाय और समाज की जिन्दगी की वास्तविकताओं और आकांक्षाओं की व्याख्या करते हुए उस वर्ग, समुदाय और समाज को इतिहास में अपनी स्थिति समझने और उसे बदलने के लिए संघर्ष करने की प्रेरणा देते हैं, वे आवयविक बुद्धिजीवी होते हैं। 'शृंखला की कड़ियाँ' की लेखिका भारतीय स्त्री समुदाय की आवयविक बुद्धिजीवी के रूप में हमारे सामने आती हैं। उनके विचारों के निर्माण में भारतीय समाज के अतीत और वर्तमान के स्त्री-जीवन की कठोर वास्तविकताओं के गम्भीर ज्ञान, जटिल स्थितियों की अचूक पहचान और लेखिका के अपने व्यापक जीवनानुभवों की महत्त्वपूर्ण भूमिका है। साथ ही उनमें भारतीय स्त्री की आर्थिक, सामाजिक और सांस्कृतिक पराधीनता से मुक्ति की गहरी चिन्ता है, इसलिए उनके विचारों में वैसी उदासीनता और निर्जीवता नहीं है, जैसी एकान्त साधना से उपजे विचारों में होते हैं। 'शृंखला की कड़ियाँ' के विचारों में सघन भावावेग है और कहीं-कहीं आक्रोश भी।

'शृंखला की कड़ियाँ' भारत में नारी जागरण की उस प्रक्रिया की उपज है जिसकी शुरुआत भारतीय नवजागरण के साथ हुई थी। भारतीय नवजागरण के आरम्भिक दौर में समाज में स्त्री की स्थिति का प्रश्न महत्त्वपूर्ण था और विवाद का विषय भी। उस समय स्त्री की स्वाधीनता का प्रश्न उतना महत्त्वपूर्ण नहीं था, जितना उसे जीने के अधिकार का। वह जन्म से लेकर सती होने तक मौत के दरवाजे पर खड़ी रहती थी, स्वेच्छा से नहीं, पुरुष की इच्छा से, क्योंकि उसकी इच्छा और शरीर पर पुरुषों का अधिकार था। इसीलिए राजा राममोहन राय ने स्त्री के जीने के अधिकार का प्रश्न

उठाते हुए सती प्रथा का विरोध किया था और उसके स्वेच्छा से जीने के अधिकार के लिए ईश्वरचन्द्र विद्यासागर ने विधवा-विवाह का समर्थन किया। स्त्री-प्रश्न के प्रसंग में बंगाल नवजागरण की तुलना में महाराष्ट्र का नवजागरण अधिक अग्रगामी था, क्योंकि महात्मा ज्योतिराव फुले ने न केवल स्त्रियों की सामाजिक गुलामी के विरुद्ध आवाज उठाई थी, बल्कि उन्होंने उनकी शिक्षा के अधिकार का भी समर्थन किया था और उसकी व्यवस्था भी की थी, जिसका प्रभाव महाराष्ट्र के नारी जागरण पर दिखाई देता है।

यद्यपि हिन्दी नवजागरण के अग्रदूत भारतेन्दु हरिश्चन्द्र ने यह कामना की थी कि 'नारी नर सम होहिं' और उन्होंने स्त्री शिक्षा का समर्थन करते हुए 'बाला बोधिनी' नाम की पत्रिका भी निकाली थी, लेकिन स्त्री की स्वाधीनता का सवाल हिन्दी नवजागरण का मुख्य सवाल कभी नहीं बन पाया। वह हमेशा हाशिए पर ही रहा। आरम्भ में स्त्रियों की पराधीनता और उनकी दारुण स्थिति के बारे में जो चिन्ता थी, वह भी बाद में कम हो गयी। यह एक विडम्बनापूर्ण सच्चाई है कि भारतीय स्वाधीनता आन्दोलन के दौरान साम्राज्यवाद विरोधी चेतना के विस्तार के समानान्तर सामन्तवाद विरोधी चेतना क्रमशः कमजोर हुई। परम्परा और राष्ट्रवाद की वेदी पर स्त्री की स्वाधीनता की बलि चढ़ा दी गयी।

भारतीय नवजागरण के दौरान स्त्री की स्वाधीनता का प्रश्न तभी प्रखरता के साथ सामने आया है, जब भारतीय स्त्री अपनी स्वाधीनता की माँग करती हुई आगे आयी है। इस दृष्टि से सन् 1882 का वर्ष भारतीय स्त्री के जागरण के इतिहास में अत्यन्त महत्त्वपूर्ण है। 'वुमेन राइटिंग इन इंडिया' से ज्ञात होता है कि 1882 ई. में बंगाल की मोक्षदायिनी मुखोपाध्याय का बांग्ला में कविता संग्रह 'बनप्रसून' प्रकाशित हुआ था जो अपने नाम से लेकर रचनादृष्टि तक स्त्री की स्वाधीनता और आलोचनात्मक चेतना का प्रमाण था। उस संग्रह की एक कविता 'बंगाली बाबू' में बंगाल के तथाकथित स्वतन्त्र पुरुष समुदाय की प्रदर्शनप्रियता, खोखलापन, अंग्रेजों की नकल, दासता और पतनशील प्रवृत्तियों का पर्दाफाश किया गया है, साथ ही स्त्रियों के उद्धार के उनके दावों पर तीखा व्यंग्य भी है।

1882 ई. में ही महाराष्ट्र की एक क्रान्तिकारी महिला ताराबाई शिन्दे की पुस्तक 'स्त्री-पुरुष तुलना' छपी थी, जिसमें स्त्री दृष्टि से महाराष्ट्र की पितृसत्तात्मक समाज-व्यवस्था, संस्कृति और पुरुषों की मानसिकता की तीखी आलोचना है। ताराबाई शिन्दे ने एक ओर स्त्रियों पर पुरुषों द्वारा लगाये गये तरह-तरह के आरोपों का उत्तर दिया है तो दूसरी ओर पुरुषों के पूर्वग्रहों, अन्यायों और अत्याचारों का विवेचन भी किया है।

यद्यपि 19वीं सदी में हिन्दी क्षेत्र में नारी जागरण का रूप वैसा न था, जैसा बंगाल और महाराष्ट्र में था, फिर भी सन् 1882 में ही हिन्दी में भी एक पुस्तक छपी

थी, जिसमें नारी के जागरण का स्वर अत्यन्त प्रखर है और उसकी आजादी की आवाज अत्यन्त बुलन्द। वह पुस्तक है 'सीमन्तनी उपदेश'। इस पुस्तक को खोजकर 1988 ई. सम्पादित और प्रकाशित करने का काम डॉ. धर्मवीर ने किया है। सीमन्तनी उपदेश जब पहली बार सन् 1882 में छपी थी, तब उस पर लेखिका का नाम न था, इसलिए 1988 ई. में डॉ. धर्मवीर ने उसकी लेखिका को एक अज्ञात हिन्दू औरत माना था, लेकिन अब जून 1999 के 'हंस' में छपे अपने लेख 'सीमन्तनी उपदेश की लेखिका कौन थी' में यह सम्भावना प्रकट की है कि उस लेखिका का नाम माई भगवती हो सकता है, जो 19वीं सदी के अन्तिम दशक के पंजाब में एक लोकप्रिय लेखिका के रूप में प्रसिद्ध थी।

'सीमन्तनी उपदेश' हिन्दू समाज में स्त्री की गुलामी और यातना के विभिन्न रूपों के व्यापक ज्ञान और अनुभवों के आधार पर लिखी गयी किताब है। उसमें विधवा-जीवन की दुर्दशा का मार्मिक वर्णन है, सती प्रथा का जोरदार विरोध है, पतिव्रता तथा सतीत्व सम्बन्धी भ्रामक विचारों का खंडन है, पुरुषों के दोहरे चरित्र की पोल खोली गयी है और धर्म के नाम पर स्त्री की गुलामी के लिए फैलाये गये जाल को तर्क की कसौटी पर कसकर छिन्न-भिन्न किया गया है। *सीमन्तनी उपदेश* के प्रत्येक पन्ने से हिन्दू स्त्री की गुलामी की पीड़ा से पैदा हुई चीख सुनाई पड़ती है और दूर तक गूँजने वाली आजादी की पुकार भी।

सीमन्तनी उपदेश की लेखिका के मन में भारतीय स्त्री की पराधीनता की पीड़ा कितनी गहरी है और उसकी आजादी की चाह कितनी तीव्र—यह उसके इस कथन से स्पष्ट है, "अगर इस दुनिया में कुछ खुशी है तो उन्हीं को है जो अपने तईं आजादी रखते हैं। हिन्दुस्तानी औरतों को तो आजादी किसी हालत में नहीं हो सकती। बाप, भाई, बेटा, रिश्तेदार सभी हुकूमत रखते हैं। मगर जिस कद्र खाविन्द जुल्म करता है, उतना कोई नहीं करता। लौंडी तो यह सारी उम्र सब ही की रहती है पर शादी करने से तो बिल्कुल जरखरीद हो जाती है। इस दुनिया में चाहे बादशाहत की नियामत मिले और आजादी न हो, नर्क की बराबर है।" (पृ. 68-69) सीमन्तनी उपदेश 19वीं सदी के आर्य समाजी समाज सुधार के आन्दोलन की उपज है तो शृंखला की कड़ियाँ 20वीं सदी के तीसरे और चौथे दशक के नारी जागरण की देन। यद्यपि शृंखला की कड़ियाँ पर सीमन्तनी उपदेश का कोई सीधा प्रभाव नहीं है, लेकिन दोनों में भारतीय स्त्री की गुलामी से मुक्ति की जो चिन्ता है, उसमें निरन्तरता अवश्य है।

20वीं सदी के दूसरे दशक से लेकर चौथे दशक तक हिन्दी क्षेत्र में नारी जागरण का नया उभार दिखाई देता है, जिसके प्रमाण उस समय की स्त्री जीवन से जुड़ी पत्रिकाओं में दिखाई देते हैं। उनमें 'स्त्री दर्पण', 'गृहलक्ष्मी', 'आर्य महिला', 'महिला सर्वस्व' और 'चाँद' जैसी पत्रिकाएँ विशेष रूप से उल्लेखनीय हैं। इन पत्रिकाओं में स्त्री-जीवन की विभिन्न समस्याओं पर बहस होती थी, उनके जीवन-संघर्ष और

मुक्ति-संघर्ष की रपटें छपती थीं और स्त्रियों का रचनात्मक साहित्य भी प्रकाशित होता था।

नवम्बर 1934 में 'चाँद' का नारी आन्दोलन अंक निकला था। उसके सम्पादकीय में लिखा है कि "इस समय हमारे सामने सामाजिक परिवर्तन की जितनी समस्याएँ मौजूद हैं, उनमें सबसे महत्त्वपूर्ण है नारियों की स्थिति का प्रश्न।" चाँद के उस अंक में भारतीय समाज के अतीत और वर्तमान में स्त्रियों की दशा, उनके भविष्य की चिन्ता, मताधिकार तथा कानूनी अधिकार के आन्दोलन और उनकी स्वाधीनता के प्रश्न पर अनेक लेख छपे हैं।

महादेवी वर्मा चाँद से घनिष्ठ रूप से जुड़ी हुई थीं। पहले एक कवि के रूप में और बाद में सम्पादक के रूप में। सन् 1935 में चाँद का विदुषी अंक निकला, जिसका सम्पादन महादेवी वर्मा ने किया था। उन्होंने बाद में चाँद के सम्पादन काल के दौरान एक ओर स्त्रियों को आत्मसजग बनाने का प्रयत्न किया तो दूसरी ओर नई लेखिकाओं की खोज और उनकी रचनाओं के प्रकाशन का जरूरी काम भी किया। उन्होंने स्त्रियों में आत्मचेतना और आत्मविश्वास के विकास के लिए उनकी शिक्षा के प्रसार का प्रयास किया तो उनकी रचनाशीलता को आगे बढ़ाने के लिए महिला कवि सम्मेलन और महिला गल्प सम्मेलन का आयोजन भी किया था। इन सबके साथ ही उन्होंने तीस के दशक में ही मीरा जयन्ती मनाने की शुरुआत की थी, ताकि हिन्दी क्षेत्र की स्त्रियाँ मीरा के विद्रोही व्यक्तित्व से प्रेरणा लेकर अपनी स्वतन्त्रता के लिए संघर्ष और सृजन के मार्ग पर आगे बढ़ सकें।

शृंखला की कड़ियाँ तीसरे और चौथे दशक के उस नारी आन्दोलन की देन है, जिसमें महादेवी वर्मा सक्रिय रूप से सम्मिलित थीं, इसलिए उसमें उस समय की नारी चेतना के जागरण की अनुगूँजें हैं; उसकी शक्ति की, सीमाओं की और सम्भावनाओं की भी। महादेवी वर्मा के मन में भारतीय नारी की भावी स्वाधीनता का विश्वास है, लेकिन वे यह जानती हैं कि स्वाधीनता याचना से नहीं मिलती, उसके लिए संघर्ष करना पड़ता है। वे कहती हैं, "भारतीय नारी जिस दिन अपने सम्पूर्ण प्राणवेग से जाग सके, उस दिन उसकी गति रोकना किसी के लिए सम्भव नहीं। उसके अधिकारों के सम्बन्ध में यह सत्य है कि वे भिक्षावृत्ति से न मिले हैं और न मिलेंगे, क्योंकि उनकी स्थिति आदान-प्रदान योग्य वस्तुओं से भिन्न है।" (पृ. 9) वे यह भी जानती हैं कि संघर्ष के लिए शक्ति और विवेक की आवश्यकता होती है इसलिए वे कहती हैं कि 'हमारे अधिकार, हमारी शक्ति और विवेक के सापेक्ष रहेंगे।'

भारतीय समाज में ऐसे लोगों की कमी न पहले थी और न आज है जो भारतीय सभ्यता और संस्कृति की प्राचीनता की दुहाई देकर भारतीय स्त्री को गुलाम बनाये रखना चाहते हैं। उन लोगों के सोच-विचार की आलोचना करते हुए महादेवी वर्मा

कहती हैं कि "आज जब सारा गतिशील संसार निरन्तर परिवर्तन की अनिवार्यता प्रमाणित कर रहा है, स्त्रियों के जीवन को काट-छाँट कर उसी साँचे के बराबर बनाने का प्रयत्न हो रहा है जो प्राचीनतम युग में ढाला गया था। ...प्राचीनता की दुहाई देकर जीवन को संकीर्णतम बनाते जाना और विकास के मार्ग को चारों ओर से अवरुद्ध कर लेना किसी जीवित व्यक्ति पर समाधि बना देने से भी अधिक क्रूर और विचारहीन कार्य है।" (पृ. 22-23)।

महादेवी वर्मा दूसरे देशों की स्त्रियों की स्वाधीनता का उदाहरण सामने रखकर भारतीय स्त्री की पराधीनता पर क्षोभ व्यक्त करती हुई कहती हैं, "पश्चिमी तथा पूर्वी जाग्रत देशों में स्त्रियों ने उन बेड़ियों को काट डाला है, जिनमें पुरुषों ने बर्बरता के युग में उन्हें बाँधकर अपने स्वामित्व का क्रूर प्रदर्शन किया था।....जिसकी सभ्यता की प्राचीनता प्रख्यात है, केवल उसी हमारे देश में अब तक इस भावना की ऐसी धुँधली रूपरेखा है कि हमारे स्त्रियों में कदाचित् एक भी इससे परिचित न होगी।" (पृ. 21)।

महादेवी वर्मा ने लिखा है कि "समस्या का समाधान समस्या के ज्ञान पर निर्भर है।" यही कारण है कि उन्होंने भारतीय समाज में, विशेष रूप से हिन्दू समाज में बेटी, पत्नी, विधवा और वेश्या के रूप में स्त्री की दारुण स्थितियों और उसके जीवन की जटिल समस्याओं का संवेदनशील विवेचन किया है, जिससे पाठक केवल विचार ही नहीं, भाव के स्तर पर भी आन्दोलित होता है। भारतीय समाज में स्त्री की स्थिति के बारे में महादेवी वर्मा की राय उन लोगों से भिन्न है जो मानते हैं कि आज भले ही भारतीय स्त्री पराधीन हो, लेकिन अतीत में वह स्वाधीन थी। वे कहती हैं कि "भारतीय स्त्री की सामाजिक स्थिति का इतिहास भी उसके विकृत से विकृततर होने की कहानी मात्र है। बीती हुई शताब्दियाँ उसके सामाजिक प्रासाद के लिए नींव के पत्थर नहीं बनीं, वरन् उसे ढहाने के लिए वज्रपात बनती रही हैं। फलतः उसकी स्थिति उत्तरोत्तर दृढ़ तथा सुन्दर होने के बदले दुर्बल और कुत्सित होती गई।" (पृ. 76)।

हिन्दू समाज-व्यवस्था में स्त्री की कोई स्वतन्त्र पहचान नहीं होती, न उसका कोई स्वतन्त्र व्यक्तित्व होता है। पुरुष के साथ उसके सम्बन्ध से ही उसकी पहचान बनती है, अस्मिता निर्धारित होती है और व्यक्तित्व अर्थ पाता है। महादेवी वर्मा इस स्थिति को स्पष्ट करती हुई कहती हैं कि "भारतीय पुरुष जैसे अपने मनोरंजन के लिए रंग-बिरंगे पक्षी पाल लेता है; उपयोग के लिए गाय या घोड़े पाल लेता है, उसी प्रकार वह एक स्त्री को भी पालता है तथा अपने पालित पशु-पक्षियों के समान ही उसके शरीर और मन पर अपना अधिकार समझता है।" (पृ. 83) इस स्थिति की सच्चाई और उससे उपजी पीड़ा की अभिव्यक्ति प्रायः स्त्रियों के लोकगीतों में सुनाई पड़ती है। एक राजस्थानी लोकगीत में बेटी अपने पिता से कहती है कि "मैं तो आपके खूँटे से बँधी गाय हूँ, आप मुझे जिधर हाँकोगे उधर ही चली जाऊँगी।" (म्हे

तो बाबोसा आपरै खूँटे री गायड़ टोरो जठै टुर जाऊसाँ)।

भारतीय समाज में स्त्री की गुलामी की सर्वग्रासी प्रक्रिया का बुनियादी कारण है आर्थिक दृष्टि से स्त्री की पुरुष पर निर्भरता। महादेवी वर्मा के शब्दों में "समाज ने स्त्री को पुरुष की सहायता पर इतना निर्भर कर दिया है कि उसके सारे त्याग, सारा स्नेह और सम्पूर्ण आत्म-समर्पण बन्दी के विवश कर्त्तव्य के समान हैं।" समाज में स्त्री की आर्थिक पराधीनता सर्वव्यापी है। वह पुत्री, बहन, पत्नी, माता, विधवा और वेश्या आदि रूपों में आर्थिक स्वतन्त्रता के अभाव में ही पुरुष के अन्याय की मार सहती है। इन सब स्थितियों का विवेचन करते हुए महादेवी वर्मा ने स्त्री की आर्थिक स्वाधीनता को उसकी सामाजिक स्वाधीनता के लिए आवश्यक माना है। स्त्री की आर्थिक परवशता से जुड़ी है उसकी सामाजिक विवशता। पुरुष आर्थिक दृष्टि से स्वतन्त्र होने के कारण ही सामाजिक रूप से स्वच्छन्द होता है और उसकी सामाजिक स्वच्छन्दता स्त्री को अपना शिकार बनाती है; घर में और बाहर समाज में भी।

भारतीय समाज में स्त्री जन्म से अबला बनायी जाती है। स्वतन्त्रता की भावना को उसकी जिन्दगी और सपनों से भी दूर रखा जाता है। भारतीय समाज में स्त्री को अबला बनाए जाने की प्रक्रिया को स्पष्ट करती हुई महादेवी जी ठीक ही कहती हैं, "न स्त्री को अपने जीवन का कोई लक्ष्य बनाने का अधिकार है और न समाज द्वारा निर्धारित विधान के विरुद्ध कुछ कहने का। वातावरण भी धीरे-धीरे उसे ऐसे ही मूक आज्ञापालन के लिए प्रस्तुत करता रहता है।" (पृ. 150) आज के समय में शहरी मध्य वर्ग और उच्च वर्ग की कुछ शिक्षित स्त्रियाँ इस स्थिति से बाहर निकली हैं और निकल रही हैं, लेकिन भारतीय गाँवों में रहने वाली अधिकांश स्त्रियाँ अभी उसी वातावरण में जीने और मरने के लिए अभिशप्त हैं।

हिन्दू समाज में स्त्री को गुलाम बनाये रखने में रूढ़िवाद निरन्तर सक्रिय रहा है और आज वह अधिक आक्रामक रूप से सक्रिय है। इस रूढ़िवाद के समर्थक, महादेवी वर्मा के शब्दों में, "किसी भी नवीन दृष्टिकोण को समाज और धर्म की स्थिति के लिए घातक समझ लेते हैं और भरसक किसी भी परिवर्तन को आने नहीं देते।'' स्त्री के बारे में हिन्दू समाज के रूढ़िवादी दृष्टिकोण और उसके परिणाम स्वरूप स्त्री को स्थायी पराधीनता की ओर संकेत करती हुई महादेवी जी ठीक ही कहती हैं कि "हिन्दू समाज ने उसे अपनी प्राचीन गौरवगाथा का प्रदर्शन-मात्र बनाकर रख छोड़ा है। और वह भी मूक निरीह भाव से उसको वहन करती जा रही है। शताब्दियों पर शताब्दियाँ बीती चली जा रही हैं, समय की लहरों में परिवर्तन पर परिवर्तन बहते आ रहे हैं, परन्तु समाज केवल स्त्री को, जिसे उसने दासता के अतिरिक्त और कुछ देना नहीं ़ीखा, प्रलय की उथल-पुथल में भी शिला के समान स्थिर देखना चाहता है। ऐसी स्थिरता मृत्यु का शृंगार हो सकती है, जीवन का नहीं।" (पृ. 148-49)।

हिन्दू समाज में पुरुष प्रभुत्व का सबसे उग्र और छली रूप उसकी नैतिक

व्यवस्था में दिखाई देता है, जिसमें पुरुष सब कुछ करने के लिए स्वतन्त्र है और स्त्री सब कुछ सहने के लिए मजबूर। इस समाज में पुरुष और स्त्री के लिए अलग-अलग नैतिक मानदंड हैं। पुरुष ही उन मानदंडों का निर्माता है। यही नहीं, वह स्त्री की नैतिकता का निर्धारक और निर्णायक भी होता है। हिन्दू समाज की भेदभाव से भरी नैतिक व्यवस्था और उसमें पुरुष के दोहरे आचरण की आलोचना करती हुई महादेवी वर्मा ने आक्रोश के साथ लिखा है कि इस समाज में "किसी भी पुरुष का कैसा भी चारित्रिक पतन उससे सामाजिकता का अधिकार नहीं छीन लेता, उसे गृह-जीवन से निर्वासन नहीं देता, सुसंस्कृत व्यक्तियों में उसका प्रवेश निषिद्ध नहीं बनाता, और धर्म से लेकर राजनीति तक सभी क्षेत्रों में ऊँचे-ऊँचे पदों तक पहुँचने का मार्ग नहीं रोक लेता। साधारणतः महान् दुराचारी पुरुष भी परम सती स्त्री के चरित्र का आलोचक ही नहीं, न्यायकर्त्ता भी बना रहता है।" (पृ. 98)

भारतीय समाज में स्त्री की गुलामी के बन्धनों को कठोर और अकाट्य बनाने में बहुत बड़ी भूमिका धर्म और उसके शास्त्रों की है। उनमें स्त्री की दासता को बढ़ाने वाले केवल आदेश और उपदेश ही नहीं हैं, बल्कि उसको मिथक बनाने की एक पूरी प्रक्रिया है, जिसमें एक ओर उसे सहज अपावन और अवगुणों की खान कहा गया है तो दूसरी ओर पवित्रता, सहनशीलता, त्याग, बलिदान आदि की मूर्ति बनाकर उसकी गुलामी को गौरवान्वित करने की कोशिश की गयी है। रोला बार्थ ने लिखा है, "मिथक में चीजों की ऐतिहासिक विशेषताएँ नष्ट हो जाती हैं और उनके निर्माण से जुड़ी स्मृतियाँ भी खो जाती हैं। पुरुष समुदाय धर्म के माध्यम से स्त्री का मिथकीकरण इसलिए करता है कि वह अपनी ऐतिहासिक स्थिति और अपनी जिन्दगी की वास्तविकताओं की स्मृतियों को ही भूल जाएँ।" सिमोन दी बोउआ ने लिखा है कि नारी का मिथकीकरण शासक जातियों के लिए जितना लाभदायक रहा है उतना कोई और नहीं; क्योंकि वह पुरुष के विशेषाधिकारों को उचित ठहराता है और उनके दुरुपयोग की छूट भी देता है। हिन्दू धर्म और संस्कृति में स्त्री की ऐसी कल्पना की गयी है और धारणा बनायी गयी है कि वह मानवी न रहकर देवी बन जाए और अपने जीवन की पराधीनता को भूलकर पुरुषों के सुख-दुख की चिन्ता करे। भरतीय मिथक परम्परा में धन की देवी लक्ष्मी है, विद्या की सरस्वती और शक्ति की दुर्गा, लेकिन भारतीय समाज में स्त्री धन, विद्या और शक्ति तीनों से वंचित रही है। भारतीय स्त्री को मिथक बनाने और उसे देवी बनाकर पूजने की प्रक्रिया में निहित चालाकी को महादेवी वर्मा जानती हैं, इसलिए उन्होंने लिखा है कि "भारतीय स्त्री के अत्यधिक श्रद्धालु पुजारी भी उसकी निर्जीवता को ही देवत्व का प्रधान अंश मानते रहे और आज भी मान रहे हैं।" (पृ. 106) साथ ही महादेवी वर्मा यह भी कहती हैं कि अब भारतीय स्त्री को अपनी ऐसी स्थिति स्वीकार नहीं है, आज वह 'न घर का अलंकार मात्र बनकर जीवित रहना चाहती है, न देवता की मूर्ति बनकर प्राण-प्रतिष्ठा चाहती है।"

शृंखला की कड़ियाँ में भारतीय स्त्री की पराधीनता की प्रत्येक स्थिति की पहचान है और उससे मुक्ति की राहों की खोज की चिन्ता भी है। भारतीय स्त्री की स्वाधीनता के बारे में महादेवी वर्मा का दृष्टिकोण व्यापक है। वे केवल सम्पन्न और शहरी मध्यवर्ग की स्त्रियों की स्वाधीनता की चिन्ता नहीं करतीं। वे श्रमजीवी समुदाय की स्त्रियों की जागृति और स्वतन्त्रता के बारे में भी सोचती हैं। उन्होंने ठीक ही लिखा है कि कृषक तथा अन्य श्रमजीवी स्त्रियों की जागृति तथा स्वाधीनता के बिना भारतीय स्त्री की मुक्ति का प्रत्येक प्रयत्न अधूरा होगा। महादेवी वर्मा ने एक कदम आगे बढ़कर यह भी लिखा है कि कृषक और अन्य श्रमजीवी स्त्रियों द्वारा श्रम से अर्जित स्वावलम्बन की भावना से प्रेरणा लेकर सम्पन्न और मध्यवर्ग की स्त्रियाँ भी अपनी मुक्ति की राह पर अधिक सहजता से आगे बढ़ सकती हैं।

स्त्री की स्वाधीनता का एक क्षेत्र साहित्य भी है। उसमें वह आत्माभिव्यक्ति के माध्यम से अपनी अस्मिता की पहचान करती है और स्वतन्त्रता की व्यंजना भी। सामाजिक, सांस्कृतिक और मानसिक स्वतन्त्रता के अभाव में सृजन सम्भव नहीं है। यह एक सच्चाई है कि भक्तिकाल से पहले के साहित्य के इतिहास में स्त्री कवियों की रचनाशीलता के बहुत कम प्रमाण मिलते हैं। क्या संस्कृत और प्राकृत साहित्य में स्त्री कवियों की अनुपस्थिति से यह संकेत नहीं मिलता कि वह जिस समाज और संस्कृति की उपज है, उसमें स्त्रियों को आत्माभिव्यक्ति की स्वतन्त्रता बहुत कम थी। यह सब जानते हैं कि संस्कृत नाटकों में स्त्रियों को संस्कृत में संवाद बोलने की स्वतन्त्रता न थी। उन्हें शूद्रों और दासों की तरह प्राकृत में संवाद बोलना पड़ता था। यह नियम साधारण स्त्रियों पर ही नहीं, उच्च वर्ग की स्त्रियों पर भी लागू होता था। क्या नाटकों में स्त्रियों की यह भाषिक स्थिति उनकी सामाजिक और सांस्कृतिक स्थिति का द्योतक नहीं है। संस्कृत मुख्यतः पुरुष-प्रधान संस्कृति की भाषा थी, इसीलिए भक्ति आन्दोलन के समय जब संस्कृत के वर्चस्व से स्वतन्त्र होती मातृभाषाओं में काव्य रचना की शुरुआत हुई, तब स्त्रियों को आत्माभिव्यक्ति का अवसर मिला और बड़ी संख्या में स्त्रियाँ कवि के रूप में सामने आयीं।

महादेवी वर्मा ने 1935 ई. में 'चाँद' के विदुषी अंक के सम्पादकीय के रूप में एक लेख लिखा था—'साहित्य और उसमें स्त्रियों का स्थान।' उस लेख में उन्होंने हिन्दी साहित्य में स्त्रियों की अनुपस्थिति और सीमित सक्रियता के लिए हिन्दी क्षेत्र की सामाजिक रूढ़ियों को उत्तरदायी माना है। उन्होंने 'दीपशिखा' की भूमिका में भी लिखा है कि "भारतीय पुरुष जीवन में नारी का जितना ऋणी है, उतना कृतज्ञ नहीं हो सका। अन्य क्षेत्रों की भाँति साहित्य में उसकी स्वभावगत संकीर्णता का परिचय मिलता रहा है।" स्वयं महादेवी वर्मा ने ऐसी संकीर्णता का अनुभव कई बार किया था।

'शृंखला की कड़ियाँ' में उन्होंने साहित्य के क्षेत्र में स्त्री-पुरुष की समानता पर जोर देते हुए लिखा है कि "यदि पुरुष साहित्य के निर्माण को अपनी जीविका का

साधन बना सकता है तो स्त्री के लिए यह कार्य संकोच का कारण क्यों बनेगा।" उनके अनुसार साहित्य में स्त्रियों के आने से एक ओर "स्त्री के जीवन में अधिक उदारता और संवेदनशीलता आ सकेगी, उसकी मानसिक शक्तियों का अधिक से अधिक विकास होगा" तो दूसरी ओर एक बड़े अभाव की पूर्ति भी होगी क्योंकि "साहित्य यदि स्त्री के सहयोग से शून्य हो तो उसे आधी मानव जाति के प्रतिनिधित्व से शून्य समझना चाहिए।"

आजकल हिन्दी में साहित्य की स्त्री दृष्टि पर बहस हो रही है। उसमें प्रायः पुरुष दृष्टि से भिन्न और स्वतन्त्र स्त्री दृष्टि की आवश्यकता को अस्वीकार करने की कोशिशें दिखाई देती हैं। ऐसा जब वे लोग करते हैं जो साहित्य और समाज में अपनी दृष्टि का वर्चस्व बनाये रखना चाहते हैं, तो उनका उद्देश्य समझ में आता है, लेकिन जब कुछ लेखिकाएँ भी वैसा ही करती हैं तब आश्चर्य होता है। असल में जो लेखिकाएँ पुरुषों का अनुकरण करती हुईं लेखक बनने का प्रयत्न करती हैं, वे ही जाने-अनजाने साहित्य की अद्वैतवादी पुरुष दृष्टि का समर्थन करती हैं और उससे स्वतन्त्र स्त्री दृष्टि का विरोध। इस सदी के पूर्वार्द्ध में, जब भारत में तो क्या पश्चिम में भी साहित्य की स्वतन्त्र स्त्री दृष्टि पर कोई खास बहस नहीं हो रही थी, तब महादेवी वर्मा ने साहित्य में स्त्री दृष्टि की जरूरत पर जोर देकर कहा था कि "पुरुष के द्वारा नारी का चरित्र अधिक आदर्श बन सकता है, परन्तु अधिक सत्य नहीं; विकृति के अधिक निकट पहुँच सकता है, परन्तु यथार्थ के अधिक समीप नहीं। पुरुष के लिए नारीत्व अनुमान है, परन्तु नारी के लिए अनुभव। अतः अपने जीवन का जैसा सजीव चित्र वह हमें दे सकेगी, वैसा पुरुष बहुत साधना के उपरान्त भी शायद ही दे सके।" (पृ. 72) आज भले ही यह कोई बड़ी बात न लगे, लेकिन तीस के दशक के भारतीय समाज और साहित्य में स्त्री की स्थिति को ध्यान में रखिए तो इसका महत्त्व समझ में आएगा।

'शृंखला की कड़ियाँ' में केवल भारतीय स्त्री की पराधीनता और स्वाधीनता पर विचार ही नहीं किया गया है, उसमें एक नयी दृष्टि से मानव समाज के इतिहास-लेखन की बात भी की गयी है। वह दृष्टि ऐसी है कि उसे मूलगामी कहा जा सकता है। मार्क्स ने लिखा है कि मूलगामी होने का अर्थ है किसी बात के मूल को पूरी तरह समझना और मनुष्य के लिए मूल तो मनुष्य ही है। लेकिन जहाँ आदमी का अर्थ पुरुष हो, वहाँ स्त्री की मूलगामिता का लक्ष्य पुरुष की मूलगामिता से अनिवार्यतः अलग होगा। इब्सन ने एक बार कहा था कि "आधुनिक समाज मानव समाज नहीं है, यह केवल पुरुषों का समाज है।" ऐसे समाज में स्त्री के मूलगामी होने का अर्थ है स्त्री दृष्टि से समाज के इतिहास को देखना-समझना। अब तक के इतिहास-लेखन में मनुष्य का अर्थ पुरुष ही रहा है, इसलिए अब स्त्री अपनी दृष्टि से समाज और संस्कृति के इतिहास को देखना-समझना चाहती है। महादेवी वर्मा

भी स्त्री दृष्टि से ही समाज के इतिहास को देखने की माँग करती हैं। वे मानती हैं कि "स्त्री की स्थिति समाज का विकास मापने का मानदंड कही जा सकती है।"

महादेवी वर्मा ने लिखा है कि "समाज की दो आधारशिलाएँ हैं, अर्थ का विभाजन और स्त्री-पुरुष का सम्बन्ध। इनमें से यदि एक की भी स्थिति में विषमता उत्पन्न होने लगती है तो समाज का सम्पूर्ण प्रासाद हिले बिना नहीं रह सकता।'' समाज के आर्थिक आधार को ध्यान में रखकर मार्क्स ने मानव-समाज के इतिहास-लेखन की जो दृष्टि निर्मित की थी, उसका उपयोग करते हुए मार्क्सवादियों ने विभिन्न मानव-समाजों का इतिहास लिखा है। लेकिन उन इतिहासों में समाज की दूसरी आधारशिला—स्त्री-पुरुष सम्बन्ध—की उपेक्षा हुई है। मार्क्सवादी इतिहास-लेखन में व्यक्तिगत सम्पत्ति से जुड़ी हुई अधिकार भावना की बात होती है, लेकिन वह अधिकार भावना जिस तरह स्त्री की गुलामी का कारण बनती है, उसकी कम ही चर्चा हुई है। सच्चाई यह है कि वह अधिकार भावना ही स्त्री की गुलामी का मूल कारण है। महादेवी वर्मा ठीक ही कहती हैं कि "एक बार पुरुष के अधिकार की परिधि में पैर रख देने के पश्चात् जीवन में तो क्या मृत्यु में भी वह (स्त्री) स्वतन्त्र नहीं।" व्यक्तिगत अधिकार भावना जब मनुष्य की चेतना में रच-बस जाती है, तब व्यक्तिगत सम्पत्ति के अन्त के बाद भी वह समाप्त नहीं होती। यही कारण है कि भूतपूर्व समाजवादी व्यवस्थाओं में व्यक्तिगत सम्पत्ति के अन्त की घोषणा के बावजूद न तो पुरुष की अधिकार भावना का पूरी तरह अन्त हुआ था और न स्त्री की गुलामी का।

महादेवी वर्मा ने जिस मूलगामी दृष्टि से समाज के इतिहास के पुनर्लेखन की माँग की है, उसी दृष्टि से युद्ध और नारी के सम्बन्ध पर भी विचार किया है। उन्होंने लिखा है कि "स्त्री पुरुष के दृष्टिकोण से युद्ध को देख नहीं सकती;" क्योंकि 'महाभारत' से लेकर आज तक के युद्धों का इतिहास गवाह है कि प्रत्येक युद्ध में स्त्री पुरुष की बर्बरता का शिकार हुई है, उसका शरीर तथा मन रणभूमि की तरह रौंदे गये हैं और वह सामूहिक बलात्कार से लेकर वेश्या बनने तक के लिए मजबूर की जाती रही है।

महादेवी वर्मा ने जब 'युद्ध और नारी' शीर्षक निबन्ध लिखा था, तब दूसरे विश्वयुद्ध की तैयारी हो रही थी और दुनियाभर में राष्ट्रवाद का हुंकार सुनाई पड़ रहा था। उस समय महादेवी वर्मा ने युद्ध के सन्दर्भ में स्त्री की चिन्ता और स्थिति का विवेचन किया था।

उस दौर के राष्ट्रवादी उन्माद के परिणाम-स्वरूप जो दूसरा विश्वयुद्ध हुआ, उसमें स्त्रियों की कैसी दुर्दशा हुई—यह जानना हो तो जापान से पराजित देशों की उन स्त्रियों की व्यथा-कथा सुनना-पढ़ना पर्याप्त होगा, जिन्हें जापानी सेना की भाषा में 'आरामदेह औरतें' कहा जाता था। जापानी सैनिकों की यौन भूख मिटाने के लिए जापान, चीन, कोरिया, इंडोनेशिया आदि देशों से जबरदस्ती लायी गयी लगभग दो लाख

औरतों को वेश्या बनने के लिए मजबूर किया गया था। उन्हें ही 'आरामदेह औरतें' कहा जाता था। आज वे औरतें अपने साथ हुए अन्याय और अत्याचार के विरुद्ध आवाज उठा रही हैं।

युद्ध में हमेशा मानवाधिकारों का हनन होता है, लेकिन सबसे अधिक स्त्रियों के अस्तित्व, व्यक्तित्व और मानवीय अधिकारों का। दुनिया भर की पितृसत्तात्मक व्यवस्था के अन्तर्गत युद्ध में स्त्री की दो ही मुख्य भूमिकाएँ रही हैं; एक तो सैनिक पैदा करने वाली माता की और दूसरी सैनिकों की यौन भूख मिटानेवाली वेश्या की। इसीलिए महादेवी वर्मा ने युद्ध को पूरी तरह स्त्री विरोधी मानते हुए लिखा है कि युद्धकाल में स्त्री सम्पूर्ण स्त्री कभी नहीं बन सकती, उसके गुणों का चरम विकास समाज के शान्तिमय वातावरण में ही सम्भव है।

'शृंखला की कड़ियाँ' में महादेवी वर्मा भारतीय स्त्री की मुक्ति के लिए ऐसी स्त्री दृष्टि का विकास चाहती हैं जो न पुरुष दृष्टि के पीछे-पीछे चले और न पुरुष दृष्टि बनने की कोशिश करे। भारतीय समाज में सबसे अधिक संख्या उन स्त्रियों की है जो पुरुष सत्ता के सर्वाधिकारवादी प्रभाव के कारण अपना व्यक्तित्व और विवेक खोकर पुरुष की छाया मात्र बन गयी हैं। पुरुष उनके आत्मबोध और जगत बोध का निर्माता ही नहीं, नियन्ता भी होता है। ऐसी स्थिति में वे स्वयं को पुरुष की दृष्टि से देखती हैं और उसकी आकांक्षा की मूर्ति बनना चाहती है। दूसरी ओर वे स्त्रियाँ हैं जो नारी जागरण के आन्दोलन के फलस्वरूप अपनी मुक्ति पुरुष बनने में समझती हैं। वे समाज और संस्कृति को पुरुष की दृष्टि से देखना चाहती है। महादेवी वर्मा इन दोनों दृष्टियों को गलत मानती हैं। वे ऐसी स्त्री दृष्टि का समर्थन करती हैं जो स्त्री को अपनी अस्मिता की पहचान, विवेक के विकास और नारीत्व की शक्ति की समझ पैदा करने में सहायक हो ताकि स्त्री अपने स्वत्व की रक्षा कर सके।

भारतीय समाज में स्त्री की पारधीनता केवल लिंगभेद तक ही सीमित नहीं है, उसका सम्बन्ध वर्गगत और वर्णगत विषमता से भी है। भारतीय स्त्री की मुक्ति पुरुष बनने की कोशिश से सम्भव नहीं है, उसके लिए वर्गगत और वर्णगत विषमता का अन्त जरूरी है। अपनी मुक्ति के लिए पुरुष बनने की कोशिश में लगी स्त्री की विडम्बनापूर्ण और दुखभरी स्थिति की अभिव्यक्ति रघुवीर सहाय की कविता 'चेहरा' में है :

यह चेहरा एक लड़के जैसा हो चला है
शायद यह लड़की की बन्धन से मुक्ति का पहला उपाय है
पर लड़के-सा चेहरा अपने में कुछ नहीं
उसके संग कीमती कपड़े और अंग्रेजी चाहिए
मगर यह लड़की गरीब घर की है
वह स्वीकृत वर्ग में शामिल होना चाहती है

और उस वर्ग की लड़कियाँ जो लड़का बनती हैं
उनकी तरह बनने की इसकी कोशिश, एक दुखभरी कोशिश है
क्योंकि वह चेहरा बदलकर अपने वर्ग का ही लड़का बनेगी
एक कहीं और अधिक लाचार व्यक्ति एक तरसी हुई सहमी हुई
असहाय लड़की।

महादेवी वर्मा ने 'शृंखला की कड़ियाँ' के माध्यम से स्त्री विमर्श को नये विचार ही नहीं, नयी भाषा भी दी है। हिन्दी में स्त्रियों के बारे में सरस चर्चा करना तो सरल है, लेकिन गम्भीर विचार-विमर्श करना कठिन; क्योंकि भारतीय समाज में जो पुरुष वर्चस्व है, उसका प्रभाव हिन्दी भाषा के स्वभाव पर भी है, इसीलिए वह स्त्री विमर्श के लिए अपर्याप्त लगती है। हिन्दी में स्त्रियों से सम्बन्धित ऐसे अनेक शब्द हैं जिनका कोई पुलिंग नहीं है। उदाहरण के लिए हिन्दी में 'सती' शब्द है, लेकिन उसका पुलिंग नहीं। वैसे ही 'वंध्या' है, लेकिन उसका भी कोई पुलिंग नहीं। हिन्दी में ऐसे शब्दों के न होने का अर्थ है हिन्दी समाज, उसकी संवेदना और संस्कृति में पुरुष सम्बन्धी अनेक स्थितियों का अस्वीकार। जहाँ भाषा में प्रतिपक्ष अनुपस्थित होता है, वहाँ न विवाद सम्भव है और न संवाद। ऐसी भाषा में स्त्री की पराधीनता और स्वाधीनता के प्रश्न पर विचार करना कितना कठिन होगा, यह अनुमान किया जा सकता है। लेकिन महादेवी वर्मा ने इन कठिनाइयों के बावजूद भारतीय स्त्री के जीवन की वास्तविकताओं और उसकी स्वतन्त्रता की सम्भावनाओं के बारे में विचार-विमर्श के लायक भाषा का विकास किया है।

'शृंखला की कड़ियाँ' का प्रकाशन हिन्दी में स्त्रीवादी चिन्तन के इतिहास की एक महत्त्वपूर्ण घटना है, लेकिन उसके ग्रहण और मूल्यांकन का इतिहास निराशाजनक है। यह एक तरह से हिन्दी में स्त्री प्रश्न पर चिन्तन की दुर्दशा का द्योतक है। 'शृंखला की कड़ियाँ' जब छपी थी, तब से आज तक उसकी चर्चा कम हुई है और उपेक्षा अधिक। 1946 ई. में अमृतराय का 'हंस' में एक लेख छपा था 'गद्यकार महादेवी और नारी समस्या'। उसमें 'शृंखला की कड़ियाँ' के महत्त्व की पहचान है। उसके बाद से आज तक उसका जहाँ-तहाँ केवल उल्लेख मिलता है, कोई व्यवस्थित मूल्यांकन नहीं। यह स्थिति चकित करने वाली है। जो समाज और साहित्य में स्त्री की स्वतन्त्रता की बात सुनकर बिदकते हैं, वे यदि 'शृंखला की कड़ियाँ' की उपेक्षा करें तो कोई आश्चर्य नहीं, परन्तु जो स्त्री की स्वाधीनता का समर्थन करते हैं और उसके लिए आन्दोलन चलाते हैं, वे भी जब 'शृंखला की कड़ियाँ' को याद नहीं करते, तब आश्चर्य और क्षोभ होता है, जबकि उसके प्रत्येक पन्ने पर भारतीय स्त्री की पराधीनता की चिन्ता और स्वाधीनता की माँग है।

ऐसा लगता है कि नारीवादी और अन्य लेखिकाएँ भी 'शृंखला की कड़ियाँ' के महत्त्व से पूरी तरह परिचित नहीं हैं। वे सिमोन द बोउआ की किताब पढ़ती हैं,

लेकिन 'शृंखला की कड़ियाँ' नहीं, क्योंकि वह हिन्दी में लिखी है, फ्रेंच या अंग्रेजी में नहीं।

'शृंखला की कड़ियाँ' का महत्त्व केवल ऐतिहासिक नहीं है। वह आज भी प्रासंगिक है। उसमें भारतीय स्त्री को गुलाम बनाने वाली आर्थिक, सामाजिक और धार्मिक प्रक्रियाओं से निर्मित जिस जटिल व्यवस्था की कार्यपद्धति के विभिन्न रूपों का विश्लेषण है, वह आज भी सक्रिय है। 'वह (व्यवस्था) मनुष्य को न नष्ट कर उसकी मनुष्यता को नष्ट करती है,' इसलिए उसका शिकार व्यक्ति तथा समुदाय अपनी गुलामी को ही अपना धर्म और संस्कृति मानने लगता है। उस व्यवस्था की गतिविधियों को समझने और उसके विरुद्ध आलोचनात्मक चेतना विकसित करने में 'शृंखला की कड़ियाँ' आज भी भारतीय स्त्री की मदद कर सकती है।

प्रेमचन्द के किसानों की यातना

मुक्तिबोध ने लिखा है कि प्रेमचन्द का कथा-साहित्य अपने पाठकों को समाजोन्मुख बनाता है और आत्मोन्मुख भी। जब वह समाजोन्मुख बनाता है तब अपने समय के समाज की समीक्षा करने के लिए प्रेरित करता है और जब आत्मोन्मुख बनाता है तब आत्मविश्लेषण और आत्मालोचन की भावना पैदा करता है। आज इन दोनों प्रवृत्तियों की जरूरत है। आज के साहित्य में समाज की समीक्षा तो थोड़ी-बहुत है, लेकिन आत्मालोचन का लगभग अभाव है।

आज के समय में प्रेमचन्द को याद करने का लक्ष्य क्या है? एक लक्ष्य तो यही हो सकता है कि हम अपने समाज के बारे में सोचने की प्रेरणा प्रेमचन्द से प्राप्त करें। सोचने वाले भी कई तरह के होते हैं। कुछ लोग सोचने के लिए सोचते हैं तो कुछ दूसरे लोग नया कुछ करने के लिए सोचते हैं। कुछ ऐसे लोग भी होते हैं जो किये हुए पर सोचते हैं। आज के समय में जो करना है उस पर सोचना अधिक जरूरी है, न कि जो किया गया है उसी के बारे में सोचते रहना।

प्रायः दुनिया का महान साहित्य वही है जिसमें किसी-न-किसी रूप में मनुष्य की यातना की अभिव्यक्ति हुई है। पुराने साहित्य के बारे में यह बात पूरी तरह सच हो या न हो, लेकिन आधुनिक साहित्य के बारे में यही सच है। टॉमस हार्डी ने ठीक ही लिखा था कि, "जीवन दुखों का एक लम्बा नाटक है, जिसमें सुख के एकाध दृश्य होते हैं।" सच्चा लेखक सुख के एकाध दृश्यों में रमने के बदले दुख के लम्बे नाटक की सर्जनात्मक यात्रा करना पसन्द करता है। प्रेमचन्द ऐसे ही लेखक हैं।

प्रेमचन्द मुख्यतः जन-जीवन की यातना के कथाकार हैं। उन्होंने अपने उपन्यासों और कहानियों को जन-जीवन की अभिव्यक्ति का माध्यम बनाया है, इसलिए वे बाल्जॉक और तॉलस्ताय की परम्परा के कथाकार माने जाते हैं। उन्होंने उर्दू और हिन्दी कथा-साहित्य में किसानों, दलितों और स्त्रियों की यातनाओं की जैसी अभिव्यक्ति की है, वैसी न उनके पहले हुई थी और न उनके बाद हुई है। वे एक ओर ब्रिटिश औपनिवेशिक शोषण तथा दमन और दूसरी ओर देशी सामन्तवाद की लूट तथा पराधीनता से उपजी यातनाओं के कथाकार हैं। प्रेमचन्द की रचनाओं को पढ़कर उस समय के जन-जीवन की यातना का जितना ज्ञान और जैसा अनुभव प्राप्त

होता है, वैसा हिन्दी-उर्दू के किसी अन्य लेखक की रचनाओं को पढ़कर नहीं होता।

प्रेमचन्द उत्तर भारत के, विशेषतः हिन्दी क्षेत्र के ग्रामीण जन-जीवन की त्रासदियों के कथाकार हैं। उन त्रासदियों का एक कारण, कार्ल मार्क्स के शब्दों में 'अंग्रेजी राज के विनाशकारी प्रभाव से उपजा गम्भीर अवसाद' है तो दूसरा कारण युगों पुराने भारतीय समाज की संरचना में मौजूद वर्ण-व्यवस्था और पुरुष सत्ता की गुलामी के शिकार दलितों और स्त्रियों की अन्तहीन यातना है। प्रेमचन्द की महत्त्वपूर्ण रचनाएँ वही हैं जो ट्रैजेडी के रूप में लिखी गयी हैं। उनमें एक ओर 'रंगभूमि' 'निर्मला' और 'गोदान' जैसे उपन्यास हैं तो दूसरी ओर 'सद्‌गति', 'ठाकुर का कुआँ', 'सवा सेर गेहूँ', 'बलिदान' और 'कफन' जैसी कहानियाँ हैं। प्रेमचन्द के जिन उपन्यासों का अन्त आदर्शवादी और सुखद है, उनके भीतर भी किसानों, दलितों और स्त्रियाँ की यातनाओं और दुखों का ही विस्तार है। यही स्थिति 'प्रेमाश्रम' और 'सेवासदन' की है।

प्रेमचन्द ने अपने कथा-साहित्य में भारतीय समाज के जिन तीन समुदायों की निराशा, वेदना और यातना की अभिव्यक्ति की है, वे हैं—किसान, स्त्रियाँ और दलित। मैं इनमें से केवल किसानों की यातना के बारे में प्रेमचन्द को याद करते हुए और आज के भारतीय समाज में किसानों की वास्तविक स्थिति को ध्यान में रखकर कुछ बातें आपके सामने रखना चाहता हूँ।

किसानों से प्रेमचन्द का लगाव जगजाहिर है। उन्होंने केवल किसानों की यातना, संघर्ष और स्वप्नों का आख्यान ही नहीं रचा है, बल्कि उनका एक पत्रकार और विचारक के रूप में गम्भीर विश्लेषण भी किया है। 1935 के एक साक्षात्कार में प्रेमचन्द ने कहा था, "मेरा बचपन गाँव में ही बीता और 1907 से 1914 के सात वर्षों मैं गाँव-गाँव घूमता रहा, इसलिए मुझे किसानों के प्रति आत्मीयता का अनुभव होता है। उनके सुख-दुख में मैं समरस हो सकता हूँ।" किसानों से गहरी सहानुभूति के कारण प्रेमचन्द उनके दुख-दर्द की कथा लिखते थे और दूसरों को भी किसान-जीवन पर लिखने की सलाह देते थे। उर्दू के एक लेखक इकबाल बहादुर देवसरे ने लिखा है कि एक मुलाकात में प्रेमचन्द ने उनसे कहा था, "आप रियासत में हैं। वहाँ किसानों का बुरा हाल है। जमींदार और साहूकार उन्हें चूस रहे हैं। उनकी हालत को सुधारना चाहिए। आप उनकी कुछ कहानियाँ लिखिए। ऐसे शोषितों की रक्षा में हम लेखकों को बड़ी अहम भूमिका निभानी है।" ऐसा सोचने वाले आज कितने लेखक हिन्दी में हैं।

जब किसी व्यक्ति की यातना बेहद बढ़ जाती है, याकि हद से गुजर जाती है, वह आत्महत्या करता है। प्रेमचन्द की एक कहानी 'बलिदान' का किसान गिरधारी आत्महत्या करता है और प्रेत बनकर अपने खेत के चारों ओर मँडराया करता है। 'पूस की रात' का हल्कू आत्महत्या तो नहीं करता, लेकिन अपनी आत्मा की हत्या

जरूर करता है। एक किसान के लिए खेती से मजबूरी में मुँह मोड़ना अपनी आत्मा की हत्या करना ही है। ये सब पूँजीवाद के भूमण्डलीकरण के पहले दौर के परिणाम स्वरूप पैदा हुए उपनिवेशवाद के किसान-जीवन पर पड़ने वाले प्रभावों के कुछ प्रमाण हैं जो प्रेमचन्द के कथा-साहित्य में मिलते हैं। सम्भव है, ऐसे और भी अनेक प्रमाण उनके कथा-साहित्य में मौजूद हों। आज पूँजीवाद के भूमण्डलीकरण के दूसरे दौर में भारत के करीब 40 हजार से अधिक किसान आत्महत्या कर चुके हैं। किसानों की आत्महत्याओं की खबरें रोज-रोज अखबारों में छप रही हैं।

भारत में इतने बड़े पैमाने पर किसानों की आत्महत्या के प्रसंग में कुछ बातों पर ध्यान देना जरूरी है:

1. भारतीय समाज के इतिहास से यह मालूम होता है कि यहाँ के किसानों ने इतिहास के लम्बे दौर में अनेक प्रकार की समस्याओं का सामना किया है और उन समस्याओं का कोई-न-कोई समाधान भी खोजा है, पर कभी भी इतनी बड़ी संख्या में आत्महत्या नहीं की है, अंग्रेजी राज के समय में भी नहीं।

2. किसानों की आत्महत्या का सबसे बड़ा कारण है, किसानों पर कर्ज का असह्य बोझ। राष्ट्रीय नमूना सर्वेक्षण संगठन के हाल के अध्ययन में कहा गया है कि देश पर कुल एक लाख संतहत्तर हजार करोड़ रुपये का कर्ज है जिसमें से ग्रामीण परिवारों के लिए कर्ज की हिस्सेदारी 63 प्रतिशत है। इसका अर्थ यह हुआ कि ग्रामीण भारत कर्ज के बोझ तले दबा हुआ है। अर्थशास्त्रियों को यह भी पता लगाना चाहिए कि इस कर्ज में से कितना ग्रामीण भारत पर खर्च हुआ है।

3. सबसे अधिक किसानों ने आत्महत्याएँ उन राज्यों में की हैं जहाँ कभी हरित क्रान्ति आयी थी और फिर भूमण्डलीकरण आया। ये राज्य हैं—आन्ध्र, कर्नाटक, केरल, महाराष्ट्र और पंजाब आदि। किसानों की आत्महत्या के लिए पूँजीवाद के बेरोकटोक विस्तार की सरकारी नीतियाँ जिम्मेवार हैं।

4. जिन सरकारों की आर्थिक और कृषि सम्बन्धी नीतियों के कारण इतने बड़े पैमाने पर किसानों को आत्महत्या करने के लिए मजबूर होना पड़ा है, उन्हें जनसंहार का अपराधी मानना चाहिए।

5. यह भी ध्यान देने लायक बात है कि आत्महत्या खेतिहर मजदूर या बहुत गरीब किसान नहीं कर रहे हैं, बल्कि वे किसान कर रहे हैं जो पहले सुखी जीवन बिता रहे थे। पर बाद में अलाभकर खेती और कर्ज के असह्य बोझ से दब गये। शिवपूजन सहाय ने ठीक ही लिखा था कि "सचमुच अमीरी की कब्र पर पनपी हुई गरीबी बड़ी ही जहरीली होती है।"

एन.डी.टी.वी. की एक रिपोर्ट के अनुसार, महाराष्ट्र के अमरावती जिले के किसानों के पास बेचने को कुछ नहीं बचा है। इसलिए वे अपना खून और किडनी बेचकर जी रहे हैं या मर रहे हैं।

हमारे देश में एक और समुदाय है जो बेहद यातना में है। उस पर न प्रेमचन्द ने ध्यान दिया है और न आज के हिन्दी लेखक पर्याप्त ध्यान दे रहे हैं। वह समुदाय है आदिवासियों का, जो अंग्रेजी राज से लेकर आज तक आन्तरिक उपनिवेशवाद का शिकार रहा है। 'नर्मदा बचाओ आन्दोलन' के कारण नर्मदा की घाटी में बसने वाले आदिवासियों की बदहाली से हम सब परिचित हैं। 2 जनवरी 2006 को उड़ीसा के कलिंग नगर में टाटा और उड़ीसा सरकार ने मिलकर 12 आदिवासियों की हत्या कर दी। आदिवासियों की तबाही और दमन का सिलसिला झारखण्ड, मध्यप्रदेश, छत्तीसगढ़ और महाराष्ट्र में चल रहा है। 17 जुलाई, 2006 को जनसत्ता में एक खबर छपी है, जिसके अनुसार मध्यप्रदेश के छतरपुर जिले के ढोढन गाँव के आदिवासियों ने मुख्यमन्त्री को पत्र लिखकर सामूहिक रूप से आत्महत्या करने की अनुमति माँगी है। लगता है कि उत्तर-आधुनिक होने के लिए आदमी की मौत आवश्यक है, वह चाहे हत्या के रूप में हो या आत्महत्या के।

किसानों और आदिवासियों की हत्या और आत्महत्या की ये स्थितियाँ पूँजीवाद के प्रसार का परिणाम हैं। मार्क्स ने ठीक ही कहा था कि, पूँजीवादी सभ्यता की दो विशेषताएँ हैं—अथाह पाखण्ड और अनन्त बर्बरता। यह व्यवस्था मुट्ठी भर पूँजीपतियों को सुख देती है, बड़ी संख्या में मध्यवर्ग को सुख का भ्रम देती है और बाकी असंख्य किसानों, मजदूरों और आदिवासियों को दुख, निराशा और यातना देकर आत्महत्या के लिए मजबूर करती है। ऐसी व्यवस्था की आलोचना करने के लिए किसी को मार्क्सवादी बनने की आवश्यकता नहीं है। बस केवल मानवीय होना ही काफी है।

आर्थिक उदारीकरण के नाम पर पूँजीवाद के विस्तार के कारण भारत के किसानों के सामने एक और खतरा मँडरा रहा है। कुछ राज्यों की सरकारें बहुराष्ट्रीय कम्पनियों को ठेके पर जमीन देकर खेती करवाने का विचार कर रही हैं। ये सरकारें यह नहीं समझतीं कि इस प्रक्रिया में खेती की भारतीय प्रणाली ही पूरी तरह नष्ट हो जाएगी और किसान किसान नहीं रह जाएँगे। कृषि का जीवन-पद्धति और संस्कृति से गहरा रिश्ता होता है। ठेके पर खेती की प्रणाली शुरू होने पर भारतीय किसानों की जीवन-पद्धति और संस्कृति के भी नष्ट हो जाने का खतरा है।

किसान आन्दोलन के महान नेता स्वामी सहजानन्द सरस्वती ने हजारीबाग जेल में रहते हुए 4 अप्रैल, 1941 को लिखा था, "अगर यही हालत बनी रही तो कम-बेश सत्तर साल बीतते-न-बीतते सभी किसान बिना जमीन के हो जाएँगे।" स्वामी सहजानन्द पूँजीवाद के भूमण्डलीकरण के पहले दौर में किसानों की तबाही और बर्बादी के आधार पर यह भविष्यवाणी कर रहे थे। लगता है कि पूँजीवाद के भूमण्डलीकरण के वर्तमान दौर में उनकी भविष्यवाणी सच होने वाली है। ऐसे में किसानों के सामने दो ही रास्ते हैं। वे या तो खेती करना छोड़ दें या सरकार के विरुद्ध विद्रोह करें। तीसरा रास्ता तो आत्महत्या का ही बचता है। सवाल यह है कि

भूमण्डलीकरण के परिणाम स्वरूप बनने वाली नयी विश्व-व्यवस्था में भारतीय किसानों का क्या कोई भविष्य नहीं है?

जिस समाज में एक समुदाय के लोग इतनी बड़ी संख्या में आत्महत्या करें, वह समाज बीमार होगा। इस भयावह बीमारी से समाज को बचाने और मनुष्य तथा मनुष्यता की रक्षा करने के लिए समाज का मूलगामी रूपान्तरण जरूरी है, लेकिन ऐसा कैसे होगा? जब सभी लोग बाजार का संगीत सुनने में व्यस्त हों, तब मनुष्यता की पुकार कौन सुनेगा?

मैं एक सवाल आपके सामने रखना चाहता हूँ जो मेरे सामने भी मुँह बाये खड़ा है। प्रेमचन्द ने अपने समय और समाज के किसानों की यातना को वाणी दी थी, उनकी कथा कही थी। लेकिन क्या आज हिन्दी के कथाकार और उपन्यासकार किसानों की आज की यातना की अभिव्यक्ति कर रहे हैं? इतने बड़े पैमाने पर किसानों की आत्महत्या के बावजूद इस त्रासदी पर कोई अच्छी कहानी अब तक लिखी गयी नहीं लगती। आखिर आज के कथाकार किसानों की आज की यातना के बारे में उदासीन क्यों हैं? इस उदासीनता का एक कारण आज के कथाकारों का किसान-जीवन से अपरिचय तो नहीं है। कहीं ऐसा तो नहीं है कि वे आधुनिक होने के पहले ही उत्तर-आधुनिक हो गये हैं!

कहा जाता है कि लेखक दूसरों से अधिक संवेदनशील और सूक्ष्मदर्शी होते हैं। प्रेमचन्द का कथा-साहित्य यह साबित भी करता है। प्रेमचन्द ने यह भी कहा था कि साहित्य राजनीति के आगे चलने वाली मशाल दिखाने वाली सच्चाई है। आज के अनेक लेखक यद्यपि प्रेमचन्द के इस कथन को दुहराते हैं, लेकिन उनके साहित्य से प्रेमचन्द के इस कथन का कोई रिश्ता नहीं बनता। आखिर ऐसा क्यों है?

एक रिपोर्ट के अनुसार आर्थिक उदारीकरण के फलस्वरूप 2005 तक देश में 83 हजार लोग करोड़पति बन चुके हैं। इसी बीच चालीस हजार किसानों ने आत्महत्या की है। जाहिर है जो समय भारतीय समाज के पूँजीपति वर्ग के लिए चमकने का है, वही किसानों, मजदूरों और आदिवासियों के लिए अँधेरे का है।

मुझे ब्रेष्ट की एक कविता याद आ रही है। कविता का शीर्षक है, 'अँधेरे समय में'। इस कविता की आखिरी दो पंक्तियाँ हैं :

वे नहीं कहेंगे कि समय अँधेरे का था
वे पूछेंगे उस समय के कवि चुप्प क्यों थे।

यह प्रश्न भविष्य में कवियों से ही नहीं, कथाकारों से भी पूछा जाएगा।

भारत में किसानों की आत्महत्या

प्रायः सत्ता के सेवक बुद्धिजीवी ऐसे लोक लुभावन नारे गढ़ते रहते हैं जो एक ओर सत्ता के कामों और इरादों के सच को छुपाएँ और दूसरी ओर जनता को भ्रमों में जीने-मरने के लिए उकसाएँ। केन्द्र में जब राष्ट्रीय लोकतान्त्रिक गठबन्धन की सरकार थी तब ऐसा ही एक नारा गढ़ा गया था—चमकता भारत। उस नारे की असलियत जनता जानती थी। उसका प्रमाण मिला आम चुनाव में। जब केन्द्र में संयुक्त प्रगतिशील गठबन्धन की सरकार आयी है तब एक नया सरकारी नारा उछाला गया—अतुल्य भारत। जैसे चमकता भारत शाइनिंग इंडिया का अनुवाद था वैसे ही अतुल्य भारतं इनक्रेडल इंडिया का अनुवाद है। सरकार के सारे नारे पहले अंग्रेजी में बनते हैं, फिर उनका हिन्दी अनुवाद होता है। संयुक्त प्रगतिशील गठबन्धन की सरकार के लिए नारा गढ़ने वालों ने सम्भवतः इस बात पर ध्यान नहीं दिया कि इनक्रेडबल का एक अर्थ अतुल्य होगा तो दूसरा अविश्वसनीय और तीसरा सन्देहास्पद भी होगा। शब्द में अर्थ कर्म से आते हैं और जाते भी हैं। संयुक्त प्रगतिशील गठबन्धन की सरकार के जो कर्म हैं वे साबित करते हैं कि इनक्रेडबल का अर्थ अतुल्य नहीं, अविश्वसनीय है।

अगर वर्तमान भारत अतुल्य है तो किस सन्दर्भ, प्रसंग और रूप में? एक बात है जिसमें वर्तमान भारत अतुल्य है। वह है पिछले सोलह वर्षों में दो लाख छप्पन हजार नौ सौ तेरह भारतीय किसानों की आत्महत्या। यह आँकड़ा पी. साईनाथ के उस लेख में है जो 29 अक्तूबर 2011 के 'द हिन्दू' अखबार में छपा था। भारत में हर रोज किसान आत्महत्या कर रहे हैं। किसानों की आत्महत्या की जो गति है उसे देखते हुए यह अनुमान अतिरंजित नहीं होगा कि अब तक आत्महत्या करने वाले किसानों की संख्या दो लाख साठ हजार से बहुत अधिक हो गयी होगी। पी. साईंनाथ के लेख में किसानों की आत्महत्या का जो आँकड़ा है वह भारत सरकार के राष्ट्रीय अपराध रिकॉर्ड ब्यूरो (एन. सी.आर.बी.) द्वारा प्रस्तुत किया गया है। जाहिर है कि किसानों की आत्महत्या की वास्तविक संख्या इससे बहुत अधिक होगी, जो अनेक कारणों से इन आँकड़ों में शामिल नहीं है। किसानों की आत्महत्या के इस आँकड़े में सोलह वर्षों का अर्थ है 1995 से 2010 तक। इन वर्षों में प्रति वर्ष किसानों की आत्महत्या की संख्या पर ध्यान दीजिए

तो यह मालूम होगा कि आत्महत्या की संख्या प्रतिवर्ष लगातार बढ़ रही है। 1995 में 10720 किसानों ने आत्महत्या की तो 2010 में 15960 किसानों ने। 1995 से 2000 तक के वर्ष वही हैं जिनमें देश में नव उदारवादी आर्थिक नीतियाँ लागू की गयीं। यह वही समय है जब से पूँजीवाद का सर्वग्रासी अभियान भारत में तेजी से चला है। जैसे-जैसे वह अभियान उग्र और आक्रामक होता गया है वैसे-वैसे आत्महत्या करने वाले किसानों की संख्या बढ़ती गयी।

पी. साईंनाथ के उसी लेख से यह भी साबित होता है कि देश के जो प्रदेश पूँजीवादी अभियान में दूसरे प्रदेशों से आगे हैं और जहाँ पहले हरित क्रान्ति हुई थी वहीं सबसे अधिक किसानों ने आत्महत्या की है। ये प्रदेश हैं—महाराष्ट्र, आन्ध्र प्रदेश, कर्नाटक, मध्य प्रदेश और छत्तीसगढ़। एक और लेख में पी. साईंनाथ ने कुछ दूसरे प्रदेशों में भी किसानों की आत्महत्या का ब्योरा दिया है। इस दूसरे लेख में 1995 से 2010 के बीच असम, केरल, तमिलनाडु, उत्तर प्रदेश और पश्चिम बंगाल के किसानों की आत्महत्या के आँकड़े हैं। विभिन्न प्रदेशों में पिछले सोलह वर्षों में किसानों के आत्महत्या के इन आँकड़ों से यह स्पष्ट है कि पूरे देश के किसान पूँजीवादी विकास के आक्रमण से सर्वनाश के करीब हैं।

पिछले बीस वर्षों में जितनी बड़ी संख्या में भारत के किसानों ने आत्महत्या की है वह भारत के इतिहास में ही नहीं पूरे मानव समाज के इतिहास में अपूर्व है। इससे यह भी साबित होता है कि किसानों के आत्महत्या के प्रसंग में भारत अतुल्य है। यही एक ऐसा सन्दर्भ है जिसमें अतुल्य भारत का नारा सही साबित हुआ है। इतनी बड़ी संख्या में किसानों की आत्महत्या को राष्ट्रीय शोक या राष्ट्रीय शर्म के रूप में स्वीकार करना मानवीय सभ्यता की माँग है, पर न देश की किसी सरकार ने और न किसी प्रदेश की सरकार ने इसे शोक और शर्म के रूप में स्वीकार किया है। 1853 के एक लेख में कार्ल मार्क्स ने बुर्जुआ सभ्यता की जिन दो विशेषताओं का उल्लेख किया था वे हैं अथाह पाखण्ड और जन्मजात बर्बरता। भारत की सरकारों ने किसानों की आत्महत्या के प्रसंग में अपने व्यवहार से मार्क्स के उस कथन को सच साबित किया है।

एक बड़ा सवाल है कि आखिर इतनी बड़ी संख्या में भारत के किसानों ने आत्महत्या क्यों की। 1990-91 से देश में नव उदारवादी आर्थिक नीतियों के कारण भारत की कृषि जिस संकट में फँसी है उसका विश्लेषण करते हुए नवम्बर-दिसम्बर, 2011 के 'फिलहाल' के सम्पादकीय में कहा गया है कि "1990-91 तक देश के मुश्किल से एक तिहाई फसली क्षेत्र पर ही सिंचाई की सुविधा मौजूद थी। ऐसे में नव उदारवादी नीतियों के तहत खेती में पूँजी निवेश और कम किया गया, बैंकिंग सुधारों के नाम पर खेती के लिए सांस्थानिक कर्ज के स्रोत सूख गये। खेती पर राजकीय इमदाद (सब्सिडी) कम किया गया, इससे

खेती की लागत बढ़ती गयी, फिर 1995 में कायम विश्व व्यापार संगठन की शर्तों के मुताबिक खेती में विदेशी व्यापार को बढ़ावा दिया, इससे खेतिहर पैदावार के बाजार भावों में भारी गिरावट आयी, खासकर कपास, काली मिर्च, कॉफी जैसी फसलों के भावों में। इन सबका नतीजा हुआ कि पहले ही लचर और कमजोर खेतिहर आर्थिक तन्त्र ध्वस्त हो गया, राजसत्ता ने खेती से अपने पैर खींचे तो उसकी जगह निजी महाजनों की बन आयी। वे कर्ज से लेकर खाद्, बीज, कीटनाशक मुहैया करने और पैदावार की खरीद बिक्री का काम भी धड़ल्ले से बिना किसी कायदे कानून के करने लगे, इस तरह कमजोर किसान कर्ज के ऐसे दुश्चक्र में फँसते चले गये जो लगातार उन्हें जकड़ता गया।"

किसानों की तबाही, बर्बादी और आत्महत्या का मुख्य कारण है उन पर लदा कर्ज का बोझ। पिछले नवम्बर में भारत सरकार ने संसद में यह स्वीकार किया था कि देश में 48 फीसदी से ज्यादा किसान परिवार कर्ज के बोझ से दबे हुए हैं। 30 नवम्बर, 2011 को 'जनसत्ता' अखबार में यह रिपोर्ट छपी थी, "सरकार ने मंगलवार को बताया कि देश के 48 फीसदी से ज्यादा किसान परिवार किसी न किसी रूप में कर्जग्रस्त हैं। देश के 8.93 करोड़ किसान परिवारों में 4.34 करोड़ कर्ज में डूबे हैं। लोकसभा में यशवीर सिंह, जया प्रदा और नीरज शेखर के सवाल के लिखित जवाब में कृषि, खाद्य प्रसंस्करण व संसदीय कार्य राज्यमन्त्री हरीश रावत ने कहा कि किसान परिवारों की कर्ज सम्बन्धी राष्ट्रीय नमूना सर्वेक्षण संगठन (एनएसएसओ) की 59वीं रिपोर्ट के मुताबिक देश के 8.93 करोड़ किसान परिवारों में 4.34 करोड़ किसान परिवारों यानी 48.6 फीसद के किसी न किसी रूप में कर्जग्रस्त होने की सूचना है। उन्होंने कहा कि देश में किसानों की कर्जग्रस्तता के कारणों की पहचान की गयी है जिसके मुताबिक इसके मुख्य कारण लगातार फसल नहीं होना, स्वास्थ्य, विवाह और अन्य सामाजिक समारोहों से सम्बन्धित खर्च के साथ कृषि व्यवसाय में पूँजी की जरूरत या चालू खर्चों के लिए कर्ज शामिल हैं।"

आज के भारत में किसानों की ऋणग्रस्तता लगभग वैसी ही है जैसी अंग्रेजी राज के समय में थी। अंग्रेजी राज में किसानों की ऋणग्रस्तता के बारे में बहुत कुछ लिखा गया है। लेकिन उस ऋणग्रस्तता का किसानों के जीवन पर जो प्रभाव पड़ रहा था उसको देखना और समझना हो तो प्रेमचन्द की 'सवा सेर गेहूँ' तथा 'बलिदान' जैसी कहानियों और उनके 'गोदान' उपन्यास को पढ़ना होगा। 'बलिदान' कहानी का किसान गिरधारी कर्ज के कारण अपना खेत और बैल खोकर आत्महत्या करता है। कुएँ में कूद कर; क्योंकि तब आज की तरह कीटनाशक उपलब्ध न थे। 'गोदान' का होरी अपना खेत खोकर और फिर मजदूर बनकर लगभग आत्महत्या करता है। अंग्रेजी राज के जमाने में महाजनी सभ्यता से आज की महाजनी सभ्यता अधिक चालाक और अधिक खूँखार है। इसलिए आज की महाजनी सभ्यता के शिकंजे में फँसे जितने किसानों ने

आत्महत्या की है उतने किसानों ने अंग्रेजी राज के समय भी आत्महत्या नहीं की थी।

प्रेमचन्द के समय में अंग्रेजी राज ने दलालों की जो फौज और संस्कृति बनायी थी उसे प्रेमचन्द जानते और समझते थे। उस समय जमींदार दलाल थे सरकार के और जमींदारों के दलाल थे पुरोहित, सूदखोर महाजन, कारिंदे और सरकारी कर्मचारी। इस दलाल संस्कृति के सबसे बड़े आलोचक थे प्रेमचन्द। आज के पूँजीवाद के भूमण्डलीकरण के दौर में कारपोरेट फार्मिंग, कन्ट्रेक्ट फार्मिंग और निर्यात के लिए खेती की प्रक्रिया में तथा बीज, खाद और कीटनाशक दवाइयों की खरीद-बिक्री प्रक्रिया में दलाल संस्कृति मौजूद है जो किसानों की तबाही का कारण है। लेकिन आज इस दलाल संस्कृति का प्रेमचन्द जैसा कोई आलोचक नहीं है।

भारत में किसान और कृषि गहरे संकट में है। किसानों के संकट की गम्भीरता का प्रमाण उनकी आत्महत्याओं की संख्या से मिलता है, परन्तु कृषि के संकटग्रस्त होने का सबूत यह है कि बड़ी संख्या में किसान अब खेती से मुँह मोड़कर शहरों की ओर भाग रहे हैं। खेतिहरों की संख्या लगातार कम हो रही है। सन् 1991 की जनगणना की तुलना में 2001 की जनगणना से यह तथ्य सामने आया है कि 70 लाख किसान खेती से अलग हो गये हैं। अभी 2011 की जनगणना के आँकड़े उपलब्ध नहीं हैं, लेकिन जितने उपलब्ध हैं उनसे यह साबित होता है कि 2001 से 2011 के बीच शहरी इलाकों की आबादी गाँवों की आबादी से ज्यादा बढ़ी है, जिसका अर्थ यह हुआ कि किसान खेती का काम छोड़कर शहरों की ओर भाग रहे हैं। एक ओर किसानों की आत्महत्या की संख्या में लगातार वृद्धि और दूसरी ओर खेती करने वाले किसानों की संख्या में लगातार कमी से भारत में बढ़ते कृषि संकट का सच सामने आता है।

आजकल यह लोकमत बन गया है कि भारत में अब दो भारत है। एक मुट्ठीभर अमीरों, पूँजीपतियों और उनके सेवकों का भारत, जो शहरों में रहता है तो दूसरी ओर बहुसंख्यक गरीबों, किसानों, मजदूरों, दलितों और आदिवासियों का भारत जो गाँवों में रहता है। पहला भारत 10 प्रतिशत लोगों का है और दूसरा 90 प्रतिशत जनता का। पहले भारत में भूमण्डलीकरण, पूँजीवाद और उपभोक्तावाद की धूम मची है तो दूसरे भारत में गरीबी, बीमारी, कुपोषण, असमानता, शोषण और दमन का राज है। पहला भारत उत्तर-आधुनिक हो रहा है और दूसरा भारत सामन्ती तथा पूँजीवादी गठजोड़ का शिकार।

पूँजीवाद अपने आरम्भिक दौर से ही कृषि और किसानों का दुश्मन रहा है। वह किसानों को भाग्यवादी, काहिल, अज्ञानी, आराम-पसन्द और आत्मतुष्ट मानता है। वह किसानों की इन बुराइयों को दूर करने के लिए किसानों को मिटाना जरूरी समझता है। वह अपने विकास के लिए किसानों का विनाश करता है। इंग्लैण्ड में जब पूँजीवाद आया तब उसने एक लम्बी और खूँखार प्रक्रिया से किसानों को जमीन से बेदखल किया। आज भारत में जो पूँजीवादी विकास की प्रक्रिया चल रही है वह दुनियाभर के पूँजीवादी और साम्राज्यवादी देशों के आग्रहों और दबावों के कारण

लगभग उन्माद की मनोदशा में आगे बढ़ रही है, इसीलिए भारत के किसानों के लिए यह विनाशकारी साबित हो रही है।

कार्ल मार्क्स ने एक फ्रांसीसी लेखक जाक पोउशे के संस्मरणों की एक किताब के एक अध्याय के कुछ अंशों और का अनुवाद किया था और जगह-जगह अपनी टिप्पणियाँ दर्ज की थीं। अनूदित अंशों टिप्पणियों का विषय है पूँजीवादी समाज में आत्महत्या। मार्क्स ने यह दस्तावेज तैयार तो किया पर उसे प्रकाशित नहीं किया। अब वह सम्पादित होकर प्रकाशित हुआ है। एक प्रसिद्ध समाजशास्त्री मिशेल लोवी ने उस पर एक समीक्षात्मक टिप्पणी लिखी है। लोवी के अनुसार मार्क्स बुर्जुआ समाज को अस्वाभाविक समाज मानते थे, जिसकी एक बीमारी आत्महत्या को समझने और उसकी मूलगामी आलोचना करने के लिए यह दस्तावेज तैयार किया था। मार्क्स और पोउशे दोनों के लिए आत्महत्या एक बीमार समाज का लक्षण है। पोउशे रूसो की गवाही के आधार पर यह मानते थे कि आधुनिक समाज एक रेगिस्तान है। इस समाज में हर आदमी एक दूसरे से अलग है और अजनबी भी। इस समाज में व्यक्ति के पास केवल एक ही विकल्प है कि या तो वह शिकार बने या शिकारी। इस दस्तावेज से यह स्पष्ट होता है कि मार्क्स के अनुसार पूँजीवादी समाज की आलोचना करने के लिए किसी का समाजवादी होना जरूरी नहीं है, केवल इन्सान होना काफी है। मार्क्स ने आत्महत्या को पूँजीवादी समाज व्यवस्था की जिस बीमारी का लक्षण माना था उसके एक प्रमाण के रूप में किसानों की आत्महत्या को भी देखा-समझा जा सकता है।

लगता है कि भारतीय किसानों की इतनी बड़ी संख्या में आत्महत्या की भयानक खबर अभी पूरी तरह हिन्दी साहित्य की दुनिया तक नहीं पहुँची है, क्योंकि अभी हिन्दी में किसानों की आत्महत्या पर इतनी और ऐसी कविताएँ या कहानियाँ नहीं लिखी गयी हैं जो पाठकों को बेचैन और आन्दोलित करें। वैसे पिछले दो दशकों से हिन्दी साहित्य का लगातार शहरीकरण हो रहा है। ऐसे में गाँवों और किसानों की दुर्दशा और तबाही की चिन्ता का कम होना समझ में आता है। किसानों की आत्महत्या से सम्बन्धित तीन कविताएँ मेरे सामने हैं। इनमें से दो कविताएँ राजेश जोशी की हैं और एक विष्णु खरे की। राजेश जोशी की पहली कविता का शीर्षक है 'इस आत्महत्या को अब कहाँ जोड़ूँ'। इस कविता का आरम्भिक हिस्सा यह हूँ :

देश के बारे में लिखे गये हजारों निबन्धों में लिखा गया
पहला अमर वाक्य एक बार फिर लिखता हूँ
भारत एक कृषि प्रधान देश है
दुबारा उसे पढ़ने को जैसे ही आँखें झुकाता हूँ
तो लिखा हुआ पाता हूँ
कि पिछले कुछ बरसों में डेढ़ लाख से अधिक किसानों ने
आत्महत्या की है इस देश में।
भयभीत होकर कागज़ पर से अपनी आँखें उठाता हूँ

तो मुस्कुराती हुई दिखती है हमारी सरकार
कोई शर्म नहीं किसी की आँख में
दुख या पश्चात्ताप की एक झांई तक नहीं चेहरे पर।

राजेश जोशी की दूसरी कविता है 'विकल्प'। इसमें कवि की मानवीय संवेदनशीलता के साथ-साथ उस राजनीतिक और आर्थिक प्रक्रिया की समझदारी भी मौजूद है जिसके कारण किसान एक ओर अपने खेतों से बेदखल हो रहे हैं तो दूसरी ओर आत्महत्या कर रहे हैं। कवि किसानों को आत्महत्या करने के बदले, लामबन्द होने और लड़ने की सलाह देता है क्योंकि वह जानता है कि एक किसान की आत्महत्या एक परिवार की विपत्ति बन जाती है।

राजेश जोशी से अलग संवेदना और समझ की कविता है विष्णु खरे की। उनकी कविता का शीर्षक है 'उनसे पहले'। यह कविता 'रचना समय' नाम की पत्रिका के कविता विशेषांक में छपी है। विष्णु खरे की कविता में किसानों की आत्महत्या से उपजे उबलते आक्रोश की अभिव्यक्ति है। कवि कहता है :

किसानों मजदूरों की आत्महत्या की खबरों से
मुझे भी हैरानी होती है
कि जब उन्हें खुदकुशी ही करनी है
तो वे राजस्व अधिकारियों साहूकारों कम्पनी मालिकों मैनेजरों
अखबारों चैनलों के संचालकों पत्रकारों दीगर बुद्धिजीवियों
अध्यापकों रचनाकर्मियों धर्मगुरुओं पुलिसवालों न्यायपालों
नेताओं अपराधियों विधायकों सांसदों मन्त्रिमण्डलों में से
कम से कम एक असली गुनहगार को मारकर क्यों नहीं मरते।

आक्रोश के साथ ही विष्णु खरे की कविता में आत्मालोचन का प्रखर स्वर भी है जिसमें अधिकांश समानधर्मा और विपक्षी कवियों, लेखकों और बुद्धिजीवियों की तीखी आलोचना है। वे कहते हैं :

फिर मुझे भान हुआ
और अपनी चमड़ीचोर शर्म में मैं चुप रहा
कब गया मैं उनके बीच
किताबों सिद्धान्तों घोषणापत्रों सदस्यताओं का वे क्या करते
कहाँ बताया मैंने और मुझ सरीखों ने उन्हें
कि अभी भी उनमें कितनी जिन्दगी और हिम्मत बाकी है
किधर कहा उनसे कि कुदाल फावड़ा गेंती जल बक्खर
और अपने शरीर तक को बनाया जा सकता है हथियार
ऐसा कहा गया होता तो उनकी मौत की नौबत ही न आती
कहाँ मदद की उनकी हम जैसों ने उनके दुश्मन पहचानने में
कब किया आगाह कि हममें भी उनके बैरी हो सकते हैं।

गाँधी : महात्मा से चेथरिया पीर तक

भारतीय समाज के इतिहास में स्वाधीनता आन्दोलन एक युगान्तकारी घटना है, केवल राजनीतिक दृष्टि से नहीं, बल्कि अधिक गहरे स्तर पर सामाजिक और सांस्कृतिक रूप में भी। स्वाधीनता आन्दोलन के दौरान भारतीय समाज में व्यापक आत्मसजगता आयी, प्रखर आलोचनात्मक चेतना का विकास हुआ और लम्बे काल से दबे हुए सामाजिक-सांस्कृतिक सवाल उठ खड़े हुए। इस प्रक्रिया में भारतीय जनता की दबी-कुचली हुई आत्मा की शक्तियाँ जागीं। यह एक तरह से भारतीय समाज की आत्मा के अन्वेषण का नहीं, आविष्कार और परिष्कार का भी अभियान था। इस मूलगामी अभियान को प्रभावित करने वाली अनेक प्रवृत्तियाँ सक्रिय थीं। उनमें से कुछ सहायक थीं तो कुछ बाधक भी। उस व्यापक जन-जागरण के अग्रदूत महात्मा गाँधी थे। जनता के दिल और दिमाग पर उनका प्रभाव अपूर्व था। वे लोकमन को पहचानते थे। उसकी भाषा में बात करते थे, शब्द और कर्म की एकता के साक्षात प्रमाण थे और नैतिक ईमानदारी तथा जिम्मेवारी की सजीव प्रतिमा भी थे। इसीलिए वे लोकमत को बदलने-बनाने में सक्षम थे और सफल भी। वे लोक-हृदय के सम्राट नहीं, सेवक थे, इसलिए जनता उनके हृदय के विवेक से एकता अनुभव करती थी।

गाँधी जी को दार्शनिक बनाने-बताने के लिए बहुत कुछ लिखा गया है, लेकिन वे विचारों की एकान्त साधना करने वाले परम्परागत दार्शनिक न थे। उनका विचारों से वैसा ही सम्बन्ध था, जैसा कबीर का था या एक कवि का होता है। वे विचारों का अनुभव करते थे और उसे कर्म की कसौटी पर कसते थे। उन्होंने पश्चिम के ज्ञानोदय से उपजे बुद्धिवाद की 'हिन्द स्वराज' (1909) में तीखी आलोचना की है। वे सूचना और जानकारी को ज्ञान मानने के लिए तैयार न थे, बल्कि ऐसे ज्ञान को आधुनिक बुद्धिवाद की विडम्बना समझते थे। वास्तव में वे किर्केगार्द की इस चिन्ता से सहमत लगते हैं कि ''आज के जमाने में ज्ञान से मानवीय अनुभव का अलगाव हो गया है। वह जानकारी और सूचना तक सीमित हो गया है। यहाँ तक कि आज हम प्रेम नहीं करते, उसका अनुभव भी नहीं करते, बल्कि उसके बारे में ब्योरेवार जानकारी रखते हैं।'' गाँधी जी विचार का साक्षात्कार करने और उसे मानवीय अनुभव बनाने के कायल थे, जो कला और साहित्य की रचनाशीलता की बुनियादी विशेषता

है। सम्भवतः यही कारण है कि उनका भारतीय लेखकों पर व्यापक प्रभाव पड़ा है।

गाँधी की एक विशेषता उनकी दृष्टि की समग्रता है जो स्वाधीनता आन्दोलन के किसी दूसरे नेता में नहीं मिलती। उनकी दृष्टि भारत की केवल राजनीतिक स्वाधीनता तक सीमित न थी। उनके सामने भारत के सामाजिक और सांस्कृतिक जागरण का महाप्रश्न था। उनकी आकांक्षा का स्वराज्य केवल राजनीतिक और आर्थिक ही नहीं नैतिक भी था। उस युग के कुछ नेता भारत के अतीत की स्मृति में खोए हुए थे, कुछ वर्तमान के बोध से आक्रान्त और कुछ भविष्य की चिन्ता में डूबे हुए। लेकिन गाँधी की दृष्टि में अतीत की स्मृति, वर्तमान के बोध और भविष्य की चिन्ता की जटिल समग्रता थी, केवल एक विचार के रूप में नहीं, हृदय के विवेक के रूप में। उनके हृदय के विवेक के निर्माण में साहित्य की महत्त्वपूर्ण भूमिका थी।

गाँधी के हृदय के विवेक का मूल स्रोत भक्ति काव्य की संवेदना, उसकी लोकधर्मिता और मूलगामी मानवीयता है, न कि तोलस्तोय और रस्किन के विचार, जैसा कि प्रायः समझा जाता है। गाँधी की राजनीति की संस्कृति में सत्याग्रह, रामराज्य और चरखा का क्या महत्त्व है—यह सब लोग जानते हैं। लेकिन इन तीनों का भक्ति काव्य से क्या सम्बन्ध है—यह बहुत लोग नहीं जानते। गाँधी जी को सत्याग्रह की प्रेरणा मीराबाई से मिली और रामराज्य की कल्पना तुलसीदास से। उनका चरखा कबीर का है और पराई पीर अनुभव करने वाली संवेदनशीलता नरसी मेहता की। यह मेरा अनुमान नहीं है। इसके पर्याप्त प्रमाण गाँधी जी के लेखन में मौजूद हैं, जिन्हें पेश करने का अवकाश यहाँ नहीं है। वे मीराबाई को आदि सत्याग्रही मानते थे और तुलसीदास के 'रामचरित मानस' को रामायण-महाभारत से भी अधिक महत्त्व देते थे। वे चरखा को कबीर की तरह पवित्र और उपयोगी समझते थे। नरसी मेहता के पदों से उनका लगाव जगजाहिर है।

गाँधी भक्ति काव्य को किस तरह पढ़ते थे, उसकी 'विगत सार्थकता और वर्तमान अर्थवत्ता' की कैसी पहचान रखते थे, इसका एक उदाहरण तुलसीदास पर लिखा उनका छोटा-सा निबन्ध है, जो अक्तूबर, 1929 के 'हिन्दी नवजीवन' में छपा था। उस निबन्ध में उन्होंने 'रामचरित मानस' के विभीषण के चरित्र की जो व्याख्या की है, वह व्याख्या की राजनीति या साहित्य की राजनीतिक व्याख्या का बहुत अच्छा उदाहरण है। विभीषण को देशद्रोही माना जाता है। लेकिन गाँधीजी कहते हैं कि "विभीषण ने अपने भाई के साथ सत्याग्रह किया है। विभीषण का दृष्टान्त हमें यह सिखाता है कि अपने देश या अपने शासन के दोषों के प्रति सहानुभूति रखना या उन्हें छिपाना देशभक्ति के नाम को लजाना है, इसके विपरीत देश के दोषों का विरोध करना सच्ची देशभक्ति है।" 1929 में ऐसा सच केवल गाँधी कह सकते थे, जिनमें अनभै साँच कहने का कबीर जैसा असाधारण साहस था। आज 1996 में, जबकि भारत में ही नहीं, सारी दुनिया में राष्ट्रवाद का उन्माद हर तरह की आलोचनात्मक

चेतना को कुचलना चाहता है, तब कितने लोग गाँधी के इस कथन को दोहराना चाहेंगे। गाँधी ने अपने समय में आलोचनात्मक चेतना की स्वतन्त्रता की रक्षा की थी, उनकी यह राय आज भी आलोचनात्मक चेतना की रक्षा के लिए जरूरी है। हिन्दी में तुलसीदास और 'रामचरित मानस' के किसी व्याख्याकार ने क्या कभी ऐसी व्याख्या का साहस किया है।

गाँधी केवल स्वाधीनता संग्राम के एक विलक्षण योद्धा और जनजीवन की आकांक्षाओं की बुलन्द आवाज ही नहीं थे, वे भारतीय समाज में मुक्ति की एक ऐसी व्यापक प्रक्रिया के प्रेरक भी थे जो राजनीतिक स्वाधीनता से लेकर कविता की मुक्ति तक क्रियाशील थी। उससे एक नयी सामाजिक संवेदनशीलता और सांस्कृतिक चेतना विकसित हुई, जिसकी उपेक्षा अपने समय और समाज के बारे में सचेत किसी भारतीय लेखक के लिए सम्भव न थी। अगर किसी ने वैसा किया तो अपनी रचनाशीलता की सामाजिक सार्थकता की कीमत पर ही।

भारतीय साहित्य और साहित्यकारों पर गाँधी के प्रभाव को उनके व्यक्तित्व, विचार और व्यवहार के स्वीकार तक सीमित करना सही नहीं है। गाँधी और उनके बाद के अस्वीकार में भी एक तरह का सम्बन्ध व्यक्त हुआ है। गाँधी और उनके विचारों से लेखकों के तीन प्रकार के सम्बन्ध दिखाई देते हैं : एकता, विरोध और सन्देह के सम्बन्ध। कहीं-कहीं एक ही लेखक में ये तीनों मिल सकते हैं, जैसे कि प्रेमचन्द के यहाँ। लेकिन इसके साथ ही यह भी ध्यान देने लायक बात है कि ये तीनों सम्बन्ध वहीं रचनात्मक साबित हुए हैं, जहाँ वे द्वन्द्वात्मक रूप में हैं यानी कि जहाँ एकता के साथ अन्तर का बोध है, विरोध के बावजूद विरोधी को समझने की तत्परता है और सन्देह के संग एकता की तलाश है, अन्यथा कोरी एकता में समर्पण है, निपट विरोध में निषेध और केवल सन्देह में भ्रमों की भरमार, जो रचनाशीलता के स्वभाव के प्रतिकूल है।

हिन्दी के लेखकों से गाँधी का विशेष सम्बन्ध रहा है। इसका एक कारण यह है कि उन्होंने जब से भारत की स्वाधीनता के बारे में सोचना शुरू किया, तभी से हिन्दी को राष्ट्रभाषा बनाने की चिन्ता भी उनके मन में थी। उन्होंने 'हिन्द स्वराज'(1909) में लिखा था : "सारे हिन्दुस्तान के लिए जो भाषा चाहिए, वह तो हिन्दी ही होनी चाहिए।" वे देश की सच्ची आजादी के लिए अंग्रेजी की गुलामी से मुक्ति और राष्ट्रभाषा के रूप में हिन्दी का विकास जरूरी मानते थे। अपनी इस आकांक्षा को पूरा करने के लिए उन्होंने जीवन भर प्रयत्न किया। यहाँ तक कि रवीन्द्रनाथ टैगोर को हिन्दी में भाषण देने के लिए प्रेरित किया, जिसके फलस्वरूप रवीन्द्रनाथ ने 6 अप्रैल, 1920 को काठियावाड़ में पहली बार हिन्दी में व्याख्यान दिया था। गाँधी जी अपने जीवन के अन्तिम वर्षों में हिन्दी-उर्दू के सम्बन्ध और हिन्दुस्तानी के स्वरूप के प्रश्न के प्रसंग में वैसे ही गलत समझे गये, जैसे स्वाधीनता आन्दोलन

के अन्य अनेक प्रसंगों में। तब प्रेमचन्द को छोड़कर अधिकांश हिन्दी के लेखकों ने गाँधीजी की हिन्दुस्तानी का विरोध किया था। फिर भी हिन्दी को राष्ट्रभाषा बनाने के उनके प्रयत्नों के कारण हिन्दी के लेखकों का उनसे लगाव स्वाभाविक था।

हिन्दी के लेखकों से गाँधी का सीधा सम्पर्क भी था। उन्होंने 1935 में हिन्दी साहित्य सम्मेलन के इन्दौर अधिवेशन की अध्यक्षता की थी। यही नहीं, हिन्दी के अनेक गाँधीवादी लेखक और कवि अपनी रचनाएँ गाँधी जी के पास भेजते थे, जिन पर वे अपनी खरी राय भी देते थे। इस प्रक्रिया से जुड़े एक प्रसंग का उल्लेख जरूरी है। मैथिलीशरण गुप्त और सियारामशरण गुप्त गाँधीवादी के रूप में विख्यात रहे हैं। इन दोनों ने गाँधी पर कविताएँ लिखी हैं। मैथिलीशरण गुप्त अपनी रचनाएँ गाँधी जी के पास भेजते थे। उनकी अनेक रचनाएँ पढ़कर गाँधी ने उनको एक पत्र में यह लिखा था, "साकेत, अनघ, पंचवटी और झंकार सब रसपूर्वक पढ़ गया। बहुत अच्छे लगे। परन्तु टीका करने की मैं अपनी कुछ योग्यता नहीं समझता हूँ। तो भी आपने मेरे अभिप्राय पूछे हैं, और क्योंकि जैसे पढ़ता गया, वैसे विचार भी आते रहते थे, इएलिए जैसे आये, वैसे ही आपके सामने रखता हूँ।" इसके बाद गाँधी जी ने मैथिलीशरण गुप्त की सबसे लोकप्रिय रचना 'साकेत' के बारे में जो लिखा है, वह विशेष ध्यान देने लायक है : "उर्मिला का विषाद, अगर भाषा की दृष्टि से सुन्दर है, परन्तु 'साकेत' में उनको शायद ही स्थान हो सकता था। तुलसीदास ने उर्मिला के बारे में बहुत कुछ नहीं लिखा है। यह दोष माना गया है। मैंने इस अभाव को दोष की दृष्टि से नहीं देखा। मुझको उसमें कवि की कला प्रतीत हुई। एक और चीज कह दूँ, दशरथादि का रुदन तुलसीदास के 'मानस' में पढ़ने पर आघात नहीं पहुँचाता था। तुलसीदास से कुछ दूसरा नहीं हो सकता था। परन्तु इस युग की पुस्तक में ऐसा रुदन अच्छा नहीं भाता। उसमें वीरता को हानि पहुँचती है और इधर भक्ति को भी।"

महात्मा गाँधी को एक आधुनिक रचना में विलाप का विस्तार, वह भी स्वाधीनता आन्दोलन के समय, अच्छा नहीं लगा। उसकी उन्होंने जो आलोचना की है, उसमें एक बार फिर वह साहित्य-विवेक सामने आया है जो एक ओर मध्यकाल की रचना से आधुनिक रचना का अन्तर समझता है और दूसरी ओर एक आधुनिक रचना की समकालीन सार्थकता की खोज करता है। हिन्दी के अधिकांश आलोचक 'साकेत' के उर्मिला विलाप की प्रशंसा करते रहे हैं, लेकिन गाँधी ने उसे वीरता और भक्ति दोनों के लिए हानिकारक माना है। गाँधी जैसे बार-बार अपनी खरी आलोचना करते थे, वैसे ही अपनों की आलोचना करते थे।

हिन्दी के कुछ लेखक रचनाओं के बारे में गाँधी की राय का उपयोग/दुरुपयोग भी करते थे। ऐसी ही एक कोशिश बनारसीदास चतुर्वेदी ने की थी। उन्होंने पाण्डेय बेचन शर्मा 'उग्र' को अश्लील साहित्य का लेखक साबित करने के अपने अभियान

में गाँधी की राय का उपयोग करना चाहा था, इसलिए उग्र का 'चाकलेट' नामक कहानी-संग्रह गाँधी जी के पास भेजा और साथ में अपना पत्र भी, जिसमें उग्र की कहानियों को अश्लील साबित करते हुए गाँधी जी को सलाह दी गयी थी कि वे भी 'चाकलेट' की कहानियों को अश्लील घोषित करें। बनारसीदास चतुर्वेदी साहित्य के साथ-साथ राजनीति में भी दखल रखते थे, इसलिए गाँधी जी ने उनकी साहित्य की समझ पर भरोसा किया। उन दिनों स्वयं गाँधी जी भी साहित्य में अश्लीलता की निन्दा कर रहे थे। ऐसी स्थिति में उन्होंने पुस्तक बिना पढ़े ही अपनी टिप्पणी के साथ बनारसीदास चतुर्वेदी का पत्र 'यंग इंडिया' में छपने के लिए भेज दिया। बाद में उनको लगा कि किसी पुस्तक को पढ़े बिना उसके बारे में राय नहीं देना चाहिए इसलिए उन्होंने पुस्तक पढ़ी। उसके बाद 10 अक्तूबर, 1928 को गाँधी ने बनारसीदास चतुर्वेदी को यह पत्र लिखा: "चाकलेट नाम की पुस्तक पर (आपका) पत्र आया था, उसको मैंने 'यंग इंडिया' के लिए नोट लिखकर भेज दिया। पुस्तक तो नहीं पढ़ी थी। टीका केवल आपके पत्र पर निर्भर थी। मैंने सोचा इस तरह टीका करना उचित नहीं होगा। पुस्तक पढ़ना चाहिए। मैंने पुस्तक आज खत्म की। उसका जो असर आप पर हुआ, वह मेरे मन पर नहीं हुआ। मैं पुस्तक का हेतु शुद्ध मानता हूँ। इसका असर अच्छा पड़ता है कि बुरा, मुझे नहीं मालूम। लेखक ने अमानुषी व्यवहार पर घृणा ही पैदा की है।" गाँधी जी ने *यंग इंडिया* में छपने के लिए अपनी टिप्पणी के साथ बनारसीदास चतुर्वेदी का जो पत्र भेजा था, उसे नहीं छपने दिया। गाँधी जी कला और साहित्य को नैतिक अनुशासन में रखना चाहते थे, लेकिन उनकी नैतिकता के मूल्य में सत्यनिष्ठा थी जो इस पत्र में प्रकट हुई है। यह पत्र उनके नैतिक साहस और सत्यनिष्ठा का प्रमाण है। जहाँ नैतिक मूल्य में 'आत्मपरक ईमानदारी और वस्तुपरक सत्यपरायणता' नहीं होती है, वहाँ नैतिकता के नाम पर पाखण्ड पलता है। बनारसीदास चतुर्वेदी उग्र विरोधी अभियान में गाँधी की राय का उपयोग नहीं कर सके, लेकिन उन्होंने यह पत्र उस समय प्रकाशित नहीं किया। जहाँ ऐसे गाँधीवादी हों, वहाँ गाँधी के विरोधियों की क्या जरूरत होगी।

हिन्दी में गाँधी और गाँधीवाद से प्रभावित साहित्य बहुत लिखा गया है। हिन्दी में 1920 के आसपास से ऐसा साहित्य लगातार लिखा जा रहा है। लेकिन उसमें सचमुच साहित्य बहुत कम है। अधिकांश में गाँधी के प्रति पूजा-भाव और गाँधीवाद में आस्था की घोषणाएँ हैं। कारण चाहे जो हो, लेकिन हिन्दी में गाँधीवादी कवि बहुत हैं, कथाकार उनसे कम और नाटककार और भी कम हैं। गाँधी पर सबसे अधिक कविताएँ उनकी हत्या के बाद लिखी गयी थीं, जिनमें उनकी हत्या से उत्पन्न गहरा विक्षोभ है और हत्या करने वाली मानसिकता के बारे में उबलता हुआ आक्रोश। बाद में गाँधी शताब्दी वर्ष में उन पर काफी साहित्य लिखा गया, जिसमें सबसे अधिक कविताएँ हैं। हिन्दी में गाँधीवादी साहित्यकारों की एक लम्बी कतार है। उनमें

रामनरेश त्रिपाठी, सोहनलाल द्विवेदी, हरिभाऊ उपाध्याय, मैथिलीशरण गुप्त, सियारामशरण गुप्त, जैनेन्द्र कुमार, माखनलाल चतुर्वेदी और भवानीप्रसाद मिश्र प्रमुख हैं। इनके अतिरिक्त पन्त, दिनकर, बच्चन और नरेन्द्र शर्मा जैसे कवि भी हैं, जिनकी पूरी रचनाशीलता तो गाँधी से प्रभावित नहीं है, लेकिन उन्होंने गाँधी के व्यक्तित्व और विचार पर कुछ महत्त्वपूर्ण कविताएँ लिखी हैं।

स्वाधीनता के पहले और बाद में हिन्दी साहित्य की जो धारा मुख्यतः नागर, अभिजात, आधुनिकतावादी, पश्चिममुखी या अतीतोन्मुखी है, उसका गाँधी और गाँधीवाद से कोई सम्बन्ध नहीं है; न एकता का, न विरोध का और न सन्देह का। सच बात तो यह है कि जिनके मन में आते ही गाँधी अपराध-बोध जगाते हैं, उनके साहित्य में वे कैसे आ सकते हैं। यह स्थिति गाँधी युग में थी और आज भी है।

असल में हिन्दी की जिस रचनाशीलता का स्वाधीनता आन्दोलन से आत्मीय रिश्ता है, उसका गाँधी की राजनीतिक दृष्टि, सामाजिक चेतना और सांस्कृतिक चिन्ता से प्रत्यक्ष या परोक्ष एकता या विरोध का सम्बन्ध जरूर है। उदाहरण के लिए मैथिलीशरण गुप्त और माखनलाल चतुर्वेदी जैसे कवियों की रचनाशीलता में स्वाधीनता आन्दोलन की अभिव्यक्ति है और उसकी गाँधी के विचारों से प्रत्यक्ष एकता भी है, जबकि राहुल, यशपाल और नागार्जुन आदि स्वाधीनता आन्दोलन को व्यक्त करते हुए भी गाँधीवाद का विरोध करते हैं। इन दोनों से भिन्न स्थिति छायावादी कविता की है। उस पर गाँधी के व्यक्तित्व और विचारों का प्रत्यक्ष प्रभाव कम है, लेकिन उसमें राष्ट्रीय जागरण, परम्परा की स्मृति और स्वाधीनता के व्यापक भाव की जो अभिव्यक्ति है वह गाँधी के व्यापक मुक्ति अभियान से जुड़ी हुई है।

हिन्दी में गाँधीवाद से प्रभावित साहित्य दो प्रकार का है। एक में गाँधीवाद की राजनीतिक दृष्टि, सामाजिक संवेदनशीलता और नैतिक भावना रचना की प्रेरक दृष्टि के रूप में है तो दूसरे में गाँधीवाद एक पूर्वग्रह की तरह है। जहाँ वह दृष्टि के रूप में है, वहाँ जनजीवन की वास्तविकताओं और आकांक्षाओं को देखने और रचने में सक्रिय है, लेकिन जहाँ वह पूर्वग्रह है, वहाँ उसका लक्ष्य अपने होने का बोध कराना है। पूर्वग्रह दृष्टि नहीं, दृष्टि पर पड़ा हुआ परदा है, उसमें आत्ममुग्धता होती है। कहीं-कहीं तो गाँधीवाद एक समय जिस लेखक की रचना-दृष्टि के रूप में क्रियाशील है, वह दूसरे समय उसका पूर्वग्रह बन गया है। हिन्दी के दो महत्त्वपूर्ण रचनाकारों के साथ यह स्थिति दिखाई देती है। सुमित्रानन्दन पन्त की 'ग्राम्या' की कविताएँ गाँधीवाद से अनुप्राणित रचनाशीलता की महत्त्वपूर्ण उपलब्धि हैं। वहाँ गाँधी की सामाजिक संवेदनशीलता पन्त की रचनादृष्टि में है, जबकि 'लोकायतन' में, जहाँ गाँधी महाकाव्य के नायक हैं, कविता निष्प्राण है, क्योंकि वहाँ गाँधीवाद एक पूर्वग्रह बन गया है। गाँधीवाद से लगभग वैसा ही सम्बन्ध जैनेन्द्र कुमार का है। जैनेन्द्र की आरम्भिक रचनाओं—परख, त्यागपत्र, सुनीता, कल्याणी आदि में भारतीय स्त्री की

स्वाधीनता के लिए गाँधी की गहरी चिन्ता का मूलगामी रचनात्मक प्रयोग है। वहाँ भारतीय समाज में स्त्री की पराधीनता का बोध और उसके विरुद्ध विद्रोह की चेतना इतनी प्रखर है कि वह कई बार गाँधीवाद की सीमाओं का अतिक्रमण करती है। इसीलिए वहाँ रचनाशीलता अत्यन्त जानदार है और असरदार भी। लेकिन उनकी परवर्ती रचनाओं में और उससे भी अधिक वैचारिक लेखन में गाँधीवाद एक पूर्वग्रह और मुद्रा है। वे पहले गाँधी के नैतिक साहस से प्रेरणा लेते दिखाई देते हैं, पर बाद में उनके नैतिक आग्रहों को दोहराते हुए।

जैनेन्द्र के त्यागपत्र और सुनीता में अपूर्व नैतिक साहस है। उसके लिए उन्होंने बहुतों के बोल सहे। यहीं नहीं, उन्होंने दृढ़ता के साथ यह भी लिखा है, "कला और कुलीनता और शिष्टता के नाम पर बहुत कुछ व्यर्थता आज पल और पुज रही है, पर वह निर्वीर्य है। जीवन का स्वरूप विकसेगा तो यह मानी गयी भद्रता, शुचिता और काल-पूजा झर जाएगी।" वहीं जैनेन्द्र जब कहते हैं कि "मैं आस्कर वाइल्ड को भटक गया हुआ व्यक्ति समझता हूँ। विचार की सुलझन उसकी विशेषता नहीं है।" तब वे आस्कर वाइल्ड के बारे में गाँधी के नैतिक निर्णय को दोहराते हैं और गाँधी तोलस्तोय को। तब जैनेन्द्र यह भूल जाते हैं कि उच्चवर्ग कला, कुलीनता और शिष्टता के नाम पर जिस व्यर्थता को पालता और पूजता है, उसी का विरोध आस्कर वाइल्ड कर रहा था, जिसके कारण चर्च और राज्य उसके पीछे पड़े थे।

स्वाधीनता आन्दोलन के समय और बाद में भी गाँधी के व्यक्तित्व और विचारों का साहित्य पर असर अनेक रूपों में है। वह कहीं मौसम-सा है तो कहीं जलवायु जैसा, कहीं प्रत्यक्ष है तो कहीं परोक्ष, कहीं व्यक्त है तो कहीं अन्तर्निहित, कहीं रचना में है तो कहीं विचार में, कहीं एकता के रूप में है तो कहीं विरोध के रूप में। जो लोग साहित्य में गाँधी के प्रति पूजा-भाव की सीधी अभिव्यक्ति की ही खोज करते हैं, वे उनके व्यक्तित्व और विचारों के प्रभाव की व्यापकता और बारीकी को नहीं देख पाते। गाँधी जी ने लेखकों को लोकजीवन से जुड़ने, समाज के दबे-कुचले लोगों के बारे में सोचने, उपनिवेशवाद की दिमागी गुलामी से मुक्त होने, अपनी परम्परा की शक्ति को पहचानने, भारतीय समाज के रूढ़िवाद को जानने और जीवन के सभी प्रसंगों में साहसी आलोचनात्मक चेतना विकसित करने का जो आह्वान किया था, उसका व्यापक प्रभाव हिन्दी और अन्य भारतीय भाषाओं के साहित्य पर है। गाँधी के आह्वान को रचनाकारों ने अपनी रचनाशीलता के स्वभाव और स्वरूप के अनुसार स्वीकार और अस्वीकार किया, कुछ ने पूरी तरह तो कुछेक ने आंशिक रूप में, कुछ ने भावुक होकर तो कुछ ने विवेक के साथ।

आप इसे साहित्य-प्रक्रिया की विशेषता कहें या किसी विचारधारा से रचना के समर्पणवादी सम्बन्ध की विडम्बना या फिर गाँधीवाद की सर्जनात्मक क्षमता की सीमा, लेकिन यह सच्चाई है कि गाँधीवाद से जुड़े साहित्य में वहीं रचनाशीलता का

उत्कर्ष है, जहाँ उससे रचनाकार का संवाद और विवाद का द्वन्द्वात्मक सम्बन्ध है, वहाँ नहीं जहाँ रचनाकार गाँधीवाद से पूरी तरह अभिभूत है।

गाँधी युग के सबसे बड़े लेखक प्रेमचन्द हैं। गाँधीवाद से उनके सम्बन्ध पर हिन्दी में बहुत बहस हुई है। कहीं उन्हें पक्का गाँधीवादी सिद्ध किया गया है तो कहीं गाँधीवाद का विरोधी। यह भी कहा गया है कि वे पहले गाँधीवादी थे, पर बाद में उसके विरोधी हो गये। लेकिन वास्तविकता यह है कि वे न कभी अभिभूत गाँधीवादी थे और न कभी गाँधी के एकदम विरोधी। उनका गाँधी के विचारों से जीवनभर संवाद और विवाद चलता रहा। संवाद-विवाद की वह प्रक्रिया काफी जटिल है और बारीक भी। वे गाँधीजी के राजनीतिक लक्ष्य के समर्थक थे, लेकिन सत्याग्रह की पद्धति से अन्ततः निराश, उनके जाति-प्रथा को तोड़ने-मिटाने के आह्वान के पक्षधर थे, लेकिन वर्ण-व्यवस्था को उचित ठहराने के तर्कों के विरोधी, वे गाँधी की समन्वयवादी सांस्कृतिक दृष्टि, उदात्त नैतिक चेतना और उदार संवेदनशीलता के कायल थे, लेकिन उनके धार्मिक आग्रहों से असहमत। वे गाँधी जी की आधुनिक सभ्यता की समीक्षा से बहुत दूर तक सहमत थे, लेकिन भारत के भविष्य पर अतीत को आरोपित करने की उनकी कोशिश के खिलाफ, वे खुद महाजनी सभ्यता के कटु आलोचक थे, लेकिन गाँधी के ट्रस्टीशिप के सिद्धान्त को आजमा कर छोड़ चुके थे। वे साम्प्रदायिक सद्भाव और हिन्दी-उर्दू की एकता के बारे में गाँधी के दृष्टिकोण के समर्थक ही नहीं, उसके प्रतीक और प्रमाण भी थे। गाँधी जी के व्यक्तित्व और विचारों से संवाद-विवाद की निरन्तर चलने वाली इस प्रक्रिया के कारण प्रेमचन्द के साहित्य में वह तेजस्विता है जो अन्यत्र दुर्लभ है।

प्रेमचन्द प्रायः कर्मयोगी गाँधी से संवाद करते हैं और उनके वाद से विवाद। उनके संवाद की सर्वोत्तम रचनात्मक उपलब्धि है 'रंगभूमि' का सूरदास, जिसके चरित्र में असहयोग आन्दोलन के नायक गाँधी के संघर्षशील व्यक्तित्व की झलक है। उसके संघर्ष में सत्याग्रह का प्रयोग, विचारों में 'हिन्द स्वराज' की अनुगूँज और राजनीतिक दृष्टि में गाँधी की नैतिक चेतना की अभिव्यक्ति है। प्रेमचन्द के अनुसार, "सूरदास के "हृदय में धैर्य और क्षमा, सत्य और साहस का अगाध भण्डार था, उसमें विनय, शील और सहानुभूति भरी हुई थी। अन्याय देखकर उसे न रहा जाता था। अनीति उसके लिए असह्य थी।" क्या सूरदास की ये विशेषताएँ गाँधी के व्यक्ति की विशेषताएँ नहीं हैं?

'रंगभूमि' का सूरदास, मुक्तिबोध के शब्दों में भारतीय विवेक-चेतना का प्रतीक है, बहुत कुछ गाँधी के समान। वह जीवन में गाँधी जैसा रहा और उन्हीं की तरह मारा गया। क्या सूरदास की हत्या में गाँधी की हत्या का पूर्वाभास नहीं है? प्रेमचन्द अपनी भविष्यवाणी सच होते देखने के लिए जीवित नहीं रहे, लेकिन उन्होंने बहुत पहले उस मानसिकता को पहचान लिया था, जिसने बाद में गाँधी की हत्या की। प्रेमचन्द अगर गाँधी की हत्या के बाद भी जीवित रहते तो क्या वैसी ही प्रतिक्रिया

व्यक्त नहीं करते, जैसी उन्होंने 'रंगभूमि' में सूरदास की हत्या और उसकी मूर्ति तोड़ने की कोशिश के बाद की है? सूरदास और गाँधी की हत्या करने वाली मानसिकता आज भी सक्रिय है। अगर आज प्रेमचन्द होते तो वे जरूर पूछते कि यह प्रक्रिया अभी और कब तक चलेगी, भारतीय विवेक चेतना के प्रतीकों की हत्या कब तक होती रहेगी?

गाँधी जी को अपने विचारों की दुर्व्याख्या की चिन्ता थी। उन्होंने कहा था : "मेरी भाषा सूत्रात्मक है, उसमें स्पष्टता नहीं है, इसलिए उसकी अनेक व्याख्याएँ सम्भव हैं।" स्वाधीनता के बाद गाँधी का नाम जपते हुए इस देश पर शासन करने वालों ने गाँधी के विचारों का मनमाना अर्थ करते हुए जिस तरह उन्हें व्यर्थ बनाया है और उनका दुरुपयोग किया है, उसके विरुद्ध तीखी प्रतिक्रिया स्वाधीनता के बाद के हिन्दी साहित्य में व्यक्त हुई है। कुछ लेखकों ने सरकारी गाँधीवादियों को गाँधी का प्रतिनिधि मानकर गाँधी और गाँधीवाद की कड़ी आलोचना की है। इस प्रक्रिया में गाँधी पर दोहरी मार पड़ी है। एक ओर वे सरकारी दुरुपयोग के शिकार हुए हैं और दूसरी ओर गलतफहमी के।

जीवन के अन्तिम दिनों में गाँधी अत्यन्त उपेक्षित, बेबस और निरुपाय अनुभव कर रहे थे। आखिरी दिनों में उन्होंने कहा था : "अब जो कांग्रेस तय करेगी, वही होगा। मेरे कहे के मुताबिक कुछ नहीं होगा। अब मेरा हुक्म नहीं चलता, मेरी बात कोई नहीं सुनता। मैं एक साधारण आदमी हूँ। एक समय था जब मेरी आवाज बहुत बुलन्द थी, तब सब मेरी बात मानते थे। आज मेरी पुकार जंगल में चीख की तरह है।" जिन लोगों ने गाँधी को इस मनोदशा में पहुँचा दिया था, उन्हें गाँधीवादी कहना गाँधी का अपमान करना है।

स्वाधीनता के बाद के अधिकांश लेखक या तो गाँधी से उदासीन हैं या उन्हें अस्वीकार करते हैं। लेकिन कुछ लेखकों ने झूठे गाँधीवादियों से गाँधी का अन्तर समझा है। उस अन्तर का बोध मुक्तिबोध ने इस तरह व्यक्त किया है :

मानव मस्तक से निकले
कुछ ब्रह्मराक्षसों ने पहनी
गाँधी की टूटी चप्पल
हरहरा उठा यह पीपल तब
हँस पड़ा ठठाकर गर्जन कर, गाँव का कुआँ
तब दूर सुनाई दिया शब्द हुँआ, हुँआ।

मुक्तिबोध की प्रसिद्ध कविता है 'अँधेरे में'। उसमें भारतीय समाज के बदलाव की जटिल प्रक्रिया की गहरी चिन्ता के बीच तिलक के तत्काल बाद गाँधी आते हैं, अत्यन्त प्रेरणाप्रद व्यक्ति के रूप में। वे काव्यनायक को व्यक्तिवाद के भ्रमों से सावधान करते हुए कहते हैं :

दुनिया न कचरे का ढेर जिस पर
दानों को चुगने चढ़ा कोई भी कुक्कुट
कोई भी मुर्गा
यदि बाँग दे उठे जोरदार
बन जाय मसीहा

फिर वे जनशक्ति में आस्था का सन्देश देते हैं:

मिट्टी के लोंदे में किरणीले कण-कण गुण हैं
जनता के गुणों से ही सम्भव
भावी का उद्गम।

यह कोरा उपदेश नहीं है। इसके पीछे गाँधी का अपना लम्बा अनुभव है, जनता को ठीक से जानने, जगाने और एक विराट आन्दोलन तथा कठिन संघर्ष के लिए तैयार करने का अनुभव।

प्रत्येक समाज का प्रभुत्वशाली वर्ग किसी क्रान्तिकारी व्यक्ति और विचार को सामाजिक प्रक्रिया में सक्रिय भूमिका निभाने से रोकने, हटाने और उसे प्रभावहीन बनाने के लिए उसकी या तो हत्या करता है या पूजा या फिर हत्या करके पूजा। आजादी के बाद गाँधी के साथ दोनों हुआ है। जिस अंग्रेजी राज में कभी सूरज नहीं डूबता था और फिर भी कभी खून नहीं सूखता था, वह भी गाँधी के साथ वैसा व्यवहार नहीं कर सका, जैसा कांग्रेसी राज में हुआ। कांग्रेसी राज में गाँधी और उनके विचारों की पहले हत्या और फिर पूजा की जो प्रक्रिया चली, उसका अत्यन्त सजीव और सार्थक चित्रण फणीश्वरनाथ 'रेणु' के 'मैला आँचल' में है। 'मैला आँचल' का बावनदास 'रंगभूमि' के सूरदास का दूसरा अवतार है। वह पक्का गाँधीवादी है, ईमानदार और सत्यनिष्ठ। आजाद भारत में वह चोरबाजारी रोकने की कोशिश करता है तो बैलगाड़ी से कुचलकर उसकी हत्या कर दी जाती है। उसके हत्यारे स्वाधीन भारत की सत्ता के दलाल और सेवक हैं। फिर वह चेथरिया पीर हो जाता है या बना दिया जाता है—ठीक महात्मा गाँधी की तरह। जैसे दिल्ली में, राजघाट पर बापू की समाधि पर रोज श्रद्धांजलियाँ अर्पित होती हैं, वैसे ही 'कल्लीमुद्दीनपुर में, नागर नदी के किनारे, चोरघट्टा के पास साहुंड की डाली में चिथरिया पीर के लिए चिथड़ा बाँधा जाता है।' क्या बावनदास की इस परिणति में स्वाधीन भारत में गाँधी की दुर्गति का प्रतिबिम्बन नहीं है?

आज के हिन्दी साहित्य में गाँधी लगभग अनुपस्थित हैं। अगर कभी कहीं आते हैं तो व्यंग्य और विडम्बना का विषय बनकर। लेकिन वे लोक-जीवन में अब भी जीवित हैं, कहीं लोक देवता बनकर, कहीं चेथरिया पीर के रूप में जनता की आशाओं, आकांक्षाओं और कल्पनाओं को जगाते हुए। वे आज भी जनता को संघर्ष की नैतिक शक्ति देते हैं। ऐसी स्थिति में जो लेखक भूमण्डलीकरण, विदेशीकरण

और बाजारीकरण की सर्वग्रासी प्रक्रिया के शिकार नहीं हुए हैं, स्वाधीनता आन्दोलन को भूले नहीं हैं और लोक संवेदना से जुड़े हुए हैं, उन्हें गाँधी याद आते हैं। तभी तो केदारनाथ सिंह 1995 में एक लोक कलाकार पर लिखी कविता 'भिखारी ठाकुर' में महात्मा गाँधी को गाँव के लोगों के बीच में बैठा देखते हैं :

क्या आप विश्वास करेंगे
एक रात जब किसी खलिहान में चल रहा था
भिखारी ठाकुर का नाच
तो दर्शकों की पाँत में
एक शख़्स ऐसा भी बैठा था
जिसकी शक्ल बेहद मिलती थी
महात्मा गाँधी से

गाँधी ने कहा था : "मैं ऐसी कला चाहता हूँ जो करोड़ों लोगों से बोल सके।" वैसी ही कला के सर्जक थे भिखारी ठाकुर। इसलिए उन पर कविता में गाँधी की याद स्वाभाविक है और आज के समय में विशेष अर्थ से भरपूर भी।

'हिन्द स्वराज्य' के सौ बरस और स्वतन्त्र भारत

गाँधी जी ने 1909 में 'हिन्दी स्वराज्य' की रचना की थी। यह किताब गाँधी जी ने अपनी मातृभाषा गुजराती में लिखी, जिस पर बम्बई सरकार ने पाबन्दी लगा दी। किताब के बारे में स्वयं गाँधी जी ने कहा था, ''मेरी यह छोटी-सी किताब इतनी निर्दोष है कि बच्चों के हाथ में भी यह दी जा सकती है। यह किताब द्वेष-धर्म की जगह प्रेम-धर्म सिखाती है; हिंसा की जगह आत्मबलिदान को स्थापित करती है और पशुबल के खिलाफ आत्मबल को खड़ा करती है। फिर भी अंग्रेजी राज ने उस पर पाबन्दी लगाई। ऐसा लगता है कि 'हिन्द स्वराज्य' में एक ओर पश्चिम की आधुनिक सभ्यता अर्थात पूँजीवादी सभ्यता की जो आलोचना है और दूसरी ओर हिन्दुस्तान के स्वराज्य प्राप्ति की जो चिन्ता है, उसी से चिन्तित और नाराज होकर औपनिवेशिक सरकार ने इस किताब पर पाबन्दी लगाई होगी। बाद के दिनों में 'हिन्द स्वराज्य' का अंग्रेजी सहित अनेक भाषाओं में अनुवाद हुआ। इस पुस्तक की 1909 से लेकर आज तक जितनी तारीफ हुई है, उससे अधिक आलोचना हुई है।

'हिन्द स्वराज्य' की एक विशेषता यह है कि यह संवाद की शैली में लिखी हुई है। संवाद की जो प्रक्रिया गाँधी जी ने 'हिन्द स्वराज्य' के रूप में शुरू की थी, उसे उन्होंने अपने स्वभाव का अंग बना लिया था और जीवन भर दूसरों से संवाद करते रहे। प्रायः गाँधी जी के चिन्तन और लेखन में संवादधर्मिता प्राण की तरह मौजूद है। गाँधी जी अपनों से ही नहीं, अन्यों से भी, समर्थकों से ही नहीं, विरोधियों से भी संवाद करना पसन्द करते थे। आज की राजनीति से संवाद की प्रक्रिया गायब हो गयी है। इससे यह भी साबित होता है कि गाँधी जी के राजनीतिक और सांस्कृतिक विचार और व्यवहार से आज का भारत दूर हो गया है।

हेगेल ने लिखा है कि दर्शन विचारों में अपने युग का प्रतिबिम्बन है। हेगेल के इस कथन को ध्यान में रखकर 'हिन्द स्वराज्य' पर विचार कीजिए तो यह बात स्पष्ट होगी कि उस पुस्तक में उसके लिखे जाने का युग, जिसमें भारत के साथ-साथ संसार में मौजूद युग पर गाँधी जी का चिन्तन सामने आता है। उस समय भारत अंग्रेजों का उपनिवेश था, भारत की जनता गुलाम थी, इसलिए उसमें हर तरह की गुलामी के विरुद्ध सोच की अभिव्यक्ति हुई है और साथ ही दुनिया में आधुनिक

सभ्यता अर्थात पूँजीवादी सभ्यता का जो प्रभुत्व था, इसके विरुद्ध भी गाँधी जी के विचार व्यक्त हुए हैं। गाँधी जी दुनिया के उन थोड़े से नेताओं में से एक हैं, जो एक समग्रतावादी सोच के साथ समाज को बदलने की प्रक्रिया में क्रियाशील हुए हैं।

'हिन्द स्वराज्य' में गाँधी जी की स्वराज्य की धारणा बहुत व्यापक है। वह केवल राजनीतिक ही नहीं है, बल्कि राजनीतिक के साथ-साथ सांस्कृतिक भी है। गाँधी जी के लिए स्वराज्य का अर्थ केवल अंग्रेजी राज से स्वतन्त्रता ही नहीं था। वे अंग्रेजीयत से भारत की स्वाधीनता चाहते थे। उस समय के अनेक दूसरे नेताओं से गाँधी जी के स्वराज्य सम्बन्धी दृष्टिकोण का अन्तर यह है कि दूसरे लोग अंग्रेजी राज से स्वतन्त्रता तो चाहते थे, पर अंग्रेजीयत से मुक्त होने के बदले उसे अपनाने में अपना और देश का भविष्य देखते थे। गाँधी जी स्वराज्य सम्बन्धी अपनी धारणा को केवल 'हिन्द स्वराज्य' में व्यक्त करके उसकी व्याख्या लोगों पर छोड़कर चुप नहीं हो गये। वे बाद के दिनों में भी स्वराज्य की अपनी धारणा की व्याख्या करते रहे और उसका विकास भी। 29 जनवरी, 1925 के 'नवजीवन' में उन्होंने लिखा था "सच्चा स्वराज्य थोड़े लोगों के द्वारा सत्ता प्राप्त कर लेने से ही नहीं, बल्कि जब सत्ता का दुरुपयोग होता हो तब सब लोगों के द्वारा उसका प्रतिकार करने की क्षमता प्राप्त करके हासिल किया जा सकता है।" गाँधी जी ने स्वराज्य की अपनी धारणा का विस्तार करते हुए उसे राजनीतिक से अधिक सांस्कृतिक बनाया। उन्होंने 1930 में लिखा था कि "पूर्ण स्वराज्य कहने का आशय यह है कि वह जितना किसी राजा के लिए होगा उतना ही किसान के लिए, जितना किसी धनवान जमींदार के लिए होगा उतना ही भूमिहीन खेतिहर के लिए, जितना हिन्दुओं के लिए होगा उतना ही मुसलमानों के लिए, जितना जैन, यहूदी, और सिक्ख लोगों के लिए होगा, उतना ही पारसियों और ईसाइयों के लिए। उसमें जाति-पाँति, धर्म अथवा दरजे के भेदभाव के लिए कोई स्थान नहीं होगा।"

यद्यपि गाँधी जी की बातचीत, उनके व्याख्यान और उनके लेखन की भाषा में सादगी, सहजता और सरलता का सौन्दर्य था, लेकिन उनका लिखने और कहने का ढंग ऐसा था कि उनकी बात को ठीक-ठाक ग्रहण करने में लोग कठिनाई का अनुभव भी करते थे और कभी-कभी अपनी इच्छा के अनुसार व्याख्या भी कर लेते थे। 1921 में जब गाँधी जी दूसरी गोलमेज परिषद में भाग लेने के लिए इंग्लैंड गये थे, तब कुछ युवा साम्यवादियों से उनका संवाद हुआ था। उस बातचीत में एक व्यक्ति ने गाँधी से कहा था कि "हमें आपकी भाषा समझने में अक्सर कठिनाई का अनुभव होता है, क्योंकि आप न केवल एक राष्ट्र को, बल्कि अंग्रेजी भाषा को भी नये साँचे में ढाल रहे हैं और हमें कई बार ऐसा लगता है कि जब आपके कथन का एक अर्थ होता है तब लोग उसका बिल्कुल दूसरा ही अर्थ लगाते हैं।" लगता है कि गाँधी जी

को लोगों की इस कठिनाई का बोध था। वे यह भी जानते थे कि स्वराज्य की उनकी कल्पना के बारे में कई तरह की गलतफहमियाँ फैली हुई हैं। इसीलिए उन्होंने 1937 में अपने सपनों के स्वराज्य का स्वरूप स्पष्ट करते हुए कहा था, "स्वराज्य की मेरी कल्पना के विषय में किसी को कोई गलतफहमी नहीं होनी चाहिए। उसका अर्थ विदेशी नियन्त्रण से पूरी मुक्ति और पूर्ण आर्थिक स्वतन्त्रता है। उसके दो दूसरे उद्देश्य भी हैं; एक छोर पर है नैतिक और सामाजिक उद्देश्य और दूसरे छोर पर इसी कक्षा का दूसरा उद्देश्य है धर्म। यहाँ धर्म का सर्वोच्च अर्थ अभीष्ट है। उसमें हिन्दू धर्म, इस्लाम, ईसाई धर्म सबका समावेश होता है, लेकिन वह उन सबसे ऊँचा है। इसे हम स्वराज्य का समचतुर्भुज कह सकते हैं; यदि उसका एक भी कोण विषम हुआ तो उसका रूप विकृत हो जाएगा।" गाँधी जी के स्वराज्य की इस कल्पना के बारे में सोचते हुए आज हमारे सामने ये सवाल विचारणीय है कि क्या हम गाँधी जी की कल्पना के स्वराज्य में रह रहे हैं? क्या भारत विदेशी नियन्त्रण से पूरी तरह मुक्त है और इसे पूरी आर्थिक स्वतन्त्रता प्राप्त है? यही नहीं, क्या आज के समय में हमारे समाज में धर्म का वह अर्थ दिखाई देता है जो गाँधी जी को अभीष्ट था? इन सारे सवालों के उत्तर नकारात्मक ही होंगे। इससे यह भी साबित होता है कि हम एक असफल स्वराज्य के नागरिक हैं।

भारत में अंग्रेजी राज के आने से पहले राष्ट्र की कल्पना थी और राज्य की वास्तविकता भी। इसलिए स्वाधीनता आन्दोलन के दौरान राष्ट्र और राज्य के बारे में जो मान्यताएँ विकसित हुई थीं, उनमें पश्चिम की 'राष्ट्र-राज्य' की धारणाओं के साथ पुरानी कल्पनाओं और वास्तविकताओं का भी समावेश हुआ। गलती पश्चिम की राष्ट्र-राज्य की अवधारणा स्वीकार करने में जितनी थी, उससे अधिक दोनों को एक मान लेने में हुई। दुनिया के किसी भी देश में और भारत में भी राजनीति में विकृति तब आती है जब राज्य, राष्ट्र और जनता में फर्क को मिटाने की कोशिश होती है। आप आज के पूँजीवाद के भूमण्डलीकरण के दौर में इन तीनों की स्थितियों और वास्तविकताओं की भिन्नताओं पर ध्यान दीजिए तो मालूम होगा कि तीनों को एक मानना किस तरह गलत है। भूमण्डलीकरण के बारे में तीनों का दृष्टिकोण तीन तरह का है। तीनों ही प्रतिक्रियाएँ भी तीन तरह की हैं। जनता पूँजीवाद के भूमण्डलीकरण से उपजी अपनी तबाही के विरुद्ध लड़ रही है, राष्ट्र अपनी पहचान की रक्षा के लिए संघर्ष कर रहे हैं और राज्य विदेशी दबावों और प्रभावों से छुटकारे के लिए छटपटा रहे हैं। आज जरूरत इस बात की है कि इन तीनों के बीच के फर्क को ध्यान में रखकर राजनीति को क्रियाशील बनाया जाए। मुझे माओत्से तुंग के जमाने में चीन में प्रचलित एक कथन की याद आ रही है—"राज्य स्वतन्त्रता चाहते हैं, राष्ट्र मुक्ति चाहते हैं और जनता क्रान्ति चाहती है।"

आज के भारत का शासक वर्ग और उनकी राजनीतिक पार्टियाँ 'हिन्द स्वराज्य'

में व्यक्त गाँधी जी के विचारों को भुला चुकी हैं। वे सब-के-सब गाँधी जी के जन्मदिन या उनके शहीद होने के दिन पर समारोह करके अपने अपराध बोध को छिपाते हैं। आज के भारत में केवल टाटाओं और अम्बानियों को ही स्वराज्य प्राप्त है। उन लाखों किसानों को नहीं जो आत्महत्या कर चुके हैं या करने वाले हैं। गाँधी जी के स्वराज्य की कल्पना के केन्द्र में और उनकी राजनीतिक गतिविधियों के केन्द्र में में भी भारत के किसान थे जिनका अस्तित्व आज खतरे में है और जिनके होने या बने रहने में आज के शासकों की कोई दिलचस्पी नहीं है।

वैश्विक पूँजी का या पूँजीवाद के भूमण्डलीकरण का सारी दुनिया की भाषाओं, संस्कृतियों, अर्थव्यवस्थाओं और राष्ट्रीय सम्प्रभुताओं पर जो और जैसा प्रभाव पड़ रहा है उसे एक शब्द में भीषण या दारुण ही कहा जा सकता है। भूमण्डलीकरण की प्रक्रिया को संचालित नियन्त्रित करने का काम अमेरिका कर रहा है। इसीलिए भूमण्डलीकरण की भाषा अंग्रेजी है।

पिछले पच्चीस वर्षों से सारी दुनिया की छोटी-बड़ी भाषाएँ अंग्रेजी के आतंक में जी रही हैं या मर रही हैं। पूँजीवाद का भूमण्डलीकरण जिस बाजार का विस्तार करता है वह बाजार भाषाओं की अनेकता को स्वीकार नहीं करता। एक भाषा के माध्यम से बाजार के संचालन में सुविधा होती है और भाषाओं की बहुलता से बाजार में अव्यवस्था फैलने की सम्भावना रहती है। इसीलिए बाजार की भाषा के रूप में अंग्रेजी का वर्चस्व दूसरी भाषाओं के लिए खतरा बन रहा है। भाषा वैज्ञानिकों की राय है कि इस समय दुनिया में लगभग 7000 के करीब भाषाएँ हैं। उनका यह भी कहना है कि भूमण्डलीकरण के माध्यम से अंग्रेजी का वर्चस्व अगर वर्तमान गति से अपना विस्तार करता रहा तो 21वीं सदी के अन्त होते-होते दुनिया की आधी भाषाएँ मर जाएँगी। भारत भाषाओं की बहुलता का देश है। इसमें अनेक स्थितियों वाली भाषाएँ हैं। कुछ ऐसी हैं जिनकी अपनी लिपि नहीं है तो कुछ ऐसी हैं जो केवल मातृभाषा के रूप में मौजूद हैं। कुछ भाषाओं के पास लिपि है, लेकिन उनमें लिखे साहित्य के छपने की कोई व्यवस्था नहीं है। बाकी ऐसी भाषाएँ भी हैं जिनकी लिपि है, जिनका साहित्य है और जिनका प्रकाशन भी है। ये सभी भाषाएँ अंग्रेजी के आतंक को महसूस कर रही हैं। उनको बरतने वालों की संख्या दिनों-दिन घट रही है। इसीलिए उनका भविष्य खतरे में है। भाषा किसी भी संस्कृति के केन्द्र में होती है। जब भाषाएँ खतरे में होंगी तब उनमें रची-बसी हुई संस्कृतियाँ भी खतरे में होंगी। पूँजीवाद का भूमण्डलीकरण हर तरह की बहुलता का विरोधी है और एकरूपता की स्थापना का प्रयास करता है। यह प्रक्रिया भाषा के साथ-साथ संस्कृति की बहुलता के लिए भी खतरा है।

वैश्विक पूँजी का भारत की अर्थव्यवस्था पर क्या असर है और हो सकता है इसे देखना हो तो हाल के वर्षों में अमेरिकी अर्थव्यवस्था में आयी भीषण मन्दी, जिसे कुछ

लोग अर्थव्यवस्था में आयी सूनामी भी कहने लगे हैं, को देख लेना पर्याप्त होगा। अभी कुछ समय पहले तक भारत के मीडिया में रोज-ब-रोज खबर आती थी कि भारत के कितने लखपति करोड़पति बन गये हैं और करोड़पति अरबपति बन गये हैं। अब यह खबर आने लगी है कि कितने अरबपति पतित होकर करोड़पति हो गये हैं और करोड़पति लखपति हो गये हैं। इसका असर देश की राजनीति पर भी पड़ रहा है। जिस राष्ट्र-राज्य के अन्त की घोषणा उत्तर-आधुनिकतावादी कुछ दिन पहले कर रहे थे वही राष्ट्र-राज्य अब डूबते हुए पूँजीपतियों को बचाने के लिए जनता की कमाई से अर्जित पूँजी को लगा रहे हैं। भूमण्डलीकरण के इस दौर में एक ओर राज्य लोक-कल्याणकारी कार्यक्रमों और योजनाओं से हाथ खींच रहे हैं तो दूसरी ओर पूँजीपतियों को आर्थिक तबाही से बचाने के लिए जी-जान से कोशिश कर रहे हैं। इसीलिए उसकी रक्षा में लगा अमेरिका दूसरे देशों की सम्प्रभुताओं को नष्ट करने के लिए आर्थिक ही नहीं, राजनैतिक और सैनिक शक्तियों का प्रयोग कर रहा है।

आज के भारत के शासक वर्ग के लिए गाँधी, भगतसिंह, जवाहरलाल नेहरू अम्बेडकर, लोहिया, सुभाष एवं जयप्रकाश नारायण केवल नाम हैं जिनका कभी-कभी जाप होता है। उनके विचारों, व्यवहारों, मान्यताओं और आकांक्षाओं से आज की भारतीय राजनीति, अर्थव्यवस्था के वर्तमान और भविष्य का कोई सम्बन्ध नहीं है। देश की अर्थव्यवस्था और राजनीति का तन्त्र जिन मन्त्रों के सहारे चलता है, वे मन्त्र विश्व बैंक, अन्तर्राष्ट्रीय मुद्रा कोष और विश्व व्यापार संगठन के सोच से पैदा होते हैं, जिनका उद्देश्य पूँजीवाद की हर कीमत पर रक्षा और उसका विस्तार है। ये तीनों संगठन अमेरिका की इच्छाओं और इशारों के अनुसार चलते हैं, इसलिए आजकल तेजी से भारत का अमेरिकीकरण किया जा रहा है।

भारत के अमेरिकीकरण का जो अभियान चल रहा है उसका एक परिणाम यह हो रहा है कि हर क्षेत्र में अमेरिका की नकल की प्रवृत्ति बढ़ रही है। यह प्रवृत्ति रहन-सहन, पोशाक, बोली-बानी और नाम रखने तक में व्याप्त हो रही है। आजकल हर चीज वर्ल्ड क्लास है या फिर अन्तर्राष्ट्रीय। जीवन की किसी भी चीज का भारतीय होना शर्म की बात मानी जा रही है। इस प्रवृत्ति का विस्तार फिल्मों में सबसे अधिक दिखाई देता है। अमेरिका में मिलावट एक सार्वभौम चीज है। भारतीय फिल्मों में भी खासतौर से मुम्बई में बनने वाली अधिकांश फिल्मों में मिक्सिंग, रिमिक्सिंग और नकल से ही सब कुछ की दिशा तय हो रही है। फिल्मों में नृत्य, गायन और वादन अर्थात पूरे संगीत को नकल की नकल बनाने के लिए हर तरह के प्रयत्न हो रहे हैं। ऐसे में गाँधी भी अगर गाँधीगिरी के माध्यम से नकल की वस्तु बन जाएँ तो क्या आश्चर्य! गाँधी भारत को मौलिक रूप में विकसित देखना चाहते थे। वे चाहते थे कि भारत और भारत का हर नया विकास भारतीय रहे। वह कुछ भी बनने के नाम पर अंग्रेजीयत या अमेरिकीकरण का शिकार न हो।

भारत की शासन व्यवस्था जिन आधारों पर चलती है, उन पर विचार कीजिए तो एक विवित्र बात सामने आती है। आज भी भारत के अधिकांश फौजदारी और दीवानी कानून वही हैं जो औपनिवेशिक सत्ता ने भारतीयों के शोषण और दमन के लिए बनाये थे। ऐसे कानूनों को बनाये रखने और लागू करने में स्वतन्त्र भारत की सरकारों के जो इरादे हैं वे साफ जाहिर होते हैं। भारत का शासन जिस संविधान के आधार पर चलता है उसकी प्रस्तावना में भारत को लोकतान्त्रिक और धर्मनिरपेक्ष गणराज्य कहा गया था। बाद में लोकतन्त्र और धर्मनिरपेक्षता के साथ समाजवाद को भी जोड़ दिया गया। इस तरह हम जिस संविधान के अनुसार शासित हो रहे हैं उसकी प्रस्तावना पर ध्यान दीजिए तो भारत एक लोकतान्त्रिक, धर्मनिरपेक्ष और समाजवादी गणराज्य है। वैसे तो आज भारत कितना लोकतान्त्रिक और कितना धर्मनिरपेक्ष है यह मुट्ठी भर अमीरों को छोड़कर देश की अधिकांश संघर्षशील जनता जानती है। जहाँ तक संविधान की प्रस्तावना में समाजवाद होने का सवाल है तो वह एक भद्दे मजाक से अधिक कुछ नहीं है।

इस देश की सबसे बड़ी लोकतान्त्रिक संस्था संसद मानी जाती है। भारतीय सांसदों के आचरण और व्यवहार ने यह सिद्ध कर दिया है कि गाँधी जी ने संसद को बाँझ और वेश्या ठीक ही कहा था। हाल के वर्षों में जैसे लोग जिस प्रक्रिया से संसद में पहुँचते हैं वे संसद और उसकी साख के साथ ही लोकतन्त्र को भी बदनाम करते हैं।

इस समय देश में दो मुख्य राजनीतिक दल हैं— एक है कांग्रेस, दूसरी भाजपा। बाकी विभिन्न क्षेत्रों में प्रभावशाली अनेक दल हैं। भाजपा और कांग्रेस में बुनियादी फर्क बहुत कम है। दोनों की आर्थिक नीतियाँ एक जैसी हैं और उस अर्थनीति से निकली राजनीति भी समान ही है। इसलिए भविष्य में अगर इन्हीं का शासन रहा तो देश की आम जनता का कोई भविष्य नहीं होगा। आम जनता की बेहतरी को ध्यान में रखकर देश के भविष्य के बारे में सोचने पर यह लगता है कि अगर इस देश के वामपन्थी दलों में सच्ची एकता कायम हो और इन्हें सत्ता में आने का मौका मिले तो आम जनता का भविष्य बेहतर हो सकता है।

भारत में आजकल जितनी अराजकता है उतनी अराजकता दुनिया के अनेक देशों में है। मुझे यह लग रहा है कि भारत एक अराजक स्थिति के बदले दमनकारी स्थिति की ओर बढ़ता दिखाई दे रहा है। पूँजीवाद का संकट जितना गहरा होगा, पूरी दुनिया और इस देश में भी पूँजीवाद के विरुद्ध विद्रोह तेज होगा और पूँजीवाद की रक्षा के लिए दमन की प्रवृत्ति का उतना ही विस्तार होगा।

एक नये सुन्दर, नैतिक दृष्टि से अनुशासित और सही अर्थों में स्वतन्त्र भारत की केवल कल्पना की जा सकती है। भारत का वर्तमान और उस वर्तमान की वास्तविकताएँ ऐसी किसी यूटोपिया की सम्भावना पैदा नहीं कर रही हैं। हाल के वर्षों में कुछ लोग भारत को महाशक्ति बनाने की बात करते रहे हैं, लेकिन दुनिया

के इतिहास से यह जाहिर है कि हर महाशक्ति का एक समय के बाद पतन और पराभव भी होता है। इसलिए मैं भारत को महाशक्ति के रूप में देखने के बदले एक वास्तविक रूप से लोकतान्त्रिक और धर्मनिरपेक्ष ऐसे गणराज्य के रूप में देखना पसन्द करूँगा जो दुनिया का क्रियाशील अंग तो हो, पर भारत भी बना रहे।

इस समय मुझे मानव सभ्यता के सामने आये एक नये संकट की चिन्ता अधिक है। ऐसा लगता है कि सारी दुनिया में उत्तर-आधुनिकता की घोषणा के बावजूद मध्ययुगीनता लौट रही है। उम्बर्तो एको इसे मध्ययुग की वापसी कहते हैं। सारी दुनिया में मध्ययुगीन धार्मिक कट्टरवाद का बोलबाला है और धर्मयुद्ध की भाषा में आज की लड़ाइयाँ लड़ी जा रही हैं। अमेरिका के विश्व व्यापार केन्द्र पर हमले के बाद अमेरिका के राष्ट्रपति जार्ज बुश ने आतंकवाद के विरुद्ध जिस युद्ध की घोषणा की उसे धर्मयुद्ध ही कहा था। उसके एक सप्ताह बाद ओसामा बिन लादेन ने जार्ज बुश की युद्ध सम्बन्धी घोषणा का जवाब देते हुए कहा था कि यह युद्ध अलकायदा और अमेरिका के बीच नहीं है, बल्कि मुसलमानों और विश्व के क्रूसेडर्स के विरुद्ध है। तब से लेकर अब तक यह युद्ध धर्मयुद्ध के रूप में चल रहा है। इसीलिए तारिक अली ने इसे बर्बरताओं के बीच युद्ध कहा था। दुनिया की राजनीति की भाषा ही नहीं, ज्ञान-विज्ञान के क्षेत्र में भी मध्ययुग की वापसी होती दिखाई दे रही है। 19 वीं सदी में धर्म के आतंक से मनुष्य को स्वतन्त्र करने के लिए तीन विचारकों ने महान प्रयत्न किए थे। वे थे—डार्विन, कार्ल मार्क्स और फ्रायड। डार्विन ने प्रकृति से, कार्ल मार्क्स ने समाज से और फ्रायड ने मनुष्य की चेतना से ईश्वर को निकाल बाहर किया। हाल के वर्षों में इन तीनों के बौद्धिक अवदानों को अस्वीकार करने के प्रयास हो रहे हैं। डार्विन ने प्राकृतिक जगत की विकास प्रक्रिया की जो व्याख्या की थी, उसका खण्डन करते हुए एक बार फिर बाइबिल में वर्णित सृष्टिवाद की स्थापना की कोशिश हो रही है। ऐसी कोशिश अमेरिका में इंटेलीजेंट डिजाइन नाम की योजना के अन्तर्गत हो रही है और इंग्लैंड में विज्ञान के छात्रों को बाइबिल समर्थित सृष्टिवाद पढ़ाने की कोशिश हो रही है। ज्ञान के अनेक अन्य क्षेत्रों में भी मध्ययुगीनता की वापसी दिखाई दे रही है जो स्वतन्त्र रूप से विचार का विषय है।

आप भारत की राजनीति और राजनेताओं के आचरण में मध्ययुगीनता की मौजूदगी देख सकते हैं। हाल के वर्षों में धार्मिक उन्माद को राजनीति का हथियार बनाया गया है और आज भी वह प्रक्रिया जारी है। भारत के प्रमुख राजनेता रथ यात्राएँ निकालते हैं। उन्हें धनुष बाण सँभाले हुए दिखाया जाता है ताकि वे राम जैसे लगें। कुछ राजनेता मंचों पर भेंट की गयी तलवारें चमकाते हैं और खुद को योद्धा सिद्ध करने का प्रयास करते हैं। यह सब राजनीति में मध्ययुग की वापसी नहीं तो और क्या है।

स्वराज्य का स्वप्न और यथार्थ

साहित्य में स्वराज्य का अर्थ वही नहीं है जो साहित्य के स्वराज्य का है। साहित्य का स्वराज्य साहित्य की स्वायत्तता की ओर संकेत करता है जबकि साहित्य में स्वराज्य समाज में स्वराज्य की कल्पना, सम्भावना और वास्तविकता की खोज, पहचान और परख की माँग करता है। किसी भी साहित्य का स्वराज्य अपने समाज के स्वराज्य से अप्रभावित नहीं होता। साहित्य का स्वराज्य समाज के स्वराज्य को प्रतिबिंबित तो करता ही है, उसकी आलोचना और उसके अस्वीकार से लेकर उसके विकल्प की कल्पना तक जाता है।

गाँधी जी के 'हिन्दी स्वराज्य' को याद करना, असल में, भारतीय समाज के स्वराज्य से सम्बन्धित गाँधी जी के सपनों को याद करना है और साथ ही आज के भारतीय समाज में स्वराज्य के यथार्थ की छानबीन करना भी है। इस छानबीन से हम यह जान पाएँगे कि गाँधी जी के स्वराज्य के स्वप्न की क्या परिणति हुई, उसकी कैसी प्रगति या दुर्गति हुई, वह किनके लिए स्वर्णिम स्वप्न साबित हुआ है और किनके लिए दुःस्वप्न बन गया है।

गाँधी जी ने 'हिन्द स्वराज्य' (1909) में भारतीय समाज के लिए स्वराज्य का जो स्वप्न अपने देश और दुनिया के सामने रखा उसे वे जीवन भर नहीं भूले। 29 जनवरी, 1925 के 'नवजीवन' में उन्होंने लिखा था—"स्वराज्य से मेरा अभिप्राय है लोकसम्मति के अनुसार होने वाला भारतवर्ष का शासन...सच्चा स्वराज्य थोड़े लोगों के द्वारा सत्ता प्राप्त कर लेने से नहीं, बल्कि जब सत्ता का दुरुपयोग होता हो तब सब लोगों के द्वारा उसका प्रतिकार करने की क्षमता प्राप्त करके हासिल किया जा सकता है।" गाँधी जी ने 26 मार्च, 1931 के 'यंग इंडिया' में लिखा था कि "मेरे सपनों के स्वराज्य में जाति (Race) या धर्म के भेदों का कोई स्थान नहीं हो सकता। उसपर शिक्षितों या धनवानों का एकाधिपत्य नहीं होगा। वह स्वराज्य सबके लिए—सबके कल्याण के लिए होगा। सबकी गिनती में किसान तो आते ही हैं, किन्तु लूले, लँगड़े, अन्धे और भूख से मरने वाले लाखों-करोड़ों मेहनतकश मजदूर भी अवश्य आते हैं।" 'यंग इण्डिया' के इसी अंक में गाँधी जी ने यह भी लिखा था कि "मेरे सपने का स्वराज्य तो गरीबों का स्वराज्य होगा।" गाँधी जी के सपनों का

स्वराज्य गरीबों का स्वराज्य था, उसमें धार्मिक और नस्ल सम्बन्धी भेदभाव के लिए कोई जगह नहीं थी। वह केवल राजनीतिक और आर्थिक ही नहीं, सांस्कृतिक और नैतिक स्वराज्य भी था। गाँधी जी ने बम्बई के मजदूरों की एक सभा में बोलते हुए 1931 में कहा था कि "जो स्वराज्य श्रमिकों और कृषकों के लिए नहीं हो उसका कोई अर्थ नहीं होगा।"

गाँधी जी के स्वराज्य का एक पक्ष सांस्कृतिक स्वराज्य से भी जुड़ा हुआ है। वे यह मानते थे कि भारतीय संस्कृति समन्वय की पोषक है। इसीलिए वे कहते थे कि भविष्य में भी भारतीय संस्कृति का स्वरूप स्वदेशी और समन्वयपरक होगा। उन्होंने यह भी लिखा है कि भारत में जो सांस्कृतिक समन्वय होगा। वह अमेरिकी ढंग का नहीं होगा जिसमें कोई एक प्रमुख संस्कृति बाकी सबको पचा डालती है और जिसका उद्देश्य सुमेल की साधना नहीं बल्कि कृत्रिम और जबरदस्ती लादी जानेवाली एकता का निर्माण करना है। आज के समय में भारत हर तरह से अमेरिका बनने को बेचैन है। इसीलिए यहाँ संस्कृति के क्षेत्र में भी अमेरिकी ढंग की सांस्कृतिक एकता स्थापित करने की कोशिश चल रही है जो गाँधी जी के सांस्कृतिक स्वराज्य के ठीक उल्टा है।

गाँधी युग में स्वराज्य की चिन्ता करने वाले या कि स्वराज्य का स्वप्न देखने वाले साहित्य में भी थे। उनमें सबसे प्रमुख हैं प्रेमचन्द। प्रेमचन्द ने अपने जीवन और साहित्य में स्वराज्य का जो स्वप्न देखा था वह गाँधी के स्वप्न से बहुत कुछ मिलता-जुलता है। प्रेमचन्द जिस स्वराज्य की कल्पना करते थे वह अमीरों का नहीं, गरीबों का स्वराज्य था। उन्होंने 1930 में लिखा था –"जिस व्यक्ति के हृदय में गरीबों की दिन-रात गिरती हुई दशा देखकर ज्वाला सी उठती रहती है, जो उनकी मूक वेदना देखकर तड़प रहा है, वह किसी ऐसे स्वराज्य की कल्पना से सन्तुष्ट नहीं हो सकता जिसमें कुछ ऊँचे दर्जे के आदमियों का हित हो और प्रजा की दशा ज्यों की त्यों बनी रहे।" प्रेमचन्द को उम्मीद थी कि स्वराज्य से ज्यादा फायदा गरीबों को ही होगा, लेकिन पिछले साठ साल के स्वराज्य में प्रेमचन्द की उम्मीद पूरी नहीं हुई। प्रेमचन्द यह भी मानते थे कि अगर स्वराज्य का लाभ अमीरों को ही मिलेगा तो उस स्वराज्य से देश का कल्याण नहीं हो सकेगा। इसीलिए उन्होंने 'आहुति' नाम की कहानी में लिखा है कि "अगर स्वराज्य आने पर भी सम्पत्ति का यही प्रभुत्व रहे और पढ़ा-लिखा समाज यूँ ही स्वार्थान्ध बना रहे तो ऐसे स्वराज्य का न आना ही अच्छा है। जिन बुराइयों को दूर करने के लिए आज हम प्राणों को हथेली पर लिए हुए हैं उन्हीं बुराइयों को क्या प्रजा इसलिए सिर चढ़ाएगी कि वे विदेशी नहीं स्वदेशी हैं। कम से कम मेरे लिए तो स्वराज्य का यह अर्थ नहीं है कि जॉन की जगह गोविन्द बैठ जाए।" प्रेमचन्द के सन्देह सच साबित हुए और उनकी उम्मीदों पर पानी फिर गया।

आज हमारे सामने सवाल यह है कि गाँधी और प्रेमचन्द के सपनों के स्वराज्य

का अब क्या हाल है, उसकी असलियत क्या है, वह स्वप्न कितना सच साबित हुआ और कितना झूठ। इन सभी सवालों के उत्तर पंडितों से पूछने के बदले आदिवासियों, किसानों, मजदूरों, दलितों और अल्पसंख्यकों से पूछना उचित होगा क्योंकि वही आज के स्वराज्य के भुक्तभोगी हैं। इस स्वराज्य में ये सभी अन्याय, अत्याचार, शोषण, भेदभाव, दमन, लूट और झूठ की शासकीय संस्कृति के शिकार हैं।

आजादी के बाद भारत के शासक वर्ग ने गाँधी के सपनों के स्वराज्य को भूलने और भुलाने के लिए भारत के संविधान में संशोधन करके उसको समाजवादी, धर्मनिरपेक्ष, लोकतान्त्रिक गणराज्य घोषित कर दिया है। आज यह देश और इसकी अर्थव्यवस्था कितनी समाजवादी है, यह जगजाहिर है। अगर आप यह जानना चाहते हैं कि यह कितनी धर्मनिरपेक्ष है तो आप गुजरात के मुसलमानों, उड़ीसा के ईसाइयों और दिल्ली के सिक्खों से पूछिए। अगर आपकी दिलचस्पी यह जानने में हो कि आज का स्वराज्य कितना लोकतान्त्रिक है तो विदर्भ के किसानों, सिंगूर और नन्दीग्राम की जनता और देशभर के आदिवासियों से स्वराज्य के लोकतान्त्रिक होने के सच का ब्योरा प्राप्त हो सकता है। यह सब देखते हुए मुझे अमेरिका के कवि टेनेसी विलियम्स का एक कथन याद आता है कि झूठ बोलने की एक पूरी व्यवस्था है जिसमें हम जीते हैं (Mendacity is a system that we live in.)।

हमारे देश में जो स्वराज्य है वह अम्बानियों, टाटाओं और सलीमों के लिए है न कि आदिवासियों, किसानों और मजदूरों के लिए। पूँजीपतियों के स्वराज्य के कई मिथक हैं। एक मिथक यह है कि सेंसेक्स कितना ऊपर चढ़ा है, दूसरा मिथक यह है कि देश में कितने करोड़पति हुए हैं, तीसरा यह है कि देश की राष्ट्रीय विकास की दर कितनी बढ़ी है और चौथा मिथक यह है कि पूँजीवादी विश्व में हम कहाँ हैं। निथक तो और भी हैं लेकिन वर्तमन व्यवस्था की असलियत को जानने के लिए अभी ये चार ही काफी हैं। गाँधी के स्वराज्य के स्वप्न और आज के स्वराज्य का यथार्थ का फर्क मिटाने के लिए ही विकास से सम्बन्धित ये मिथक गढ़े गये। गाँधी के स्वराज्य के आधार थे सत्य और अहिंसा। आज के विकास के आधार हैं झूठ और हिंसा।

गाँधी जिसे 'स्वराज्य' कहते थे, आम आदमी उसे 'सुराज' समझता था। उस समय आम आदमी अंग्रेजों के कुराज से पीड़ित था, इसलिए वह सुराज चाहता था। आजादी के साठ साल बाद इस देश की साधारण जनता को न गाँधी का स्वराज्य मिला और न ही जनता की आकांक्षा का सुराज। आज वह असफल स्वराज्य और कुराज में जीने-मरने को अभिशप्त है।

अन्त में मैं फिर यह याद दिलाना चाहता हूँ कि साहित्य के स्वराज्य का समाज के स्वराज्य से गहरा रिश्ता होता है। कभी-कभी साहित्य का स्वराज्य समाज के स्वराज्य की कसौटी बन जाता है। जो स्वराज्य अपने नागरिकों के सोचने और रचने

की स्वतन्त्रता के अधिकार की रक्षा नहीं कर सकता वह न तो 'स्वराज्य' है और न 'सुराज'। आज मकबूल फिदा हुसैन देश से बाहर रहने के लिए मजबूर हैं, तसलीमा नसरीन लगभग कैदी का जीवन जीने के लिए विवश हैं और देश के विभिन्न भागों में पुस्तकों पर प्रतिबन्ध का सिलसिला जारी है। जिस समाज में असहमति असम्भव हो और स्वतन्त्रता सीमित उसका स्वराज्य गाँधी का स्वराज्य नहीं हो सकता। जहाँ लेखकों-कलाकारों को जीने के लिए देश से बाहर या जेल में रहना पड़े उसे सुराज कैसे कहा जा सकता है।

गाँधी के स्वराज्य और साहित्य के स्वराज्य का लक्ष्य एक है। फणीश्वरनाथ रेणु के शब्दों में "समाज को मानवीय और मनुष्य को सामाजिक बनाना।" अगर हम आत्ममुग्धता से मुक्त होकर देखें तो यह मालूम होगा कि यह लक्ष्य अभी बहुत दूर है। साहित्य यही प्रयत्न करते हुए अपने स्वराज्य का निर्माण करता है और समाज में स्वराज्य लाने में मदद भी करता है।

(हिन्द स्वराज्य के सौ वर्ष पूरे होने पर आयोजित समारोह में दिया गया वक्तव्य)

गाँधी की दृष्टि में लोकतन्त्र

दुनिया में दो देश ऐसे हैं जो अपने लोकतन्त्र को महान कहते हैं। इनमें एक है अमेरिका और दूसरा है भारत। सवाल यह है कि इनके लोकतन्त्र की महानता की असलियत क्या है? अमेरिका में 20 लाख से अधिक लोग जेलों में हैं, उनमें से अधिकांश काले लोग हैं, जिनमें बड़ी संख्या स्त्रियों और बच्चों की है। दूसरी ओर भारत का बहुत बड़ा क्षेत्र–जिसमें कश्मीर से लेकर उत्तर-पूर्व के अधिकांश राज्य, केवल सेना के सहारे भारतीय लोकतन्त्र का हिस्सा हैं। मणिपुर की एक महिला इरोम शर्मिला चानू पिछले आठ साल से आर्म्ड फोर्सेस स्पेशल पावर एक्ट को समाप्त करने के लिए अनशन कर रही हैं, जिस पर न भारत सरकार ध्यान दे रही है और न भारतीय समाज। गाँधी जी के अनशन के अर्थ को व्यर्थ साबित किया जा रहा है। आज अगर गाँधी जीवित रहते तो वे अमेरिका और भारत की सरकारों की इन करतूतों को देखकर दोनों के लोकतन्त्रों की महानता के बारे में क्या सोचते और कहते, इसका अनुमान किया जा सकता है।

गाँधी जी के चिन्तन और लेखन से यह जाहिर है कि उनकी चिन्ता केवल स्वराज्य पाने की नहीं थी, वे स्वराज्य के भावी स्वरूप के बारे में भी चिन्तित थे। यह बात हिन्द स्वराज (1909) को पढ़ने वाले हर व्यक्ति को मालूम है। गाँधी जी ने 'हिन्द स्वराज्य' लिखते समय जो सोचा था उसे वे जीवन भर नहीं भूले। वे 'हिन्द स्वराज्य' में व्यक्त अपने विचारों, आकांक्षाओं और सपनों को अपने जीवन के अन्त तक याद करते रहे और दूसरों को याद दिलाते भी रहे, लेकिन उनकी बातों पर उनके उन उत्तराधिकारियों ने कभी ध्यान नहीं दिया जो आजाद भारत में देश के वर्तमान और भविष्य का निर्माण करने वाले थे। जवाहरलाल नेहरू ने 1945 के पत्र में गाँधी जी को लिखा था कि "मेरा खयाल है कि हमारे सामने सवाल सत्य बनाम असत्य या अहिंसा बनाम हिंसा का नहीं है। कांग्रेस ने इस कल्पना पर कभी गौर नहीं किया, उसे मंजूर करने की तो बात ही अलग है।" जवाहरलाल नेहरू के इस रवैये से निराश होकर गाँधी जी ने कहा था कि "अब मेरी बात कोई नहीं सुनता। मैं साधारण आदमी हूँ। एक समय था जब मेरी आवाज बहुत बुलन्द थी, तब सब मेरी बात मानते थे। आज मेरी पुकार जंगल में चीख की तरह है।"

गाँधी जी मानते थे कि "यदि भारत में जनतन्त्र का विकास करना हो तो हिंसा और असत्य से किसी प्रकार का समझौता नहीं किया जा सकता।" (हरिजन सेवक, 3.9.38), लेकिन भारत में जो लोकतन्त्र कायम हुआ उसमें झूठ और हिंसा की प्रधानता है। ऐसा लोकतन्त्र जैसे-जैसे आगे बढ़ता गया है वैसे-वैसे झूठ और हिंसा का प्रभुत्व भी बढ़ता गया है। जब गाँधी जी के लोकतन्त्र सम्बन्धी विचारों और आकांक्षाओं को जवाहरलाल नेहरू न समझ सके और न स्वीकार कर सके, तब बाद के किसी राजनीतिक नेता से क्या उम्मीद की जा सकती है।

गाँधी जी की आकांक्षा के लोकतन्त्र का आधार था ग्राम स्वराज्य। उन्होंने 1942 में लिखा था, "ग्राम स्वराज्य की मेरी कल्पना यह है कि वह एक ऐसा पूर्ण प्रजातन्त्र होगा, जो अपनी अहम जरूरतों के लिए पड़ोसी पर भी निर्भर नहीं करेगा; और फिर भी बहुतेरी दूसरी जरूरतों के लिए–जिनमें दूसरों का सहयोग अनिवार्य होगा–वह परस्पर सहयोग से काम लेगा।" गाँधी जी के ग्राम स्वराज्य के अनेक आलोचकों को लगता है कि भारत में गाँव जैसे हैं उन्हें वैसे ही बनाये रखकर गाँधी जी ग्राम स्वराज्य लाना चाहते थे। यह समझ सही नहीं है। गाँधी जी जानते थे कि आज हमारे देहात उजड़े हुए और कूड़े-कचरे की ढेर बने हुए हैं, इसीलिए वे ग्राम स्वराज्य की स्थापना के साथ-साथ गाँवों का सर्वांगीण विकास भी चाहते थे। तभी उनके अनुसार "गाँव में कवि होंगे, चित्रकार होंगे, शिल्पी होंगे, भाषा के पंडित और शोध करने वाले लोग भी होंगे।" गाँधी जी ने एक पत्र में जवाहरलाल नेहरू को लिखा था कि "अगर ऐसा समझोगे कि मैं आज के देहात की बात कर रहा हूँ तो मेरी बात नहीं समझोगे। मेरा देहात आज मेरी कल्पना में ही है। इस काल्पनिक देहात में देहाती जड़ नहीं होगा–शुद्ध चैतन्य होगा।" गाँधी जी की देहात की कल्पना को किसी राजनीतिक नेता या सरकार ने नहीं समझा, इसलिए उसे साकार करने का प्रयत्न कभी नहीं हुआ। आज तो पूँजीवाद के भूमण्डलीकरण के दौर में भारत के गाँवों और किसानों का अस्तित्व ही विनाश के कगार पर है। तब ग्राम स्वराज्य का क्या अर्थ है?

राजनीतिशास्त्र में लोकतन्त्र के अनेक प्रकार बताये गये हैं। उनमें मुख्य हैं जनवादी, नवजनवादी-समाजवादी, नियन्त्रित और पूँजीवादी लोकतन्त्र। आरम्भ में पूँजीवाद के साथ लोकतन्त्र का विकास हुआ और भूतपूर्व समाजवादी व्यवस्थाओं के अन्त के बाद केवल पूँजीवादी लोकतन्त्र ही सारी दुनिया में बच गया है। क्यूबा जैसे एकाध अपवाद पूँजीवादी लोकतन्त्र के आक्रमण को झेल रहे हैं। पूँजीवादी लोकतन्त्र के भी दो रूप हैं, एक है उदारवादी लोकतन्त्र और दूसरा नवउदारवादी लोकतन्त्र। नवउदारवादी लोकतन्त्र वह है जिसे आप चाहें तो नंगा पूँजीवादी लोकतन्त्र भी कह सकते हैं, जिसका प्रतीक और प्रमाण अमेरिका है, जहाँ पाखण्ड और बर्बरता के सहारे लोकतन्त्र चलता है। ऐसा लोकतन्त्र गाँधी जी के सामने नहीं था, लेकिन उसके बीज इंग्लैण्ड, जर्मनी और इटली के लोकतन्त्रों में थे, जिन्हें गाँधी जी जानते-पहचानते थे,

इसीलिए उन्होंने 1940 में लिखा था कि "पश्चिम का आज का प्रजातन्त्र जरा हलके रंग का नाजी और फासिस्ट तन्त्र ही है। ज्यादा से ज्यादा प्रजातन्त्र साम्राज्यवाद की नाजी और फासिस्ट चाल को ढकने के लिए एक आडम्बर है। कभी-कभी लोकतन्त्र साम्राज्यवादी अभियानों के लिए बहाना भी बनता है। पिछले कुछ दशकों में अमेरिका ने लोकतन्त्र बहाल करने के बहाने दुनिया के अनेक देशों में खुले और छिपे रूपों में सैनिक हस्तक्षेप किया है और बर्बर हत्याकाण्ड भी। पूँजीवादी लोकतन्त्र का आदर्श रूप अब्राहम लिंकन के शब्दों में 'जनता का, जनता के लिए और जनता द्वारा शासन' है, लेकिन उसका यथार्थ रूप जार्ज डब्ल्यू बुश के समय में प्रकट हुआ है।

सच्चा लोकतन्त्र वही होगा जिसमें पूरे समाज में स्वतन्त्रता, समानता और बन्धुत्व की भावनाएँ वास्तविक रूप में मौजूद हों, केवल मन्त्र के रूप में नहीं, शासन तन्त्र के व्यवहार में भी। इन तीनों में सबसे महत्त्वपूर्ण समानता है, क्योंकि उसके अभाव में न समाज में सभी स्वतन्त्र हो सकते हैं और न उनके बीच बन्धुत्व की भावना ही हो सकती है। पूँजीवादी लोकतन्त्र में समानता की न तो कल्पना होती है और न सम्भावना, उसमें केवल पूँजीपतियों को स्वतन्त्रता प्राप्त होती है और मजदूरों से उनका विरोध स्थायी होता है। गाँधी जी की कल्पना के स्वराज्य में समानता की केन्द्रीय स्थिति है। उन्होंने स्पष्ट लिखा था कि "पूर्ण स्वराज्य कहने का आशय यह है कि वह जितना किसी राजा के लिए होगा; उतना ही किसान के लिए, जितना किसी धनवान जमींदार के लिए होगा, उतना ही भूमिहीन खेतिहर के लिए, जितना हिन्दुओं के लिए होगा; उतना ही मुसलमानों के लिए भी, जितना जैन, यहूदी और सिख के लिए होगा; उतना ही पारसियों और ईसाइयों के लिए। उसमें जाति-पाँति, धर्म अथवा दर्जे के भेद-भाव के लिए कोई स्थान नहीं होगा" (यंग इण्डिया, 5.3.31)। क्या आजकल हम ऐसे लोकतन्त्र में रह रहे हैं? क्या हम जिस लोकतन्त्र में रह रहे हैं वह गाँधी जी की दृष्टि से अपूर्ण, अधूरा और असफल नहीं है?

सारी दुनिया में सामन्तवाद से मुक्ति और प्रजातन्त्र की स्थापना के लिए कठिन संघर्ष गरीबों ने किया। गरीब जनता प्रजातन्त्र से अपनी बेहतरी की उम्मीद करती है और समाज में समानता की माँग भी करती है। गाँधी जी गरीबों की आकांक्षा को समझते थे और समानता के महत्त्व को भी, इसलिए उन्होंने कहा था, "प्रजातन्त्र का अर्थ मैं यह समझता हूँ कि इस तन्त्र में नीचे से नीचे और ऊँचे से ऊँचे आदमियों को आगे बढ़ने का समान अवसर मिलना चाहिए", लेकिन वे यह भी जानते थे कि पूँजीवादी प्रजातन्त्र में ऐसा सम्भव नहीं है। उन्होंने 1940 में लिखा था कि "संसार में आज कोई भी देश ऐसा नहीं है जहाँ कमजोरों के हक की रक्षा बतौर फर्ज के होती हो। अगर गरीबों के लिए कुछ किया भी जाता है तो वह मेहरबानी के तौर पर किया जाता है।"

दूसरे शासन तन्त्रों से लोकतन्त्र का यह बुनियादी फर्क है कि उसमें असहमति और विरोध का सम्मान किया जाता है। यही लोकतन्त्र की संस्कृति की अनिवार्य शर्त है। इसी का अभाव भूतपूर्व समाजवादी व्यवस्थाओं के विनाश का कारण बना। गाँधी जी दूसरों के विचारों के सम्मान को लोकतन्त्र के लिए आवश्यक मानते थे। उन्होंने लिखा है, "हमारे जैसे विशाल देश में ईमानदारी से विचार करने वाले सभी पक्षों का स्थान होना चाहिए। इसीलिए हमारा अपने प्रति और दूसरों के प्रति कम से कम यह कर्त्तव्य तो है ही कि हम प्रतिपक्षी का दृष्टिकोण समझने की कोशिश करें और यदि हम उसे स्वीकार न कर सकें तो भी जिस तरह हम यह चाहेंगे कि वह हमारे मत का आदर करे, उसी तरह हम भी उसके मत का आदर करें। यह चीज स्वस्थ सार्वजनिक जीवन की और स्वराज्य की योग्यता की अनिवार्य कसौटियों में से एक है, (यंग इण्डिया, 17.4.24)। जो व्यवस्था विरोध को अपराध मानती है, वह लोकतान्त्रिक कैसे हो सकती है। आज भारत में केन्द्र और राज्यों की सभी सरकारें प्रत्येक सामाजिक और राजनीतिक विरोध को अपराध मानती हैं और उसका दमन करती हैं।

गाँधी जी ने हिन्द स्वराज में लोकतन्त्र की कुछ संस्थाओं की कड़ी आलोचना की है। उन्होंने ब्रिटिश संसद को बाँझ और वेश्या कहा है, जिस पर बहुत आपत्ति की गयी, लेकिन भारतीय संसद के सदस्यों ने अपने आचरण से गाँधी जी की आलोचनाओं को ही सही साबित किया है। जिस संसद के सदस्य खरीदे और बेचे जाते हों, जैसा कि अविश्वास पर मतदान के समय संसद में हुआ था, या जिस संसद के सदस्य रुपये लेकर सवाल पूछते हों, उसे वेश्या क्यों न कहा जाय। हिन्दी के कवि धूमिल ने कहा ही था :

हमारे देश की संसद
तेली की ऐसी घानी है
जिसमें आधा तेल और आधा पानी है।

गाँधी जी ने चुनाव की भी आलोचना की है। आज भारत और बाकी दुनिया में केवल चुनाव ही लोकतन्त्र का एकमात्र लक्षण रह गया है। दूसरे देशों में चुनाव की स्थिति को हम छोड़ भी दें और केवल भारत में होने वाले चुनावों को ही ध्यान में रखें; तो यह मानना होगा कि भारत में जिस तरह चुनाव पर धनबल और बाहुबल का कब्जा हुआ है, चुनाव की प्रक्रिया में अपराध और अपराधियों का प्रभाव बढ़ा है उससे एक ओर जनतन्त्र वनतन्त्र बन गया है; तो दूसरी ओर चुनाव कहीं लोकतन्त्र का प्रहसन; तो कहीं ट्रेजडी साबित हो रहा है। यही नहीं, जनता चुनाव को व्यर्थ मानकर उससे उदासीन होती जा रही है, इसलिए कभी-कभी यह भी माँग होती है कि चुनाव में मतदान को कानूनन अनिवार्य बनाया जाना चाहिए; ताकि चुनाव का नाटक चलता रहे। मतदान अनिवार्य तभी होना चाहिए जब चुने हुए लोगों को

मतदान के माध्यम से वापस बुलाने की भी कानून में व्यवस्था हो।

गाँधी जी लोकतन्त्र के मूलगामी आलोचक हैं। मूलगामी का अर्थ है आलोचना की प्रक्रिया में आलोच्य के मूल तक जाना। जैसा कि मार्क्स ने कहा है कि मनुष्य के लिए मूल तो मनुष्य ही है। इसलिए मूलगामी आलोचना मूलतः मानववादी आलोचना है। गाँधी जी लोकतन्त्र की आलोचना करते समय मनुष्य के अतीत, वर्तमान और भविष्य को ध्यान में रखते हैं।

भारत में आज जो लोकतन्त्र है वह पूँजीवादी लोकतन्त्र है, बल्कि पूँजीवाद के भूमण्डलीकरण के दौर का नवउदारवादी लोकतन्त्र है, जो उदारवादी लोकतन्त्र के सारे इरादों, वादों और लक्ष्यों को भूलकर केवल पूँजीवाद के हर तरह के विस्तार के लिए कटिबद्ध है। जो व्यक्ति, वर्ग या समूह विकास की पूँजीवादी प्रक्रिया का विरोध करता है या उस प्रक्रिया से तबाह और बर्बाद आदिवासियों, किसानों और मजदूरों की समस्याओं की बात करता है उसको विकास-विरोधी घोषित करती हुई राजसत्ताएँ उसका दमन करती हैं। स्तालिन के समय में सोवियत संघ की राजसत्ता जिनको 'जनता का दुश्मन' कहती थी उनके साथ कैसा व्यवहार करती थी, यह सब लोग जानते हैं। आज भारत के पूँजीवादी लोकतन्त्र की सत्ता जिनको 'विकास का दुश्मन' मानती है उनके साथ वैसा ही व्यवहार करती है जैसा स्तालिन के सोवियत संघ में राज सत्ता जनता के दुश्मनों के साथ करती थी। जबसे पूँजीवादी लोकतन्त्र, लोक कल्याण को छोड़कर, पूँजी के कल्याण को अपना लक्ष्य मानने लगा है, तब से राजसत्ताएँ अधिक से अधिक दमनकारी होती जा रही हैं, गाँधी जी की आकांक्षा के सन्दर्भ में लोकतन्त्र में दमनकारी राजसत्ता के लिए कोई जगह नहीं है। गाँधी जी ने 11.1.36 के 'हरिजन' में लिखा था कि "जब राज सत्ता जनता के हाथ में आ जाती है तब प्रजा की आजादी में होने वाले हस्तक्षेप की मात्रा कम से कम हो जाती है। दूसरे शब्दों में जो राष्ट्र अपना काम राज्य के हस्तक्षेप के बिना ही शान्तिपूर्वक और प्रभावपूर्ण ढंग से कर दिखाता है उसे ही सच्चे अर्थों में लोकतन्त्रात्मक कहा जा सकता है। जहाँ ऐसी स्थिति न हो वहाँ सरकार का बाहरी रूप लोकतन्त्रात्मक भले हो, परन्तु वह नाम के लिए ही लोकतन्त्रात्मक होगा।" गाँधी जी की इस कसौटी पर कस कर आप भारतीय लोकतन्त्र को देखिए तो पाएँगे कि वह नाममात्र के लिए ही लोकतन्त्रात्मक है।

गाँधी जी की दृष्टि में लोकतन्त्र केवल एक राजनीतिक व्यवस्था ही नहीं है, वह सामाजिक और नैतिक व्यवस्था भी है, लेकिन पूँजीवाद केवल लाभ की चिन्ता करता है। वह लाभ के रास्ते में विरोधी के रूप में आने वाली किसी भी सामाजिक, नैतिक और मानवीय स्थिति की परवाह नहीं करता, इसीलिए भारत का वर्तमान लोकतन्त्र सामाजिक न्याय, नैतिक उत्थान और मानवीय यातना की कोई चिन्ता नहीं करता। आज के भारतीय लोकतन्त्र में केवल पूँजीवाद के प्रसार की चिन्ता है, समाज में

लोकतन्त्र के विकास की, जनता के स्वतन्त्र रूप से जीने, सोचने और कुछ कहने के अधिकारों की नहीं। भारत में पूँजीवादी विकास की प्रक्रिया को तेज करने के लिए पाँच सौ विशेष आर्थिक क्षेत्र बनाने का प्रस्ताव है, जो हर तरह के नियम और कानून के दायित्वों से मुक्त शोषण के विशेष क्षेत्र ही होंगे। उनमें किसी सामाजिक और नैतिक लोकतन्त्र की कल्पना भी नहीं की जा सकती।

भारतीय लोकतन्त्र के बारे में यह कहा जा सकता है कि वह संविधान पर आधारित है, लेकिन जो सरकारें संविधान की शपथ लेकर बनतीं और काम करती हैं वे उस संविधान की प्रस्तवाना की परवाह नहीं करतीं। भारत के संविधान की प्रस्तावना में पहले कहा गया था कि भारत एक धर्मनिरपेक्ष और लोकतान्त्रिक गणराज्य है। बाद में प्रधानमंत्री इन्दिरा गाँधी ने प्रस्तावना में एक शब्द जोड़कर भारत को धर्मनिरपेक्ष लोकतान्त्रिक और समाजवादी गणराज्य बना दिया। भारत की सरकारें कितनी धर्मनिरपेक्ष और कितनी लोकतान्त्रिक हैं, यह बहस का विषय हो सकता है, लेकिन ये कितनी समाजवादी हैं–यह जग जाहिर है। भारतीय संविधान की प्रस्तावना में परिवर्तन के माध्यम से समाजवाद के अर्थ को व्यर्थ बनाने की यह प्रक्रिया भारतीय लोकतन्त्र के इरादों को स्पष्ट करती है।

आज का भारतीय समाज पूरी तरह से दो हिस्सों में बँट गया है, जिसे देखकर चार्ल्स डिकेन्स के उपन्यास 'ए टेल ऑफ टू सिटीज' के आरम्भ में चित्रित फ्रांसीसी समाज के यथार्थ का स्मरण हो आता है। वह चित्रण इस प्रकार है : "कुछ लोगों के लिए यह सबसे अच्छा समय था, दूसरों के लिए सबसे बुरा समय। कुछ के लिए विवेक का युग था, दूसरों के लिए बेवकूफी का, कुछ के लिए विश्वास का युग था, दूसरों के लिए सन्देह का। कुछ के लिए आशा के वसन्त का काल था, दूसरों के लिए निराशा की सर्दी का। कुछ के सामने सब कुछ था, दूसरों के सामने कुछ नहीं। कुछ लोग सीधे स्वर्ग जा रहे थे, दूसरे नरक की ओर जा रहे थे।" इस कथन में फ्रांस की जगह भारत को और 'थे' या 'था' की जगह 'है' रख दीजिए तो आज के भारतीय समाज के भयावह समय की यथार्थ स्थिति की पूरी तस्वीर आपके सामने आ जाएगी। यहाँ कुछ लोगों के लिए जो लोकतन्त्र है, वही दूसरों के लिए दमनकारी सत्ता है।

गाँधी की दृष्टि में लोकतन्त्र का आधार है लोकमत। लोक की भावना और समझ की परवाह करने वाले शासन की प्रक्रिया में लोकमत का ध्यान रखा जाता है, केवल विशेषज्ञों की राय का नहीं। सुशासन की आकांक्षा रखने वाले पूरब और पश्चिम के पुराने कवि और लेखक लोकमत का महत्त्व जानते थे। तुलसीदास ने सुशासन के लिए लोकमत पर ध्यान देना जरूरी माना है। उन्होंने लिखा है:

भरत विनय सादर सुनिअँ, करिअँ विचारु बहोरि।
करब साधुमत लोकमत, नृप नय निगम निचोरि॥

अंग्रेजी के उपन्यासकार और नाटककार हेनरी फिल्डिंग ने अपने एक नाटक में

लोकमत के महत्त्व को स्वीकार किया और उसकी हत्या करने वाले शासकों की आलोचना भी की है। उन्होंने लिखा है कि "वे लोग जो लोकमत की हत्या करते हैं और अपनी सफलता की घोषणा करते हैं, वे यह भूल जाते हैं कि लोकमत का भूत उनका पीछा करेगा।" लोकमत की उपेक्षा या अनादर करने वाला लोकतन्त्र गाँधी जी के अनुसार नाम मात्र का ही लोकतन्त्र होगा, उसमें सच्ची लोकतान्त्रिक राजनीति की संस्कृति नहीं होगी।

पूँजीवाद के वर्तमान भूमण्डलीकरण के दौर में जो उन्मादी व्यक्तिवाद पैदा हुआ है, वह भी लोकतन्त्र के लिए एक खतरा है। इस बीच उत्तर-आधुनिकतावादियों ने सामाजिक के मौत की घोषणा कर रखी है। एक ओर उन्मादी व्यक्तिवाद और दूसरी ओर सामाजिक की मौत के परिणामस्वरूप जो समाज बन रहा है उसे अधिक से अधिक व्यक्तियों का समाज कहा जा सकता है। अब सामूहिकता को महत्त्व प्रदान करने वाली राष्ट्र, राज्य, वर्ग और विचारधारा जैसी अवधारणाएँ अपना अर्थ खो रही हैं। जाहिर है कि सामूहिकता या सामूहिक चेतना के अभाव में लोकतान्त्रिक भावना विकसित नहीं हो सकती। गाँधी जी के चिन्तन और व्यवहार के केन्द्र में सामाजिकता थी और उससे सामूहिकता की भावना पैदा होती थी। गाँधी जी व्यक्ति की स्वतन्त्रता को महत्त्वपूर्ण मानते थे, लेकिन वे व्यक्तिवाद के समर्थक नहीं थे। उन्होंने 1939 में लिखा था, "व्यक्तिगत स्वतन्त्रता की मैं कदर करता हूँ, लेकिन यह आपको हरगिज नहीं भूलना चाहिए कि मनुष्य मूलतः एक सामाजिक प्राणी है। सामाजिक प्रगति की आवश्यकताओं के अनुसार अपने व्यक्तित्व को ढालना सीखकर ही वह वर्तमान स्थिति तक पहुँचा है। अबाध व्यक्तिवाद वन्य पशुओं का नियम है। हमें व्यक्तिगत स्वतन्त्रता और सामाजिक संयम के बीच समन्वय करना सीखना है।" ऐसा समन्वय लोकतन्त्र की रक्षा और संचालन के लिए आवश्यक है।

गाँधी जी ऐसे लोकतन्त्र का निर्माण चाहते थे जो फणीश्वरनाथ रेणु के शब्दों में 'मनुष्य को सामाजिक और समाज को मानवीय बनाये', लेकिन ऐसा पूँजीवादी लोकतन्त्र में सम्भव नहीं लगता; क्योंकि पूँजीवाद असामाजिक मनुष्य पैदा करता है और असामाजिक मनुष्यों का समूह समाज को अमानवीय बनाता है। भूतपूर्व समाजवादी व्यवस्था ने मनुष्य को सामाजिक तो बनाया, लेकिन वह समाज व्यवस्था को मानवीय न बना सकी। गाँधी जी की आकांक्षा का लोकतन्त्र अब भी सारी दुनिया के मानव समाज की आकांक्षा ही है।

कला का उत्सव और उत्सव की संस्कृति

1

कुछ दिनों से केन्द्र और राज्य की सरकारें संस्कृति के बारे में बहुत चिन्तित दिखाई देती हैं। संस्कृति के बारे में सरकारी चिन्ता की शुरुआत मध्यप्रदेश से हुई थी। उससे प्रेरणा पाकर केन्द्रीय सरकार भी संस्कृति के बारे में चिन्तित हो उठी। प्रायः राज्यों की सरकारें केन्द्र के पीछे-पीछे चलती हैं, लेकिन कभी-कभी कुछ मामलों में केन्द्रीय सरकार भी किसी राज्य सरकार से प्रेरणा पा लेती है। संस्कृति के सरकारीकरण के अभियान में यही हुआ है। केन्द्रीय सरकार के पास साधन और सलाहकारों की कमी नहीं है, इसलिए उनकी संस्कृति चिन्ता की भी कोई सीमा नहीं है।

केन्द्रीय सरकार की पहल पर राज्यों में संस्कृति केन्द्र बन रहे हैं। संस्कृति का सबसे बड़ा केन्द्र दिल्ली में होगा। जहाँ संस्कृति की चिन्ता जितनी अधिक होगी, वहाँ संस्कृति का केन्द्र उतना ही बड़ा होगा। संस्कृति के सरकारीकरण के इस नये अभियान से अनेक संस्कृतिकर्मी परेशान हैं; क्योंकि पिछले कुछ वर्षों में जिन चीजों पर सरकार की कृपा-दृष्टि पड़ी है, उनकी दुर्गति सबके सामने है। संस्कृतिकर्मी इस बात से भी परेशान हैं कि जबसे संस्कृति, कला, मानवीय मूल्य आदि के बारे में सरकारें चिन्तित हुई हैं, तब से कवियों, पत्रकारों, रंगकर्मियों पर घातक हमले बढ़ गये हैं। अब स्थिति यह है कि सरकारी संस्कृति का विराट रूप प्रकट होता जा रहा है। केन्द्र और राज्यों की सरकारें संस्कृति के बारे में चिन्तित हो रही हैं और संस्कृतिकर्मी सरकारी संस्कृति के बारे में।

सरकारी संस्कृति विचित्रताओं से भरी है। दिल्ली देश की राजधानी है। यहाँ सरकारी संस्कृति का बिखरा हुआ रूप दिखाई देता है, उसका बिखरा हुआ रूप राज्यों की राजधानियों में मिलता है। दिल्ली में आदिम बर्बरता और इक्कीसवीं सदी के दरवाजे पर दस्तक देती आधुनिकता अगल-बगल खड़ी हैं। दहेज के लिए सबसे अधिक स्त्रियाँ दिल्ली में ही जलाई जाती हैं और कम्प्यूटर की शिक्षा देने वाली संस्थाएँ सबसे अधिक दिल्ली में ही हैं। यहाँ पुराने से नये की अद्‌भुत साँठ-गाँठ है। यहाँ धर्म और विज्ञान साथ-साथ चलते हैं, भौतिकता की गोद में आध्यात्मिकता पलती

है। जो लोग रात में विशाल भगवती जागरण में शामिल होते हैं, वही दिन में इक्कीसवीं सदी में पहुँचने के लिए दौड़ते दिखाई देते हैं। आजकल चारों ओर कम्प्यूटर की चर्चा है। कहा जा रहा है कि देश की प्रगति कम्प्यूटर पर निर्भर है; लेकिन कम्प्यूटर चलाने वाले वैज्ञानिक नौकरशाही पर निर्भर हैं, नौकरशाही नेताओं की कृपा पर निर्भर है और नेताओं का भविष्य सन्तों-महात्माओं-ज्योतिषियों पर निर्भर है।

सरकार अपने ढंग से संस्कृति का विकास करने के लिए बेचैन है। वह जिस चीज का विकास करना चाहती है, उसके लिए एक प्राधिकरण बना देती है। हाल के वर्षों में कई प्राधिकरण बने हैं—दिल्ली विकास प्राधिकरण, व्यापार मेला प्राधिकरण, खेल विकास प्राधिकरण, गंगा प्राधिकरण आदि। सम्भव है आगे कुछ दिनों में एक संस्कृति विकास प्राधिकरण भी बन जाए। जब मनुष्य संसाधन हो सकता है, तब संस्कृति का प्राधिकरण क्यों नहीं बन सकता। यह अलग बात है कि प्राधिकरणों के अधीन दूसरों का जो हाल हुआ है, वही संस्कृति का भी होगा।

1986 का वर्ष संस्कृति के सरकारीकरण के अभियान के लिए याद किया जाएगा। इस वर्ष दिल्ली में एक नया कला केन्द्र बना और इसी वर्ष अब तक का सबसे बड़ा कला-मेला दिल्ली में लगा। विशाल भगवती जागरण की तरह आयोजित सप्ताह भर के सांस्कृतिक समारोह का नाम था 'अपना उत्सव'। उत्सव देखने-सुनने के बाद कहना कठिन है कि यह किसका उत्सव था—सरकार का या जनता का, अधिकारियों का या कलाकारों का। अब तक लोग कला के पास जाते थे, लेकिन जब बिना बुलाये कला दिल्ली वालों के दरवाजे आ पहुँची तो लोग भौचक्के होकर सहमे-सहमे उसे देखते रहे। इस कला-मेले में कलाकारों की वही दशा थी जो किसी भी सरकारी समारोह में उनकी होती है। सब अपने-अपने करतब दिखाने में लगे थे। मेले में कला-विवेक के अलावा सब कुछ था। मेले को देखकर लगा कि जहाँ सहज और स्वतन्त्र वातावरण नहीं होता, वहाँ कला नहीं होती।

1986 में ही सत्ता और संस्कृति के सम्बन्ध का एक और रूप आन्ध्र प्रदेश में दिखाई पड़ा। तेलुगु के प्रसिद्ध कवि वरवर राव के काव्य-संग्रह 'भविष्यातु चित्रपटम्' पर प्रतिबन्ध लगा और वरवर राव ने नकली मुठभेड़ में पुलिस के हाथों बाहर मारे जाने के बदले जेल में जीते रहना बेहतर समझा। कवि वरवर राव कई साल तक सिकन्दराबाद जेल में थे। बांग्ला की एक क्रान्तिकारी कविता का अनुवाद छापने के कारण तेलुगु की पत्रिका 'सृजन' का दमन और पी. हेमलता को दंडित करके महात्मा बने एन.टी. रामाराव ने सत्ता की संस्कृति का बेजोड़ नमूना पेश किया।

आन्ध्र में सत्ता की संस्कृति का खूँखार रूप बहुत पहले से दिखाई देता रहा है। तेलंगाना आन्दोलन से आज तक लगातार क्रान्तिकारी कला और कलाकारों का दमन होता आ रहा है। कुछ दिनों से आन्ध्र की सरकार जन-संस्कृति के समानान्तर पुलिस संस्कृति खड़ी कर रही है। वहाँ जन-नाटकों के मंचन पर रोक लगाकर जगह-जगह

पुलिस अपने नाटक खेल रही है। पुलिस-संस्कृति से परिचित कोई भी व्यक्ति पुलिस के नाटक का अर्थ समझ सकता है। संस्कृति और कला सुरक्षा का इससे अच्छा उपाय क्या हो सकता है? आन्ध्र सरकार की यह सांस्कृतिक दूरदर्शिता अद्भुत है। इसकी बराबरी केवल बिहार सरकार ही कर सकती है। आन्ध्र और बिहार की सरकारें समझती हैं कि जनता का सांस्कृतिक जागरण खतरनाक है, इसलिए वे संस्कृति को जनता से बचाने के लिए उसे पुलिस के हवाले करके चैन की बंसी बजा रही हैं।

संस्कृति और सत्ता का यह सम्बन्ध नया लगते हुए भी एकदम नया नहीं है। इसका इतिहास काफी पुराना है। अगर हम उस इतिहास पर नजर डालें तो सत्ता और संस्कृति के बदलते सम्बन्धों को समझने में मदद मिलेगी। लम्बे इतिहास में सत्ता और संस्कृति के सम्बन्ध बहुत बदल गये हैं, लेकिन इतने नहीं बदले हैं कि नये का पुराने से कोई सम्बन्ध न हो। आज भी सत्ता के सलाहकार अपने पूर्वजों की सलाहों से लाभ उठाते हैं, कई बार उन्हें दोहराते हैं।

यूनानी दार्शनिक प्लेटो के आदर्श राज्य में कवियों के लिए कोई जगह न थी। वे मानते थे कि कविता में भावावेश और भ्रम की भरमार होती है, विवेक और सत्य का अभाव होता है, उससे अनैतिकता और झूठ का प्रसार होता है। उनको डर था कि कविता के प्रभाव से आदर्श नागरिक बिगड़ जाएँगे, इसलिए उन्होंने घोषणा की थी कि कवियों को राज्य से बाहर निकाल देना चाहिए। प्लेटो कविता के अचूक प्रभाव से परिचित थे। उसको नैतिक और राजनीतिक दृष्टि से हानिकर समझते थे, इसलिए कवियों को राज्य से बाहर निकालना चाहते थे; लेकिन वे काव्य-प्रेमी भी थे, इसलिए कवियों को माला पहनाकर राज्य से विदा करना चाहते थे। कविता से डरने वाले शासकों की कभी कमी नहीं रही है, लेकिन काव्य-प्रेमी शासक कम ही मिलते हैं। जो शासक कविता से डरते हैं, वे कविता के बारे में प्लेटो की राजनीतिक राय को ही मानते हैं। प्लेटो के आदर्श राज्य में केवल प्रार्थना-गीत और प्रशंसा गीत लिखने वाले कवियों को ही थोड़ी सी जगह मिल सकती थी। आज भी ऐसे ही कवि राज्य के प्रिय कवि होते हैं। आज जो कवि अपनी कविता में सत्ता और व्यवस्था को सचमुच चुनौती देते हैं, उनके साथ राजसत्ता और उसके सहयोगी वही व्यवहार करते हैं, जिसकी सलाह प्लेटो दे गये हैं। ऐसे कवियों पर आज भी वही आरोप लगाये जाते हैं जो प्लेटो बता गये हैं।

प्लेटो अपने आदर्श राज्य से कवियों को बाहर निकालना चाहते थे, लेकिन भारतीय आचार्य कौटिल्य ने तो जनपद में कलाकारों के प्रवेश पर ही प्रतिबन्ध लगा दिया। अर्थशास्त्र में कौटिल्य ने लिखा है, "जनपद में नाट्यगृह, विहार तथा क्रीड़ाशालाएँ नहीं होनी चाहिए। नट, नर्तक, गायक, वादक, वाग्जीवी (कवि) और कुशीलव (रंगकर्मी) आदि गाँवों में जाकर कृषि कार्य में विघ्न उत्पन्न न करें, क्योंकि गाँवों में नाट्यादि की सुविधा न होने पर गाँववासी कृषि कार्यों में लगे रहते हैं, जिससे

राजकोष की वृद्धि होती है।" प्लेटो दार्शनिक थे, उन्हें कविता से विवेक और सत्य की रक्षा की चिन्ता थी। कौटिल्य अर्थशास्त्री ठहरे, उन्हें कला से राजकोष की रक्षा की चिन्ता थी। राजनीति प्लेटो के दर्शन के केन्द्र में थी, वे कविता से राज्य व्यवस्था को बचाना चाहते थे। कौटिल्य राजनीतिक अर्थशास्त्र के आचार्य थे, वे भी राजसत्ता और व्यवस्था को बचाना चाहते थे, इसलिए लिखा "जनपद में राजभक्त जन-संघ के अतिरिक्त कोई दूसरा ऐसा संघ न पनपने पावे जो राजद्रोह करने के लिए प्रतिज्ञाबद्ध हो।" कौटिल्य के अनुसार जनपद में न तो कलाकारों को जाना चाहिए और न राज्य-विरोधी किसी जन संगठन का निर्माण होना चाहिए, क्योंकि पहले से राजकोष को खतरा होगा और दूसरे से राजसत्ता को। अगर कोई राजसत्ता-विरोधी कलाकार जनपद में पहुँच जाता तो कौटिल्य उसके साथ कैसा सलूक करने की सलाह देते, आन्ध्र प्रदेश और बिहार के जन-कलाकारों के साथ वहाँ की सरकारों के व्यवहार को देखकर इसका अनुमान किया जा सकता है।

जनता को कला से वंचित करके उसे राज्य का गुलाम बनाये रखने का कैसा सरल और सीधा उपाय है! ऐसा उपाय साम्राज्य का ही सलाहकार सुझा सकता है, गण-व्यवस्था का आचार्य नहीं। इतिहासकार बता सकते हैं कि कौटिल्य का यह सुझाव उनके समकालीन और बाद के शासकों ने कितना माना और लागू किया। इसके बावजूद जन-संस्कृति और जनकला का विकास साबित करता है कि जनता की सृजनशीलता अदम्य और अक्षय है।

कौटिल्य का विशेष जोर इस पर है कि जनपद में नाटक-रंगमंच की सुविधा नहीं होनी चाहिए। रचना, सम्प्रेषण और प्रभाव की दृष्टि से नाटक-रंगमंच सर्वाधिक यथार्थदर्शी, जनोन्मुखी और जनतान्त्रिक कला है। अक्षरों की दुनिया से अपरिचित जनता के लिए जीवन और जगत के बोध का यह अत्यन्त समर्थ माध्यम है, इसीलिए भरत मुनि ने सामान्यजन के लिए दुर्लभ चार वेदों से अलग नाटक को सर्वजन सुलभ पंचम वेद कहा और उसे वर्ग, वर्ण और लिंग के भेद से मुक्त ज्ञान का साधन बनाया। कौटिल्य इस पंचम वेद को भी जनता से दूर रखने का उपदेश देते हैं। आज भी शासक वर्ग कौटिल्य के बताये मार्ग पर चलता है, पर अपने ढंग से और आज की जरूरत के मुताबिक। कौटिल्य के आधुनिक उत्तराधिकारी अधिक चालाक हो गये हैं। वे एक ओर जनता के बीच नुक्कड़ नाटकों के मंचन और क्रान्तिकारी कविताओं के प्रसार पर रोक लगाते हैं और दूसरी ओर 'अपना उत्सव' में जनता की कला और विरोध की कविता की नुमाइश करते हैं। जहाँ तक विरोध की कला मनोरंजक होती है, वहाँ तक शासक वर्ग का कला प्रेम बना रहता है, लेकिन जब वह सक्रिय शक्ति बनने लगती है, तब कला-प्रेम पर सत्ता-प्रेम हावी हो जाता है।

प्रायः शासक वर्ग संस्कृति को सामान्यजन की पहुँच के बाहर रखकर जनता के सांस्कृतिक विकास का रास्ता रोकता है। इसके बावजूद जब जनता अपनी कला

और संस्कृति रचती है, तब शासक वर्ग उसकी उपेक्षा करता है। जब उपेक्षा से काम नहीं चलता, तब उसका दमन करता है। जहाँ उपेक्षा और दमन से उद्देश्य पूरा नहीं होता, वहाँ शासक वर्ग जन-संस्कृति को विकृत करने की कोशिश करता है। कई बार वह जनता की कला और संस्कृति की उपलब्धियों की तेज धार को भोथरा बनाकर उन्हें अपनी धारा में समेटने का भी प्रयास करता है। संस्कृति के इतिहास में जन-संस्कृति को उपेक्षा, दमन, विकृति और समाहार की प्रक्रिया का शिकार बनाने की कोशिश शासक वर्ग की ओर से होती रहती है। यहाँ दर्शन और साहित्य में यह प्रक्रिया लगातार चलती रही है, प्रभुत्वशाली संस्कृति से जन-संस्कृति का टकराव लगातार होता रहा है। दर्शन के क्षेत्र में लोकायत और बौद्ध दर्शन इस प्रक्रिया से गुजरे हैं। महाकवि अश्वघोष को संस्कृत काव्य की 'महान परम्परा' में कभी उचित महत्त्व नहीं मिला। 'मृच्छकटिक' जैसे अद्वितीय यथार्थवादी नाटक की उपेक्षा हुई। यह ध्यान देने लायक तथ्य है कि भारतेन्दु हरिश्चन्द्र अपनी नाट्यकला को 'मृच्छकटिक' की परम्परा में रखते हैं। प्रभुत्वशाली सांस्कृतिक परम्परा ने कबीर के प्रभाव को विकृत करने के लिए उनका नाम गालियों से जोड़ दिया। उनके रहस्यवाद को सराहा गया, लेकिन उनकी क्रान्तिकारी कविता को दबाने की कोशिश की गयी। प्रगतिशील आन्दोलन से आये कवियों के साथ प्रयोगवाद-नयी कविता के काल में वही प्रक्रिया लागू की गयी। आजकल सामाजिक संघर्ष के विकास के साथ जन-संस्कृति के उभार के नये दौर में एक बार फिर जन-संस्कृति और उसके कलाकारों को उपेक्षा, दमन, विकृति और समाहार की प्रक्रिया का शिकार बनाने की कोशिश तेज हुई है।

जब से किसानों, मजदूरों, आदिवासियों, हरिजनों ओर स्त्रियों ने शोषण और दमन के खिलाफ आवाज उठाना आरम्भ किया है, उनके आन्दोलन तेज हुए हैं, तबसे उनकी कला और संस्कृति में सरकार की दिलचस्पी बढ़ी है। जनता की कला की असहमति और विरोध की आवाज को दबाकर उसे सजावट और मनोरंजन की वस्तु बनाने की कोशिश जारी है। लोककलाओं को उनके मूल सन्दर्भों से अलग करके कलाओं को नये घर और बाजार में लाया जा रहा है। इस तरह शासक वर्ग के कला-प्रेम का प्रदर्शन भी होता है और लोककला का व्यवस्था-विरोधी स्वर भी दबता है। इसी अभियान का अंग था 'अपना उत्सव'।

'अपना उत्सव' नाम के कला-मेले में हर कला को एक-एक कोना मिला था। कलाकार तुरन्त कला के नमूने पेश कर रहे थे। एक कोना कविता के लिए भी सुरक्षित था, जिसमें तरह-तरह की कविताओं के लिए जगह थी। एक जगह विरोध की कविता वैसे ही मेले की शोभा बढ़ा रही थी, जैसे विरोधी दल संसद की शोभा बढ़ाते हैं। विरोध की कविता सुनाने के लिए कई रंग के कवि बुलाये गये थे। उनमें से कुछ आये, कुछ नहीं आये। जो आये, उनमें रघुवीर सहाय भी थे। 'अपना उत्सव'

में विरोध की कविता सुनाने वालों में रघुवीर सहाय को शामिल देखकर उन्हीं की एक कविता याद आयी जो 'हँसो हँसो जल्दी हँसो' में है।

प्रायः महत्त्वपूर्ण रचनाएँ अपने समय के समाज और मानव-जीवन की इतिहास-प्रक्रिया का अर्थ खोलती हैं, लेकिन ऐसा कम ही होता है कि इतिहास की कोई घटना पहले की किसी रचना की सार्थकता सिद्ध करे। रघुवीर सहाय की इस कविता के साथ यह दुर्लभ संयोग घटा है। 'अपना उत्सव' से उसे नया सन्दर्भ और अर्थ मिला है। 'अपना उत्सव' देखने के बाद रघुवीर सहाय की कविता पढ़िए तो विश्वास नहीं होगा कि यह कविता 'अपना उत्सव' से दस-बारह वर्ष पहले लिखी गयी थी। लगेगा कि 'अपना उत्सव' के अनुभव से कविता उपजी है।

अगर अपना उत्सव को याद करते हुए रघुवीर सहाय की कविता 'हैं' को पढ़ें तो उत्सव और कविता दोनों का नया अर्थ खुलेगा। कविता इस तरह शुरू होती है :

संस्कृति मन्त्री से कहा राजा ने देखो देखो मन्त्री जी
हर एक विधा के भीतर कितने ही प्राचीन कला रूप—
क्या यह तुम्हें उपयोगी नहीं दिखाई देता?
क्यों नहीं तुम सैकड़ों कलाकार इसी काम पर लगा देते
कि वे उनमें से पुराने रूप लेकर नयी रचनाएँ करें?
क्या तुम नहीं समझ पाते कि यह उनको
एक अनिश्चित आगामी कल रचने से रोके रखने का सरलतम ढंग है?

सम्भव है अब आपके सामने 'अपना उत्सव' का असली अभिप्राय स्पष्ट हो रहा हो और आप धीरे-धीरे पहचान रहे हों कि 'अपना उत्सव' के पीछे केवल कला-प्रेम है या कुछ और, चिन्ता कला के भविष्य की है या अपने भविष्य की।

'अपना उत्सव' के रूप में जाहिर होने वाली कला और संस्कृति की चिन्ता अचानक भले ही हो, लेकिन अकारण नहीं है। यह किसी भावुकता या उदारता का परिणाम नहीं है। इसके मूल में समाज, संस्कृति और सत्ता के सम्बन्ध की एक विशेष समझ है जिसकी ओर कविता संकेत करती है :

यह समाज मर रहा है इसका मरना पहचानो मन्त्री
देश ही सब कुछ है धरती का क्षेत्रफल सब कुछ है
सिकुड़कर सिंहासन पर रह जाए तो भी वह सब कुछ है
राजा ने मन में कहा जो राजा प्रजा की दुर्बलता नहीं पहचानता
वह अपने देश को नहीं बचा सकता प्रजा के हाथों से

इस कविता में शासकीय मानसिकता का जो नक्शा है वह 'अपना उत्सव' के आयोजकों की मानसिकता के नक्शे जैसा लगता है। इसके अनुसार *नौजवानों को पहले रोटी के बारे में सोचना चाहिए / और बाद में कुछ और जिसके लिए वक्त बहुत पड़ा है / बुढ़ापे में।* जवानी में रोटी और बुढ़ापे में संस्कृति की चिन्ता

जन-जीवन के निर्माण की कैसी अद्भुत योजना है! कोई आश्चर्य की बात नहीं कि यह मानसिकता उन सबको अपना शत्रु समझती है *जो अब भी अपनी आग से रचते हैं / और अपने लिए रचते हैं अपनी आग।* रघुवीर सहाय की इस कविता की दूसरी विशेषताओं की चर्चा का अवसर यहाँ नहीं है।

इस कविता के कवि को 'अपना उत्सव' में विरोध की कविता पढ़ते देखकर कई सवाल उठते हैं। प्रायः रचनाकार शिकायत करते हैं कि पाठक उनकी रचनाओं के साथ न्याय नहीं करते। यह सही है कि हिन्दी में साहित्य का जो वातावरण है, उसमें इतना धुन्ध, धुआँ और प्रदूषण है कि कई बार रचना और विचार का दम घुटने लगता है, रचनाओं के साथ न्याय नहीं हो पाता, इसलिए रचनाकारों की शिकायत काफी हद तक ठीक है। लेकिन रचनाकार खुद से यह सवाल क्यों नहीं पूछते कि अपनी रचनाओं के साथ कितना न्याय करते हैं। क्या रचनाकार का अपनी रचना के प्रति, उसके अर्थ की सार्थकता के प्रति कोई दायित्व नहीं है। 'अपना उत्सव' से रघुवीर सहाय की कविता का जो सम्बन्ध बनता है, वही कवि का नहीं है। कविता 'अपना उत्सव' के विरोध में खड़ी है, कवि 'अपना उत्सव' में विरोध की कविता पढ़ने के लिए खड़ा है। क्या यह अपनी ही कविता के साथ कवि का अन्याय नहीं है? कहा जा सकता है कि 'विवेक-प्रक्रिया' और उसकी 'क्रियागत परिणति' के बीच हमेशा एकता नहीं होती, कई बार दूरी रह जाती है; लेकिन यह मजबूरी भले ही हो, कोई अनिवार्यता तो नहीं। यह भी कहा जा सकता है कि रची जाने के बाद रचना रचनाकार से स्वतन्त्र हो जाती है, लेकिन क्या रचना की स्वतन्त्रता के नाम पर रचनाकार का अपनी रचना के विपक्ष में खड़ा होना उचित है? अगर रचना रचनाकार की आस्था की अभिव्यक्ति है तो उसकी विश्वसनीयता की रक्षा के दायित्व से वह कैसे मुक्त हो सकता है।

2

कुछ दिन पहले जबलपुर में 'पांडवानी' सुनने का मौका मिला। 'अपना उत्सव' के समय उसी का टेलीविजन से प्रसारण भी देखा था। लोक कलाकारों के आमने-सामने बैठकर 'पांडवानी' देखना-सुनना एक नया अनुभव था, टेलीविजन पर देखने-सुनने से एकदम भिन्न अनुभव। 'पांडवानी' के साक्षात अनुभव में जो बात थी, वह टेलीविजन के माध्यम से अनुभव में कहाँ!

'पांडवानी' छत्तीसगढ़ की लोककला की विशिष्ट देन है और लोक-प्रतिभा की सृजनशीलता का उत्कृष्ट उदाहरण। इसमें 'महाभारत' की कथा गाकर प्रस्तुत की जाती है। दुनियाभर में प्राचीन महाकाव्यों का यही मौखिक मूल रूप रहा है। होमर के महाकाव्य आरम्भ में गेय ही थे। 'रामायण' की कथा भी पहले गेय रूप में जनजीवन में प्रचलित थी, बाद में उसका लिखित रूप बना। 'पांडवानी' की प्रस्तुति

सामूहिक होती है। एक गायक या गायिका के नेतृत्व में सहायक गायकों, वादकों के सहयोग से 'पांडवानी' का रूप निखरता है। 'पांडवानी' की प्रस्तुति में मुख्य गायक से सहायकों का सहयोग इतना अनिवार्य और आत्मीय होता है कि उनके अभाव में प्रस्तुति के स्वरूप और प्रभाव की पूर्णता की कल्पना कठिन है। वैसे तो 'पांडवानी' मुख्यतः कथा-गायकी है, उसमें गायक के स्वर का जादू सब पर छाया रहता है, लेकिन उसकी प्रस्तुति में गीत, संगीत, कथा और अभिनय का विलक्षण कलात्मक संयोजन होता है। कला की यह समग्रता लोक कलाओं में ही मिलती है। मुख्य गायक अवसर के अनुकूल स्वर के आरोह-अवरोह और आंगिक तथा वाचिक अभिनय के सहारे विभिन्न मनोदशाओं और स्थितियों को मूर्त और साकार बनाता चलता है। इसलिए 'पांडवानी' को केवल सुनना काफी नहीं है, उसे देखना भी जरूरी है।

'पांडवानी' का श्रोता-समूह निष्क्रिय ग्राही नहीं होता। वह निष्क्रिय रह ही नहीं सकता। श्रोता अपनी सहज और तुरन्त प्रतिक्रियाओं से ऐसा वातावरण बनाता है, जिससे गायक कलाकार प्रेरित, प्रभावित और प्रोत्साहित होता है। इस तरह श्रोता गायकी के विकास में सर्जनात्मक सहयोग करता है। दूसरी लोक कलाओं की तरह 'पांडवानी' भी सामूहिक और साझी सर्जना की कला है। टेलीविजन और रेडियो से प्रसारण के समय यह बात सम्भव नहीं है। यहाँ कलाकार और श्रोता या दर्शक के बीच रचनात्मक संवाद नहीं हो सकता।

'पांडवानी' में जगह-जगह अवसर के अनुकूल कबीर, सूर, और तुलसी के पदों का प्रयोग होता है। यह भक्तिकाव्य की लोकधर्मिता का प्रमाण है। उसमें कथा के गायन के दौरान लोकप्रचलित विभिन्न छन्दों और रागों का भी कलात्मक संयोजन होता है। 'पांडवानी' की आधार भाषा छत्तीसगढ़ी है, लेकिन छत्तीसगढ़ी के प्रवाह में हिन्दी की दूसरी बोलियों का संवाद में और कविता के रूप में प्रयोग कहीं खटकता नहीं। 'पांडवानी' लोक कला की पच्चीकारी प्रवृत्ति का बेजोड़ नमूना है।

लोक कलाओं की एक विशेषता है अपने मूल रूप की रक्षा करते हुए समय के साथ विकसित होना। बदलते समाज और जीवन के नये तत्वों को समेटकर जीने की कला के कारण ही लोक कलाएँ दीर्घजीवी होती हैं, केवल अतीत की स्मृति को सँजोकर चलने के कारण नहीं। 'पांडवानी' में यह विशेषता है। गायक परम्परा से प्राप्त कथा और गायन शैली के मूलरूप और प्रभाव की रक्षा करते हुए बीच-बीच में समकालीन समाज और जीवन के अनुभवों की ओर इशारा करता चलता है। उसका ढंग इतना स्वाभाविक होता है कि अतीत की कथा में आये वर्तमान को श्रोता सहज भाव से स्वीकार करते हैं। कहीं कोई झटका नहीं लगता। इस तरह अतीत की कथा वर्तमान के अनुभवों को सँभाल समकालीन जीवन से जुड़ जाती है।

लोक कलाएँ श्रमजीवी जनता के जीवन के परिवेश और परम्परा से पैदा होती

हैं। उनमें किसानों और आदिवासियों के जीवन के यथार्थ और अनुभव की अभिव्यक्ति होती है, कहीं सीधे और कहीं सांकेतिक रूप में। लोक कलाओं में श्रमशील जीवन का सहज सौन्दर्य होता है, विश्राम का जड़ाऊ सौन्दर्य नहीं। जिस जीवन और परिवेश में लोक कलाओं की रचना होती है वहीं उनके बोध का स्वाभाविक सौन्दर्य होता है। इसीलिए जब उन कलाओं को उनके सहज परिवेश और सन्दर्भ से निकालकर महानगरों के परिवेश में लाया जाता है तब उनके अर्थ के मूल सन्दर्भ के साथ-साथ बोध का स्वाभाविक वातावरण पीछे छूट जाता है। वहाँ उनकी सहजता खो जाती है और उनमें एक प्रकार की विचित्रता आ जाती है। यही विचित्रता आधुनिकतावाद को पसन्द आती है।

'पांडवानी' में छत्तीसगढ़ की बोली-बानी है, वहाँ के जीवन की लय से जुड़े छन्दों और रागों का संगीत है, जीवन में बसी हुई कथा है, जन-जीवन के नैतिक विश्वासों और धार्मिक भावों का समावेश है। यहाँ तक कि गायकों-वादकों की विशेष वेशभूषा भी है। जन-जीवन में ऐसी घुली-मिली कला जब महानगरों में आती है, तब वह आधुनिकता की आँधी में उड़ते लहँगे की तरह लगती है या फिर महानगरों के बड़े-बड़े होटलों के सजे-सजाए कमरों में लटके सूप की तरह।

आमतौर पर जिसे लोक संस्कृति और लोक कला कहा जाता है, उसकी जड़ें हमारे समाज के सुदूर अतीत में होती हैं। इतिहास-प्रक्रिया में समाज का जो हिस्सा उस अतीत के जितना निकट होता है, उसमें लोक संस्कृति और लोक कलाओं का मूल रूप उतना ही अधिक सुरक्षित रहता है। हमारे यहाँ लोक संस्कृति और लोक कलाओं का सहज रूप किसानों और आदिवासियों के यहाँ मिलता है। महानगरों में कला सामान्य जीवन से अलग या तो कला-घरों में होती है या बाजार में। लोक कला जन-जीवन में बसी होती है। लोक कलाएँ अपने मूल सन्दर्भ से निकल कर जब महानगरों में आती है, तब नुमाइश, संग्रहालय और बाजार की वस्तु बन जाती है। किसानों और आदिवासियों के जीवन में जो कला जीने की प्रेरणा और संघर्ष की शक्ति देती है, वहीं पूँजीवादी व्यवस्था में मनोरंजक और बिकाऊ माल हो जाती है। पूँजीवादी व्यवस्था और बाजार में लोक कलाओं और कलाकारों की जो दुर्गति होती है, उसका प्रामाणिक चित्रण फणीश्वरनाथ 'रेणु' की कहानी 'भित्ति चित्र की मयूरी' में है।

लोक कलाओं में जन-जीवन के अनुभव होते हैं और आकांक्षाएँ भी, यथार्थ होता है और कल्पना भी। इनकी अभिव्यक्ति उन मानव मूल्यों में होती है जो लोक कला के प्राण हैं। लोक संस्कृति और लोक कलाओं में प्रेम और करुणा, संघर्ष और त्याग, वीरता और उदारता, भाईचारा और समता, स्वाधीनता और सामूहिकता आदि में मानवीय मूल्यों का मूर्त और जीवन्त संसार मिलता है। लूट, शोषण और दमन पर टिकी पूँजीवादी व्यवस्था इन मानवीय मूल्यों की दुश्मन है, इसलिए जो लोग इन मूल्यों

की स्थापना के लिए शोषण और दमन की व्यवस्था से संघर्ष करते हैं, वे ही लोक संस्कृति और लोक कलाओं का महत्त्व समझ सकते हैं। लोक संस्कृति और लोक कलाएँ इन मानवीय मूल्यों के कारण ही आज भी प्रेरक और प्रभावी शक्ति के रूप में मूल्यवान हैं, न कि अतीत की स्मृति का अजायबघर होने में, जैसा कि कुछ लोग समझते हैं।

पिछले कुछ वर्षों से इस देश का शासक वर्ग लोक संस्कृति और लोक कलाओं में गहरी दिलचस्पी लेने लगा है। इसके पहले लोक संस्कृति और लोक कलाओं की याद केवल गणतन्त्र दिवस के परेड के समय आती थी। कभी-कभी विदेशी मेहमानों को भारतीय संस्कृति की झलक दिखाने के लिए भी लोक कलाकार बुलाये जाते थे। लेकिन अब देश और राज्यों की राजधानियों में लोक कलाओं के घर बनाये जा रहे हैं, उन्हें विदेशी बाजारों में पहुँचाया जा रहा है। यही नहीं, अब तो देशी उत्सवों और विदेशी महोत्सवों में लोक कलाओं का प्रदर्शन हो रहा है। अचानक लोक कलाओं में शासक वर्ग की इस दिलचस्पी का क्या कारण है?

कुछ दशकों से इस देश में और दुनिया के दूसरे भागों में भी, क्रान्तिकारी आन्दोलन के केन्द्र बदले हैं। इन आन्दोलनों में किसानों और आदिवासियों की नयी भूमिका सामने आयी है। क्रान्तिकारी आन्दोलन में किसानों और आदिवासियों की बढ़ती भूमिका के कारण उनके जीवन और संस्कृति में शासक वर्ग की दिलचस्पी बढ़ी है। जब किसान और आदिवासी सामंजस्य की धार तोड़कर संघर्ष की राह पर चल रहे हैं, तब शासक वर्ग की ओर से उनकी संस्कृति और कला से प्रेम के बहाने उनको भुलावे में डालने की कोशिश हो रही है।

लोक संस्कृति का दायरा बहुत व्यापक है। उसमें लोक जीवन के विश्वास, जीवन मूल्य और धार्मिक भावनाएँ होती हैं, जिन्हें लोक मत कहा जाता है। फिर विभिन्न कलाएँ आती हैं, जिनमें संगीत, नृत्य, चित्र, स्थापत्य आदि प्रमुख हैं। इसके साथ भाषा और भाषिक रचनाएँ हैं, जिनमें गीत, कथा और नाट्य रूप, लोकोक्तियाँ और मुहावरे हैं जिन्हें लोक साहित्य कहा जाता है। वैसे लोक जीवन की भाषिक रचनाओं को साहित्य कहना पूरी तरह सही नहीं है, क्योंकि साहित्य की धारणा का विकास लेखन के साथ हुआ है, जबकि लोक जीवन की भाषिक रचनाएँ मुख्यतः मौखिक होती हैं। उन्हें सुविधा के लिए ही साहित्य कहा जा सकता है।

लोक जीवन की भाषिक रचनाओं की मूलभूत विशेषताओं को तब तक समझना मुश्किल होगा, जब तक हम मौखिक से लिखित रचना का अन्तर नहीं समझते। प्रत्येक समाज बहुत लम्बे समय तक उच्चरित शब्दों की दुनिया में जीने के बाद ही लिखित शब्दों की दुनिया में प्रवेश करता है। किसी भी समाज के सांस्कृतिक इतिहास में इस परिवर्तन का युगान्तकारी महत्त्व होता है। समाज जब लिखित शब्दों की दुनिया में प्रवेश करता है, तब भी वह उच्चरित शब्दों की दुनिया से एकदम मुक्त

नहीं होता। लेकिन यहीं से भाषिक रचना की दो परम्पराएँ साथ-साथ चलने लगती हैं, एक मौखिक परम्परा और दूसरी लिखित परम्परा। जिसे लोक साहित्य कहा जाता है, वह मौखिक रचना की परम्परा है। शिल्प से कला का अलगाव और कलाओं में उपयोगी से ललित का भेद भी सामाजिक विकास की प्रक्रिया में बहुत बाद में होता है।

मौखिक रचना की पद्धति, उसकी परम्परा की रक्षा और उसका ग्रहण सब कुछ लिखित से भिन्न होता है। मौखिक रचना की परम्परा में सब कुछ सामूहिक होता है और लिखित परम्परा में अधिकांशतः वैयक्तिक। मौखिक परम्परा में प्रायः रचनाओं के साथ रचनाकार का नाम नहीं होता। जहाँ नाम होता है, वहाँ भी समय के साथ कुछ-न-कुछ जुड़ता है, लेकिन लिखित परम्परा में हर रचना का एक लेखक होता है, उसमें बाद में अगर जुड़ता है तो वह प्रक्षिप्त होता है। मौखिक परम्परा की रचनाएँ लोक स्मृति में सुरक्षित रहती हैं, जबकि लिखित रचनाओं का इतिहास होता है। उच्चरित शब्दों का श्रोता समूह होता है, उसका ग्रहण सामूहिक होता है, लेकिन लिखित पाठ का पाठक हमेशा व्यक्ति होता है। मौखिक और लिखित के बीच अन्तर केवल रूप का नहीं होता, मानसिकता का भी होता है। ये दोनों परम्पराएँ एक-दूसरे से भिन्न होती हुई भी बाद में साथ-साथ चलती हैं, एक-दूसरी को प्रभावित करतीं। प्रायः मौखिक परम्परा लिखित को अधिक प्रभावित करती है, लेकिन कई बार वह प्रभावित भी होती है। मौखिक परम्परा जन भाषा में ही मिलती है, पंडितों की भाषा में नहीं, इसलिए संस्कृत साहित्य में लोक तो है लेकिन संस्कृत में लोक साहित्य नहीं मिलता। हिन्दी के भक्ति काव्य में मौखिक और लिखित परम्पराओं का संगम दिखाई देता है, लेकिन वहाँ भी दोनों धाराओं का अन्तर स्पष्ट है। कबीर जब कहते हैं कि 'लिखा लिखी की है नहीं, देखा-देखी की बात' तब वे लिखित के विरुद्ध मौखिक को, शास्त्र के विरुद्ध लोक को रखते हैं। तुलसीदास मौखिक और लिखित के बीच लोक और वेद के बीच, एकता खोजते हैं।

लोक संस्कृति और लोक कलाओं की ओर सबसे पहले रोमांटिक कलाकारों और विचारकों ने ध्यान दिया था। उन्हें लोक जीवन, लोक संस्कृति और लोक कलाओं में सहज सौन्दर्य, स्वाभाविक कवित्व और लोक आत्मा के दर्शन हुए। रोमांटिक कवियों और कलाकारों को लोक जीवन और लोक संस्कृति से नयी रचनाशीलता की प्रेरणा मिली। उन्हें पूँजीवादी समाज में व्याप्त विघटन, परायापन और बाजारूपन की कटुता के बदले लोक जीवन और लोक संस्कृति की सहजता और समग्रता भली लगी। वे लोक कला की चित्रमयता और रंगीनी की ओर आकर्षित हुए। रोमांटिक विचारकों ने भी लोक संस्कृति की इन्हीं विशेषताओं पर जोर दिया। इन विचारकों और कलाकारों ने अपनी मानसिकता के अनुरूप लोक संस्कृति में आध्यात्मिकता खोज ली और उसे अपने अतीत प्रेम का आलम्बन भी बना लिया। इस प्रक्रिया में लोक संस्कृति का सौन्दर्य सामने आया, लेकिन उसका तेज गायब हो गया।

आधुनिकतावाद ने लोक संस्कृति और लोक कलाओं के बारे में स्वच्छन्दतावादियों से भिन्न दृष्टिकोण अपनाया। उपभोक्ता पूँजीवाद के दौर की मानसिकता लोक संस्कृति को सैलानी दृष्टि से देखती है, उसकी विचित्रता पर मुग्ध होती है। विचित्रता की खोज और ललक के कारण आधुनिकतावादी आदिम समाज, आदिम मनुष्य और आदिम मन की ओर मुड़े। यही प्रवृत्ति उन्हें लोक संस्कृति, लोक कला और लोक कथाओं की ओर ले गयी। आधुनिकतावाद के साथ विभिन्न कलाओं में आदिमवाद का उभार इसी कारण हुआ। आदिवासियों के नृत्य और संगीत्त में विशेष दिलचस्पी और उनके नृत्य और संगीत के आधुनिक संस्करणों का विकास इसी प्रक्रिया में हुआ। आधुनिकतावाद के बाद संरचनावाद ने लोक जीवन, लोक संस्कृति और लोक कलाओं में कुछ दूसरी विशेषताओं की खोज की। संरचनावादी लोक संस्कृति को ऐतिहासिक दृष्टि से नहीं देखता। वह उसे इतिहास की जीवन्त शक्ति के रूप में नहीं, शाश्वत प्रवृत्ति के रूप में पेश करता है। संरचनावाद मनुष्य को इतिहास से निकालकर मिथकों की दुनिया में जीने की सलाह देता है। वह लोक संस्कृति को ऐसे मिथकों की जन्मभूमि समझता है।

लोक संस्कृति और लोक कलाओं के महत्त्व का समुचित मूल्यांकन ऐतिहासिक यथार्थवादी दृष्टि से ही हो सकता है। इस दृष्टि से लोक संस्कृति और लोक कलाओं के इतिहास को जीवन्त शक्ति के रूप में देखा-परखा जा सकता है। इटली के प्रसिद्ध क्रान्तिकारी और विचारक अन्तोनियो ग्राम्शी ने इसी दृष्टि से लोक संस्कृति और लोक कलाओं के अध्ययन पर जोर दिया है। ग्राम्शी ने लिखा है लोक संस्कृति और लोक कलाओं में समाज के विशेष ऐतिहासिक काल के अधीनस्थ जन समुदायों की जीवन जगत सम्बन्धी दृष्टि अभिव्यक्त होती है। साधारण जनता की विश्व दृष्टि प्रभु वर्ग की विश्व दृष्टि की तरह व्यवस्थित और संगठित नहीं होती, वह बहुत कुछ अस्पष्ट और असंगठित होती है। इसे लोक मत भी कहा जाता है। लोक संस्कृति में इसी लोकमत की अभिव्यक्ति होती है। ग्राम्शी ने लोकमत को शासक वर्ग के सुव्यवस्थित दर्शन के विरुद्ध जनता की दार्शनिक लोकवार्ता कहा है। लोकमत में प्रभु वर्ग की विश्व दृष्टि का जो विरोध अन्तर्निहित होता है, यही लोक कलाओं में प्रकट होता है, इसलिए लोक संस्कृति और लोक कलाओं की व्यवस्था-विरोधी भूमिका की पहचान जरूरी है।

लोक संस्कृति लोक जीवन के यथार्थ, अनुभव और कल्पना से पैदा होती है, इसलिए उसमें सर्जक जन समुदाय की ऐतिहासिक स्थिति भी व्यक्त होती है। लोक संस्कृति की इस विशेषता को समझे बिना उसका ऐतिहासिक महत्त्व सामने नहीं आएगा। लोक जीवन की तरह ही लोक संस्कृति में भी विविधता और अनेकता होती है। उसमें नयी पुरानी विश्व दृष्टियों का मेल भी होता है। लोक संस्कृति में नवीन जीवन दशाओं से उत्पन्न दृष्टि के साथ-साथ पुरानी जीवन दशाओं और दृष्टियों की

स्मृतियाँ भी बनी रहती हैं। ऐसी स्थिति में लोक संस्कृति का अध्ययन करते समय पुराने से नये तत्त्वों को, रूढ़ियों से जीवन्त परम्परा को और जड़ीभूत अभिरुचि से नयी संवेदनशीलता को अलगाना आवश्यक है। ग्राम्शी ने लिखा है कि लोक संस्कृति में जहाँ प्राचीन जीवन के अवशेषों से जुड़ी रूढ़िवादी और प्रतिक्रियावादी प्रवृत्तियाँ होती हैं, वहीं समकालीन जीवन के विकासशील यथार्थ से उपजी ऐसी नयी सर्जनात्मक और प्रगतिशील प्रवृत्तियाँ भी होती हैं जो प्रभु वर्ग की सत्ता और संस्कृति का विरोध करती हैं। कई बार लोक संस्कृति नये के नाम पर समकालीन पतनशील प्रवृत्तियों से भी प्रभावित होती है। आजकल लोक गीतों पर फिल्मी गीतों का खूब प्रभाव पड़ रहा है। ऐसी हालत में जो कुछ नया होगा, वह सब प्रगतिशील नहीं होगा। साथ ही यह ध्यान में रखना आवश्यक है कि श्रमजीवी जनता के जीवन कर्म से उत्पन्न सभी मानवीय मूल्य समाज और जीवन के बदलते ही प्रतिक्रियावादी नहीं हो जाते। संघर्ष, समता, स्वाधीनता, भाई-चारा आदि मूल्य नयी स्थितियों में नया अर्थ पा लेते हैं। लोक संस्कृति और लोक कलाओं में नयी और पुरानी, प्रगतिशील और प्रतिक्रियावादी प्रवृत्तियों के अस्तित्व और अन्तर को पहचाने बिना उनका उचित मूल्यांकन सम्भव नहीं है। इस पहचान के बाद ही संग्रह और त्याग का वह विवेक जगता है, जिसके अभाव में या तो निषेधवाद आता है या परम्परावाद।

शासक वर्ग लोक संस्कृति और लोक कलाओं की रक्षा की बात करता है, लेकिन उस कला की रचना करने वाली जनता की उपेक्षा करता है, उसका शोषण और दमन करता है। आजकल कुछ लोग लोक कला को बिकाऊ माल समझकर उसकी ओर लपक रहे हैं तो कुछ दूसरे उसे सजावट और पूजा की वस्तु बना रहे हैं। लोक कला के व्यापारी और पुजारी दोनों ही उसे इतिहास की सक्रिय शक्ति बनने से रोकते हैं। लोक जीवन से लोक कलाएँ अभिन्न रूप से जुड़ी होती हैं। इसलिए लोक कलाओं का विकास लोक जीवन के विकास पर निर्भर है। शासक वर्ग जनता को हमेशा लोक बनाये रखना चाहता है। लेकिन जैसा कि ब्रेष्ट ने लिखा है, जन हमेशा लोक बने रहना नहीं चाहता। वह अपने जीवन के साथ-साथ पूरे समाज का जीवन बदलना चाहता है। जिन्हें लोक संस्कृति और लोक कलाओं के विकास की सचमुच चिन्ता है, उन्हें जन जागरण और जनजीवन के बदलाव के अभियान की भी चिन्ता होनी चाहिए। इसी प्रक्रिया में लोक संस्कृति और लोक कलाओं की सच्ची समझदारी मिलेगी और उनकी रक्षा भी होगी।

भूमण्डलीकृत भारत में अधीनों की स्थिति

"कुछ लोगों के लिए यह सबसे अच्छा समय था, दूसरों के लिए सबसे बुरा समय; कुछ के लिए विवेक का युग था, दूसरों के लिए बेवकूफी का; कुछ के लिए विश्वास का युग था, दूसरों के लिए सन्देह का; कुछ के लिए आशा के वसन्त का काल था, दूसरों के लिए निराशा की सर्दी का; कुछ के सामने सब कुछ था, दूसरों के सामने कुछ नहीं। कुछ लोग सीधे स्वर्ग जा रहे थे, दूसरे नरक की ओर जा रहे थे।"

—ए टेल ऑफ टू सिटीज (1859)

यह कथन चार्ल्स डिकेन्स के प्रसिद्ध उपन्यास 'ए टेल ऑफ टू सिटीज' के आरम्भ में है। इसमें क्रान्ति के पहले फ्रांसीसी समाज का चित्रण है। इस कथन में अगर आप फ्रांस की जगह भारत को रख दीजिए और 'था' की जगह 'है' को तो आज के भारतीय समाज का यथार्थ आपके सामने होगा। आजकल यह धारणा विशेषज्ञों की ही नहीं, साधारण जनता की भी है कि आज का भारतीय समाज पूरी तरह दो हिस्सों में बँट गया है, एक है अमीरों का भारत और दूसरा है अधीनों का भारत।

भूमण्डलीकृत भारत में अधीनों की स्थिति को समझने और मुख्य समाज में उनके शामिल होने की सम्भावना पर विचार करने के पहले कुछ सवालों का जवाब खोजना जरूरी है। उनमें से एक तो यही है कि भारत के भूमण्डलीकरण का अर्थ क्या है? दूसरा यह कि समावेश की प्रक्रिया केवल बौद्धिक प्रक्रिया है या सामाजिक या राजनीतिक प्रक्रिया भी।

भूमण्डलीकरण का अर्थ है पूँजी और पूँजीवाद का भूमण्डलीकरण। जब से भारत में भूमण्डलीकरण आया है तब से भारतीय समाज पर पूँजी और पूँजीवाद का राज है। यह सब लोग मानें या न मानें पर जानते जरूर हैं कि पूँजीवाद झूठ और लूट की व्यवस्था है। लाभ उसका लक्ष्य है और लूट उसका उपाय। पूँजीवाद के भूमण्डलीकरण का जो अभियान बीसवीं सदी के उत्तरार्ध में शुरू हुआ है वह भूमण्डलीकरण का दूसरा अभियान है। पहला अभियान तो उपनिवेशवाद के साथ शुरू हुआ था जो भारत में अट्ठारहवीं सदी के प्लासी के युद्ध के बाद आरम्भ हुआ और उन्नीसवीं सदी में उस अभियान का पूरे भारत पर कब्जा हुआ। भारत में पूँजीवाद

के भूमण्डलीकरण के उस अभियान की वास्तविकताओं और समस्याओं पर कार्ल मार्क्स ने कई लेख लिखे थे, जिनमें से एक का शीर्षक था 'भारत में ब्रिटिश राज के भावी परिणाम'। यह लेख 1853 के 8 अगस्त को छपा था। इस लेख में कार्ल मार्क्स ने बुर्जुआ सभ्यता की जिन दो विशेषताओं का उल्लेख किया था, वे हैं अथाह पाखण्ड और जन्मजात बर्बरता। कार्ल मार्क्स ने पूँजीवादी सभ्यता के भूमण्डलीकरण के पहले दौर की जिन दो विशेषताओं का उल्लेख किया था वे पहले से अधिक व्यापक और खूँखार रूप में दूसरे दौर के भूमंडलीकरण में मौजूद हैं। इस दूसरे दौर के अभियान के शिकंजे में आये आज के भारत में भी, उसकी अर्थनीति और राजनीति में भी पूरी तरह मौजूद है। इस स्थिति का स्वाभाविक परिणाम है अधीनों की संख्या और यातना में वृद्धि।

अन्तोनियो ग्राम्शी ने मुसोलिनी की कैद में रहने की मजबूरी और जेल की पाबन्दियों से बचने के लिए मार्क्सवाद की जानी-पहचानी प्रचलित शब्दावली की जगह जिन नये शब्दों का निर्माण और प्रयोग किया था उनमें सर्वाधिक लोकप्रिय शब्द है सबाल्टर्न, जिसका अनुवाद मैंने अधीन किया है। ग्राम्शी के इस शब्द और उसमें निहित धारणा की व्याख्या पिछले पचास वर्षों में तरह-तरह से की गयी है। यह ध्यान देने की बात है कि ग्राम्शी ने अधीन वर्गों की बात की है, लेकिन बाद की व्याख्याओं में वर्ग की धारणा को प्रायः भुला दिया गया है। दूसरी बात यह है कि ग्राम्शी की चिन्ता यह थी कि अधीन वर्ग अपनी अधीनता की स्थितियों, उसके कारणों और रूपों को समझें ताकि उनसे मुक्ति के लिए वे मानसिक और भौतिक रूप से संघर्ष करते हुए उन पर विजय पाएँ। ग्राम्शी ने लिखा है कि अधीन वर्ग ऐतिहासिक रूप से रक्षात्मक स्थिति में है इसीलिए यह आत्मबोध तभी अर्जित कर सकता है जब अपने शत्रु के वर्गीय स्वरूप और सीमा को पहचाने। (ग्राम्शी, कल्चर एण्ड एन्थ्रोपोलोजी, पृ. 100)

ग्राम्शी ने अधीन वर्गों की चेतना को समझने और उसे विकसित करने के लिए लोकमत और शुद्धमत की धारणाओं की व्याख्या की है। उनके अनुसार, प्रत्येक सामाजिक समूह का लोकमत होता है और शुद्धमत भी, जिसमें मनुष्य और जीवन के बारे में उस समूह की धारणाएँ मौजूद होती हैं। उनके मिले-जुले रूप को उनकी विश्वदृष्टि भी कहा जा सकता है। ग्राम्शी के अनुसार, लोकमत जड़ और गतिहीन नहीं होता। आम जनजीवन में व्याप्त दार्शनिक और वैज्ञानिक विचारों का उस पर प्रभाव भी पड़ता है। ग्राम्शी यह भी कहते हैं कि जिन्हें अधीनों की सच्ची चिन्ता है, उन्हें ऐसे वर्गों के लोकमत पर ध्यान देना चाहिए, उनमें मौजूद गतिशील यथार्थपरक और अग्रगामी तत्त्वों को पहचानते हुए उनका विकास करना चाहिए, न कि बाहर से ज्ञान देकर उनको जाग्रत करने की कोशिश करनी चाहिए।

ग्राम्शी के समय में इटली में जो पूँजीवाद था, उसका प्रिय नारा था 'राज्य और

समाज के हस्तक्षेप से स्वतन्त्र मुक्त व्यापार'। ग्राम्शी ठीक ही कहते हैं कि मुक्त व्यापार भी एक प्रकार का नियन्त्रण है जो कानून और ताकत से लागू किया जाता है। वह जान बूझकर बनाई गयी ऐसी नीति है, जो अपने लक्ष्यों के बारे में सचेत है। वह आर्थिक स्थिति का स्वाभाविक और स्वतन्त्र विकास नहीं है। (ग्राम्शी रीडर पृ.210)। ग्राम्शी ने अपने समय के पूँजीवाद की अर्थनीति और राजनीति की जो व्याख्या की है वह भूमण्डलीकृत भारत की अर्थनीति और राजनीति का भी सच है। इसलिए आज के भारतीय समाज के अधीन वर्गों की चिन्ता करने वालों के सामने मुख्य सवाल भूमण्डलीकृत भारत की अर्थनीति और राजनीति को केवल समझने और व्याख्या करने का ही नहीं है, बल्कि उसको समझते हुए बदलने का भी है।

भारत के सन्दर्भ में ग्राम्शी के शब्दों में, जिन्हें अधीन वर्ग कहा जाएगा उन्हें डॉक्टर अम्बेडकर बहिष्कृत भारत कहते थे। इसीलिए सामाजिक समावेश की प्रक्रिया पर विचार के पहले सामाजिक बहिष्कार की वास्तविकता को समझना आवश्यक है। इसी को कुछ लोग मुख्य धारा बनाम हाशिया के रूप में समझने की कोशिश करते हैं तो कुछ दूसरे उसे केन्द्र और परिधि के सम्बन्ध के रूप में भी देखते हैं।

भारत के अधीन वर्गों और बहिष्कृत समूहों के बारे में जानने से पहले यह जानना जरूरी है कि जबसे भारत भूमण्डलीकृत हुआ है तबसे भारतीय समाज की अधिकांश जनता के जीवन में क्या परिवर्तन हुए हैं और भारतीय समाज के यथार्थ का असली रूप क्या है? पहली बात तो यह है कि जबसे भारत भूमण्डलीकृत हो रहा है तबसे भारत में गरीबी घटने की गति धीमी हुई है, 2005 में गरीबी 37 प्रतिशत कम हुई तो 2010 में 32 प्रतिशत। एक अर्थशास्त्री प्रणव वर्द्धन की राय है कि 1993 से गरीबी घटने की गति धीमी हुई है। इस बीच देश में करोड़पतियों की संख्या तेजी से बढ़ी है। परिणाम यह है कि विषमता भी तेजी से बढ़ रही है। योजना आयोग के एक सदस्य अभिजित सेन का कथन है, "मैं निश्चित रूप से मानता हूँ कि विषमता बढ़ रही है और अश्लील रूप से धन जमा करने के खिलाफ कुछ नहीं किया जा रहा है।" (फ्रंटियर, अगस्त 21-27, 2011 पृ. 3-4)। मुट्ठीभर पूँजीपति धन के सागर में तैर रहे हैं और बाकी जनता अभाव और गरीबी के रेगिस्तान में भटक रही है। शिक्षा और स्वास्थ्य के क्षेत्र, जो कभी समाज कल्याण के क्षेत्र माने जाते थे, वे आजकल व्यक्तिगत व्यापार के क्षेत्र बन गये हैं। आज धन कमाने के सबसे लाभदायक क्षेत्र हैं सट्टा बाजार, भू माफिया, खनिज उद्योग और सोना, जिनका आम जनता से कोई सम्बन्ध नहीं है। भारत में भूमण्डलीकरण के कारण विकास की जो प्रक्रिया है वह विषमता बढ़ाने वाली सबसे खूँखार प्रक्रिया है।

कुछ समय पहले केन्द्र की सरकार ने गरीबी तय करने का जो मापदंड तय किया था उसके अनुसार गाँवों में 26 रुपये और शहरों में 32 रुपये कमाने वाले व्यक्ति को गरीबी रेखा के ऊपर माना जाएगा। यह गरीबी रेखा भी अजीब जादुई

रेखा है जो सरकारी अर्थशास्त्रियों की बुद्धि के चमत्कार से ऊपर-नीचे होती रहती है। भारत के योजना आयोग ने गरीबी की जो रेखा और परिभाषा पेश की है उसे कुछ लोगों ने गरीबों के साथ क्रूर मजाक ठीक ही कहा है। राष्ट्रीय सलाहकार परिषद की एक सदस्या अरुणा राय ने यह कहा है कि गरीबी की यह परिभाषा साबित करती है कि सरकार और योजना आयोग पर काबिज लोगों के मन में गरीबों के प्रति कोई सहानुभूति नहीं है। यही नहीं, इस परिभाषा के पीछे मौजूद दृष्टिकोण भी वास्तविकता से कोसों दूर है। पुष्पेश पन्त ने झूठ और लूट के सहारे चलने वाली वर्तमान भारतीय अर्थव्यवस्था के बारे में सच ही लिखा है कि "पुरानी अंग्रेजी कहावत है कि झूठ तीन तरह के होते हैं—झूठ, सफेद झूठ और आँकड़े। विशेषज्ञ अर्थशास्त्रियों से बोझिल इस सरकार में अनेक ऐसे पंडित हैं जो अपने आँकड़ों की बौछार से कुछ भी साबित कर सकते हैं।" (जनसत्ता, 26 सितम्बर, 2011, पृ. 6) प्राचीन भारत में अर्थशास्त्र को कुटिलता का शास्त्र ठीक ही कहा जाता था।

भारत के भूमण्डलीकरण का कुछ आर्थिक लाभ यहाँ के मध्यवर्ग को हुआ है, जिसके बदले मध्यवर्ग के कुछ बुद्धिजीवी भारत के विकास का गुणगान कर रहे हैं। वे चमकता भारत और अतुल्य भारत के कसीदे लिख रहे हैं। अमित भादुड़ी ने ठीक ही लिखा है कि शिक्षित मध्यवर्ग के व्यक्ति विकास और प्रगति के भ्रमों का समूह गान कर रहे हैं। (द फेस यू वेयर अफ्रेड टू सी, पृ. 5) अमित भादुड़ी ऐसे बुद्धिजीवी हैं जिनकी चेतना में भारत के अधीन वर्गों की तबाही की गम्भीर समझ है और उनकी यातना के प्रति गहरी सहानुभूति। उन्होंने लिखा है कि आजकल यह आम कथन प्रचलित है कि भारत में दो भारत हैं। एक चमकता भारत और दूसरा डूबता भारत। पहले में उद्योगपति, व्यापारी, राजनेता और प्रशासनिक अधिकारी हैं, उनके विशाल सजे-धजे बंगले हैं, महँगी कारें हैं, खाने-पीने की अपार सुविधाएँ हैं तो दूसरे भारत में गरीबी है, भुखमरी है, अभाव है, आत्महत्या है, विस्थापन है और तबाही भी है। पहले भारत के निवासी सन्तुलित आहार के लिए चिन्तित हैं तो दूसरे भारत के लोग भूख मिटाने के लिए। यह है भूमण्डलीकृत भारत का भयावह यथार्थ।

अमित भादुड़ी के अनुसार विकास की वर्तमान प्रक्रिया आन्तरिक उपनिवेशवाद की दिशा में आगे बढ़ रही है, जिसके शिकार हैं दलित, आदिवासी और दूसरे अधीन समूह। वे जबरदस्ती लूटे और गुलाम बनाये जा रहे हैं। विकास की जिस विचारधारा का प्रचार अमीर, मध्यवर्ग के बुद्धिजीवी और पूँजीपति वर्ग के व्यक्ति तथा निगम कर रहे हैं उसका लक्ष्य है गरीबों से सब कुछ छीनना, उनको गुलाम बनाना और उनके मानस का उपनिवेशीकरण करना। (वही, पृ.80-81) इस आन्तरिक उपनिवेशवाद की प्रक्रिया में वह सब कुछ हो रहा है जो पुराने उपनिवेशवाद के दौर में हुआ था। फर्क केवल यह है कि आज के दौर में शासक देशी हैं और पाखण्ड तथा बर्बरता की प्रक्रिया पहले से अधिक परिष्कृत तथा जटिल है।

आज के भारतीय समाज में प्रभुत्वशाली मुख्य धारा के बरक्स अधीन जनसमूह निम्नलिखित है: 1.आदिवासी, 2. किसान, 3. मजदूर, 4. दलित, 5. मुसलमान, 6. ईसाई, 7. स्त्रियाँ, 8. बच्चे और 9. जम्मू कश्मीर तथा पूर्वोत्तर भारत की आम जनता। इन सबकी अधीनता की स्थितियों, उनके प्रकारों, रूपों और परिणतियों के बारे में बात करना यहाँ सम्भव नहीं है। इन सबके बारे में बहुत कुछ लिखा हुआ मौजूद है। मेरे सामने सवाल यह है कि उनकी अधीनता के अनुभव, उस अनुभव में मौजूद यातना और पीड़ा को कैसे समझा जाए। इसके दो तरीके हैं। एक तरीका समाजशास्त्र का है और दूसरा साहित्य का।

अधीनों के जीवन की वास्तविकताओं और सम्भावनाओं को जानने और समझने की पद्धति का विकास ग्राम्शी ने किया है। उन्होंने जानने, समझने और महसूस करने में अन्तर करते हुए लिखा है, "जनता महसूस करती है, लेकिन हमेशा जानती और समझती नहीं है। बुद्धिजीवी जानता है लेकिन वह हमेशा समझता और महसूस नहीं करता। बुद्धिजीवी की गलती यह मानने में है कि बिना समझे भी जाना जा सकता है, और उससे भी अधिक यह कि बिना महसूस किये हुए भी जाना जा सकता है। भावावेगमयता केवल ज्ञान के प्रति ही नहीं ज्ञेय के प्रति भी जरूरी है। (ग्राम्शी, कल्चर एण्ड एन्थ्रोपोलॉजी, पृ. 206)

ग्राम्शी ने ज्ञान से भाव का जो अन्तर किया है वही समाजशास्त्र से साहित्य को अलग करता है। साहित्य किसी जन समुदाय की जिन्दगी की वास्तविकताओं और स्थितियों के बारे में केवल जानकारी नहीं देता, वह अनुभव कराता है, और अनुभवों का साक्षात्कार भी कराता है। साहित्य के एक समाजशास्त्री हैं रिचर्ड होगार्ड। उनका एक निबन्ध है 'मैं साहित्य को मूल्यवान क्यों मानता हूँ'। उस निबन्ध के आरम्भ में उन्होंने लिखा है, "मैं साहित्य को मूल्यवान मानता हूँ क्योंकि वह खास तरह से मानवीय अनुभवों की छान-बीन और पुनर्रचना करते हुए उनमें मौजूद अर्थों की खोज करता है। यही नहीं, वह व्यक्तियों या समूहों के अनुभवों की विविधता, जटिलता और विचित्रता का अन्वेषण करता है। वह अनुभवों की बनावट की पुनर्रचना भी करता है।" (स्पीकिंग टू ईच अदर, पृ. 11) रिचर्ड होगार्ड के इस कथन में साहित्य के जिन कार्यों का उल्लेख है, वे कार्य कल्पना की मदद से सम्भव होते हैं। साहित्य सृजन की प्रक्रिया के समय कल्पना रचना के प्रत्येक पक्ष को संचालित और अनुशासित करती है, इसीलिए उसे सर्जनात्मक कल्पना कहा जाता है। अंग्रेजी के कवि और आलोचक कॉलरिज ने सर्जनात्मक कल्पना को समन्वय, सामंजस्य और संश्लेषण की शक्ति मानते हुए लिखा है कि वह साम्य और वैषम्य, अमूर्त और मूर्त, विचार और बिम्ब, व्यष्टि और समष्टि, प्राचीन वस्तु बोध और नवीनता बोध, संयम और भावावेश, सतत जाग्रत विवेक और निरन्तर आत्मसातीकरण, गहन अनुभूति और प्रबल उन्माद, कृत्रिम और प्राकृत, संगीतात्मक आनन्द और प्रभावान्विति आदि

का समन्वित रूप उपस्थित करती है। (आई. ए. रिचर्ड्स–प्रिंसिपुल्स ऑफ लिटरेरी क्रिटिसिज्म, पृ. 242)

रिचर्ड होगार्ड ने साहित्यिक कल्पना और समाजशास्त्री कल्पना के सम्बन्ध पर एक लेख लिखा है। उनकी मान्यता है कि "किसी लेखक के पास उतने ही उपयोगी तथ्य हो सकते हैं जितने किसी समाज वैज्ञानिक के पास और वह महत्त्वपूर्ण पर्यपेक्षण के लिए सचेतन तथा नियन्त्रित समुच्चय से ही नहीं बल्कि कल्पना शक्ति से उन्हें सुव्यवस्थित करता है। उसकी कल्पना शक्ति समाज विज्ञानी की परिकल्पना निर्माण की शक्ति के समान है या दूसरे शब्दों में समाज विज्ञानी की परिकल्पना की खोज की क्षमता उसकी कल्पना शक्ति से निर्धारित होती है। (संकट के बावजूद, पृ. 161) रिचर्ड होगार्ड के इस कथन से स्पष्ट है कि साहित्य और समाजशास्त्र दोनों में कल्पना की महत्त्वपूर्ण भूमिका होती है।

हिन्दी साहित्य सदा से अधीनों की हिमायत करता रहा है। वह समाज के बहिष्कृतों के जीवन की वास्तविकताओं और आकांक्षाओं की अभिव्यक्ति करता रहा है। वह बेजुबानों की जुबान ही नहीं है बल्कि समाज में जो कुछ अदृश्य भी है उसे देखता-दिखाता रहा है। पूरे भारतीय साहित्य में अधीनों के जागरण, उनके अपने सामाजिक-सांस्कृतिक संकटों की पहचान और उन संकटों के विरुद्ध विद्रोह की पहली अभिव्यक्ति तब हुई जब भक्ति आन्दोलन और उसकी कविता सामने आयी। भक्ति आन्दोलन की कविता की एक विशेषता यह है कि उसमें प्रभुत्वशाली शक्तियों की भाषा संस्कृत और फारसी के विरुद्ध देशभर के विभिन्न जन समुदायों की मातृभाषाओं का कविता के माध्यम से सृजनात्मक उत्थान हुआ। तमिलनाडु से असम तक फैले भक्ति आन्दोलन का प्रत्येक भक्त कवि अपनी मातृभाषा का कवि है। मातृभाषा में काव्य रचना की प्रवृत्ति के विकास के कारण ही भारतीय समाज के तीन अधीन समूहों को आत्माभिव्यक्ति की स्वतन्त्रता प्राप्त हुई। ये तीन अधीन समूह थे दलित, स्त्रियाँ और साधारण मुसलमान। इन्हें न संस्कृत पढ़ने और बोलने की स्वतन्त्रता थी और न फारसी। दक्षिण भारत से उत्तर भारत तक भक्ति आन्दोलन के काव्यात्मक उत्थान के आरम्भ का काम उन लोगों ने किया जिन्हें पुरानी भाषा में शूद्र और आधुनिक भाषा में दलित कहा जाता है। ऐसे सन्त भक्त कवि प्रत्येक मातृभाषा में पैदा हुए। इनके साथ ही उस काल की प्रत्येक मातृभाषा में स्त्रियाँ भी कविता के माध्यम से अपनी अधीनता की पीड़ा तथा यातना की अभिव्यक्ति करने लगीं और अपनी स्वतन्त्रता की आकांक्षा की भी। उस काल के सभी सूफी कवियों ने फारसी के बदले अपने क्षेत्र की मातृभाषाओं में प्रेम की पीर की कविता लिखी है।

आधुनिक काल में हिन्दी साहित्य में स्वाधीनता आन्दोलन के समय अधीन वर्गों में जो आत्मबोध पैदा हुआ उसके परिणामस्वरूप स्वाधीनता आन्दोलन केवल राजनीतिक आजादी का आन्दोलन नहीं रहा। वह व्यापक रूप से सामाजिक और सांस्कृतिक

स्वतन्त्रता का आन्दोलन बना। भारतीय समाज में एक ओर जाति व्यवस्था के दमन चक्र से दलितों की आजादी का आन्दोलन खड़ा हुआ तो दूसरी ओर पुरुष सत्ता की दासता से स्त्रियों की स्वतन्त्रता का आन्दोलन विकसित हुआ। पराधीन भारत में शोषण-दमन और दासता के शिकार किसानों, मजदूरों, दलितों और स्त्रियों के जीवन की वास्तविकताओं और उनकी आजादी की आकांक्षाओं के सबसे बड़े कथाकार हैं प्रेमचन्द। उन्होंने अपने उपन्यासों और कहानियों से भारतीय समाज के अधीन वर्गों की दासता और यातना की त्रासदियों का चित्रण किया और उनसे मुक्ति की कोशिशों का भी।

भूमण्डलीकृत भारत में जो अधीन जनसमूह सर्वाधिक शोषित और पीड़ित हैं उनके जीवन और मरण का सच, उनकी हत्या और आत्महत्या का भी सच हिन्दी के लेखक और कवि अपनी रचनाओं में व्यक्त कर रहे हैं। अब यह सबको मालूम है कि जबसे भारत में भूमण्डलीकरण आया है तब से अब तक लगभग 3 लाख किसानों ने आत्महत्या की है। यह भारत के इतिहास की ही नहीं पूरी दुनिया के इतिहास की अभूतपूर्व दुर्घटना है। यह भारत के लिए राष्ट्रीय शोक या राष्ट्रीय शर्म की बात है, लेकिन इस देश में, अमित भादुड़ी के शब्दों में विकास का जो आतंकवाद चल रहा है उसके कारण किसानों की आत्महत्या न शोक की बात लगती है न शर्म की। गनीमत है कि हिन्दी के एक कवि राजेश जोशी ने अपनी एक कविता में इसे शर्मनाक स्थिति के रूप में दर्ज किया है। कविता का आरम्भ यह है:

देश के बारे में लिखे गये हजारों निबन्धों में लिखा गया
पहला अमर वाक्य एक बार फिर लिखता हूँ
भारत एक कृषि प्रधान देश है
दुबारा उसे पढ़ने को जैसे ही आँखें झुकाता हूँ
तो लिखा हुआ पाता हूँ
कि पिछले कुछ बरसों में डेढ़ लाख से अधिक किसानों ने
आत्महत्या की है इस देश में।
भयभीत होकर कागज पर से अपनी आँखें उठाता हूँ
तो मुस्कुराती हुई दिखती है हमारी सरकार
कोई शर्म नहीं किसी की आँख में
दुख या पश्चात्ताप की एक झाँई तक नहीं चेहरे पर।

राजेश जोशी ने अपनी एक और कविता में भारत की कृषि और किसानों पर पूँजीवाद के आक्रमण और उसकी परिणतियों की अभिव्यक्ति की है। इस कविता का शीर्षक है 'विकल्प'। पूरी कविता में कॉर्पोरेट के हमलों, उनकी जोर-जबरदस्ती की पद्धति और किसानों की बेबसी तथा मजबूरी का ब्योरा देते हुए राजेश जोशी ने किसानों की आत्महत्या से उपजी मजबूरियों को व्यक्त किया है। उन्होंने लिखा है कि—

अब भी लामबन्द न होना चाहो, लड़ना न चाहो अब भी
तो एक सबसे बड़ा विकल्प खुला है
आत्महत्या का!
कि तुमसे पहले भी चुना है यह विकल्प तुम्हारे कई भाई बन्दों ने
लेकिन इतना जान लो...
मृत्यु सिर्फ मर गये आदमी के दुख और तकलीफें दूर करती है
लेकिन बचे हुओं की तकलीफों में हो जाता है
थोड़ा इजाफा और...!

भूमण्डलीकरण के परिणामस्वरूप भारत में देशी-विदेशी निगमों का जो जाल फैल रहा है उसका सबसे भयावह रूप खदानों से सम्बन्धित उद्योगों के विस्तार में दिखाई देता है। ये खदानें अधिकतर उन जंगली और पहाड़ी इलाके में हैं जहाँ आदिवासी बसते हैं। खदान उद्योगों के विस्तार के कारण आदिवासियों का अस्तित्व संकट में है, उनके जल, जमीन, जंगल और जीवन पर जबरदस्ती कब्जा करने की कोशिश खदान उद्योगों की कम्पनियाँ कर रही हैं और उनकी मदद भारत की केन्द्रीय तथा राज्यों की सरकारें कर रही हैं। भारतीय के विभिन्न क्षेत्रों के आदिवासी लाखों की संख्या में विस्थापन का शिकार होकर तबाह हो रहे हैं। उनकी तबाही, बर्बादी और विस्थापन की कीमत पर देश का उद्योगीकरण और शहरीकरण हो रहा है। इन सब स्थितियों को देखने, आदिवासियों के दर्द को महसूस करने और उसे दर्ज करने का प्रयत्न हिन्दी के साहित्यकार कर रहे हैं। झारखण्ड के एक लेखक रणेन्द्र ने आदिवासियों के अस्तित्व के संकट पर एक महत्त्वपूर्ण उपन्यास लिखा है जिसका नाम है 'ग्लोबल गाँव के देवता'। रणेन्द्र ने इस उपन्यास में आधुनिक काल में भारत ही नहीं अमेरिका और लातीनी अमेरिका के देशों में पूँजीवाद के विस्तार के कारण आदिवासियों का जो विनाश हुआ है उसकी कथा लिखी है। रणेन्द्र के उपन्यास के अन्त में आदिवासियों के अस्तित्व के अन्त को इस तरह व्यक्त किया गया है, "ग्लोबल गाँव के देवता खुश थे। जो लड़ाई वैदिक युग में शुरू हुई थी, हजार-हजार इन्द्र जिसे अंजाम नहीं दे सके थे, ग्लोबल गाँव के देवताओं ने वह मुकाम पा लिया था। असुर-बिरिजिया, बिरहोर-कोरबा, आदिम जाति-आदिवासी सब मुख्य धारा में शामिल होने ही वाले थे। मुख्य धारा की लहरें चाँद छूने को बेताब थीं। वह लहराती-इठलाती राज्यों की राजधानियों से होती वाया दिल्ली वाशिंगटन डी.सी. की ओर दौड़ी जा रही है।" (ग्लोबल गाँव के देवता, पृ. 100)

एक आदिवासी क्षेत्र सन्थाल परगना में आदिवासी समाज, संस्कृति और प्रकृति की विनाश लीला पर बेचैन करने वाली कविता लिखी है संथाली भाषा की कवयित्री निर्मला पुतुल ने। उनकी एक कविता का आरम्भिक अंश यह है :

सन्थाल परगना

अब नहीं रह गया सन्थाल परगना!
बहुत कम बचे रह गये हैं
अपनी भाषा और वेशभूषा में यहाँ के लोग
बाजार की तरफ भागते
सब कुछ गड्डमड्ड हो गया है इन दिनों यहाँ
उखड़ गये हैं बड़े-बड़े पुराने पेड़
और कंक्रीट के पसरते जंगल में
खो गयी है इसकी पहचान।

सन्थाल परगना में अब जो है वह यह है:

भूख है,
भूख में दूर तक पसरी ऊबड़-खाबड़ धरती है
धरती पर काले नंगे पहाड़ हैं
पहाड़ पर वीरानियाँ...

सन्थाल परगना के इस चित्र के साथ ही अब आप चन्द्रकान्त देवताले की एक कविता में छत्तीसगढ़ के एक आदिवासी गाँव का चित्र भी देखिए। देवताले की कविता का शीर्षक है 'यह काटी गाँव है'। इस काटी गाँव का कवि के शब्दों में एक सच यह है, 'भूख के वास्तविक अँधेरे से पटा है काटी गाँव'। इस कविता के अन्त का चित्र शर्म के साथ देखने लायक है और सिर धुनने लायक भी:

उजाड़ में है सामने
एक विराट ताबूत जैसा ढाँचा
इसमें भी राजनीति-संस्कृति-लोकतन्त्र
आदि को लेकर प्रेत कर रहे हैं
शिलान्यास, उद्घाटन, पुरस्कार-वितरण
और लोकार्पण
घास की रोटियों के जीवाश्मों का।

भूमण्डलीकृत भारत का सबसे अधीन समूह है बच्चों का। भारत के नगरों और महानगरों में बच्चे भीख माँगते, कूड़ा बीनते, छोटे होटलों, ढाबों और लोगों के घरों में नौकरी करते, दरी और कालीन बीनते, बीड़ी बनाते और तरह-तरह की गुलामी करते दिखाई देते हैं। यही नहीं आजकल बच्चे अमीरों की कामुकता के भी बड़े पैमाने पर शिकार हो रहे हैं। बच्चों की इस दर्दनाक दशा की ओर प्रायः किसी का ध्यान नहीं जाता है; क्योंकि बच्चे न अपना संगठन बना सकते हैं, न अपनी स्थितियों की ओर लोगों का ध्यान खींचने के लिए आवाज ही उठा सकते हैं। जो समाज बच्चों की चिन्ता और देखभाल ठीक से नहीं करता उसे बर्बर समाज कहा जाना चाहिए। भारत के महानगरों में बच्चों की दर्दनाक दुर्दशा को जानना हो तो 16 अक्तूबर, 2011

के 'द हिन्दू' अखबार में छपी एक रिपोर्ट को पढ़ना चाहिए। उसमें लिखा है कि भारत सरकार द्वारा प्रस्तुत और प्रकाशित एक रिपोर्ट के अनुसार, भारत के 76 लाख बच्चे गन्दी बस्तियों में रहते हैं जो देश के कुल बच्चों के 13.1 प्रतिशत हैं। गन्दी बस्तियों में रहने वाले बच्चों के स्वास्थ्य, शिक्षा और रहन-सहन की वास्तविक स्थिति का अनुमान किया जा सकता है। भारत सरकार के अनुसार 50 लाख बच्चे अच्छी-बुरी नौकरी करते हैं। कुछ लोगों का अनुमान है कि नौकरी करने वाले बच्चों की वास्तविक संख्या 2 करोड़ है।

हिन्दी के कवियों ने आज के भारतीय समाज में बच्चों की दुर्दशा पर कविताएँ लिखी हैं। उन्हीं में एक मर्मस्पर्शी कविता राजेश जोशी की है जिसका शीर्षक है 'बच्चे काम पर जा रहे हैं'। इस पूरी कविता को पढ़ना बच्चों की त्रासद जिन्दगी के दुःख की गहराई को महसूस करने के लिए जरूरी है। कविता यह है:

कोहरे से ढँकी सड़क पर बच्चे काम पर जा रहे हैं
सुबह सुबह
बच्चे काम पर जा रहे हैं
हमारे समय की सबसे भयानक पंक्ति है यह
भयानक है इसे विवरण की तरह लिखा जाना
लिखा जाना चाहिए इसे सवाल की तरह

काम पर क्यों जा रहे हैं बच्चे?
क्या अन्तरिक्ष में गिर गयी हैं सारी गेंदें
क्या दीमकों ने खा लिया है
सारी रंग बिरंगी किताबों को
क्या काले पहाड़ के नीचे दब गये हैं सारे खिलौने
क्या किसी भूकम्प में ढह गयी हैं
सारे मदरसों की इमारतें

क्या सारे मैदान, सारे बगीचे और घरों के आँगन
खत्म हो गये हैं एकाएक
तो फिर बचा ही क्या है इस दुनिया में?
कितना भयानक होता अगर ऐसा होता
भयानक है लेकिन इससे भी ज्यादा यह
कि हैं सारी चीजें हस्बमामूल
पर दुनिया की हजारों सड़कों से गुजरते हुए
बच्चे, बहुत छोटे-छोटे बच्चे
काम पर जा रहे हैं।

अन्त में मैं एक अन्तर्राष्ट्रीय लोकोक्ति पेश करना चाहता हूँ। यह लोकोक्ति तब बनी थी जब सोवियत संघ था और वहाँ की समाजवादी व्यवस्था भी थी। उस व्यवस्था में बच्चों और बूढ़ों की देखभाल की जैसी सुविधा थी वैसी दुनिया के किसी भी पूँजीवादी देश में नहीं थी। इस सच से परिचित यूरोप और अमेरिका के लोग कहते थे कि हर आदमी को पैदा होना चाहिए सोवियत संघ में, बचपन वहीं बिताना चाहिए। फिर जवान होने पर अमेरिका जाना चाहिए और बुढ़ापे में फिर सोवियत संघ लौट आना चाहिए। इस लोकोक्ति से यह जाहिर होता है कि बच्चों और बूढ़ों की देखभाल की जैसी व्यवस्था समाजवादी समाज में सम्भव है वैसी किसी पूँजीवादी समाज में नहीं।

भारत में जनतन्त्र का सच

हिन्दी में 'डेमोक्रेसी' के लिए तीन शब्द प्रचलित हैं–'लोकतन्त्र', 'प्रजातन्त्र' और 'जनतन्त्र'। ये तीनों शब्द विशेष ऐतिहासिक सन्दर्भों से जुड़े हुए हैं। 'लोकतन्त्र' का 'लोक' अत्यन्त प्राचीन है, वह जनपदों के युग का है, परलोक का विरोधी और गाँवों में रहने वालों का सूचक। प्रजातन्त्र सामन्ती युग से जुड़ा है, वह राजतन्त्र का विरोधी है और राजा को छोड़कर बाकी पूरे समाज का द्योतक। 'जनतन्त्र' का 'जन' वैसे तो बहुत पुराना है, लेकिन आधुनिक युग में वह शासित, शोषित और दमित जनता का सूचक है। जो शासन-व्यवस्था जनता की हो, जनता के लिए हो और जनता द्वारा संचालित हो वही 'जनतन्त्र' है। भारत में 'लोक' अब एक सरकारी शब्द है। विश्वास न हो तो 'लोक सेवा आयोग' और 'लोक निर्माण विभाग' को याद कीजिए। अगर आप कोशिश करें तो 'लोक' से जुड़े ऐसे और अनेक शब्द मिल जाएँगे, जिनमें लोक का सरकारीकरण दिखाई देगा। 'लोकतन्त्र' जनतन्त्र से अधिक लोकप्रिय शब्द है। उसको 'लोकप्रिय' बनाने में सरकार की बड़ी भूमिका है। जनतन्त्र में जनता मूर्त रूप में मौजूद होती है जबकि लोकतन्त्र में अमूर्त रूप में। यही नहीं, 'लोक' में सभी वर्गों, स्तरों और स्थितियों के मनुष्यों का समावेश होता है, जो शासन व्यवस्था में अपने वर्गों, स्तरों और स्थितियों के अनुकूल स्थान हासिल करते और पाते हैं।

दुनिया में जनतन्त्र के तीन जाने-माने लक्षण हैं। वे हैं–स्वतन्त्रता, समानता और भाईचारा। जिस देश के समाज और शासन व्यवस्था में ये तीनों एक साथ न हों उसे जनतान्त्रिक कहना जनतन्त्र का मजाक उड़ाना है। इन तीनों में से सबसे महत्त्वपूर्ण और बाकी दो का पोषक है समानता। इसके अभाव में या कम होने की स्थिति में न स्वतन्त्रता सार्थक हो सकती है और न भाईचारा सम्भव होता है। लेकिन विडम्बना यह है कि पूँजीवादी लोकतन्त्र में समानता वास्तविकता के रूप में ही नहीं, भाव और विचार के रूप में भी न होती है और न हो सकती है। आजकल तो पूँजीवाद के कुछ ऐसे समर्थक सिद्धान्तकार हैं जो असमानता की स्थिति को पूँजीवाद के विकास और विस्तार के लिए अनिवार्य मानते हैं। पूँजीवादी लोकतन्त्र में झूठ और लूट की स्वतन्त्रता होती है और लुटेरों के बीच भाईचारा भी होता है, लेकिन बहुसंख्यक जनता के लिए समानता के अभाव में न सच्ची स्वतन्त्रता होती है, न

समाज में कहीं भाईचारा होता है। प्रमाण के लिए आप भारतीय समाज की वास्तविकता को देख सकते हैं।

हम भारतीय लोकतन्त्र में स्वतन्त्रता, समानता और भाईचारा के यथार्थ रूप को देखें। इस देश के नागरिकों को कैसी स्वतन्त्रता मिली हुई है और उसका कितना दमन होता है, यह जानना हो तो जम्मू-कश्मीर और पूर्वोत्तर राज्यों की जनता से पूछिए, अपने जंगल, जमीन और जीवन के लिए संघर्ष करने वाले आदिवासियों से जानिए, दमन, हत्या और बलात्कार के शिकार दलितों की जीवन स्थितियों पर एक नजर डालिए, इस देश के अल्पसंख्यकों के दमन और उत्पीड़न को देखिए, बलात्कार, हत्या और आत्महत्या से गुजरने वाली भारतीय स्त्रियों के जीवन-मरण का जायजा लीजिए, जीवन से निराश और हताश होकर आत्महत्या करने के लिए मजबूर किसानों से आजादी का अर्थ समझिए और बेकारी तथा भुखमरी का जीवन जीने वाले मजदूरों से लोकतन्त्र की असलियत जानिए। यही नहीं, बड़ी संख्या में बाल मजदूरी तथा बेगारी करते, गलियों और सड़कों पर कूड़ा बीनते, भीख माँगते और अमीरों की कामुकता के शिकार होते बच्चों के जीवन को देखकर भारतीय लोकतन्त्र के सच को पहचानिए।

आजकल भारतीय लोकतन्त्र की आर्थिक, राजनीतिक और सामाजिक नीतियों का निर्माण तथा निर्धारण केन्द्र की सरकार और बड़े पूँजीपतियों के बीच सहयोग, सहमति और सन्तुलन के आधार पर होता है। सरकार पूँजी के विस्तार और विकास के पक्ष में सहायक और सहयोगी की भूमिका निभाती है, इसलिए अपनी जमीन, जंगल और जल की रक्षा के लिए संघर्ष करने वालों को विकास में बाधक मानते हुए उनका दमन करती है। सरकार के लिए देश के विकास का अर्थ है पूँजी, पूँजीवाद और पूँजीपतियों का विकास और उस विकास में बाधक किसानों, मजदूरों और आदिवासियों का दमन जिसे अमित भादुड़ी 'विकास' का आतंकवाद' कहते हैं। इससे जनता में वह डर पैदा होता है जो जनतन्त्र का दुश्मन है। कार्ल मार्क्स ने भारत में ब्रिटिश उपनिवेशवाद की रीति-नीति को देखते हुए 1853 में बुर्जुआ सभ्यता के दो लक्षणों की बात की थी। वे लक्षण हैं अथाह पाखण्ड और जन्मजात बर्बरता। पिछले बीस वर्षों से जितनी तेजी से भारत में बुर्जुआ सभ्यता आ रही है उतनी ही तेजी से भारतीय लोकतन्त्र में पाखण्ड और बर्बरता का विस्तार हो रहा है।

भारत के लोकतन्त्र में समानता या असमानता की क्या वास्तविकता है? भारत में एक ओर आर्थिक विकास की धूम मची है, जिसे कभी 'चमकता भारत' कहा जाता है तो कभी 'अतुल्य भारत'। दूसरी ओर भुखमरी के शिकार लोगों की संख्या बढ़ी है, पाँच वर्ष के कम आयु के 47 प्रतिशत बच्चे कुपोषण की गिरफ्त में हैं। देश के एक प्रतिशत पूँजीपतियों की आय में अपार वृद्धि हुई है तो 60 से 70 प्रतिशत लोगों की आय बहुत कम है। इस बीच गरीबों की आय में जो नाम मात्र की वृद्धि हुई

है उसे महँगाई खा गयी है। देश में उत्पादन के दर में वृद्धि तो हुई है, लेकिन मजदूरों की मजदूरी जहाँ की तहाँ है। असंगठित मजदूरों की दशा संगठित मजदूरों से भी खराब है। भारत का योजना आयोग स्वीकार करता है कि समावेशी विकास नहीं हुआ है। इस बीच बाजार का जो विस्तार हुआ है उसके हाशिए पर करोड़ों लोग हैं। यही नहीं दो लाख से अधिक किसानों ने आत्महत्या की है, जो भारत और दुनिया के इतिहास में अभूतपूर्व घटना है। इसे राष्ट्रीय शोक या राष्ट्रीय शर्म के रूप में याद किया जाना चाहिए। संयुक्त राष्ट्र संघ के मानवीय विकास के सूचकांक के अनुसार दुनिया के विकास के नक्शे में 1994 में भारत 134वें स्थान पर था और 15 साल बाद 2009 में भी वहीं था। इसका अर्थ यह है कि देश में आर्थिक विकास तो हुआ है पर मानवीय विकास नहीं हुआ है। इस सबका परिणाम यह है कि असमानता के बढ़ने के साथ आम जनता में असन्तोष बढ़ा है, जिसकी अभिव्यक्ति जहाँ-तहाँ विद्रोह और संघर्ष में हो रही है। इस तरह भाईचारा के विकास की सम्भावनाएँ समाप्त हो रही हैं। सारांश यह है कि भारत में लोकतन्त्र का कोई भी बुनियादी लक्षण विकसित नहीं हुआ।

जो लोग यह समझते हैं कि रूपवाद केवल कला और साहित्य में होता है उन्हें यह भी जानना चाहिए कि वह राजनीति में भी होता है। भारत का लोकतन्त्र राजनीति में रूपवाद का एक अच्छा उदाहरण है। यहाँ लोकतन्त्र के नाम पर समय-समय पर चुनाव होते हैं; ग्रामपंचायत के, विधानसभाओं के और संसद के। ये चुनाव कैसे लड़े और जीते जाते हैं यह सब लोग जानते हैं। सारे चुनाव धन बल, बाहुबल, जातिगत गठजोड़ और धर्म की मदद से लड़े और जीते जाते हैं, इसलिए भारत के लोकतन्त्र की राजनीति में अपराधियों का बोलबाला दिखाई देता है। जनता के सामने साँपनाथ और नागनाथ में से किसी एक को चुनने की स्वतन्त्रता होती है। यही कारण है कि धीरे-धीरे भारत की जनता वर्तमान लोकतन्त्र और उसकी चुनावी राजनीति से ऊब रही है, चुनावी दंगल के पहलवानों की राजनीति में उसका विश्वास अन्त के करीब है। 'इकोनॉमिस्ट' पत्रिका ने अन्तरराष्ट्रीय लोकतन्त्र की जो तालिका प्रकाशित की है उसमें भारत का स्थान 45वें पर है। यह लोकतान्त्रिक प्रक्रिया, खासतौर से चुनाव की प्रक्रिया में जनता की भागीदारी और दिलचस्पी की कमी का प्रमाण है।

इस स्थिति का आभास देश के राजनीतिक दलों को है, इसीलिए कभी-कभी यह माँग होती है कि मतदान को कानूनन अनिवार्य बनाना चाहिए। अगर ऐसा हुआ तो यह झूठे लोकतन्त्र को जनता पर थोपना होगा। इसकी जगह होना यह चाहिए कि प्रत्येक मतपत्र के अन्त में यह छपा रहे कि 'किसी को नहीं', ताकि जनता अधिक बुरे और कम बुरे उम्मीदवारों में से किसी एक को चुनने के लिए मजबूर न हो। जहाँ मजबूरी होगी वहाँ जनतन्त्र नहीं होगा। इसके साथ ही जनता को यह

अधिकार भी मिलना चाहिए कि वह मतदान के माध्यम से अपने चुने हुए प्रतिनिधियों को वापस बुला सके, तभी विधान सभाओं और लोकसभा के सदस्य जनता की आकांक्षाओं और जरूरतों को ध्यान में रखकर काम करेंगे।

भारत में संसदीय लोकतन्त्र है, जो राजनीतिक दलों पर आधारित है। भारत के अधिकांश राजनीतिक दलों के गठन, ढाँचे, चरित्र और व्यवहार पर ध्यान दीजिए तो मालूम होगा कि उनमें कहीं भी लोकतन्त्र नहीं है। जिस राजनीतिक दल में आन्तरिक लोकतन्त्र न होगा वह देश और समाज में लोकतन्त्र का पोषक कैसे होगा। भारत के अधिकांश राजनीतिक दलों में परिवारवाद है, इसीलिए भारत के लोकतन्त्र में वंशवाद का वर्चस्व है। यहाँ के अधिकांश राजनीतिक दल विचारधारा के आधार पर न संगठित होते हैं न चुनाव लड़ते हैं और न चुनाव में जीतकर सरकार बनाने के बाद काम करते हैं। वे लोकतन्त्र के बदले दलतन्त्र की स्थापना करते हैं। वादा खिलाफी भारतीय राजनीतिक दलों की जानी-पहचानी विशेषता है।

भारतीय लोकतन्त्र का एक दुश्मन भ्रष्टाचार है जो सर्वव्यापी है। यह भारतीय लोकतन्त्र को ब्रिटिशराज से सत्ता हस्तान्तरित होने के समय विरासत में मिला था। भारत में अंग्रेजी राज की स्थापना और विस्तार का काम क्लाइव और वारेन हेस्टिंग्स ने घूस और भ्रष्टाचार के सहारे किया था, जिनका उपयोग और प्रयोग उनके उत्तराधिकारियों ने भी किया। स्वतन्त्र भारत के शासक वर्ग ने अंग्रेजी राज से शासन करनें की जो शिक्षा पायी उसमें भ्रष्टाचार भी शामिल था। भारत में भ्रष्टाचार की परम्परा अन्य अनेक परम्पराओं की तरह बहुत पुरानी है। टीजेएस जॉर्ज के अनुसार कौटिल्य ने अर्थशास्त्र में चालीस प्रकार के भ्रष्टाचारों का उल्लेख किया है। मुगलकाल में बख्शीश के रूप में भ्रष्टाचार था। जिस समाज में ईश्वर को चढ़ावा के नाम पर घूस देकर प्रसन्न करने की प्रवृत्ति हो, वहाँ शासन-प्रशासन में भ्रष्टाचार का होना आश्चर्यजनक नहीं है।

1965 में नागार्जुन ने एक कविता लिखी थी–'भरत-भूमि में प्रजातन्त्र का बुरा हाल है'। इस कविता में नागार्जुन ने जिस दाम-राज की बात की है, वह धन-राज ही है, जो भ्रष्टाचार से जुड़ा है। हाल के दशकों में भारत में पूँजीवाद के बेरोकटोक विस्तार और बहुराष्ट्रीय कम्पनियों के आने के साथ लोकतन्त्र के नाम पर जो लूट-तन्त्र स्थापित हुआ है उसमें भ्रष्टाचार सर्वव्यापी हो गया है। उच्च टेक्नॉलोजी के साथ उच्च किस्म का भ्रष्टाचार बढ़ा है। देशभर में खनन उद्योग भ्रष्टाचार की खान बन गया है। वीपी माथुर ने ठीक ही लिखा है कि भ्रष्टाचार का भारतीय समाज पर गम्भीर विनाशकारी असर पड़ा है, इसने जनता के नैतिक स्वभाव का नाश किया है।

भ्रष्टाचार केवल समाज की सार सत्ता को खाने वाला घुन ही नहीं है, वह लोकतन्त्र को नष्ट-भ्रष्ट करने वाला रोग भी है। संयुक्त राष्ट्र संघ ने भ्रष्टाचार के विरुद्ध एक समझौते का दस्तावेज तैयार किया था जिसको स्वीकार करने के समय

सम्मेलन को सम्बोधित करते हुए संयुक्त राष्ट्र संघ के तत्कालीन महामन्त्री कोफी अन्नान ने कहा था कि भ्रष्टाचार लोकतन्त्र और कानून के शासन को कमजोर बनाता है, बाजार को विकृत करता है, जीवन की गुणवत्ता का नाश करता है और मानवीय सुरक्षा के लिए खतरनाक संगठित अपराध तथा आतंकवाद को बढ़ावा देता है। भ्रष्टाचार का प्रसार शासन प्रणाली की असफलता का प्रमाण है। 2009 में ट्रांसपैरेंसी इंटरनेशनल (पारदर्शी अन्तर्राष्ट्रीयता) ने भ्रष्टाचार में लिप्त 185 देशों की एक तालिका तैयार की थी जिसमें भारत को 85वें स्थान पर रखा था। इस तरह भारत अनेक असफल राष्ट्रों के बीच में था।

ऐसे भ्रष्टाचार के विरुद्ध जब अन्ना हजारे ने व्यापक अभियान चलाया, जो विशाल जन आन्दोलन बन गया, तब भ्रष्टाचार की गम्भीरता को समझने, उसे लोकतन्त्र और सामाजिक संरचना के लिए खतरा मानने के बदले केन्द्र की सत्ता पर काबिज़ सरकार, उसके मन्त्री और कांग्रेस पार्टी के नेता आत्मरक्षा में तरह-तरह के बयान देने में, अन्ना पर भ्रष्टाचार के आरोप लगाने और उनके सहयोगियों को चुनौती और धमकी देने की कोशिश करने लगे, जिसे जनता ने भ्रष्टाचार की रक्षा का प्रयत्न समझा। अनेक विरोधी दलों के भ्रष्टाचार में डूबे नेताओं ने भी संसद की सर्वोच्चता का दावा करते हुए नागरिक समाज और आम जनता के आन्दोलन की निन्दा का अभियान चलाया। इस पूरी प्रक्रिया से यह सवाल सामने आया कि जनतन्त्र में जनता की आकांक्षा अधिक महत्वपूर्ण है या उसके चुने हुए प्रतिनिधियों की। आखिर संसद कितनी स्वतन्त्र है? क्या ईश्वर जितनी, जिसके बारे में तुलसीदास ने लिखा है–

"परम स्वतन्त्र न सिर पर कोई
भावहि मनहि करहु तुम सोई"

जनता की आकांक्षा की उपेक्षा जनतन्त्र की उपेक्षा है, जिसकी रक्षा ही सरकार और संसद का दायित्व है। अन्ना के आन्दोलन के दौरान कार्यपालिका, विधायिका, संचार माध्यम और जन आन्दोलन के सम्बन्धों पर जो बहस हुई उनके बारे में सोचते हुए मुझे अल सल्वाडोर के कवि रोक डॉल्टन की एक कविता याद आयी। कविता का शीर्षक है–'चोर बाज़ार में जनता की सम्पत्ति का बँटवारा'। कविता यह है :

"उन्होंने हमें बताया कि पहली शक्ति है
कार्यपालिका शक्ति,
और विधायी शक्ति दूसरी शक्ति है
जिसे ठगों के गिरोह ने
सत्ता पक्ष और विपक्ष में बाँट रखा है,
और चरित्र भ्रष्ट हो चुका
(फिर भी मानवीय) सुप्रीम कोर्ट

तीसरी शक्ति है।
अखबारों, रेडियो और टीवी ने खुद को
चौथी शक्ति का दर्जा दे रखा है और वाकई
वे बाकी तीनों शक्तियों के हाथ में हाथ डाले चलते हैं।
अब वे हमें यह भी बता रहे हैं कि
नयी लहर वाले युवा पाँचवीं शक्ति हैं।
और वे हमें यह भी भरोसा दिलाते हैं कि
सभी चीजों और शक्तियों के ऊपर ईश्वर की महान शक्ति है।
और अब चूंकि सभी शक्तियों का बँटवारा हो चुका है
...वे निष्कर्ष रूप में हमें यह बताते हैं
किसी और के लिए कोई शक्ति नहीं बची है
और अगर कोई कुछ और सोचता है
तो उसके लिए फौज और नेशनल गार्ड है।"

डीडी कोसाम्बी : प्रतिभाशाली मार्क्सवादी इतिहासकार

जब से 'प्रतिभा' शब्द एक ओर छात्रों को दिये जाने वाले प्रमाण पत्रों का हिस्सा बना है और दूसरी ओर लेखकों के गौरव गान के लिए विशेषण की तरह प्रयुक्त होने लगा है, तब से उसका अर्थ लगभग नष्ट हो गया है। हर प्रिय व्यक्ति को अगर 'प्रतिभाशाली' कहा जाएगा, तो प्रतिभा का वह अर्थ एकदम नहीं होगा, जिस अर्थ में उसका पुराने समय में प्रयोग होता रहा है। भारतीय परम्परा में यह मान्यता है कि नवीन उन्मेष में सक्षम प्रज्ञा को ही प्रतिभा कहा जा सकता है। इस तरह प्रतिभाशाली उसे कहा जाएगा, जो सृजन या चिन्तन के क्षेत्र में नयी दृष्टि, नयी दीप्ति और नयी राह का जनक हो। इस दृष्टि से विचार कीजिए, तो बहुत कम लोग सचमुच प्रतिभाशाली कहे जाएँगे। यह सब मैं दामोदर धर्मानन्द कोसाम्बी के प्रसंग में इसलिए कह रहा हूँ कि उन्होंने ज्ञान के जिस क्षेत्र में काम किया, उसमें अपने नवीन उन्मेष के माध्यम से सबको चकित किया। इसलिए यह कहा जा सकता हैं कि वे सच्चे अर्थों में प्रतिभाशाली थे।

दामोदर धर्मानन्द कोसाम्बी का जन्म 31 जुलाई 1907 को गोवा में हुआ था और उनका निधन 29 जून 1966 को। उनके पिता धर्मानन्द कोसाम्बी प्रसिद्ध बौद्ध विद्वान प्रभावशाली लेखक और मौलिक तथा साहसी विचारक थे। दामोदर धर्मानन्द कोसाम्बी को अपने पिता से बौद्ध दर्शन की सामाजिक चेतना मिली थी और साहस के साथ अपने सोच का सच कहने की प्रवृत्ति भी। दामोदर धर्मानन्द कोसाम्बी ने अमेरिका के हार्वर्ड विश्वविद्यालय से बी.ए. किया था। बी.ए. में उनके विषय थे गणित, इतिहास और भाषाएँ। ज्ञान के इन तीनों अनुशासनों से उन्हें जो चेतना मिली थी, उसमें गणित से सटीकपन, इतिहास से दृष्टि की व्यापकता और भाषाओं से सामाजिक संवेदनशीलता उपलब्ध हुई थी। ये तीनों विशेषताएँ बाद के उनके चिन्तन और लेखन की बुनियादी विशेषताएँ बन गयीं। भारत लौटने के बाद कुछ समय तक उन्होंने काशी हिन्दू विश्वविद्यालय में अध्यापन का कार्य किया, उसके बाद कुछ समय तक वे अलीगढ़ मुसलिम विश्वविद्यालय में रहे और फिर 1932 में पूना के फर्ग्युसन कॉलेज में गणित के प्रोफेसर नियुक्त हुए, जहाँ उन्होंने 14 वर्षों तक अध्यापन कार्य किया। बाद में 1946 में वे टाटा इंस्टीट्यूट ऑफ फंडामेंटल रिसर्च,

बम्बई में गणित के प्रोफेसर हुए, जहाँ वे 16 वर्षों तक रहे। इस दौरान उनका स्थायी निवास पूना में ही था।

डीडी कोसाम्बी का लेखनकाल बहुत लम्बा नहीं है। वह लगभग 35-36 वर्षों का ही है, लेकिन उनके चिन्तन और लेखन में व्यापकता और विविधता आश्चर्यजनक रूप से बहुत अधिक है। वे मूलतः गणितज्ञ थे। इसलिए उनका आरम्भिक लेखन गणित और उससे जुड़े हुए विज्ञान के क्षेत्र में नयी दृष्टियों, खोजों, स्थापनाओं और नवीन निष्कर्षों से सम्बन्धित है। आनुवांशिकी, सांख्यिकी, गणित और मुद्राशास्त्र के विकास के लिए उनके योगदान का मूल्यांकन इन विज्ञानों के विशेषज्ञ बराबर करते रहे हैं और वे डीडी कोसाम्बी की प्रतिभा पर चकित होते रहे हैं। डीडी कोसाम्बी की चार मौलिक और पाँच सम्पादित पुस्तकें उनके जीवन काल में छपी थीं। इतिहास के क्षेत्र में उनकी युगान्तकारी पुस्तक है 'एन इंट्रोडक्शन टू द स्टडी ऑफ इण्डियन हिस्ट्री' जो 1956 में छपी थी। उनकी दूसरी पुस्तक 'इग्जासपरेटिंग एक्सेज' है जिसका प्रकाशन 1957 में हुआ था। 'मिथ दि कल्चर एण्ड दि सिविलाइजेशन ऑफ एनसेंट इण्डिया इन हिस्टोरिकल आउटलाइन' 1965 में। इनके अलावा भर्तृहरि के शतक प्रयास और विद्याकर के 'सुभाषित रत्नकोश' का उन्होंने सम्पादन भी किया था, जो क्रमशः 1945 और 1957 में प्रकाशित हुए थे। विभिन्न विषयों पर 1930 से 1966 के बीच उन्होंने जो निबन्ध लिखे थे, वे भारत और अमेरिका की विभिन्न पत्रिकाओं में छपे थे, जिनकी संख्या 127 बतायी जाती है।

इस लेख में मैं केवल इतिहास और साहित्य से सम्बन्धित उनके चिन्तन और लेखन की चर्चा करना चाहता हूँ। वे पेशेवर इतिहासकार नहीं थे, लेकिन उन्होंने इतिहास सम्बन्धी अपनी पुस्तकों और निबन्धों के माध्यम से इतिहास लेखन की दृष्टि, पद्धति और कला के क्षेत्र में जैसी नवीनता और मौलिकता अर्जित की उसके महत्त्व को पुराणपन्थियों को छोड़ कर शायद ही कोई अस्वीकार करे। उनके इतिहास सम्बन्धी चिन्तन और लेखन के दो प्रमुख क्षेत्र हैं। एक है भारतीय समाज का इतिहास और दूसरा भारतीय संस्कृति तथा सभ्यता का इतिहास। भारतीय समाज का इतिहास उन्होंने प्राचीन काल से आधुनिक काल के आरम्भ तक लिखा है, लेकिन भारतीय सभ्यता और संस्कृति के इतिहास के प्रसंग में उन्होंने अपना ध्यान प्राचीनकाल पर ही केन्द्रित किया है।

उनके इतिहास लेखन के महत्त्व को समझने के लिए उनकी इतिहास दृष्टि और इतिहास लेखन की पद्धति की विशेषताओं को जानना जरूरी है। भारतीय इतिहास के अध्ययन की एक भूमिका नाम की किताब के प्रथम संस्करण के प्राक्कथन में उन्होंने लिखा है कि "इतिहास बनाने का काम पिछड़े हुए और अज्ञानी समझे जानेवाले साधारण जन ही करते हैं, न कि पुरोहित, सामन्त, सेना नायक, पूँजीपति और जनता को बहकानेवाले नेता।" यह बात अक्खड़ रूपवाद से प्रेरित लग सकती

है। फिर भी यह सच है। किसी भी वर्गीय समाज के इतिहास के अध्ययन का अर्थ है सत्ता के शीर्ष पर बैठे लोगों के हितों से बाकी जनता के हितों के फर्क का विश्लेषण। इसका यह भी अर्थ है कि एक उदीयमान वर्ग सत्ता हासिल करने की प्रक्रिया में अपने उत्थान के दौरान क्या रचता है और बाद में अपने हितों की रक्षा के लिए क्या कुछ करता है, उन सबका विवेचन भी इतिहास का विषय है। इसका तात्पर्य यह है कि डीडी कोसाम्बी के इतिहास लेखन का उद्देश्य था इतिहास के बनने और बनाने की प्रक्रिया को समझना और इतिहास निर्माण की प्रक्रिया में विभिन्न वर्गों की भूमिका की व्याख्या करना। उन्होंने अपने इतिहास लेखन की पद्धति को स्पष्ट करते हुए लिखा है कि ''इसमें इतिहास का अर्थ है कालक्रम से उत्पादन के साधनों और सम्बन्धों के विकासशील स्वरूप की प्रस्तुति।'' उन्होंने यह भी लिखा है कि ''प्रायः पश्चिम में इतिहास लेखन के जो तथ्य, प्रमाण, साधन, सूत्र और संकेत मौजूद हैं। वे सब भारत में बहुत कम हैं। इसलिए भारत के इतिहास को नये ढंग से समझना और लिखना आवश्यक है।'' प्रायः इतिहास का अर्थ किसी समाज के राजनीतिक उत्थान-पतन का लेखा-जोखा माना जाता है। डीडी कोसाम्बी ने इसके बदले समाज की विकासशील आर्थिक प्रक्रिया को केन्द्रीय माना है और राजनीति तथा संस्कृति के क्षेत्र में होनेवाले परिवर्तनों को उसकी आर्थिक प्रक्रिया से जोड़कर देखा है। इसीलिए वे कहते हैं कि "मेरे लिए यह महत्त्वपूर्ण नहीं है कि कब, कहाँ, कौन राजा था? या किसी क्षेत्र का कोई राजा था भी या नहीं? मेरे लिए महत्त्वपूर्ण यह है कि उस क्षेत्र के किसान उस काल विशेष में छोटे या बड़े किस तरह के हल का प्रयोग करते थे। राजसत्ता का स्वरूप और सम्पत्ति के सम्बन्ध खेती के रूप पर निर्भर करते थे न कि खेती उन बातों पर निर्भर करती थी।''

भारतीय समाज का इतिहास लिखनेवाले किसी भी व्यक्ति के सामने जो महत्त्वपूर्ण सवाल होंगे या हो सकते हैं, उनकी चर्चा करते हुए डीडी कोसम्बी ने लिखा है कि "भारतीय समाज के विकास में जनजातीय समूहों को तोड़कर समाज में शामिल करने की प्रक्रिया में जाति की क्या भूमिका थी? धातुएँ कहाँ से आयीं? वस्तु विनिमय की प्रक्रिया कब शुरू हुई और उनका भूमि के सामूहिक और व्यक्तिगत स्वामित्व से क्या सम्बन्ध था? भारत में प्राचीन काल में यूरोप जैसी दास प्रथा क्यों नहीं थी? और सामन्तकाल में भी उसका अभाव क्यों था? भारतीय समाज में प्राचीनतम पूजा पद्धतियों के परवर्ती काल में भी जारी रहने के क्या कारण थे? भारतीय समाज का इतिहास लिखते समय इन सवालों को पूछना और इनका उत्तर खोजना आवश्यक है।'' यद्यपि डीडी कोसाम्बी ने मार्क्सवादी इतिहास दृष्टि को अपनाया है और उसके सार रूप को भारतीय समाज और संस्कृति के इतिहास लेखन में लागू किया है। लेकिन उन्होंने भारतीय समाज के बारे में एक तो मार्क्स की अनेक स्थापनाओं को अस्वीकार किया और दूसरे यूरोपीय समाजों के इतिहासबोध से पैदा

हुई मार्क्सवादी इतिहास लेखन की पद्धति को भी जगह-जगह अस्वीकार किया है। उन्होंने 'प्राचीन भारत की संस्कृति और सभ्यता की ऐतिहासिक रूपरेखा' में यह लिखा है कि भारतीय समाज को आदिम साम्यवाद, एशियाई उत्पादन पद्धति, दास व्यवस्था, सामन्तवाद और बुर्जुआ पद्धति के क्रम में समझना सम्भव नहीं है। एक तो पूरा देश भारत कभी भी विकास की समान अवस्था में नहीं रहा, दूसरे प्रत्येक अवस्था में देश के हर भाग में उत्पादन और पुरानी पद्धतियाँ और उनकी अभिव्यक्ति के रूप में सभ्यता सम्बन्धी प्रवृत्तियाँ कायम रही हैं। दूसरी बात यह है कि यूरोपीय अर्थ में दास प्रथा कभी नहीं रही है। यह सही है कि कुछ भारतीय प्राचीन काल से आधुनिक काल के आरम्भ के पहले तक स्वतन्त्र नहीं थे, लेकिन वे भी यूरोपीय दासों की तरह नहीं थे। पुराने जमाने में शूद्र 'दासों जैसा काम करते थे'।

भारतीय संस्कृति और सभ्यता का इतिहास लिखते हुए उन्होंने सिन्धु घाटी से मौर्य साम्राज्य के उत्थान और पतन के दौरान निर्मित और विकसित आर्थिक-सामाजिक संरचना से जोड़ कर भारतीय संस्कृति के विभिन्न रूपों और पक्षों के विकास को उपस्थित किया है। इसी प्रक्रिया में उन्होंने धर्म और साहित्य की सामाजिक भूमि और भूमिका का भी विवेचन किया है। वे संस्कृति को सम्पूर्ण जनता की बुनियादी जीवन पद्धति के रूप में देखते हैं। उसे केवल बौद्धिक और आध्यात्मिक मूल्यों के रूप में नहीं देखते। यही नहीं वे संस्कृति को शासक वर्ग की परिष्कृत रुचि का परिणाम भी नहीं मानते।

भारतीय समाज के सच और भारतीय संस्कृति के सौन्दर्य के बीच जो अन्तर्विरोध है उसकी ओर संकेत करते हुए डीडी कोसाम्बी ने लिखा है कि ''भारत में दुर्बोध और रहस्य दर्शन है, चक्करदार धर्म है, अलंकृत साहित्य है, सुन्दर मूर्तियों से सुसज्जित भवन हैं और कोमल संगीत हैं। यह सब उसी ऐतिहासिक प्रक्रिया की देन हैं, जिसमें भुखमरी के शिकार भाव शून्य ग्रामीण जन हैं, तो सुसंस्कृत माने जानेवाले लोगों का संवेदनशील अवसरवाद और दीमकों जैसा लालच भी है। ये एक-दूसरे के परिणाम है।'' डीडी कोसाम्बी के अनुसार इस ऐतिहासिक प्रक्रिया को समग्रता में समझे बिना न भारतीय समाज का इतिहास लिखा जा सकता है, न संस्कृति का।

'मिथक और यथार्थ' नाम की उनकी पुस्तक में भी प्राचीन भारत की संस्कृति और सभ्यता के जटिल इतिहास की व्याख्या है। इसमें प्राचीन साहित्य, पुरानी मुद्राओं, शिलालेखों, स्तम्भलेखों, मूर्तिकला, चित्रकला और स्थापत्य की कृतियों की व्याख्या करते हुए भारतीय संस्कृति का इतिहास निर्मित किया गया है। इस प्रक्रिया में उन्होंने पुरातत्व विज्ञान, मानव विज्ञान, भाषा शास्त्र और साहित्य विद्या की मदद से सांस्कृतिक प्रक्रिया को समझने की कोशिश की है। इस पुस्तक में उन्होंने इतिहास के नाम पर फैले और फैलाये गये अनेक मिथकों का खंडन किया है। मिथक वास्तव

में इतिहास प्रक्रिया को रहस्यमय बनाने का काम करते हैं और डीडी कोसाम्बी मिथकों की व्याख्या करते हुए उनमें निहित वास्तविकताओं की पहचान का प्रयत्न करते हैं। इस पुस्तक में एक ओर उन्होंने भगवत गीता के सामाजिक और आर्थिक अर्थ का विवेचन किया है, तो दूसरी ओर उर्वशी तथा पुरुरवा के मिथक के इतिहास की खोज करते हुए संस्कृत साहित्य में उसकी व्याप्ति को भी देखा-परखा है।

डीडी कोसाम्बी इतिहास लेखन को केवल समाज और संस्कृति के अतीत की खोज, खुदाई, अन्वेषण और आविष्कार तक सीमित नहीं मानते। वे इतिहास बोध की सार्थकता के साथ-साथ वर्तमान अर्थवत्ता को भी ध्यान में रखते हैं। उन्होंने लिखा है कि "इतिहासकार का काम न तो अतीत से प्रेम करना है, न स्वयं को अतीत से मुक्त करना है, बल्कि वर्तमान को समझने के लिए अतीत को समझना ही है। महान इतिहास तब लिखे जाते हैं, जब इतिहासकार की अतीत सम्बन्धी दृष्टि वर्तमान की समस्याओं से जुड़ी अन्तर्दृष्टि से आलोकित होती है। इतिहास से सीखने की प्रक्रिया इकतरफा नहीं होती। अतीत के आलोक में वर्तमान को समझने का अर्थ है, वर्तमान के आलोक में अतीत को समझना। इतिहास का प्रयोजन है अतीत और वर्तमान के अन्तःसम्बन्धों के माध्यम से अतीत और वर्तमान की गहरी समझ विकसित करना।" ऐसा ही इतिहास बोध इतिहास बनानेवालों के काम आता है। यही इतिहास बोध की द्वन्द्वात्मक प्रक्रिया भी है।

इतिहास के साथ-साथ साहित्य से भी डीडी कोसाम्बी का गहरा और गम्भीर सम्बन्ध रहा है। वैसे तो उन्होंने संस्कृत और पालि साहित्य का भारतीय समाज और संस्कृति के इतिहास लेखन में सर्वत्र उपयोग किया है। लेकिन उनके विशिष्ट साहित्य-विवेक के प्रमाण भर्तृहरि के 'शतकत्रय' और विद्याकर के 'सुभाषित रत्नकोश' के सम्पादन, उनके पाठों के काव्यत्व के विश्लेषण और उनकी समाजशास्त्रीय समालोचना में मौजूद हैं। उन्होंने पाँच वर्ष लगाकर भर्तृहरि के शतकों का सम्पादन किया था और उनके पाठों का जो विश्लेषण किया, उसका महत्त्व कोसाम्बी के विरोधियों तक ने स्वीकार किया है। 'सुभाषित रत्नकोश' के सम्पादन के साथ ही उसकी एक लम्बी भूमिका कोसाम्बी ने लिखी है, जिसमें विभिन्न कवियों की कविताओं की व्याख्या करते हुए उनमें निहित और व्यक्त वर्गों की स्थिति का भी विवेचन किया है। डीडी कोसम्बी अकेले ऐसे समालोचक हैं, जिन्होंने संस्कृत साहित्य की समालोचना में वर्गदृष्टि का प्रभावशाली प्रयोग किया।

डीडी कोसम्बी की इतिहास दृष्टि मार्क्सवादी थी, लेकिन वे न तो ऐतिहासिक भौतिकवाद का यान्त्रिक रूप से प्रयोग करते थे और न मतान्ध मार्क्सवादी ही थे। वे मानते थे कि "मार्क्सवाद सोच-विचार का विकल्प नहीं है, बल्कि विश्लेषण की एक ऐसी पद्धति है, जिसका समझदारी और कुशलता से प्रयोग होना चाहिए। केवल मार्क्स या एंगेल्स के उद्धरण मौलिक सोच की जगह नहीं ले सकते। यह सब उन्होंने

एस.ए. डांगे की पुस्तक 'इण्डिया फ्रॉम प्रिमिटिव कम्युनिज्म टू स्लैवरी' की समीक्षा में लिखा था। मार्क्सवाद मूल्यवान इसलिए भी है कि वह हर तरह की मतान्धता से मुक्ति में मददगार होता है। लेकिन जब कुछ लोग मार्क्सवाद को ही 'डॉग्मा' बना लें तो मार्क्सवाद उनकी क्या मदद कर सकता है? डीडी कोसाम्बी मतान्धता के विरोधी थे। उन्होंने 'एक्जासपरेटिंग एस्सेज' के प्रारम्भ में जवाहरलाल नेहरू का एक कथन उद्धृत किया है, "मेरे लिए मार्क्सवाद मूल्यवान इसलिए है कि उसमें मतान्धता का अभाव है। उसकी दृष्टि में और व्यवहार के प्रति उसके दृष्टिकोण में भी।" डीडी कोसाम्बी जहाँ कहीं मतान्धता देखते थे, वहाँ उसकी आलोचना करते थे। यद्यपि वे कम्युनिस्ट पार्टी के सदस्य थे। लेकिन पार्टी की अनेक बातों से असहमत भी थे। वे पार्टी द्वारा प्रचारित मार्क्सवाद को ओएम (ओम) कहा करते थे, जिसका अर्थ था 'ऑफिशिएल मार्क्सिज्म' इस ओम की उन्होंने अनेक बार आलोचना की है।

डीडी कोसाम्बी ज्ञान की एकान्त साधना करनेवाले बुद्धिजीवी ही नहीं थे वे सक्रिय सामाजिक और राजनीतिक कार्यकर्ता भी थे। उन्होंने मजदूर संगठनों में काम किया था, मजदूरों की हड़तालों का कानपुर, अहमदाबाद में संगठन भी किया था और जेल गये थे। उनके अनेक निबन्ध ऐसे हैं, जिनका सम्बन्ध जनान्दोलनों के विश्लेषण से है। 'एग्जासपरेटिंग एस्सेज' में ऐसे निबन्ध हैं, जिनमें उन्होंने जन आन्दोलन में नेतृत्व की भूमिका का विवेचन किया है। वे अपने समय के विचारधारात्मक संघर्ष में सक्रिय रूप से शामिल थे। वे यह मानते थे कि विचारों का मूल्य सामाजिक विकास को प्रेरित और प्रभावित करने में ही है। डीडी कोसाम्बी के चिन्तन, लेखन और अपने समय की सामाजिक-राजनीतिक प्रक्रिया में सक्रिय साझेदारी को ध्यान में रखकर उनके जैसे किसी व्यक्ति की हिन्दी में खोज की जाये, तो केवल राहुल सांकृत्यायन ही सामने आएँगे।

श्यामाचरण दुबे : अपने समय और समाज से जुड़ी बौद्धिकता

"आज का बुद्धिजीवी देशज-चिन्तन से कटता जा रहा है, साधारणजन से उसकी दूरी बढ़ती जा रही है। वह अधिकांशतः विदेशी भाषा में लिखता और छपवाता है। विदेशों में छपना बड़े सम्मान की बात मानी जाती है, भारतीय भाषाओं में लिखने वाले की या तो अनदेखी की जाती है या उसे दूसरे, तीसरे दर्जे का बुद्धिजीवी माना जाता है। विदेशी ज्ञान और विधियों का सम्मोहन बढ़ता जा रहा है" (समय और संस्कृति, पृ. 168)।

स्व. श्यामाचरण दुबे का यह कथन आज के भारतीय विश्वविद्यालयों में काम करने वाले, खासतौर से समाजविज्ञानों से जुड़े और अंग्रेजी में लिखने वाले बुद्धिजीवियों की वास्तविक स्थिति, उनकी मानसिकता और व्यापक समाज में उनकी क्रमशः घटती प्रासंगिकता की ओर सटीक संकेत करता है। आजकल विश्वविद्यालयों के अधिकतर समाजवैज्ञानिक शास्त्रज्ञ विद्वान अधिक हैं और बुद्धिजीवी बहुत कम। वे अपने शास्त्र की रूढ़ियों से बँधे, पंडिताई के बोझ से दबे, भारतीय समाज की हलचलों से बेखबर और जन-जीवन की वास्तविकताओं से अपरिचित लगते हैं। ये लोग शास्त्रीयता के नये-पुराने जार्गन्स से लदी-फँदी चक्करदार भाषा में ऐसा गूढ़ और रहस्यमय गद्य लिखते हैं जो शायद ही किसी के काम का हो। उन्हें अपनी प्रगति की चिन्ता होती है, जन-जीवन को बदलने की नहीं।

आश्चर्य की बात तो यह है कि आजकल कुछ समाजशास्त्री अपने शास्त्र की इस दयनीय स्थिति के बारे में चिन्ता करने और उसे बदलने के बदले समाजशास्त्र को लोकजीवन, उसके अनुभव और उसकी आकांक्षाओं से दूर रखने की वकालत कर रहे हैं। वे वैज्ञानिकता और वस्तुनिष्ठता के नाम पर समाजशास्त्र को नैतिक निर्णय, मूल्य-बोध और लोकमत से बचाने की बात कर रहे हैं। यही नहीं, वे भारतीय समाज की समस्याओं और आकांक्षाओं को समझने की कोशिश करने वाले सोच-विचार को देश-भक्ति का उत्साह कहकर खारिज करते हुए देश-काल निरपेक्ष सिद्धान्तों की खोज को भारतीय समाजशास्त्र का लक्ष्य घोषित कर रहे हैं।

श्यामाचरण दुबे को भारतीय बुद्धिजीवी समुदाय के ऐसे चिन्तन, लेखन और विडम्बना का बोध न अचानक हुआ और न अकारण। वे खुद लम्बे समय तक उस समुदाय में सक्रिय रहे हैं। उन्हें अंग्रेजी में लिखने, विदशों में छपने और सराहना पाने का पर्याप्त अनुभव था। वैसा तो पहले से ही वे आदिवासियों की समस्याओं, ग्रामीण भारत में परिवर्तन, सामुदायिक विकास योजनाओं में आने वाली आर्थिक व राजनीतिक बाधाओं, विषमता भरे हमारे समाज जैसे विषयों पर काम करते रहे थे, 'समाजशास्त्र किसलिए व किनके लिए' जैसा सवाल भी उठा रहे थे, लेकिन बाद में जब व्यापक भारतीय समाज के लिए समाजशास्त्र में पनप रहे चिन्तन और लेखन की सीमाओं का बोध बढ़ा तो उनके विचार की दिशा बदली और दृष्टि भी। वे देशज चिन्तन के प्रति अधिक सजग हुए और जन-जीवन की समस्याओं के प्रति अधिक संवेदनशील। उसके बाद व्यापक जन-समुदाय से संवाद की आकांक्षा ने उन्हें हिन्दी में लिखने और बोलने के लिए प्रेरित किया। परिणामस्वरूप हिन्दी में होने वाली सामाजिक, सांस्कृतिक और साहित्यिक बहसों में उनकी गहरी दिलचस्पी, जीवन्त उपस्थिति और सार्थक हस्तक्षेपों का एक लम्बा सिलसिला चला, जिसके प्रमाण उनकी पुस्तकों में मौजूद हैं।

लेकिन क्या हिन्दी या किसी अन्य भारतीय भाषा में लिखने से ही कोई व्यक्ति अपने समय और समाज का सच्चा बुद्धिजीवी हो जाता है? जी नहीं। यह सम्भव है और खूब सम्भव है कि कोई व्यक्ति हिन्दी में लिखे, लेकिन वह मुख्यधारा के मिथक का बखान करे और अन्य धाराओं को बदनाम भी करे। यह भी सम्भव है कि वह अपनी परम्परा का मुग्धभाव से गुणगान करे, लेकिन अन्यों की उपेक्षा करे। साथ ही यह भी सम्भव है कि वह अपने समाज के इतिहास की विजय-यात्राओं के गीत गाये, लेकिन उसके काले धब्बों की अनदेखी करे, अपनी संस्कृति की केवल उज्ज्वलता को देखे-दिखाए, लेकिन उसकी बर्बरता को भूल जाय। यह भी सम्भव है कि हिन्दी का बुद्धिजीवी अपने समाज में यथास्थिति का पोषक, पुनरुत्थान का समर्थक और सत्ता के मिथकों का प्रचारक हो। यही नहीं, वह शक्ति तथा सत्ता को मजबूत करने वाली मान्यताओं को दोहराए और जटिल सामाजिक समस्याओं के सरल शासकीय समाधानों का प्रवक्ता बन जाय। श्यामाचरण दुबे हिन्दी के ऐसे बुद्धिजीवी न थे।

दुबे जी के लेखन का दायरा बहुत व्यापक है; समय ही नहीं; विचारों के मुद्दों की व्रिविधता और विस्तार की दृष्टि से भी। उन सबके बारे में कुछ कहने के बदले मैं भारतीय समाज, परम्परा, संस्कृति और साहित्य के बारे में उनकी सोच-विचार की प्रक्रिया में सजग और सक्रिय आलोचनात्मक चेतना की कुछ विशेषताओं की चर्चा करूँगा।

भारतीय समाज के बारे में सोचते हुए श्यामाचरण दुबे हमेशा साधारणजन के

जीवन को विचार की कसौटी बनाते हैं और उसी कसौटी पर आजादी, लोकतन्त्र, आधुनिकीकरण और विकास के सच और झूठ की जाँच करते हैं। 'भारतीय ग्राम' नाम की अपनी प्रसिद्ध पुस्तक के नये संस्करण के परिशिष्ट में आन्ध्र के एक गाँव शामीरपेठ के प्रसंग में पिछले चार दशकों के विकास का मूल्यांकन करते हुए उन्होंने लिखा है कि "विकास हुआ है, पर उसका लाभ निम्न वर्ग को बहुत कम मिला है। लगभग एक तिहाई जनसंख्या का जीवन-स्तर सुधरा है और उसमें उपभोक्तावाद की कुछ प्रवृत्तियाँ आयी हैं। सामान्यजन भविष्य की ओर आशा से देख रहे हैं। जो वायदे उनसे किये गये थे, पूरे नहीं हुए—गरीबी का उन्मूलन नहीं हुआ, बेरोजगारी का परिमाण बढ़ा ही है, घटा नहीं और सामाजिक सेवाओं की गुणवत्ता सन्दिग्ध ही रही है। स्वाभाविक ही है कि जन असन्तोष बढ़ा है, जिस करिश्मे की प्रतीक्षा थी वह साकार होता दिखाई नहीं पड़ता। आकांक्षाओं की क्रान्ति बलवती नहीं हुई, अधिकांश के लिए वह भ्रांति ही प्रमाणित हुई" (भारतीय ग्राम, पृ. 235)। यह जितना शामीरपेठ के बारे में सच है, उतना ही भारत के अधिकांश गाँवों के बारे में भी; बल्कि सम्पूर्ण भारतीय समाज का भी यही सच है।

पूँजीवादी विकास के नाटक की विडम्बना और राजनीति में उसके झूठे-सच के विस्तार का अधिक ब्योरेवार और बारीक विश्लेषण 'विकास का समाजशास्त्र' में है, लेकिन वहाँ भी कसौटी जनता का जीवन ही है। इसलिए प्रो. दुबे ने लिखा है कि "गरीबी और उससे जुड़ी समस्याओं के प्रति अधिक संवेदनशील हुए बिना न जनतन्त्र सम्भव है, न विकास।" जनता के प्रति उनकी सम्वेदनशीलता केवल भारत तक सीमित नहीं है, उसका विस्तार दुनिया भर की गरीब और शोषित जनता तक है। पूँजीवाद जातिप्रथा की तरह केवल भारतीय व्यवस्था नहीं है। वह विश्व-व्यवस्था है, जिसकी लूट और मार के शिकार सारी दुनिया के साधारणजन हैं, इसलिए जो व्यक्ति भारत की शोषित जनता के प्रति सचमुच संवेदनशील होगा, वह सारी दुनिया की शोषित जनता के दुःख-दर्द को समझेगा।

पिछले एक दशक से भारतीय अर्थ-व्यवस्था को भूमण्डलीकरण, उदारीकरण और बाजारीकरण के साँचों में ढालने की जोर-शोर से कोशिश हो रही है। कुछ लोग इस अभियान को भारत के आर्थिक विकास का राम-बाण कह रहे हैं, तो कुछ दूसरे इसी प्रक्रिया से भारत में राम-राज्य लाने की घोषणाएँ कर रहे हैं। उन लोगों के बारे में ईसा मसीह की तरह यह भी नहीं कहा जा सकता वे नहीं जानते हैं कि वे क्या कर रहे हैं। लेकिन व्यापक जनसमुदाय इन नारों से भ्रमित जरूर हुआ है। ऐसी स्थिति में इन मोहक नारों की कलई खोलना और उनमें छिपे खतरों से समाज को सावधान करना सच्चे बुद्धिजीवी का पहला कर्त्तव्य है। दुबे जी ने यह काम किया है। उन्होंने 'विकास का समाजशास्त्र' की भूमिका में लिखा है कि "बाजार का तर्क, उदारीकरण और भूमण्डलीकरण विकास के नये नारे बन गये और उनमें अन्तर्निहित मन्त्र-शक्ति

द्वारा विकासशील देशों के कायाकल्प के कार्यक्रम बनाये जाने लगे। विकास की प्रक्रिया में उनका योगदान सीमित रहा है। अमेरिका में भी गरीबी का उन्मूलन नहीं हुआ है। वहाँ भी आवासहीनता है, सार्वजनिक स्वास्थ्य और शिक्षा की समस्याएँ हैं। इससे गम्भीर हैं पारिवारिक विघटन और सामाजिक सरोकारों के ह्रास की समस्याएँ। समाज में हिंसा बढ़ रही है, नैतिक मान्यताएँ स्खलित हो रही हैं, उपभोक्तावाद पनप रहा है। तेज गति के आर्थिक विकास के पास इनका उत्तर नहीं है।''

पूँजीवाद की विकास या विनाश-लीला का प्रभाव समाज के केवल आर्थिक-राजनीतिक जीवन तक ही सीमित नहीं होता। उसकी चपेट में सामाजिक संस्थाएँ, नैतिक मान्यताएँ और सांस्कृतिक रचनाशीलता भी आती है। यही नहीं, पूँजीवाद प्रकृति और पर्यावरण का भी दुश्मन है। यह सब अनुमान नहीं, पूँजीवाद के इतिहास की सच्चाइयाँ हैं। प्रो. दुबे ने 'विकास का समाजशास्त्र' में इन सच्चाइयों की ओर बार-बार संकेत किया है और इनके भावी खतरों से सावधान भी।

आजकल भारतीय समाज जिन वास्तविकताओं और अनुभवों का सामना कर रहा है, उनमें जीते हुए यह समझना बहुत मुश्किल नहीं है कि पूँजीवाद किस तरह धीरे-धीरे समाज को अमानवीय और मनुष्य को असामाजिक बनाता है। ऐसी दशा में कोई भी समाज हमेशा नहीं रह सकता, इसलिए जिन्हें भारतीय समाज के वर्तमान का बोध है, उन्हें इसके भविष्य की चिन्ता भी है। दुबे जी के लेखन में इस चिन्ता के दो रूप हैं। एक तो पूँजीवाद के रास्ते पर दौड़ते हुए इक्कीसवीं सदी में कूद पड़ने की हड़बड़ी के कारण सामने आने वाले भयावह भविष्य की चिन्ता है, जिसके खतरों की चर्चा उन्होंने कई जगह की है। दूसरी ओर, उनके लेखन में भारतीय समाज के ऐसे भविष्य की भी चिन्ता है, जिसमें यान्त्रिकता, अमानवीकरण और उपभोक्तावाद की स्थितियाँ न हों। कुछ लोग कह सकते हैं कि यह केवल एक सद्भावना है। लेकिन आज के समय में यह सद्भावना भी मूल्यवान् है, जब कि एक ओर से आवाज आ रही है कि इतिहास का अन्त हो गया है, दूसरी ओर घोषणा हो रही है कि विशद आख्यान का युग समाप्त हो गया है; और बीच में कुछ लोग बुदबुदा रहे हैं कि समाजशास्त्र स्वभावतः यूटोपिया-विरोधी होता है। ऐसी सभी मान्यताएँ उस विचारधारा की अभिव्यक्तियाँ हैं जो आशा के सभी सिद्धान्तों में मनुष्य की आस्था का नाश करके बेहतर भविष्य के लिए उसके संघर्ष के संकल्प को तोड़ देना चाहती हैं, ताकि पूँजीवाद ही सम्पूर्ण मानव समाज का शाश्वत वर्तमान बना रहे। श्यामाचरण दुबे की आलोचनात्मक चेतना उस विचारधारा को अस्वीकार करती हुई भारतीय समाज के बेहतर भविष्य की चिन्ता करती है और विकल्पों की ओर संकेत भी।

श्यामाचरण दुबे की आलोचनात्मक चेतना का अत्यन्त तेजस्वी रूप तब सामने आता है, जब वे भारतीय समाज में परम्परा पर बहस में हस्तक्षेप करते हैं। परम्परा के बारे में उनकी चिन्ता, शुद्ध समाजशास्त्रीय दिलचस्पी से पैदा नहीं हुई है, उसका

व्यापक सामाजिक और राजनीतिक सन्दर्भ है, जिसकी ओर संकेत करते हुए उन्होंने लिखा है, "आज के सन्दर्भ में परम्परा एक मोहक शब्द है, साथ ही यह भ्रामक शब्द भी है, क्योंकि इसे मनचाहे अर्थ देकर इसके गलत-सही कितने ही प्रकार के उपयोग किये जा सकते हैं। आज के अनेक सामाजिक-राजनीतिक प्रश्न और आन्दोलन परम्परा से जुड़े हैं। संस्कृति और जातीय अस्मिता एक तरह से परम्परा के पर्यायवाची बन गये हैं। इनके लिए बड़ी-बड़ी लड़ाइयाँ लड़ी जा रही हैं" (समय और संस्कृति, पृ. 11) स्वाधीनता आन्दोलन के दौरान भारतीय समाज की परम्पराओं की खोज, व्याख्या और यहाँ तक कि आविष्कार के जो उद्देश्य थे, वे स्वाधीनता के बाद बदल गये। परम्परा का राजनीतिक अर्थ भी बदल गया। स्वाधीनता के बाद के भारतीय समाज में परम्परा के नये राजनीतिकरण के स्वरूप को स्पष्ट करते हुए प्रो. दुबे ने लिखा है, "सत्ता को चरम साध्य मानने वाले समूह में परम्परा के नये आश्रयदाता उभरे हैं। वे मनचाही व्याख्याएँ थोपकर राजनीतिक कौशल से कई छल योजनाओं द्वारा परम्परा की अभिव्यक्ति में हेर-फेर करते रहते हैं। इस समूह का उदय समसामयिक राजनीति का कड़वा यथार्थ है। ये बहुरूपिए परम्परा के अन्तर्विरोधों को बढ़ाते हैं, समस्याओं के समाधान और परिवेश से अनुकूलन की उनकी क्षमताओं को कुंठित करते हैं। वे परम्पराओं में पारस्परिक विद्वेष, प्रतिस्पर्धा और संघर्ष को प्रश्रय देते हैं" (समय और संस्कृति, पृ. 16)।

आजादी के बाद और विशेष रूप से पिछले दो दशकों में परम्परा पर विचारों और कुविचारों की बाढ़ आयी हुई है। इतिहास, दर्शन, समाजशास्त्र और साहित्य में परम्परा पर अनन्त बहसें चल रही हैं। इन बहसों में परम्परा के आलोचनात्मक मूल्यांकन के बदले प्रायः परम्परावाद, जातीय अहंकार, संकीर्ण राष्ट्रवाद और आत्ममुग्धता ही अधिक दिखाई देती है। श्यामाचरण दुबे की आलोचनात्मक दृष्टि इन प्रवृत्तियों से टकराती और इनके छल-छद्म को खोलती है। प्रो. दुबे परम्परा पर अपनी विचार-प्रक्रिया इन सवालों से शुरू करते हैं : परम्परा के प्रति मोह क्यों बढ़ रहा है? क्या यह मोह किन्हीं व्यावहारिक समस्याओं और कठिनाइयों को जन्म दे रहा है? उन्होंने परम्परा के प्रति बढ़ते मोह के कारणों की भी चर्चा की है। वे कहते हैं कि "एक ओर पूँजीवादी विकास की पश्चिमी पद्धति से परम्पराओं के मिटने का खतरा पैदा होता है, तो दूसरी ओर देश के भीतर की शक्तिशाली सांस्कृतिक धारा वर्चस्ववादी मनोवृत्ति अन्य परम्पराओं के लिए खतरा बन जाती है। ऐसे खतरों के बोध से अपनी परम्परा के ह्रास और नाश का जो भय पैदा होता है, वह परम्परा के प्रति मोह बढ़ाता है। लेकिन परम्परा के प्रति बढ़ता मोह जब राजनीतिक रूप ले लेता है, तब वह अधिक खतरनाक बन जाता है।" प्रो. दुबे ने ठीक ही लिखा है कि "परम्परा का राजनीतिकरण अनेक समस्याओं को जन्म देता है। यह प्रक्रिया 'हम' और 'वे' की दूरी बढ़ाती है, सहज सह-अस्तित्व में विसंगतियाँ उत्पन्न करती

है और अप-संस्कृतियों के उदय का कारण बनती है। कई सौ वर्षों के पड़ोसी कुछ ही वर्षों में बेगाने हो जाते हैं, जो कल तक एक-दूसरे के सुख-दुख में सहभागी थे, वे कुछ ही दिनों में दुश्मन बन जाते हैं। अविवेकी इतिहास दृष्टि, विकृत जातीय भावना और झूठी धर्मान्धता से हजारों वर्ष पुराने सन्तुलन गड़बड़ा जाते हैं" (समय और संकृति, पृ. 18)

पिछले दो दशकों से भारत में परम्पराओं के प्रति बढ़ते मोह और उनके राजनीतिक दुरुपयोग की आलोचना के साथ ही प्रो. दुबे ने परम्परा पर विचार के लिए ऐसे जरूरी अनेक सूत्र और संकेत दिये हैं, जिनकी मदद से भारतीय समाज की परम्पराओं का आलोचनात्मक समाजशास्त्र विकसित किया जा सकता है।

प्रो. दुबे मानते हैं कि समाज के परिवर्तन और प्रगति की प्रक्रिया में परम्पराओं की महत्त्वपूर्ण भूमिका होती है, उस भूमिका का बोध जरूरी है; लेकिन उसके साथ ही यह भी जरूरी है कि हम परम्पराओं के बनने, बिगड़ने और बदलने की प्रक्रिया को ठीक से पहचानें, अन्यथा या तो हम परम्परा की पूजा करेंगे या उसका निषेध, जो समाज के विकास के लिए आत्मघाती होगा। उन्होंने ठीक ही लिखा है कि "परम्परा के सम्बन्ध में सबसे बड़ी भ्रांति उसे जड़ और अपरिवर्तनशील मानना है। परम्पराएँ सामाजिक विकास या ह्रास से असंपृक्त नहीं होतीं और इन प्रक्रियाओं से उनके रूप में भी परिवर्तन होते हैं। भिन्न परम्पराओं में आदान-प्रदान होता है। नये सन्दर्भ उन्हें नये अर्थ देते हैं। परम्पराएँ स्वयं ही समय-समय पर अपना मूल्यांकन कर अपनी दिशा बदलती हैं। परम्परा की इस आन्तरिक गतिशीलता को स्वीकार किये बिना न हम उसके स्वरूप को समझ सकते हैं, न उसकी भूमिका को" (समय और संस्कृति, पृ. 23)।

प्रो. दुबे के अनुसार भारत में किसी एक परम्परा के वर्चस्व की बात करना दुराग्रह है और परम्पराओं को इतिहास मानना बड़ा भारी भ्रम। परम्परा में इतिहास, मिथक और अनुभव का योग होता है, इसलिए जो लोग परम्परा को अतिमिथकीय और रहस्यमय बनाते हैं, वे उसके बोध को धुँधला करते हैं।

कुछ लोग भारतीय परम्परा की बात करते समय केवल वेद, पुराण और शास्त्रों को याद करते हैं। उनके सामने प्रो. दुबे कुछ सवाल रखते हैं। वे पूछते हैं, "क्या वे ग्रन्थ अपने समय का सही चित्रण करते हैं? वे आदर्श समाज को प्रक्षेपित करते हैं या जीवित समाज का वर्णन करते हैं? क्या पूरा भारतीय समाज उनमें सिमट आया है? क्या उनमें चित्रित परम्परा के अतिरिक्त अन्य परम्पराएँ इस देश में नहीं थीं? क्या धर्म और दर्शन से स्वतन्त्र धर्म-निरपेक्ष परम्पराएँ इस देश में विकसित नहीं हुईं? क्या यह परम्परा भारतीय समाज के विकास की ऐतिहासिक प्रक्रिया के साथ न्याय कर पाती है?" दुबे जी के इन सवालों के साथ कुछ और सवाल जोड़े जा सकते हैं—क्या वेद, पुराण और शास्त्रों के बाद लिखे गये साहित्य से परम्परा का निर्माण

नहीं हुआ? क्या भक्ति-आन्दोलन और उसके साहित्य से नयी परम्पराएँ विकसित नहीं हुईं? वेदों, पुराणों और शास्त्रों के रचनाकाल के बाद क्या भारतीय समाज में परम्पराओं के विकास की प्रक्रिया बन्द हो गयी? क्या वैदिक और पौराणिक परम्पराएँ ही एकमात्र प्रामाणिक परम्पराएँ हैं? ये सभी सवाल वैदिक-पौराणिक परम्परा को ही एक मात्र भारतीय परम्परा मानने के हठ को दुराग्रह साबित करते हैं और किसी एक परम्परा की केन्द्रीयता का खण्डन भी करते हैं।

प्रो. दुबे ने परम्पराओं के जीवन को समझने के लिए उससे जुड़ी पाँच प्रवृत्तियों की चर्चा की है। ये प्रवृत्तियाँ हैं—देशजीकरण, जीवनीकरण, पुनर्व्याख्या, जातीय भावना का उदय और जड़ों की ओर वापसी। इन प्रवृत्तियों की क्रियाशीलता की प्रक्रियाओं को पहचानकर भारतीय समाज में परम्पराओं के ह्रास और विकास को समग्रता में समझा जा सकता है, क्योंकि ये प्रवृत्तियाँ आज भी रचना, विचार और व्यवहार के विभिन्न क्षेत्रों में कमोबेश सक्रिय हैं।

परम्परा के मूल्यांकन की चिन्ता के अतिरेक के साथ ही पिछले दो-तीन दशकों में भारतीयता की खोज की प्रवृत्ति प्रबल हुई है। खासतौर से देश में साम्प्रदायिकता के नये उभार के साथ भारतीयता की खोज का नया दौर शुरू हुआ है। इतिहास में आर्यों की खोज हो रही है, आर्य सभ्यता के विस्तार पर पुस्तकें लिखी जा रही हैं और आर्यवाद को भारतीयता का पर्याय साबित किया जा रहा है। इस बीच साहित्य में भी जड़ों की चिन्ता और जड़ों की ओर लौटने की बेचैनी बढ़ रही है। पिछले दो-तीन दशकों से 'वेद', 'उपनिषद्', 'रामायण' और 'महाभारत' की कथाओं पर लगातार उपन्यास लिखे जा रहे हैं। यही नहीं, रचना और विचार की भाषा में संस्कृत निष्ठता वापस लौट रही है।

स्वाधीनता आन्दोलन के दौरान भी भारत की खोज हुई थी, लेकिन तब उस खोज का स्वरूप और उसके लक्ष्य आज की भारतीयता की खोज से एकदम अलग थे। तब भारतीयता की खोज में पूरे भारतीय समाज को साथ लेकर भविष्य की ओर चलने की कोशिश थी और उसके लक्ष्य थे—स्वाधीनता, लोकतन्त्र और समाजवाद। अब विशुद्ध भारतीय की खोज हो रही है, जिसमें छँटनी, बहिष्कार और अनन्यता की भावनाएँ अधिक हैं। इसका लक्ष्य है—एक समुदाय की कल्पना की भारतीयता का वर्चस्व स्थापित करना। एक आश्चर्यजनक बात यह है कि जो कभी भारत की पहली खोज से जुड़े थे, उनमें से कुछ अब भारत की दूसरी खोज में लगे हैं। वास्तव में जब किसी समाज की वर्तमान और भविष्य में आस्था टूटती है, तब वह अतीत की शरण में जाता है। कभी-कभी वर्तमान के अपने उद्देश्यों को उचित ठहराने के लिए भी अतीत का उपयोग होता है। भारत की दूसरी खोज में यह प्रवृत्ति हो रही है।

भारत के भविष्य के लिए भारतीयता की तलाश का यह अभियान कैसे और कितना खतरनाक है—यह जानने के लिए श्यामचरण दुबे का अत्यन्त महत्त्वपूर्ण

निबन्ध 'भारतीयता की तलाश' पढ़ना जरूरी है। वह निबन्ध विचारों की दृष्टि से इतना सघन और उत्तेजक है कि उसे पढ़े बिना उसके अभिप्राय का बोध नहीं हो सकता।

दुबे जी ने लिखा है कि अगर हमें ''भारतीयता की तलाश आगे बढ़ने के लिए करनी है, पीछे जाने के लिए नहीं'' तो उस विवेक-यात्रा के लिए कुछ सावधानियों को ध्यान में रखना होगा। एक तो यह कि हम इतिहास समग्रता में देखें। दूसरे, इतिहास के असुविधाजनक सत्यों से मुँह न मोड़ें, और तीसरे, यह स्वीकार करें कि जातीय स्मृतियों के साथ कई बार जातीय दुराग्रह भी जुड़ जाते हैं। अगर इन चेतावनियों की चिन्ता न की जाय तो भारतीयता की खोज की कोशिश अविवेकी यात्रा बन जाएगी, जैसा कि आजकल खूब हो रहा है। उस स्थिति में इतिहास विवेक का नहीं, आस्था का विषय बन जाता है और जड़ों की खोज के दौरान उन्माद ही हाथ आता है जो इतिहास दृष्टि का दुश्मन है। दुबे जी के अनुसार इन सावधानियों के साथ-साथ भारतीयता की तलाश के लिए कुछ भ्रमों से भी मुक्त होना जरूरी है। उनमें से पहला भ्रम भारत के जगतगुरु होने का है। दूसरा भ्रम भारतीय समाज-व्यवस्था को आदर्श मानने का है। तीसरा भ्रम यह है कि हमारे पास आदर्शों का विशाल खजाना है, जबकि उन आदर्शों का हमारी जिन्दगी से कोई रिश्ता नहीं रह गया है। ये तीनों भ्रम यूरोप के प्राच्य विद्याविदों और भारतविदों की देन हैं, जिन्हें आज भी कुछ लोग उपहार मानकर गले लगाये हुए हैं। अगर हम इन तीनों सावधानियों को ध्यान में रखें और तीनों भ्रमों से मुक्त होकर भारतीयता की तलाश करने चलें तो गम्भीर आत्मालोचना की गहरी प्रक्रिया से गुजरना होगा, "उस प्रक्रिया में हमें कई मुखौटे उतारने होंगे और जीवन-दृष्टि पर छाये पाखण्ड की धुन्ध का उन्मूलन करना होगा," जो अत्यन्त त्रासद पर सार्थक और फलदायी होगा। लेकिन आजकल भारतीयता की तलाश की जो वानर-वृत्ति फैली है, वह उस त्रासद और सार्थक विवेक यात्रा के रास्ते में जगह-जगह काँटे बिछा रही है।

आजकल भारतीयता की तलाश के प्रसंग में एक मुद्दा राष्ट्रीय मुख्यधारा का है सभी तरह के राष्ट्रवादी मुख्यधारा का मिथक गढ़ने में लगे हैं और उसमें अन्य परम्पराओं, संस्कृतियों तथा अस्मिताओं के विलय का अभियान चला रहे हैं। उस अभियान में आह्वान से लेकर दमन तक सब जायज माना जा रहा है। प्रो. दुबे भारत में किसी एक महान परम्परा को मुख्यधारा मानने और उसके वर्चस्व को सब पर थोपने की बात अस्वीकार करते हैं। वे परम्पराओं की विविधता को भारतीय समाज की वास्तविकता मानते हैं। उनके अनुसार, शास्त्रीय परम्परा से अलग हैं–लौकिक परम्पराएँ और लौकिक परम्पराओं के मुख्य रूप हैं–जातीय, स्थानीय और क्षेत्रीय परम्पराएँ। इन परम्पराओं के बीच सम्बन्ध और सह-अस्तित्व लम्बे काल से भारतीय समाज की जानी-पहचानी सच्चाई है, इसलिए जो लोग एक परम्परा की ही प्रधानता

की बात करते हैं और उसे राष्ट्रीय मुख्यधारा कहकर उसमें सभी परम्पराओं तथा संस्कृतियों के विलय की बात करते हैं, उनको चेतावनी देते हुए दुबे जी कहते हैं कि "राष्ट्रीय मुख्यधारा में सबके विलय की नीति विघटनकारी सिद्ध होगी।"

प्रो. दुबे उन लोगों में से नहीं हैं, जिन्हें भारतीयता की खोज करते समय प्राचीन भारतीय समाज और संस्कृति के इतिहास में सब-कुछ हरा-ही-हरा दिखाई देता है। वे कहते हैं कि भारतीय समाज के इतिहास में अनेक असंगतियाँ और विरोधाभास भी रहे हैं—"उदाहरण के लिए, कुछ सशक्त आदिवासी समूहों को छोड़कर शेष को वर्ण-व्यवस्था में बहुत नीचा स्थान मिला और जो इस व्यवस्था के अंग नहीं बने उन्हें धीरे-धीरे बीहड़ वनों और एकाकी पर्वतमालाओं की ओर धकेला गया। अस्पृश्यता हमारे समाज का कलंक थी और आज भी है। धर्मग्रन्थों के कुछ श्लोकों में भले ही हमने स्त्री को शीर्ष स्थान दिया हो, किन्तु व्यवहार में वह दूसरे दर्जे की नागरिक ही रही" (समय और संस्कृति, पृ. 37)। इन असंगतियों और अन्तर्विरोधों की उपेक्षा करके किसी काल्पनिक आदर्श भारत की खोज अन्ततः निरर्थक और खतरनाक होने के लिए अभिशप्त है।

क्या यह आश्चर्य की बात नहीं है कि जो लोग वर्तमान में धार्मिक संघर्ष और हिंसा की राजनीति के सहारे भारत के भविष्य पर कब्जा करना चाहते हैं, वही जब भारत की खोज में निकलते हैं तो अतीत में उन्हें केवल समरसता ही दिखाई देती है। भारतीय समाज के इतिहास में एकता के साथ-साथ संघर्ष की स्थितियाँ भी रही हैं, वे स्थितियाँ विचारों से लेकर व्यवहारों तक व्याप्त रही हैं। दुबे जी ने ठीक ही लिखा है कि "कट्टरतावाद भारत की धार्मिक परम्पराओं का मूल स्वर नहीं रहा, यद्यपि इतिहास में उन मोड़ों के भी हजारों उल्लेख हैं जो हिंसात्मक धर्मान्धता से प्रेरित थे। भारतीय संस्कृति को बचाये रखने में उसके प्रश्न, शंका, असहमति, विरोध, सुधार और विद्रोह की परम्पराओं का बड़ा हाथ रहा है। भारत के अनेक सन्त कवियों ने सामाजिक विक्षोभ की अभिव्यक्ति और अन्याय से लड़ने का नया मुहावरा विकसित किया। परम्परा को प्रकट रूप से अस्वीकार किये बिना उन्होंने पैने प्रश्न पूछे, गम्भीर शंकाएँ व्यक्त कीं, अपनी असहमति को शब्द दिये, विरोध को वाणी दी, सुधार की योजनाएँ सुझायीं और आवश्यकता पड़ने पर विद्रोह का समर्थन किया" (समय और संस्कृति, पृ. 39)। क्या यह सब भारतीयता का हिस्सा नहीं है? जो लोग भारतीयता की बात करते हुए प्रश्न, शंका, असहमति, विरोध और विद्रोह की शानदार परम्पराओं की उपेक्षा करते हैं, वे भारत की खोज के नाम पर दूसरों को धोखा देना चाहते हैं। 'भारतीयता की तलाश' में ही दुबे जी ने बहुत पहले लिखा था कि "संस्कृति आज की दुनिया में एक राजनीतिक अस्त्र के रूप में उभर रही है, जिसका न्यस्त स्वार्थी खुलकर उपयोग अपने स्वार्थों के लिए कर रहे हैं।" उन्होंने जब यह लिखा था, तब अयोध्या में बाबरी मस्जिद का ध्वंस नहीं हुआ था और सांस्कृतिक

राष्ट्रवाद का उभार भी नहीं हुआ था। तब अमेरिका से सभ्यताओं के संघर्ष के सिद्धान्त की घोषणा भी नहीं हुई थी। लेकिन अपने समय और समाज को पैनी नजर से देखने वाले प्रो. दुबे ने संस्कृति की राजनीति के जिस चेहरे की एक झलक देखी थी, उसका भयानक रूप बाद में सामने आया। जब वह सामने आया, तब भी दुबे जी जीवित थे। उन्होंने उसे गौर से देखा और उसके बारे में अपना विक्षोभ खुलकर व्यक्त किया—"छह दिसम्बर को अयोध्या में जो कुछ हुआ, वह हमारे इतिहास के पृष्ठों पर हमेशा एक काला और कुरूप धब्बा रहेगा। अयोध्या में उठी एक चिनगारी ने देशव्यापी आग का रूप ले लिया है, जिसमें हजारों जानें गयी हैं और हजारों के जाने का अंदेशा है" (समय और संस्कृति, पृ. 158)। लेकिन उस शर्मनाक घटना और उससे उपजी भयानक ट्रेजेडी के बीच भी भारतीय जनता की विवेकशीलता में उनकी आस्था बची रही, इसलिए उन्होंने लिखा : "आशा की बस एक किरण है—अयोध्या के ध्वंस कांड पर जनसाधारण की तीव्र प्रतिक्रिया। जनता का विवेक और न्यायबुद्धि अब भी जीवित है।"

'समय और संस्कृति' में दुबे जी की एक महत्त्वपूर्ण रचना है 'त्रिशंकु संस्कृति का उत्कर्ष, इसे मैं, जानबूझकर रचना कह रहा हूँ, लेख नहीं; क्योंकिं इसकी बनावट और उसको रचने वाली चेतना केवल आलोचनात्मक नहीं, सचमुच सर्जनात्मक है। कोई चाहे तो कह सकता है कि यह आलोचनात्मक चेतना की सर्जना है। वास्तव में यह रचना समाजशास्त्रीय कल्पना और साहित्यिक कल्पना के सहयोगी प्रयास की उपज है। इसमें क्रमशः चार चित्र सामने आते हैं—अत्यन्त मनोयोग से चित्रित, सजीव, शोख और अपनी बात बोलते हुए। लेकिन एक-दूसरे से एकदम भिन्न। दो चित्र बारात के हैं, तीसरा रामलीला का और चौथा किसी सम्पन्न आधुनिक बुद्धिजीवी के ड्रॉइंगरूम में बैठे कुछ बुद्धिजीवियों का। ये चारों चित्र जिस तरफ इशारा कर रहे हैं, वह है भारतीय समाज में पनपती और फैलती त्रिशंकु संस्कृति। उसके रूप और प्रभाव के बारे में दुबे जी की राय यह है—"भारतीय समाज इस समय संक्रमण के दौर से गुजर रहा है। इस प्रक्रिया की गति बहुत तेज है और उसके परिणाम बहुत विघटनकारी हैं। एक ही समय में दो विपरीत ध्रुवों के आकर्षण ने उसमें लक्ष्य-सम्भ्रम उत्पन्न कर दिया है और साधनों की नैतिकता को संशय के घेरे में खड़ा कर दिया है। एक ओर पश्चिम की जीवन-शैली का सम्मोहन है, दूसरी ओर अपनी सांस्कृतिक अस्मिता के आग्रह हैं। कभी समाज एक ओर झुकता है, कभी दूसरी ओर। अनिश्चय और अनिर्णय की यह स्थिति समाज (या उसके कुछ भागों) से सुविधाजनक, किन्तु सिद्धान्तहीन समझौते कराती है, जिनसे उभरती है एक त्रिशंकु संस्कृति—अवसरवादी, आधारहीन; कुछ पक्षों में हास्यास्पद और अपने व्यापक प्रभाव में पीड़ादायक" (समय और संस्कृति, पृ. 136)

ऐसी रचना वही लिख सकता है जो अपने समाज की जिन्दगी को जानने के

लिए अपनी आँखें और कान खुले रखता है, ताकि वह जिन्दगी की सच्चाइयों को देख सके और उसकी धड़कनें सुन सके, वह नहीं जो बौद्धिक तटस्थता के नाम पर समाज की जिन्दगी की हलचलों से बचता है और जीवन के अनुभवों से किताबी ज्ञान को अधिक महत्त्व देता है। यह रचना साबित करती है कि किसी समाज की संस्कृति में घटित होने वाले परिवर्तन की बारीक पर जटिल प्रक्रियाओं को समझने के लिए उस समाज की जिन्दगी की वास्तविकताओं और अनुभवों के प्रति गहरी संवेदनशीलता जरूरी है। इस रचना में मौजूद अन्तर्दृष्टि समाज की जिन्दगी में हिस्सेदारी से मिलती है, केवल वैज्ञानिक प्रविधि के प्रयोगों से नहीं।

श्यामाचरण दुबे ने लेखन की शुरुआत हिन्दी में ही की थी। उन्होंने लिखा है कि "सन् 1940 में, जब मैं केवल अट्ठारह वर्ष का था, अपनी औकात समझे बिना अपने लेख 'विशाल भारत' और 'हंस' जैसी प्रतिष्ठित पत्रिकाओं में भेजना आरम्भ कर दिया था। आश्चर्य होता है कि ये लेख छपने भी लगे।" नृतत्त्वशास्त्र और समाजशास्त्र की ओर जाने के बावजूद हिन्दी साहित्य में उनकी गहरी दिलचस्पी बराबर बनी रही, विशेष रूप से कथा-साहित्य में, जिसके प्रमाण 'परम्परा, इतिहास-बोध और संस्कृति' में संकलित साहित्य-सम्बन्धी पाँच निबन्ध हैं। इन निबन्धों से जाहिर है कि उनकी दिलचस्पी गम्भीर साहित्य के साथ-साथ लोकप्रिय साहित्य में भी रही है। वे गम्भीर साहित्य दो रूपों में पढ़ते रहे हैं—साहित्यिक रचना के रूप में और सामाजिक दस्तावेज के रूप में भी। वे जनरुचि को जानने के लिए लोकप्रिय साहित्य भी पढ़ते रहे हैं।

दुबे जी साहित्य से निरन्तर जुड़े हुए सावधान और संवेदनशील पाठक थे हिन्दी कथा-साहित्य से उनका अन्तरंग सम्बन्ध था, इसलिए यह उम्मीद थी कि वे हिन्दी में साहित्य के समाजशास्त्र के विकास की राह बनाएँगे। अपने जीवन के आखिरी दिनों में वे इस दिशा में प्रयत्नशील भी थे, पर दुर्भाग्य से उन्हें यह अवसर ही नहीं मिला। हिन्दी में साहित्य के समाजशास्त्र के विकास की विडम्बना यह है कि जो साहित्य के आलोचक हैं, वे समाजशास्त्र से अपरिचित हैं और जो हिन्दी-क्षेत्र के समाजशास्त्री हैं, उनमें से अधिकांश हिन्दी साहित्य से अनजान। ऐसी स्थिति में साहित्य के समाजशास्त्र का विकास कैसे हो? प्रो. दुबे साहित्य और समाजशास्त्र, दोनों से समान रूप से जुड़े हुए थे, इसलिए वे साहित्य के समाजशास्त्र के विकास का मार्गदर्शन कर सकते थे, लेकिन वह नहीं हुआ।

अब हमारे सामने उनके साहित्य-सम्बन्धी कुछ लेख हैं। उन लेखों में कुछ ऐसे विचार हैं जिनसे हिन्दी में साहित्य के समाजशास्त्र के विकास में मदद मिल सकती है। उन्होंने लिखा है कि "भारतीय ग्रामीण जीवन को हिन्दी के कुछ उपन्यासकारों ने रचनात्मक दृष्टि से और साहित्यकार की तीसरी आँख से देखा है, और उसके कुछ ऐसे पहलुओं के सूक्ष्म तत्त्वों की मार्मिक विवेचना की है जो हमारी शुष्क वैज्ञानिक

दृष्टि और कष्टसाध्य सांख्यकीय विश्लेषण की पकड़ में नहीं आते" (परम्परा, इतिहास-बोध और संस्कृति, पृ. 128, 129)। वे स्वीकार करते हैं कि साहित्य समाज की ठोस जिन्दगी और उसके अनुभवों के बारे में ऐसा साक्ष्य देता है, जिसका कोई विकल्प नहीं। वे यह भी मानते हैं कि "साहित्य का मुहावरा समाजविज्ञान के मुहावरे से भिन्न होता है, पर दोनों एक ही यथार्थ तक पहुँचने की कोशिश करते हैं।"

साहित्य भाषिक कला है, इसलिए उससे कुछ भी पाने की कोशिश में वही सफल होगा जो साहित्य की भाषा के विशिष्ट स्वभाव के प्रति संवेदनशील और सतर्क हो; वह चाहे समाजशास्त्री हो, इतिहासकार हो या साहित्य का आलोचक। प्रायः साहित्य के समाजशास्त्रीय चिन्तन में साहित्य की भाषा के स्वभाव, उसकी संरचना और उसके प्रयोजन की उपेक्षा होती रही है, इसीलिए समाजशास्त्री कविता की दुनिया से खाली हाथ लौटते रहे हैं। प्रो. दुबे ने भाषा और शब्द की सामाजिकता पर ध्यान दिया है। उन्होंने शब्द की सामाजिकता की व्याख्या करते हुए लिखा है, "मनुष्य ने जिन अनेक प्रकार के प्रतीकों का निर्माण किया है, उनमें शब्द सम्भवतः सबसे अधिक महत्त्वपूर्ण और सशक्त हैं। उच्चरित अथवा लिखित रूप में शब्द मानवीय अर्थ-सम्प्रेषण का सबसे अधिक भार वहन करते हैं, जिससे सामाजिक धरातल पर जीवन सम्भव होता है। शब्दों में मानवीय चेतना परिलक्षित होती है, उनके माध्यम से इस चेतना का विस्तार होता है। शब्द मनुष्य के भूत और वर्तमान तथा वर्तमान और भविष्य को जोड़ते हैं। मानव के अनुभव-क्षेत्र और जीवन-स्वरूपों के आयामों के विस्तार में भी शब्दों का योगदान महत्त्वपूर्ण है। लेखक और कवि शब्दों का उपयोग जिस तरह करते हैं, उससे व्यक्ति और समूहों को आत्मचेतना, ऐतिहासिकता और आध्यात्मिकता मिलती है" (परम्परा, इतिहास-बोध और संस्कृति, पृ. 149-50)। शब्द की व्यापक सामाजिकता की पहचान करने वाली इस दृष्टि से साहित्य के समाजशास्त्रीय चिन्तन को नयी दिशा मिल सकती है बशर्ते कि हम रचनाओं के विश्लेषण में इस दृष्टि का प्रयोग करें।

पश्चिम में भी अभी साहित्य का समाजशास्त्र लिखित साहित्य तक ही सीमित है, मौखिक साहित्य तक उसकी पहुँच नहीं हुई है। जब लेखन की संस्कृति का विकास नहीं हुआ था, तब लम्बे समय तक साहित्य मौखिक ही था और आज भी अधिकांश लोकसाहित्य मौखिक ही है। उस समय साहित्य मनुष्य को सामाजिक बनाने का एक महत्त्वपूर्ण माध्यम था। प्रो. दुबे ने ठीक ही लिखा है कि "अप्रत्यक्ष रूप से साहित्य समाजीकरण और सामाजिक नियन्त्रण की प्रक्रियाओं को बल और गति देने में सहायक होता था।'' मौखिक साहित्य की इस सामाजिक भूमिका का समाजशास्त्रीय विश्लेषण साहित्य के समाजशास्त्र के विकास का नया मार्ग बनाएगा।

प्रो. दुबे के अनुसार साहित्य के समाजशास्त्र का एक नया पक्ष सामाजिक परम्पराओं से साहित्य के सम्बन्ध का अध्ययन है क्योंकि—"साहित्य में परम्परा की

अभिव्यक्ति और व्याख्या होती है और उसके माध्यम से परम्पराओं को स्थायित्व भी मिलता है। साथ ही साहित्य परम्पराओं का मूल्यांकन करता है और उसके सतत नये अर्थ और प्रयोजनों की खोज भी" (परम्परा, इतिहास-बोध और संस्कृति, पृ. 15)

प्रो. दुबे ने साहित्य के सत्य को जीवन के सत्य से अलग माना है। उनके अनुसार वे दोनों एक नहीं होते, उनके धरातल भिन्न होते हैं और प्रभाव की प्रक्रिया भी। उन्होंने लिखा है कि—"कविता, कहानी, उपन्यास और नाटक पाठक को अपनी एक अलग दुनिया में ले जाते हैं और वह थोड़े समय के लिए अपने जीवन के यथार्थ को भूलकर इस नये यथार्थ का अंग बन जाता है, पर शीघ्र ही उसे वस्तुजगत के यथार्थ में लौटना पड़ता है। वह केवल भावनाओं में नहीं जी सकता। यह सच है कि साहित्य का सत्य उसके मानसिक क्षितिजों पर छा जाता है, उसे उद्वेलित कर देता है। यह भी सम्भव है कि वह उसकी तात्कालिक प्रेरणा का कारण बने। पर यह भी उतना ही सच है कि बहुत ही कम तात्कालिक प्रभाव स्थायी बन सकते हैं" (परम्परा, इतिहास-बोध और संस्कृति, पृ. 164)।

यह बात उन समाजशास्त्रियों को पसन्द नहीं आएगी, जो साहित्य को समाज का दर्पण मानते हैं और उसमें जीवन का हू-ब-हू चित्र देखना चाहते हैं। दुबे जी की यह बात उन लोगों के लिए भी खटकने वाली है जो साहित्य की क्रान्तिकारी भूमिका पर जोर देते हैं। दुबे जी साहित्य को दर्पण से अधिक दीपक मानते हैं, इसलिए वे कहते हैं कि साहित्य का मुख्य प्रयोजन सामाजिक आलोचना है और उस आलोचना से विकल्प की खोज भी जुड़ी होती है। लेकिन वे साहित्य के क्रान्तिकारी और स्थायी प्रभाव के बारे में आश्वस्त नहीं हैं। उनके अनुसार, साहित्य का समाजशास्त्री साहित्य की सामाजिक आलोचना, उससे जुड़े विकल्पों की खोज और मनुष्य की परिकल्पना का विश्लेषण करते हुए साहित्य की सामाजिकता के नये पक्षों को सामने ला सकता है।

प्रो. दुबे ने 'हिन्दी उपन्यास और ग्रामीण परिवेश' तथा 'प्रेमचन्द की परम्परा' जैसे निबन्धों में हिन्दी के अनेक महत्त्वपूर्ण उपन्यासकारों की रचनाओं की सामाजिक अर्थवत्ता की खोज की है। उन्होंने श्रीलाल शुक्ल के 'राग दरबारी', राही मासूम रजा के 'आधा गाँव' और कृष्णा सोबती के 'जिन्दगीनामा' की रचना-दृष्टि, भाषा की भंगिमाओं और यथार्थ-चेतना का विश्लेषण करते हुए इन उपन्यासों को प्रेमचन्द की परम्परा का विस्तार माना है। लेकिन उनको सबसे अधिक प्रिय है फणीश्वरनाथ 'रेणु' की रचनाशीलता। उन्होंने लिखा है, ''कथानक और शैली, दोनों की दृष्टि से रेणु ने कथा-शिल्प को प्रेमचन्द से आगे बढ़ाया है। उनके हर पृष्ठ से यह आभास होता है कि लेखक स्वयं गाँव का है और ग्रामीणों के हृदयों की धड़कन को भली-भाँति समझता है। फिर भी लेखक में एक अजीब तटस्थता भी हमें मिलती है। न तो वह ग्रामीणों की दुर्दश पर छाती पीटता और आँसू बहाता है और न सच्ची या झूठी क्रान्ति

के नारे ही लगाता है। आक्रोश का दबा स्वर उसकी रचनाओं में अन्तर्निहित है, किन्तु उसकी अभिव्यक्ति के लिए वह प्रत्यक्ष उत्तेजना के मुहावरे का प्रयोग नहीं करता। उसकी रचनाएँ मन पर प्रभाव छोड़ती हैं, किन्तु अप्रत्यक्ष रूप से" (परम्परा, इतिहास-बोध और संस्कृति पृ. 145-46)। प्रेमचन्द की परम्परा से रेणु की रचनाओं के सम्बन्ध के बारे में दुबे जी की यह राय हिन्दी के अनेक आलोचकों की राय से अलग है, लेकिन वह व्यापक पाठक समुदाय की भावना के अनुरूप है।

भारतीय समाज, संस्कृति, परम्परा और साहित्य से सम्बन्धित प्रो. दुबे के विचारों की इस चर्चा से यह जाहिर है कि उनके चिन्तन में एक ऐसी आलोचनात्मक चेतना क्रियाशील है जो प्रत्येक विचारणीय प्रसंग में प्रश्न पूछने की प्रेरणा देती है, सच को समझने और उसे खुलकर कहने का साहस पैदा करती है। वह गलत और सही के बीच फर्क करने का विवेक जगाती है और व्यापक रूप से स्वीकृत तथा प्रचारित लेकिन गहरे स्तर पर खतरनाक मान्यताओं से टकराती है। वह आलोचनात्मक चेतना दुबे जी के चिन्तन को एक ओर शास्त्रीयता की रूढ़ियों से बचाती है तो दूसरी ओर अपने समय और समाज की समस्याओं के बारे में उन्हें निरन्तर सतर्क बनाये रखती है।

दुबे जी अपने समय के भारतीय समाज और खासतौर से हिन्दी समाज के ऐसे बुद्धिजीवी के रूप में हमारे सामने आते हैं जो अपने समाज की वास्तविकताओं के प्रति संवेदनशील और सामाजिक समस्याओं से उपजी चुनौतियों का सामना करने के लिए तत्पर हैं। वे देश-काल-निरपेक्ष बुद्धिजीवी नहीं हैं। वैसे बुद्धिजीवी इतिहास के खँडहरों और संस्कृति के अजायबघरों में रहते हैं जो प्रायः स्मृति की खुदाई करने वालों को मिलते हैं।

आज का समय और मार्क्सवाद

आज के समय में उत्तर-आधुनिकतावाद के प्रभाव के कारण 'उत्तर' और 'अन्त' का आतंक बहुत है। एक प्रकार से हम 'उत्तर' और 'अन्त' युग में जी रहे हैं। स्थिति यह है कि किसी भी वास्तविकता, विचार और संस्था के पहले 'उत्तर' को जोड़कर उसे लगभग अतीत बना देने की प्रवृत्ति प्रबल है और साथ ही प्रत्येक वास्तविकता, विचार और संस्था के 'अन्त' की घोषणाएँ भी हो रही हैं। इस प्रक्रिया में पिछले दो दशकों से उत्तर मार्क्सवाद की चर्चा हो रही है। अगर उत्तर मार्क्सवाद होगा तो फिर उत्तर समाजवाद भी होगा। कला और साहित्य के प्रसंग में इस बीच उत्तर यथार्थवाद की भी बात होती रही है। यह सब विचार के स्तर पर हो रहा है, लेकिन यह जरूरी नहीं कि जीवन में, समाज में और कला तथा साहित्य में भी 'उत्तर युग' आ गया हो।

बहुत पहले विचारधारा के अन्त की घोषणा हुई थी। वैसे यह विडम्बना की बात है कि जब विचारधारा के अन्त की घोषणा हो रही थी तभी विचारधारा के आतंक की चर्चा भी चल रही थी। अब उत्तर मार्क्सवाद और विचारधारा के अन्त की घोषणा के बाद मुक्ति के बृहत् आख्यान के अन्त की भी घोषणा हो गयी है। मुक्ति के बृहत् आख्यान के अन्त का संकेत उत्तर मार्क्सवाद की ओर ही है। यहाँ मुक्ति के बृहत् आख्यान का सम्बन्ध साहित्य के किसी आख्यान से नहीं है, उसका सम्बन्ध समाज के इतिहास की प्रक्रिया में शोषित पीड़ित जनता के मुक्ति-संघर्ष के आख्यान से ही है, वैसे इस बीच इतिहास के अन्त की भी घोषणा हो चुकी है और जब इतिहास ही नहीं होगा तब मुक्ति के बृहत् आख्यान का अस्तित्त्व कहाँ होगा? इसी क्रम में इतिहास की भौतिकवादी व्याख्या को सन्देह की दृष्टि से देखा जा रहा है। यही नहीं अब तो वर्ग, वर्ग की धारणा और वर्ग संघर्ष की दृष्टि से समाज की व्याख्या को भी अस्वीकार करने की प्रक्रियाएँ चल रही हैं। फ्रांसीसी विचारक, बद्रिला ने तो 'सामाजिक' के अन्त की भी घोषणा कर दी हैं। आज के समय के सबसे अधिक चर्चित विचारक जॉक देरिदा सब कुछ के विखण्डन में जुटे हुए हैं। आश्चर्य की बात तो यह है कि इन विचारकों में से कोई भी न तो पूँजीवाद के बृहत् आख्यान की विसंगतियों के बारे में विचार कर रहा है, न उसके विखण्डन का प्रयास कर रहा है।

और न उसके अन्त के बारे में सोच रहा है। यह जरूर हो रहा है कि विचार और व्यवहार के स्तर पर जो भी पूँजीवाद का विरोधी है उसके अन्त की घोषणा और विखण्डन की कोशिश हो रही है।

पूर्वी यूरोप के देशों और भूतपूर्व सोवियत संघ में समाजवादी व्यवस्थाओं का जो विघटन और बिखराव हुआ, उसके कारण मार्क्सवाद और समाजवाद पर विचार करने वाले लोगों के सामने अनेक प्रकार की समस्याएँ खड़ी हुई हैं। वहाँ केवल समाजवादी व्यवस्थाओं का विघटन नहीं हुआ है, विचारों और दृष्टियों में भी परिवर्तन हुए हैं, उन अधिकांश देशों की कम्युनिस्ट पार्टियों ने अपने नाम बदल लिये हैं। यह केवल संरचनाओं का परिवर्तन नहीं है, विचारों का रूपान्तरण भी है। दूसरी ओर चीन है जहाँ कहने को समाजवादी व्यवस्था है, लेकिन पिछले बीस वर्षों से लगातार वहाँ पूँजीवादी व्यवस्था का निर्माण और विस्तार हो रहा है। सुना है कि अब वहाँ बाजार को समाजवादी बनाया जा रहा है। देखना यह है कि चीन के शासक बाजार को समाजवादी बनाते हैं या बाजार उन्हें अपना बनाता है। वियतनाम भी चीन की राह पर ही चल रहा है। सारी दुनिया में केवल क्यूबा ऐसा देश है जो अमेरिकी साम्राज्यवांद की सारी कोशिशों के बावजूद अपनी समाजवादी व्यवस्था की दृढ़ता से रक्षा कर रहा है। एक तरह से उसके लिए समाजवाद की रक्षा का सवाल उसके अस्तित्व और अस्मिता की रक्षा का सवाल है। आज के समय में मार्क्सवाद पर विचार करते समय इन सारी बातों को ध्यान में रखना जरूरी है। इन सब बातों से यह भी जाहिर है कि मार्क्सवाद और समाजवाद के लिए यह संकट का समय है।

लेकिन मार्क्सवाद के सामने ऐसा संकट पहली बार नहीं आया है। यह ठीक है कि इतने बड़े पैमाने पर संकट का सामना मार्क्सवाद ने पहले नहीं किया था, पहला प्रयोग पेरिस कम्यून के रूप में हुआ था, जो बहुत दिनों तक बच नहीं पाया। वह विरोधियों के षड्यन्त्रों और आक्रमण का शिकार हुआ। चूँकि पेरिस कम्यून की घटना मार्क्स के सामने घटी थी, इसलिए उन्होंने स्वयं उसके संकट और विघटन से बहुत कुछ सीखा था। उन्होंने पेरिस कम्यून की विफलता का विश्लेषण करते हुए अपने विचार में परिवर्तन भी किया था। सोचने की बात यह है कि सोवियत संघ और पूर्वी यूरोप के देशों में समाजवाद के प्रयोग की विफलता से आज के मार्क्सवादियों ने कितना और क्या सीखा है। पिछले वर्षों में समाजवादी समाज के प्रयोगों के बिखराव के बाद प्रायः दो प्रकार की प्रतिक्रियाएँ सामने आयी हैं। वर्तमान संकट के बारे में कुछ लोग विलाप करते दिखाई देते हैं कि हाय! सब कुछ नष्ट हो गया। इसके ठीक विपरीत कुछ ऐसे लोग भी मिल जाते हैं जो यह प्रलाप करते हैं कि कुछ भी नहीं हुआ है। इन दोनों मनोदशाओं से उबरकर मानव समाज के इतिहास की इस बड़ी घटना से, या मार्क्सवाद के इतिहास की इस दुर्घटना से, सीखने का समय समाप्त नहीं हो गया है। पेरिस कम्यून की घटना के बाद की कुछ घटनाओं को भी इस प्रसंग

में याद किया जा सकता है। चिली में ऐलेंदे की सरकार की स्थापना और उसका विनाश या फिर निकारागुआ में क्रान्ति और उसकी बर्बादी। वास्तव में मार्क्सवादी चिन्तन के आधार पर समाजवादी व्यवस्था के निर्माण के प्रयत्नों के सामने कठिनाइयाँ और संकट बार-बार आते रहे हैं, उन्नीसवीं सदी से लेकर बीसवीं सदी तक, और आगे भी आते रहेंगे।

आज के समय में मार्क्सवाद पर विचार करते समय यह ध्यान में रखना जरूरी है कि हम जिस समय और संसार में जी रहे हैं या कि मर रहे हैं वह पूँजीवाद की विजय का, विश्वव्यापी विजय का समय है। बल्कि पूँजीवाद की विजय के उन्माद का समय है। यही नहीं यह उस विजय के उन्माद से उपजे शोर का भी समय है कि आजकल विश्व के पैमाने पर पूँजीवाद का वर्चस्व कायम है, उस वर्चस्व के साथ यह शोषण, दमन, लूट और इन सबसे जुड़े झूठ का समय है। पूँजीवाद के वर्तमान दौर की जैसी विस्तृत और व्यवस्थित व्याख्या होनी चाहिए, वैसी अभी नहीं हो रही है। जहाँ-तहाँ इस दिशा में प्रयत्न जरूर हो रहे हैं, लेकिन वे पर्याप्त नहीं हैं।

पूँजीवाद के वर्चस्व के वर्तमान दौर की एक विशेषता एक ऐसी भाषा का निर्माण है जो विचारों की दुनिया में सच को झूठ और झूठ को सच बनाने में सक्षम है। उन्नीसवीं सदी में भी उपनिवेशवाद ने ऐसी कोशिश की थी जिसका विश्लेषण सखाराम गणेश देउस्कर की पुस्तक 'देशेर कथा' में है। यह पुस्तक सन् 1904 में बांग्ला में छपी थी। बंग-भंग आन्दोलन के दौरान वह इतनी लोकप्रिय थी कि सन् 1910 में अंग्रेजों ने उस पर पाबन्दी लगा दी। उस समय पूरे देश में एक दूसरे से सीखने की प्रवृत्ति कितनी प्रबल थी, इसका पता इस बात से लगता है कि सन् 1908 से सन् 1910 के बीच इस पुस्तक के दो अनुवाद हिन्दी में छपे और बाद में वैसी कुछ और किताबें हिन्दी में लिखी गयीं। 'देशेर कथा' में एक अध्याय का शीर्षक है 'सम्मोहन चित्त विजय'। देउस्कर ने इस अध्याय में उस प्रक्रिया का विश्लेषण किया है जिसे अपनाकर साम्राज्यवाद अपने अधीन देशों की चेतना पर नियन्त्रण करता है। आज के दौर में देउस्कर के विश्लेषण को याद करना इसलिए जरूरी है कि भारत जैसे देशों की जनता वर्तमान समय में साम्राज्यवाद द्वारा चित्त-विजय के दूसरे अभियान का शिकार हो रही है। उसी अभियान का हिस्सा है वह भाषिक छद्म जो आजकल विचारों की दुनिया में फैला हुआ है।

आजकल बहुत सारे शब्दों के अर्थ बदल गये हैं। पहले जिसे प्रगतिशील कहा जाता था उसे आजकल रूढ़िवादी कहा जाता है। आजकल प्रगतिशील और रेडिकल वह है जो पूँजीवाद के बेराकटोक विस्तार का समर्थन करता है। भारत में जो आर्थिक उदारीकरण है वह बुनियादी तौर पर उधारीकरण है और निजीकरण का अर्थ है विदेशीकरण। अपने देश में विनिवेश का एक मन्त्रालय है। निवेश का मन्त्रालय समझ में आता है, पर विनिवेश की प्रक्रिया भाषिक छल नहीं तो और क्या है? इस

तरह आजकल बाजार की संस्कृति से उपजे और उसी का पोषण करने वाले बहुत सारे शब्दों के सहारे पूँजीवाद के चित्त-विजय का अभियान सारी दुनिया में और विशेष रूप से भारत में चल रहा है। यह जो भाषा का खेल है, उसमें सच को छुपाने की कोशिश अधिक है। दुनिया के अमेरिकीकरण की प्रक्रिया को एक नयी विश्व व्यवस्था के निर्माण की प्रक्रिया कहा जा रहा है। हमारे यहाँ कुछ या तो अत्यन्त भोले या चालाक लोग हैं जो वसुधैव कुटुम्बकम् का जाप करते हुए उस अमेरिकीकरण का स्वागत कर रहे हैं। इसी बीच विश्व ग्राम की बात भी हो रही है। गाँव के किसानों से विश्व ग्राम की कहिए तो वे पूछते हैं कि अगर सारी दुनिया एक गाँव है तो इसका जमींदार कौन है? जाहिर है इसका जमींदार अमेरिका है।

मैं जिस भाषिक छल की बात कह रहा हूँ, वह उत्तर-आधुनिकतावादी चिन्तन और लेखन की एक विशेषता है। उत्तर-आधुनिकतावाद, पूँजीवाद के वर्तमान दौर की विचारधारा है। उत्तर-आधुनिकतावादी कहते हैं कि अब राष्ट्र-राज्य का अन्त हो गया है। लेकिन भारत में भूमण्डलीकरण की प्रक्रिया के तहत जो आर्थिक नीतियाँ बन रही हैं और उन्हें जिस तरह लागू किया जा रहा है उसमें सबसे महत्त्वपूर्ण भूमिका भारत सरकार की ही है। विनिवेश की पूरी प्रक्रिया राज्य द्वारा संचालित हो रही है। अगर यह प्रक्रिया इसी तरह चलती रही तो अमेरिका से भारत का सम्बन्ध केन्द्र और हाशिये का सम्बन्ध होगा या फिर शहर और देहात का। ऐसी स्थिति में मार्क्सवाद पर विचार करना जितना जरूरी है उतना ही मुश्किल भी।

हमारे देश में और तीसरी दुनिया के अन्य देशों में भी बुद्धिजीवियों का एक ऐसा समुदाय है जो साहित्य और संस्कृति के क्षेत्र में उत्तर-औपनिवेशिक चिन्तन और लेखन में लगा हुआ है। उनके लिए आजादी के बाद का सारा साहित्य उत्तर-औपनिवेशिक साहित्य है। पहले आजादी के बाद लिखे गये अंग्रेजी साहित्य को 'कॉमनवेल्थ लिटरेचर' कहा जाता था। इस नाम के साथ ब्रिटिश उपनिवेशवाद की स्मृति जुड़ी हुई है, इसलिए उसे बदलकर अब उत्तर-औपनिवेशिक साहित्य कहा जा रहा है, जिसके अन्तर्गत अंग्रेजी ही नहीं अन्य भाषाओं में लिखा साहित्य भी शामिल कर लिया गया है। उत्तर-औपनिवेशिक साहित्य, सिद्धान्त और आलोचना लिखने वाले अधिकांश बुद्धिजीवी भारतीय मूल के हैं, पर रहते हैं अमेरिकी विश्वविद्यालय में या वहीं जाने की तैयारी में लगे हुए हैं। ऐसे लोगों को अनिवासी भारतीय बुद्धिजीवी कहना ज्यादा ठीक होगा। उनके साहित्य और संस्कृति सम्बन्धी चिन्तन और लेखन से यह भ्रम पैदा होता है कि हम एक ऐसे समय, समाज, संस्कृति और साहित्य की दुनिया में हैं, जहाँ से उपनिवेशवाद विदा हो चुका है।

पूँजीवाद के वर्तमान दौर में दुनिया जिन अनेक संकटों का सामना कर रही है उनमें से एक पर्यावरण, प्रकृति या कि पूरे ब्रह्मांड के विनाश का खतरा भी है। भूमण्डलीकरण के साथ भूमण्डल में जो गर्मी बढ़ रही है, उसका उत्तरदायित्व स्वीकार

करने को वे देश तैयार नहीं हैं जिन्होंने पूँजीवाद के विस्तार के क्रम में प्रकृति का विनाश किया है। अमेरिका अपने आर्थिक हितों की चिन्ता करता है, बाकी दुनिया की प्रकृति और पर्यावरण के विनाश की नहीं। बहुत पहले रोजा लग्जेमबर्ग ने कहा था कि मानव समाज के सामने एक ही चुनाव है बर्बरता या समाजवाद। अगर पूँजीवाद के वर्तमान विस्तार को रोका नहीं गया तो उसकी बर्बरता का सामना मानव समाज को करना पड़ेगा। सन्तोष की बात यह है कि पूँजीवाद के भूमण्डलीकरण के विस्तार के समानान्तर उसके विरोध के संघर्ष का भी भूमण्डलीकरण हो रहा है। इसका तात्पर्य यह है कि पूँजीवाद के वर्तमान और उसके भावी विस्तार के खतरे को दुनिया की जनता समझने लगी है।

आज भी ऐसा मानने वाले कुछ लोग हैं कि पूँजीवाद के वर्तमान दौर को मार्क्सवाद के सहारे ही ठीक से समझा जा सकता है। पूँजीवाद को समझने के लिए जो आलोचनात्मक चेतना जरूरी है उसका विकास मार्क्सवाद की मदद से ही सम्भव है। पूँजीवाद को समझने के लिए मार्क्सवाद को जरूरी मानने वाले लोग केवल वही नहीं हैं, जो पूँजीवाद की जगह समाजवाद लाना चाहते हैं, बल्कि वे भी हैं, जो पूँजीवाद के समर्थक हैं। कार्ल मार्क्स की जीवनी लिखने वाले फ्रांसीसी व्हीन के अनुसार, अक्टूबर 1997 के 'न्यूयार्कर' के विशेषांक में मार्क्स को आगामी सदी का महान विचारक कहा गया था। उसमें यह भी लिखा था कि मार्क्स हमें राजनीतिक भ्रष्टाचार, पूँजी के एकाधिकारवाद, परायापन, विषमता और विश्व बाजार को समझने में मदद करता है। एक बड़े बुद्धिजीवी ने कहा था कि मैंने वॉल स्ट्रीट में जितना अधिक समय बिताया उतना ही मुझे यह विश्वास हुआ कि मार्क्स की ओर लौटने की प्रवृत्ति बढ़ी है। जॉक देरिदा ने अपने खास अन्दाज में 'मार्क्स का प्रेत' नामक लम्बे निबन्ध में मार्क्स के विचारों पर पुनर्विचार करने का प्रयत्न किया है। अभी कुछ समय पहले अमेरिका के विखण्डनवादी आलोचक जे. हेलिस मिलर ने एक निबन्ध में मार्क्स को महत्त्वपूर्ण विखण्डनवादी आलोचक सिद्ध करते हुए उनकी तुलना पॉल डी. मान से की है। वे कहते हैं कि 'पूँजी' नाम का ग्रन्थ एक साहित्य सिद्धान्त का ग्रन्थ भी है जिसमें पूँजीवादी अर्थव्यवस्था में निहित संकेत-व्यवस्था की भाषिक साहित्यिकता का विश्लेषण है। मार्क्स की ओर लौटना आज के समय की जरूरत है और माँग भी। सार्त्र ने ठीक ही कहा था कि एक दर्शन के रूप में मार्क्सवाद तब तक महत्त्वपूर्ण बना रहेगा जब तक मानव समाज उन परिस्थितियों पर विजय न प्राप्त कर ले, जिनके कारण मार्क्सवाद पैदा हुआ था। तात्पर्य यह है कि जब तक पूँजीवाद रहेगा, तब तक उसको समझने और बदलने के लिए मार्क्सवाद का महत्त्व बना रहेगा। आज जो लोग उत्तर मार्क्सवाद की बात कर रहे हैं, वे पूँजीवाद के सेवक और रक्षक हैं। यही नहीं वे किसी को पूँजीवाद को समझने देना भी नहीं चाहते, क्योंकि पूँजीवाद को समझकर ही उसको बदला जा सकता है।

कुछ लोग कहते हैं कि मार्क्स ने जिस पूँजीवाद की व्याख्या की है वह 19वीं सदी का पूँजीवाद है, इसलिए आज के पूँजीवाद को मार्क्सवाद के सहारे समझना मुश्किल है। लेकिन मार्क्स ने पूँजीवाद के स्वभाव, उसके नियमों, उसकी संरचना के सम्बन्धों और उसकी समग्रताओं की जो व्याख्या की है वह आज के पूँजीवाद के रूप को समझने में अधिक सहायक है। मार्क्स ने कहा था कि पूँजी और पूँजीवाद का स्वभाव है आत्म विस्तार और आधिपत्य की सीमा। आज के पूँजीवाद के प्रसंग में ये दोनों बातें पूरी तरह सच हैं।

जब मैं मार्क्स की ओर लौटने की बात कह रहा हूँ तब यह अनुभव करता हूँ कि यह बात उन लोगों को अच्छी नहीं लगेगी जो खुद को मार्क्सवादी समझते हैं, वे चाहे व्यक्ति हों या दल। वे कह सकते हैं कि हम तो मार्क्सवाद से दूर कभी गये ही नहीं थे, इसलिए उधर लौटने का प्रश्न नहीं है। मुझे लगता है कि मार्क्सवादियों को इस कड़वी सच्चाई को स्वीकार करना चाहिए कि मार्क्स के विचारों में जैसी विकासशीलता थी वैसी मार्क्सवादी व्यक्तियों और दलों के विचारों में नहीं है। मार्क्स अपने विचारों के सिद्ध अन्त के आग्रही नहीं थे। उनके विचारों को सिद्धान्त के रूप में ढालने का काम बाद में हुआ। आज मार्क्सवाद पर विचार करने वालों के सामने एक महत्त्वपूर्ण सवाल यह है कि उसे विकसित करने और समकालीन बनाने की कितनी और कैसी कोशिशें हुई हैं। मार्क्सवाद एकान्त साधना से उपजा हुआ ज्ञान नहीं है। वह जन आन्दोलनों के बोध से निर्मित और विकसित ज्ञान है। ज्ञान एकान्त साधना से भी पैदा होता है और जन आन्दोलनों के माध्यम से भी। लेकिन ज्ञान के इन दोनों रूपों के स्वभाव में अन्तर होता है। एकान्त साधना से उपजे हुए ज्ञान में विकास की सम्भावना कम होती है, लेकिन जन आन्दोलन से विकसित ज्ञान नये आन्दोलनों के अनुभव के आलोक में विकसित होता रहता है। चूँकि मार्क्सवाद अपने समय के जन संघर्षों के बोध से निर्मित है इसलिए आज के समय के जन आन्दोलनों के अनुभवों के आलोक में उसका विकास जरूरी है। मार्क्स ने प्रकृति के बारे में जो दृष्टिकोण बनाया था, वह 19वीं सदी की आधुनिकतावादी दृष्टि से जुड़ा हुआ था, इसलिए उसमें प्रकृति से मनुष्य के संघर्ष और प्रकृति पर मनुष्य की विजय की चिन्ता है। लेकिन पूँजीवाद के परवर्ती विकास के कारण प्रकृति का जिस तरह विनाश हुआ है उसके बोध ने प्रकृति की रक्षा की चिन्ता पैदा की है, इसलिए इस बीच प्रकृति और पर्यावरण की रक्षा के विभिन्न आन्दोलन उठ खड़े हुए हैं। उसका एक परिणाम यह भी हुआ कि हाल के वर्षों में प्रकृति से सम्बन्धित मार्क्स के चिन्तन पर पुनर्विचार हो रहा है।

मार्क्सवाद की विकासशीलता का एक पक्ष यह भी है कि 20वीं सदी में पूँजीवाद के आर्थिक और राजनीतिक इतिहास की विभिन्न अवस्थाओं और जन आन्दोलनों की जरूरतों के मुताबिक मार्क्सवाद को अद्यतन बनाने की कोशिशें भी हुई हैं। अपने

समय में लेनिन ने साम्राज्यवाद के प्रसंग में मार्क्सवादी दृष्टिकोण का विकास किया था तो चीनी क्रान्ति के प्रसंग में माओत्से तुंग ने मार्क्सवाद की नयी व्याख्या की थी। फासिज्म के दौर में मार्क्सवादी दृष्टिकोण के महत्त्व को समझने के लिए ग्राम्शी को पढ़ना जरूरी है। दक्षिण अमेरिका और अफ्रीका के क्रान्तिकारी नेताओं ने अपने-अपने देशों की सामाजिक संरचना और क्रान्तिकारी आवश्यकताओं के अनुसार मार्क्सवाद का विकास किया है।

मार्क्स ने कहा था कि दार्शनिकों ने दुनिया की तरह-तरह से व्याख्या की है, पर मुख्य सवाल उसको बदलने का है। मार्क्स के इस कथन को ध्यान में रखकर कुछ लोगों ने यह मान लिया कि अब दुनिया को समझने की जरूरत नहीं है, केवल उसको बदलने में लग जाना काफी है। इस दृष्टिकोण के भारत और सारी दुनिया में जो परिणाम हुए हैं, वे हमारे सामने हैं। उन परिणामों से सीखते हुए यह ध्यान में रखना जरूरी है कि मार्क्सवाद के अनुसार समाज को बदलने के लिए उसे समझना जरूरी है यहीं मार्क्सवादी बुद्धिजीवियों की भूमिका भी विचारणीय है, पर उसकी चर्चा बाद में।

इस बात पर कम ध्यान दिया गया है कि मार्क्सवाद का एक नैतिक आयाम भी है। मार्क्सवाद समाज को, उसकी संरचना और व्यवस्था को सबसे शोषित, पीड़ित और उपेक्षित लोगों की दृष्टि से देखता है और उन्हीं के लिए समाज को बदलने की चेतना पैदा करता है। यही उसका नैतिक आयाम है। किसी और दर्शन में यह बात नहीं है। मार्क्सवाद के बाद निर्मित जिन दर्शनों में यह बात मिलती है उन पर मार्क्सवाद का असर दिखाई देता है। आज के समय में मार्क्सवाद के इस नैतिक पक्ष को समझना अत्यन्त जरूरी है, क्योंकि आज का विश्व समाज जिस पूँजीवाद का सामना कर रहा है, वह असामाजिक मनुष्य पैदा करता है और अमानवीय व्यवस्था भी। और ये दोनों मिलकर बर्बरता को बढ़ावा देते हैं।

मार्क्स ने कम्युनिस्ट घोषणा पत्र में कहा था कि पूँजीवाद निरन्तर अपना विस्तार करता है जिसका चरम रूप आज पूँजीवाद के भूमण्डलीकरण में दिखाई देता है। लेकिन यह ध्यान में रखना होगा कि पूँजीवाद के आत्म विस्तार की भी एक सीमा है, क्योंकि संसार की भी एक सीमा है। जब पूँजीवाद के आत्म विस्तार की सम्भावनाएँ समाप्त हो जाएँगी तब वह लोकतन्त्र का चोला उतारकर फेंक देगा और उसका खूँखार दमनकारी रूप प्रकट होगा जिसके लक्षण अभी से अमेरिका के व्यवहार में दिखाई दे रहे हैं। अमेरिकी पूँजीवाद की एक विशेषता यह है कि वह अपने देश में लोकतन्त्र की रक्षा करने का दावा भले ही करे, दुनिया के दूसरे देशों में अपने हितों की रक्षा के लिए तरह-तरह की तानाशाही को बढ़ावा देता है। भूमण्डलीकरण की सीमा जहाँ समाप्त होती है वहीं से लोकतन्त्र के लिए खतरे की शुरुआत होती है। मार्क्स ने यह भी कहा था कि बुर्जुआ वर्ग अपनी आकांक्षा के अनुरूप संसार की रचना करता है। उन्नीसवीं सदी में मार्क्स का यह कथन एक सम्भावना के रूप में था।

इक्कीसवीं सदी में वह एक वास्तविकता के रूप में है।

मार्क्सवाद पूँजीवाद की ताकत को पहचानता है, पर साथ ही उसकी सीमाओं को भी जानता है। पूँजीवाद के अन्तर्विरोधों के बारे में मार्क्स से अधिक विस्तार से किसने लिखा है? पूँजीवाद अपने अन्तर्विरोधों पर विजय पाना जानता है, इसलिए उसका जीवन इतना लम्बा है, पर साथ ही अन्तर्विरोधों पर विजय की प्रक्रिया में से नये अन्तर्विरोध पैदा होते हैं। मार्क्स पूँजीवाद की जमीन पर ही उसको चुनौती देते हैं। वे पूँजीवाद का विश्लेषण करते हुए यह बताते हैं कि पूँजीवाद से संघर्ष करने वाली शक्तियों का उदय पूँजीवादी व्यवस्था के भीतर से ही होता है। सबसे महत्त्वपूर्ण बात यह है कि मार्क्सवाद, पूँजीवाद के विकल्प की कल्पना और सम्भावना को सामने रखता है, जिसका नाम समाजवाद है। यही है कि समाजवाद की सम्भावना को सगुण और साकार बनाने के सामने अनेक कठिनाइयाँ पहले ही रही हैं, आज भी हैं और आगे भी रहेंगी, लेकिन मार्क्स ने ही यह भी कहा था कि मानव समाज ऐसी कोई समस्या पैदा नहीं करता, जिसे वह हल न कर सके।

पूँजीवाद मनुष्य को बाजार की वस्तु बनाने की कोशिश करता है। आज के समय में यह एक सच्चाई है जिस पर बहुत बात करने की जरूरत नहीं है। आज का हर संवेदनशील व्यक्ति बाजार की तानाशाही का अनुभव कर रहा है। लूसिए गोल्डमान ने अपने एक लेख 'डॉग्मेटिज्म एंड क्रिटिकल स्पिरिट इन लिटरेचर' में लिखा है कि मार्क्स ने पूँजीवाद के अन्तर्गत मनुष्य के धन पशु बनने या पैसे का दास बनने की प्रक्रिया का जो विश्लेषण किया है, वह आज की पूँजीवादी व्यवस्था की सबसे बड़ी सच्चाई है। मार्क्स उस पूरी प्रक्रिया को समझने में हमारी मदद करते हैं और मनुष्य की मनुष्यता की रक्षा की चेतना भी जगाते हैं। पूँजीवाद के वर्तमान दौर में मानवीय सम्बन्धों का जैसा विघटन हो रहा है और उपभोक्तावाद के कारण मनुष्य की कल्पना और स्वतन्त्रता का जो हनन हो रहा है, उसे समझने में मार्क्सवाद हमारी मदद करता है।

आज के समय की एक विडम्बना यह भी है कि पूँजीवाद के वर्तमान रूप, उसके शोषण, दमन और झूठ की सर्वग्रासी प्रक्रिया से सभी परेशान हैं, केवल मजदूर और किसान ही नहीं मध्यवर्ग के लोग भी। बाजार की संस्कृति और उपभोक्तावाद के सर्वव्यापी प्रभाव का अनुभव लेखक, कलाकार तथा बुद्धिजीवी भी कर रहे हैं। लेकिन इन सबके बावजूद परिवर्तन की आकांक्षा और विकल्प की सम्भावना की चिन्ता बहुत कम लोगों के मन में है। ऐसी निराशा में आलोचनात्मक चेतना लकवाग्रस्त हो जाती है। कुछ ऐसी ही स्थिति का सामना करने के लिए अर्न्स्ट ब्लॉक ने 'आशा का सिद्धान्त' नामक पुस्तक लिखकर अपने समय के यूरोप के बुद्धिजीवियों को ऐतिहासिक निराशावाद से मुक्त होने में मदद की थी। आज के समय में मार्क्सवाद की ओर लौटने का अर्थ है पूँजीवाद के विकल्प और आशा के स्रोत की ओर लौटना।

आजकल जबकि एक ओर समाजवादी समाज के निर्माण का प्रयोग असफल हो चुका है और दूसरी ओर पूँजीवाद के आवयविक बुद्धिजीवी 21वीं सदी के लिए नयी विश्व व्यवस्था की योजना तथा कल्पना प्रस्तुत कर रहे हैं, तब क्या यह जरूरी नहीं कि आज के जनतान्त्रिक और मुक्तिधर्मी आन्दोलनों को ध्यान में रखकर पूँजीवाद के विकल्प के रूप में नयी समाजवादी योजना के बारे में विचार किया जाए? नये समाजवादी समाज की सम्भावना, उम्मीद और कल्पना की बात करना मार्क्सवाद विरोधी होना नहीं है, जैसा कि स्तालिन के समय में माना जाता था। मार्क्स ने अपने जीवन के अन्तिम दिनों के एक लेख की कल्पना की शक्ति को पहचानते हुए लिखा था कि कल्पना मानव जाति के उत्थान में अपार योगदान करने वाली मानवीय क्षमता है।

मार्क्सवाद के प्रसंग में कल्पना के महत्त्व की बात करना आज के समय में यूटोपिया की जरूरत की ओर संकेत करना है। स्तालिन के समय में मार्क्सवाद से कल्पना और यूटोपिया का वैज्ञानिकता के नाम पर बहिष्कार हुआ था। उस समय कल्पना की बात करना अवैज्ञानिक होना माना जाता था। असल में वैज्ञानिक दृष्टि को अपनाना एक बात है और विज्ञानवाद का शिकार होना दूसरी बात। मार्क्सवाद को विज्ञानवाद का शिकार बनाने वाले लोगों ने उसका अधिक नुकसान किया है। आज के समय में निराशा का जो वातावरण है, विकल्प की चिन्ता का जैसा अभाव है और आलोचनात्मक चेतना जिस लकवाग्रस्त स्थिति में है, उस सबसे मुक्ति के लिए कल्पना के महत्त्व का स्वीकार आवश्यक है! जब पूँजीवाद के आवयविक बुद्धिजीवी एक नयी व्यवस्था का मायालोक रच रहे हों, तब जन जीवन की वास्तविकताओं के अनुभव और जनता की आकांक्षाओं की पहचान के साथ एक बेहतर दुनिया के निर्माण की कल्पना करना मार्क्सवाद की सीमाओं से बाहर जाना नहीं है।

मार्क्सवाद मूलतः मुख्यतः क्रान्तिकारी आलोचना का सिद्धान्त है, केवल आलोचना का सिद्धान्त नहीं। उसके क्रान्तिकारी आलोचना का सिद्धान्त होने का अर्थ है परिवर्तनकारी आलोचना का सिद्धान्त बनना। मार्क्सवादियों ने आलोचना के प्रसंग में जो दृष्टिकोण अपनाया उससे अनेक समस्याएँ पैदा हुई हैं। सोवियत संघ में और अन्यत्र भी आलोचना को सुनने, सहने और उन पर विचार करने की प्रायः जरूरत नहीं समझी गयी, या तो उसकी उपेक्षा हुई या कई बार उसका दमन किया गया। उसके जो भयानक परिणाम हुए, वे हमारे सामने हैं। असल में मार्क्सवादी लोग और दल आलोचना तथा आत्मालोचन की बात करते हैं, व्यवहार में वे सारे संसार की आलोचना का अधिकार अपने पास रखना चाहते हैं, लेकिन अपनी और अपनों की आलोचना को गैरजरूरी मानते हैं। इस प्रक्रिया में वे एक ओर आत्म प्रवंचना को बढ़ावा देते हैं और दूसरी ओर मार्क्सवाद को निर्भय और निर्मम आलोचना के सिद्धान्त के बदले सहमति और समर्थन का सिद्धान्त बनाते हैं। सन् 1927 में रूसी

समाज के अपने प्रत्यक्ष अनुभव और ज्ञान के आधार पर वाल्टर बेंजामिन ने लिखा था, "आज का रूसी राज्य केवल एक वर्ग राज्य ही नहीं है, वह जाति राज्य भी है। जाति राज्य का अर्थ यह है कि किसी नागरिक की सामाजिक हैसियत उसके भौतिक जीवन से नहीं, बल्कि पार्टी से उसके सम्बन्ध से निर्धारित होती है।" वाल्टर बेंजामिन ने सत्ता और धन के गलत सम्बन्ध को खतरनाक मानते हुए उसी निबन्ध में लिखा है, "रूसी समाज (और समाजवाद) का स्वास्थ्य इस बात पर निर्भर है कि यहाँ कभी भी सत्ता का काला बाजार न खुले। अगर रूस में भी यूरोप जैसा ही सत्ता और धन का सम्बन्ध कायम हुआ तो देश और पार्टी न सही, रूस में समाजवाद जरूर समाप्त हो जाएगा।" वाल्टर बेंजामिन की भविष्यवाणी उसकी उम्मीद से ज्यादा सच साबित हुई। भारत में भी ऐसे मार्क्सवादी व्यक्तियों और दलों का अभाव नहीं है जो अपनी आलोचना को मार्क्सवाद के विरुद्ध अभियान का हिस्सा मानते हैं। हिन्दी के कुछ भूतपूर्व मार्क्सवादियों ने नागार्जुन के विरुद्ध एक पुस्तिका प्रकाशित की थी, क्योंकि नागार्जुन ने अपनी कुछ कविताओं में तब के सोवियत संघ की रीति-नीति की आलोचना की थी।

भारतीय समाज में मार्क्सवाद और मार्क्सवाद से जुड़ी पार्टियों की उपस्थिति के लम्बे इतिहास के बावजूद समाज में मुक्तिधर्मी चेतना के प्रसार के बदले संकोच ही सच है। इसका कारण यह भी है कि इस देश में जो जन आन्दोलन मार्क्सवादी दलों से स्वतन्त्र रूप से चलते रहे हैं उनको वामपन्थी दलों ने विशेष महत्त्व नहीं दिया है। यही नहीं उन आन्दोलनों के मूल में जो समस्याएँ और वास्तविकताएँ हैं उन पर विचार करने की जरूरत नहीं समझी गयी है। इस देश में आदिवासियों के आन्दोलन हैं, स्त्रियों की स्वाधीनता के आन्दोलन हैं और दलितों की मुक्ति के भी आन्दोलन हैं। इन आन्दोलनों की अधिकांश मार्क्सवादियों ने प्रायः उपेक्षा की है। भारतीय समाज के प्रसंग में वर्ण और जाति की वास्तविकता एक ऐसी समस्या है जिसकी उपेक्षा करके यहाँ समाजवाद तो समाजवाद, जनतन्त्र के बारे में भी समग्रता में बात नहीं हो सकती। इस देश के वामपन्थी दल समझते हैं कि जब समाजवाद आएगा तब जाति और धर्म की सारी समस्याएँ हल हो जाएँगी। लेकिन सच्चाई यह है अगर जाति और धर्म की समस्याएँ हल नहीं हुईं तो समाजवाद तो नहीं ही आएगा, लोकतन्त्र भी शायद ही बच पाएगा।

जाति व्यवस्था के प्रसंग में भारत के साम्यवादी दलों की मानसिकता को समझने के लिए एक उदाहरण पर ध्यान देना जरूरी है। सन् 1947 में जुलाई से सितम्बर तक एस.ए. डांगे सोवियत संघ की कम्युनिस्ट पार्टी के नेताओं से विचार-विमर्श के लिए मास्को में थे। उनकी स्तालिन, सुसलोव और ज्दानोव से लम्बी बातचीत हुई थी। वह सारी बातचीत 'रिवोल्यूशनरी डेमोक्रेसी' नामक पत्रिका के अप्रैल 2001 के अंक में प्रकाशित है। छह सितम्बर, 1947 की बातचीत में भारतीय समाज में जाति

व्यवस्था की स्थिति और उसको समाप्त करने के लिए संघर्ष की जरूरत पर जोर देते हुए ज्दानोव ने कहा था, "हमें लगता है कि जाति व्यवस्था के अवशेषों को समाप्त किये बिना (समाजवाद की दिशा में) आगे बढ़ना असम्भव है, क्योंकि जाति व्यवस्था मजदूरों को वर्गीय आधार पर संगठित होने में बाधक है। वह जातीय भावनाएँ जगाती है। हम समझते हैं कि यह जाति व्यवस्था भारतीय समाज का सबसे प्रतिक्रियावादी पक्ष है और भारतीय कम्युनिस्टों के सामने सबसे बड़ी कठिनाई भी। इसे समाप्त करने के लिए भारतीय कम्युनिस्टों को पूरी शक्ति से प्रयत्न करना चाहिए। हम समझते हैं कि निकट भविष्य में जाति व्यवस्था का अन्त सम्भव नहीं लगता। हम भारतीय साथियों से अनुरोध करते हैं कि वे इस प्रश्न पर गम्भीरता से विचार करें।" सन् 1947 के बाद से अब तक के भारतीय कम्युनिस्ट आन्दोलन के इतिहास से परिचित लोग यह जानते हैं कि यहाँ की कम्युनिस्ट पार्टियों ने कैसी गम्भीरता से जाति व्यवस्था की समस्या पर विचार किया है और उसको मिटाने के लिए कितना और क्या संघर्ष किया है? हमारे यहाँ कुछ ऐसे भी मार्क्सवादी हैं जो कहते हैं कि वर्ण और जाति के बारे में सोचना और बात करना अनावश्यक है। ऐसी दृष्टि से जाति व्यवस्था के विरुद्ध कैसा संघर्ष होगा, यह अलग से कहना अनावश्यक है।

आज के समय में भारतीय समाज के प्रसंग में मार्क्सवाद पर विचार करते समय बुद्धिजीवियों की भूमिका के बारे में सोचना जरूरी है। मार्क्सवाद के इतिहास में बुद्धिजीवियों की भूमिका पर ग्राम्शी ने गम्भीरता से विचार किया है। उनके अनुसार दो तरह के बुद्धिजीवी होते हैं, पेशेवर बुद्धिजीवी और आवयविक बुद्धिजीवी। पेशेवर बुद्धिजीवियों को सब जानते हैं। ग्राम्शी ने आवयविक बुद्धिजीवी उन्हें कहा है जो एक वर्ग के साथ जुड़कर उसके जीवन की वास्तविकताओं और आकांक्षाओं को ध्यान में रखकर समाज की व्याख्या, नयी चेतना के निर्माण और नयी दृष्टि के विकास के लिए बौद्धिक प्रयत्न करते हैं। ग्राम्शी की इन बातों को ध्यान में रखकर हमें यह देखना चाहिए कि भारत के मार्क्सवादी बुद्धिजीवी सत्ता से सम्मान और स्वीकृति प्राप्त करने के लिए बेचैन दिखाई देते हैं। आम जनता असल में मार्क्सवादियों के आचरण से मार्क्सवाद को जानने-पहचानने की कोशिश करती है। केवल मजदूरों और किसानों का नाम लेकर बात करना पर्याप्त नहीं है।

मार्क्सवादी बुद्धिजीवियों को मार्क्स के विचारों के साथ-साथ उनके आचरण से भी कुछ सीखना चाहिए। मार्क्स यूनानी देवमाला के प्रोमिथियस को अपना आदर्श मानते थे। प्रोमिथियस को वे सबसे बड़ा सन्त और शहीद भी कहते थे। प्रोमिथियस ने मनुष्यों के लिए देवताओं से आग चुराई थी, जिसके लिए यूनानी देवताओं के राजा जीयस ने प्रोमिथियस को यह दंड दिया था कि उसे एक चट्टान से बाँध दिया जाए और गिद्ध उसकी छाती का मांस नोच-नोच कर खाता रहे। कार्ल मार्क्स आधुनिक काल के प्रोमिथियस ही थे। उन्होंने दुनिया के सर्वहारा के लिए जो आग पैदा की

उसके दंड स्वरूप पूँजीवाद के गिद्ध उनकी छाती का माँस नोच-नोच कर आज तक खाते आ रहे हैं। मार्क्स के जीवन में भी उन्हें प्रोमिथियस के रूप में देखा जाता था। जीवन के आरम्भिक दिनों में उन्होंने एक पत्रिका का सम्पादन किया था, जिस पर प्रतिबन्ध लगा दिया गया। उस प्रतिबन्ध के बाद जो कार्टून छपा था जिसमें प्रोमिथियस के रूप में मार्क्स एक प्रिंटिंग प्रेस से बँधे दिखाई देते हैं और प्रतिबन्ध लगाने वाली सरकार के गिद्ध उनका माँस नोच रहे हैं। मार्क्स ने अपनी एक कविता में कहा था कि मैं फादर जीयस का आज्ञाकारी बेटा होने के बदले चट्टान से बँधे रहना ज्यादा पसन्द करूँगा। क्या मार्क्स के इस जीवन से मार्क्सवादी बुद्धिजीवियों को कुछ नहीं सीखना चाहिए?

मुक्तिबोध ने कहा था कि मुझे रावण के घर पानी भरना स्वीकार नहीं है। आज के मार्क्सवादी बुद्धिजीवी रावण के घर पानी भरने के लिए ही नहीं कुआँ खोदने के लिए भी तैयार बैठे हैं।

दुनिया भर के क्रान्तिकारी विचारों के साथ एक विडम्बनापूर्ण स्थिति यह दिखाई देती है कि वे क्रान्तिकारी विचार, विरोधियों की मार से नहीं, अनुयायियों के अवसरवाद से मरते हैं। भारत के प्रसंग में गौतम बुद्ध और कबीर के विचारों के साथ यही हुआ है। मार्क्स के विचार भी इसके अपवाद नहीं हैं। जर्मनी के प्रसिद्ध कवि हंस माग्नूस आइजेनवर्गर ने एक कविता लिखी है, जिसका शीर्षक है 'कार्ल मार्क्स'। कविता की कुछ पंक्तियाँ इस प्रकार हैं :

मैं देख रहा हूँ
तुम्हारे अनुयायियों ने
तुम्हें धोखा दिया है
और तुम्हारे दुश्मन, वे जैसे पहले थे
वैसे ही आज भी हैं।

❑❑